# 한위양진남북조 불교사 3

이 한위양진남북조 불교사의 번역은 1938년 상무인서관(商務印書館) 초판본을 1991년 상해서점(上海書店)에서 다시 영인한 판본으로 저본을 삼았습니다.



이 책은 (재)한국연구재단의 지원으로 학고방출판사에서 출간, 유통합니다.

한국연구재단 학술명저번역총서
동양편 612

# 한위양진남북조 불교사3

*Han · Wei · Qin North and South Dynasties Buddhist history*

탕융동 지음 | 장순용 옮김

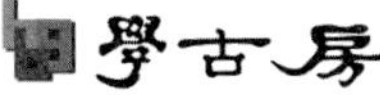
學古房

# 머리말

중국불교를 체계적으로 연구하려면 인도에서 전래된 초기불교에 대한 연구가 필수적이다. 이 책은 한(漢)나라, 위(魏)나라, 동진(東晉)과 서진(西晉), 남북조(南北朝) 시기에 걸쳐 인도불교가 전래되면서 중국의 유교, 도교 사상과 충돌하고 교류하며 점차 중국식 불교로 변용(變容)되어 가는 과정을 방대한 사료와 엄밀한 고증을 거쳐 다루고 있다. 무엇보다 풍부한 자료를 인용하면서 정확한 고증을 가했기 때문에 중국불교사를 연구하는 사람이라면 반드시 읽어야 할 필독서이다. 이 책은 저자 탕융동(湯用彤)이 10여 년에 걸쳐 초기불교를 연구한 끝에 이루어진 역작으로 중국의 초기불교를 연구한 저서로는 최초의 저술이자 이후 다른 저작들의 토대가 되었다.

중국사상사와 선종 역사에 대해 연구한 중국 신문화운동의 선구자 후쓰는 『한위양진남북조 불교사』를 이렇게 평가했다.

"탕융동의 저작은 지극히 세심하고 곳곳마다 증거를 중시해서 증거가 없는 말은 일리가 있어도 감히 사용하지 않았는데, 이는 참으로 배울 만한 태도이다."

또 『중국불교사』라는 방대한 저서를 낸 일본의 유명한 불교학자 카마다 시게오는 이렇게 말했다.

"(탕융동)은 중국의 전통적인 학술방법을 근대 유럽, 미국의 연구방법과 통합하여 완벽한 학문을 다스리는 방법을 창출했다.

『한위양진남북조 불교사』는 교리에 치중하지도 않았고 교단에도 치중하지 않았지만 양자의 정수를 파악하고 있다. 또한 사상의 전개를 중심으로 과거 교리사의 구조를 타파하였기에 엄연히 사회 맥락과의 연결을 중시하는 정통적인 통사(通史)라고 할 수 있다."

이처럼 저명한 학자들에게 호평을 받으면서 오늘날까지도 그 평판이 이어지고 있지만, 그러나 『한위양진남북조 불교사』는 거의 고문(古文)과 전문적인 지식으로 쓰여 있어서 번역이 여간 까다롭지 않았다. 역자는 고심 끝에 이 책의 번역을 가독성(可讀性)을 염두에 두면서 직역을 위주로 했다. 그 까닭은 이 책의 독자를 전문가 그룹과 초기불교에 관심을 갖고 있는 소수 독자라고 보아서 이들에게는 원문의 맛을 훼손할 수밖에 없는 의역보다는 원문의 맛을 간직한 직역이 더 낫다고 생각했기 때문이다.

끝으로 번역을 도와준 사람을 언급하지 않을 수 없다. 베이징에 거주하는, 이제는 교수직에서 은퇴하고 불법(佛法) 전파에 전념하고 계신 이영란 교수께서 거의 공역자(共譯者) 수준에서 도움을 주셨다. 번역 원고를 원문과 꼼꼼히 대조해 살펴보면서 수정할 곳이 나오면 수정해 주셨고, 그리고도 남는 의문점이 있으면 베이징 대학 교수인 탕융동의 아들 탕이제(湯一介)의 제자 양호(揚浩) 박사를 찾아가 자문을 구해 정확한 뜻을 알려주셨다. 탕이제 교수는 암 투병 중임에도 불구하고 이 책의 서문까지 써주셔서 역자를 격려했다. 이영란 교수를 비롯해서 탕이제 교수, 양호 박사에게 지면을 빌어서나마 심심한 사의를 표한다.

*2014년 사패산에서*

*장 순 용*

# 서(序)

내 아버지의 명저 〈한위양진남북조 불교사〉가 한국에 번역, 소개된다니 기쁨을 금치 못하겠다. 아버지는 1964년에 세상을 떠났으므로 올해는 서거 50주년이 되는 해이다. 바로 이때 아버지의 주요 저작이 외국어로 완전 번역되어 출간된다니 진실로 사람의 마음을 고무시키는 사건이 아닐 수 없다.

아버지는 일찍부터 중국 고대의 전통문화를 익혔고 나중엔 미국 하버드 대학에 유학해서 서양사상과 학문 연구의 방법을 체계적으로 배웠다. 그 뒤 중국의 전통적인 고증학과 서양 현대학문의 연구 방법을 결합해서 〈한위양진남북조 불교사〉를 완성했다.

이 〈한위양진남북조 불교사〉는 1938년에 초판이 나왔다. 이 책은 고증, 자료, 방법, 의리(義理) 등 다방면에 걸친 장점으로 출판하자마자 중국의 불교사를 연구하는 기본 경전이 되었다. 나는 여기서 특별히 아버지가 이 책을 쓰면서 행한 연구 방법의 특징을 소개하고 싶다. 아버지는 바로 "묵묵히 감응해서 체득해 이해하는", 즉 '묵응체회(默應體會)'의 방법을 제시했다.

다시 말해서 불교의 역사적 사건에 대한 고증과 분석은 오래된 유적과 사적에 대해 탐구하고 토론하는 것만이 아니라 역사적 사실(史實)에 대해 공감할 수 있는 암묵적인 감응이 있어야 한다. 그리고 남겨진 문자 기록에 대한 고증에 의존할 뿐만 아니라 그 사상에 대해서 심성(心性)의 체득이 있어야 한다. 나는 이 점만으로도 서양의 현대적 학술 방법을 지나치게 맹신하는 편협함을 바로잡을 수 있다고 생각한다. 동시에 독자들은 이 책이 70여 년 전에 출판되어서 그 동안 상당히 많은 학술적 성과가 나타났다는 점을 감안해야 한다. 즉 학술 연구는 언제나 비판, 전승, 창신(創新)의 과정을 거쳐 발전한다는 것을 완전히 이해해야 한다.

이 번역 작업은 장순용 선생을 비롯해서 이영란 박사와 저의 제자 양호 박사의 인연이 화합해서 이루어진 것이다. 마지막으로 역자 장순용 선생과 이영란 박사에게 진심으로 감사의 뜻을 전한다.

*탕이제[湯一介]*

# 목차

1



## 제1 한(漢) 나라 시대의 불교

# 제2 위진 남북조 시대의 불교

3

## 찾아보기

■ 일러두기 ■

1. 이 책은 『한위양진남북조 불교사』의 완역이다.

2. 원주는 각 장의 끝에 미주로 처리하였으며, 원주의 주석은 *로 표시하고 부연 설명을 하였다.

3. 본문 중 괄호 안의 작은 글씨는 원주에 해당된다.

4. 각주는 역주이다.

5. 본문 활자와 급수가 같은 괄호 안의 글씨는 역주에 해당한다.

6. 독자의 이해를 돕기 위해 해제 외에도 〈역사적 배경〉과 〈불교전파경로와 주요 지명(地名), 국명(國名)〉의 지도를 첨가했다.

# 13

# 불교의 남방 통일[南統]

유유(劉裕)가 황제의 지위를 찬탈한 해(서기 420년)는 바로 북위의 도무제(道武帝) 척발규(拓拔硅)[1]가 즉위한지 12년 되던 해이고, 그 후 약 20년간은 원위(元魏)가 북방을 통일했다. 이때부터 남북의 대치 국면이 형성되면서 거의 150년을 유지했는데[1], 이 기간 동안 남북의 풍습은 특수한 차이를 보였다. 남방은 영가(永嘉) 시기에 신분 높은 사람들(衣冠)이 남쪽으로 이주한 이래로 삼국 이후의 학풍을 계승했기 때문에 송나라 초기에 이르러서도 사대부는 여전히 현학(玄學)의 담론을 존중했다. 『송서』에서는 태조가 양현보(羊玄保)[2]의 두 자식에게 함(咸)이란 이름과 찬(粲)이란 이름을 하사하면서 양현보에게 이렇게 말했다고 한다.

"경(卿)의 두 자식에게 임하(林下)[3]에서 정시(正始)의 여풍(餘風)이 있도록 하고 싶소."

---

1) 북위의 개국 황제 도무제(道武帝)이다. 제위 기간은 서기 371년~409년까지이고 선비족 출신이다.

2) 남조(南朝) 송(宋)나라의 양현보(서기 371년~464년)는 태산(太山) 남성(南城) 출신이다.

3) 그윽하고 궁벽한 곳으로 은퇴나 은퇴한 곳을 가리킨다.

왕미(王微)가 하언(何偃)에 보낸 서신에서는 이렇게 말하고 있다.

"경은 어린 시절에 현풍(玄風)을 도야(陶冶)해서 우아함에 젖고 창달(暢達; 통달)을 닦았으니 바로 정시 시절의 사람이오."

『남사(南史)』에서는 하상지(何尚之)가 왕구(王球)에게 "정시의 풍습이 여전하구나"라고 했다고 하며, 조구북(趙甌北)[4] 은 남조의 풍습을 논하면서 이렇게 말했다.

"양무제에 와서야 비로소 경학(經學)을 숭상했다. 하지만 위진 시대의 습성은 여전히 바뀌지 않았고 오히려 더 심했다. 이 관습의 추세가 매우 깊이 쌓여서 되돌리기 힘들었지만, 다만 수나라가 남조의 진(陳)나라를 평정한 후에야 비로소 제거되기 시작했다."2:

구마라집과 혜원 이후를 자세히 고찰해보면 남과 북의 불학(佛學)도 점차 갈라진다. 남쪽은 의리(義理)의 숭상에 치우쳐서 삼현(三玄)의 규범을 벗어나지 않았고, 사대부와 승려들의 결합은 대부분 지도림과 허순(許詢)의 유풍을 답습했다. 불타발다라는 건업의 투장사(鬪場寺)에 있었고, 송나라 승필(僧弼)은 보림(寶林)에게 보낸 서신에서 "투장사의 선사는 참으로 큰 마음(大心)이 있으니, 바로 천축의 왕필과 하안 같은 풍류 인물이다"(『우록, 본전』)라고 했다. 불교의 선(禪) 거장을 왕보사(王輔嗣; 왕필)와 하평숙(何平叔; 하안)의 풍류에 비교했으니, 당시 인사(人士)들의 취향을 알 수 있다. 남조 시대 때 불법이 융성한 시기는 대략 세 번 있었다.

---

4) 조익(趙翼; 서기 1727년~1814년)은 청나라 때의 문학자이자 역사학자로 호(號)는 구북(甌北)이다, 만년의 호는 삼반노인(三半老人)이다. 건륭(乾隆) 26년에 진사(進士)가 되어 벼슬에 나아갔다.

1. 원가(元嘉) 시대에는 사강락(謝康樂; 사령운)을 그 중 거물로 여겼는데, 사강락은 문사(文士)이지만 현학의 취향도 겸비했다.
2. 남제(南齊) 시대에 경릉왕이 나라를 다스릴 때 소자량(蕭子良; 경릉왕의 이름) 역시 삼현(三玄)의 학문을 장려했다.
3. 양무제 시대 때 양무제 역시 명사(名士)로서 독실하게 불교를 섬겼다. 당시 불교의 의리와 현학은 같은 부류로 위진 시대의 풍조를 계승함으로서 남쪽 불교의 특징을 이루고 있다. 이제 이런 취지를 근본으로 삼아서 주요 사적을 서술하고 그 밖의 지엽적인 것은 부록으로 덧붙이겠다[3:].

## 1) 송나라 초기의 제왕들과 불법

양진(兩晉) 시대부터 불법이 융성한 이래로 제왕들 중에는 불교를 신봉하는 자도 있었다. 예를 들면 동진 시대의 명제, 애제(哀帝), 간문제, 효무제가 그 중 유명한 제왕들이다. 공제(恭帝)는 부도(浮屠; 불교)의 도(道)를 깊이 믿어서 주화(鑄貨) 천만 개로 6장(丈) 크기의 금불상을 와관사(瓦官寺)에다 만들었는데, 이 불상을 맞이하려면 도보로 십여 리를 걸어야 했다(『진서, 본기』). 송고조(宋高祖) 유유는 큰 포부와 웅대한 지략을 갖춘 인물로 평민에서 시작하여 천자의 지위까지 올랐는데, 그가 승려들과 교유(交遊)한다는 소문도 있지만[4:] 무력으로 천하를 평정했을 뿐 불법을 장려한 적은 없다. 『남사』의 기록에 의하면, 진(晋)나라 안제 때 기주(冀州)의 도인 석법칭(釋法稱)은 제자에게 "숭악의 신(神)이 말하길 강동에 유장군(劉將軍)이 있는데 한(漢)나라의 먼 후예로서 응당 천명(天命)을 받을 것이라고 했다"[5:]고 했으니, 이는 유유가 황제의 지위를 찬탈할 때 부추긴 자들[勸進者][5)]이 늘어놓은 갖가지 상서로운 징조 중 하나였을 것으로 의심된다. 그러나 승려의 입을 빌려 말한 것을 보면 조정에서 불법을 상당히 중시했다는 것을 엿볼 수 있다.

송나라 시대의 불법은 원가(元嘉) 시기에 지극히 볼만했다. 당시의 문인(文人)인 사강락(謝康樂)과 안연지(顔延之) 같은 사람은 불법의 이치를 변론해 밝혔는데, 그들이 논한 것은 신멸론(神滅論)[6]과 돈점론(頓漸論)[7]으로 모두 현담(玄談)에 속했다. 그리고 문제(文帝) 시대는 청담가들이 다시 부흥하는 시기였다. 문제는 문장의 교육을 중시해서 유교(儒敎)를 펼칠 생각으로 사학(四學)을 세웠다. 뇌차종이 유학을 주관하고, 하상지(何尙之)가 현학을 주관하고, 하승천(何承天)이 역사학을 주관하고, 사원(謝元)이 문학을 주관했다. 여기서는 현학을 네 가지 과목 중 하나로 열거했을

---

5) 권진(勸進)은 원래 사찰의 건립 등에 기부를 하도록 권하는 것이지만, 여기서는 상서로운 징조로 유유의 찬탈을 합리화하도록 부추긴 것을 뜻한다.

6) 남조(南朝) 때 제(齊)나라와 양(梁) 나라에 걸쳐 살았던 범진(范縝)이 주장한 무신론이다. 「신멸론」에서 범진은 정신은 오직 형체가 갖춰질 때만 작용할 수 있다는 형질신용설(形質神用說)을 주장했었다. 즉 형체가 존재해야만 정신이 존재하게 되고 형체가 없어지면 정신도 소멸하게 되는 것이라서 정신은 형체를 떠나 독립적으로 존재할 수 없다는 것이다. 이 형체와 정신의 관계에 대한 설명은 당시 반(反)불교 투쟁에 지대한 영향을 미쳤다. 반면에 불교도는 신불멸론을 주장하면서 신멸론을 반박했는데, 혜원은 사문불경왕자론에서 혼신(魂神)은 육체나 기(氣)와는 다른 또 다른 실체라고 주장했으며, 종병은 한 걸음 더 나아가 무위(無爲), 무욕(無慾) 상태에 도달하면 신(神)이 홀로 밝게 빛나는데, 이 상황에선 육체는 없고 오직 신만 있다. 이것을 종병은 법신(法身)이라고 하면서 소멸하지 않는 불명의 실재로 보았다. 더 자세한 내용은 13장 불교의 남통(南統)에서 '범진(范縝)의 「신멸론」'을 보라.

7) 깨달음은 단박에 이루어지는 돈오(頓悟)인가 아니면 점차적으로 닦아 이루어지는 점수(漸修)인가를 놓고 벌인 논쟁으로 이후 중국불교의 핵심적인 화두가 되었다.

뿐만 아니라 뇌차종도 혜원의 제자이고 하상지도 불법을 찬양하는 사람이다. 당시의 재상들, 예를 들면 왕홍(王弘), 팽성왕 유의강(劉義康), 범태(范泰), 하상지는 모두 불법을 칭송하고 신봉한 한 시기의 명사(名士)들이었고, 사령운과 안연지도 조정의 조회에 참석한 사람이었다. 원가 시기는 문치(文治)로 칭송을 받았고 불교의 의학 역시 이 문치를 이룬 중요한 내용이었다.

불법은 이미 상류층 인사들이 제창(提唱)하게 되었고, 이로 인해 사찰과 탑의 건설도 더욱 늘어났다. 원가 시기에 도읍지에 지은 사찰 중 기록에 실린 것만도 이미 열다섯 곳이다[6]. 이 밖에 고증할 수 없는 것은 더 많을 것이다. 출가하여 승려가 된 사람도 역시 더 많을 것이며, 그 중 청정 계율[淸規]을 지키지 않는 자들도 역지 적지 않을 것이다. 그래서 원가 12년 단양윤(丹陽尹) 소마지(蕭摩之)는 상주문에서 이렇게 말했다.

> 불법의 교화가 중국에 전파된 후 사대(四代)를 거치면서 불상이나 사찰, 탑의 숫자가 천 개나 되었으니, 불법을 향해 나아가는 사람에겐 마음을 잡을 수 있게 하고 물러나는 사람에겐 충분히 권유할 수 있습니다. 하지만 얼마 전부터 공경하는 정서가 거품처럼 떠 있어서 정성(精誠)을 지극하게 여기지 않을 뿐 아니라 사치스런 경쟁만 중시할 뿐입니다. 퇴락하고 낡은 옛 건물은 보수한 적이 없고 저마다 새로 지어서 멋을 과시하는 데만 힘쓰고 있으니, 일류 저택은 호화로움을 마다하지 않아서 대나무 자재와 채색된 구리[銅]를 사용해 사치와 낭비가 극에 달했는데, 이는 신지(神祇)[8]와는 상관없이 사람의 일에 누(累)를 끼치는 것입니다.
>
> 이들의 행위는 중도를 어기고 제도를 넘어서는 것이라서 응당 제재와 검사를 가해 미리 방지하지 않으면 그 기세를 멈추지 않을 겁니다. 청컨대

8) 신(神)은 하늘의 신이고 지(祇)는 땅의 신이다.

> 지금부터 동상(銅像)을 주조하려고 하는 자는 먼저 보고해 알려야 하고, 탑이나 사찰, 정사(精舍)를 지으려면 모두 사전에 소재지의 이천석(二千石)[9]에 통보하고, 군(郡)에서는 사안(事案)에 따라 열거해서 본주(本州)에 보고하고 반드시 보고한 다음에 일을 하도록 하게 하소서. 멋대로 사찰이나 정사를 지은 자는 조서의 규율을 지키지 않은 것이므로 동상이나 저택, 숲과 정원을 모두 관(官)으로 몰수하십시오.

이렇게 글을 올려서 조서가 내리자, 다시 사태(沙汰)나 사문 수백 명이 도(道)를 내쳤다(『송서, 천축전』).

『고승전 · 석혜엄전』의 기록에 의하면, 단양윤 소마지가 글을 올렸을 때 문제는 시중 하상지와 이부낭중(吏部郎中) 양현보(羊玄保)에게 자문을 구했다. 하상지는 이렇게 답했다.

> 장강을 건너온 이래로 왕도(王導), 주의(周顗), 유량(庾亮), 왕몽(王濛), 사상(謝尙), 극초(郄超), 왕탄(王坦), 왕공(王恭)(『고승전, 혜지전(慧持傳)』), 왕밀(王謐), 곽문(郭文), 사부(謝敷), 대규(戴逵), 허순(許詢), 그리고 사망한 고조의 형제[7:], 왕원림(王元琳) 형제, 범왕(范汪)(영(甯)의 부친), 손작(孫綽), 장현(張玄), 은의(殷顗) 등은 혹은 재상과 같은 고위직에 있기도 하고 혹은 인륜(人倫)의 모범적인 사표가 되기도 하고 혹은 천인(天人)의 경계에 마음을 두기도 하고 혹은 속세를 벗어난 산천으로 자취를 숨기기도 했지만 모두 올곧은 지조로 귀의해서 숭배하고 믿는 마음을 가졌습니다[8:].

9) 태수(太守)의 별칭. 한나라 때 그 봉록이 이천 석이었기 때문에 이런 이름이 붙여졌다. 나중에는 지방장관이란 넓은 의미로 쓰였다.

이 내용에 따르면, 사대부의 불교 신앙은 양진 시대에 불법이 번성한 주요 원인 중 하나였다. 게다가 불법의 이(理)와 현학의 담론은 취향도 동일했기 때문에 문인과 학사들도 숭상하고 신봉하였다. 송문제가 당시 하상지에게 말한 것을 살펴보면 다음과 같다.

> 삼세의 인과에 대한 여러 생각들을 변별하지 않고 또한 다른 의견도 감히 수립하지 않는 것은 바로 경(卿)들 같은 시대의 우수한 인재들이 솔선해서 공경하고 신봉했기 때문이오.

따라서 현풍과 청담이 이미 성행해서 불교도 흥기했다는 것을 알 수 있다. 사대부가 이(理)의 담론을 고상하게 여기자 제왕도 다른 의견을 내세우지 못했다. 『고승전』에서는 또 당시 안연지와 혜엄이 하루 종일 변론을 주고받자 황제가 웃으면서 이렇게 말했다고 한다.

"오늘 두 분은 마치 지도림과 허순에 못지 않구려."

지도림과 허순이 현학을 담론한 것은 송나라 시절에 각별한 추앙을 받았다. 당시 도를 닦는 사람이나 속세의 사람이 담론한 논의는 이론에 치우쳤다. 그 중 하나가 백흑론(白黑論)의 논쟁이고, 또 하나는 형(形)과 신(神)의 인과 문제이고, 또 하나는 돈(頓)과 점(漸)의 논쟁인데, 앞으로 간략하게 서술하겠다. 다만 돈점의 논쟁은 16장에서 서술할 것이다.

### 2) 백흑론(白黑論)의 논쟁

불법이 중국에 널리 전래될 때 대체로 두 가지 단서가 있다. 하나는 교(敎)이고 또 하나는 이(理)다. 불법에서 교(敎)와 이(理)는 상호 작용하면서 한쪽으로 치우치지 말아야 하지만, 그러나 중국에서는 교(敎)로 치우치거나 혹은 이(理)로 치우쳤다. 교(敎)에 대해 말하면, 생사는 큰 일[大事]이라서 돈독한 믿음이 최상이 된다. 생사의 고해(苦海)가 끝이 없는 것을 깊이 느꼈기 때문에 여래의 자비에 순종해서 출세간의 도법(道法)을 수행했으며, 이 때문에 청정한 행(行)을 가장 중시했고 귀의(歸依)를 제일 중시했는데, 그 결과 교(敎)는 보수의 종문(宗門) 쪽으로 치우쳐서 다른 설을 배척했다. 그리고 이(理)에 대해 말하면 육조 시대에는 현학에 통했고, 체(體)에 대해 말하면 허무(虛無)의 종지가 『노자』와 『장자』에 교섭해 들어갔고, 용(用)에 대해 말하면 유교는 속세를 구제하고 불교는 마음을 다스렸다. 이 두 가지는 가는 길은 다르지만 돌아가는 목적지는 같다. 남조 시대의 인사(人士)들은 이(理)의 담론에 치중했기 때문에 항상 삼교(三敎)의 조화를 모색하는 설을 늘 보이고 있다. 내서(內書)와 외서(外書)의 논쟁은 늘 이(理)의 장단점만 비교했을 뿐인데, 변론은 격렬했지만 북방 사람들처럼 교(敎)에 대한 믿음이 지극히 독실했기 때문에 교리 논쟁으로 서로를 훼손하지는 않았다.

석혜원은 당시 추앙과 신망(信望)을 받는 대사(大師)였다. 혜원은 현리(玄理)를 담론할 때 늘 내서와 외서를 겸비했으며, 아울러 자신의 저술에서도 길은 다르지만 목적지는 같다는 취지를 간간히 펼쳤다[9]. 그래서 송나라 초기에 혜원의 제자 종병이 지은 『명불론』에서는 이렇게 말했다.

"공자, 노자, 여래의 세 가르침은 길은 다르지만 선(善)을 익히는 것은 공통의 궤칙(軌則)이다."[10]

석혜원의 친구 사령운은 자신의 저술 『변종론』에서 공자와 부처님의 가르침을 절충했으며[11], 그리고 석혜림도 자신이 지은 『백흑론』에서 백학(白學) 선생과 흑학(黑學) 도사의 문답을 마련하여 공자와 석가모니의 차이를 논했다. 불교의 뜻에 대해서는 너무 이리저리 쪼개고 허황해서 사실과의 거리가 아주 멀다고 비난했지만, 마지막에 가서는 불교가 공자의 가르침과 같은 곳으로 돌아가지만 실제로 가는 길은 다르다고 했다. 혜림은 진군(秦郡)의 진현 (秦縣) 사람이다. 본래의 성(姓)은 유(劉)씨이고 도연(道淵)의 제자로서 건업의 야성사(冶城寺)에 거주했다. 그는 여러 경전과 『노자』, 『장자』에 능통했으며, 해학과 웃기는 말을 좋아했으며, 저작에 능해서 『문집』 열 권이 있으며[12:], 『효경』 및 『장자 · 소요편』의 주석을 지었다[13:]. 또 성품이 오만하고 방종해서 스스로 자랑하며 젠 체 했다[14:]. 혜림은 내서와 외서를 모두 통달했을 뿐 아니라 진(晉)나라와 송(宋)나라 시대 청담가의 품격과 기풍을 갖추었다. 또한 교만한 성격이라서 신심(信心)이 아주 엷을 수도 있었기 때문에 자신이 지은 『백흑론』에서 특히 "경전을 공경하고 법사를 보호하려고" 하지 않은[15:] 것도 정말이지 이상한 일은 아니다. 하지만 혜림의 논지는 불교를 전적으로 반대하는 것도 아니니, 그는 이렇게 논하고 있다[16:].

> 사물을 사랑하고 살생을 멀리하며, 주변 사람에게 보시하는 것을 숭상하며, 마음을 쉬어서 부귀영화의 소망을 버리며, 대사(大士)는 중생도 겸하여 구제하려는 염원을 전파하니, 인의(仁義)를 배우는 자와 현일(玄一; 현묘한 하나)을 수행하는 자가 얼마나 숭상하는 것이던가.

혜림은 불교의 자비가 사람들에게 선행을 권유하는 것이 주공(周公)과 공자의 인의가 천하를 감화하는 것과 그 방법은 다르지만 풍속을 구원한다는 취지는 하나라고 여겼다. 그래서 석가모니와 공자는 모두 정(情)을 버리고 누(累; 번뇌)를 버리는 것이 목적이라서 그 선(善)은 동일하다고 했다[17:]. 무릇 두 가르침은 길은 다르지만 목적은 같기 때문에 육도(六度)[10)]

는 오교(五教)[11]와 병행할 수 있고 믿고 순종하는[信順] 것은 기꺼이 자비와 정렬할 수 있는 것이다.

그렇지만 세상의 습속은 자비심을 능히 간직할 수 없을 뿐 아니라 마음을 쉬어 번뇌를 소멸함으로써 선(善)으로 옮기는 일은 더더욱 드물다. 하지만 불교도는 유명(幽冥)[12]의 길과 내생(來生)의 화현(化現)을 서술해서 중생을 어리석게 만든다. 생사의 일은 보고 듣는 지각(知覺)을 벗어난 모르는 일이라서 주공과 공자도 의심하여 밝히지 않았는데, 이것이야말로 비교적 올바른 이해라고 할 수 있다. 석가모니가 생사에 대해 밝힌 내용은 왕왕 거짓이고 허황되어서 진실이 아니다.

> 한갓되이 한량없는 수명[無量壽][13]을 칭하는데, 누가 백세 넘은 노인을 보았던가? 금강(金剛)의 견고함만 찬탄하는데, 어느 누가 영원히 썩지 않는 품질을 보았단 말인가.

게다가 불교는 지옥을 서술함으로서 백성들이 자신의 죄를 두려워하도록 했고, 천당에 대해 말해서 중생이 자신의 복을 기뻐하게 했으니, 그

---

10) 육도(六度)는 육바라밀로 여섯 가지 피안에 도달하는 방법이다. 보시(布施), 지계(持戒), 인욕(忍辱), 정진(精進), 선정(禪定), 지혜(智慧)이다.

11) 오상(五常)의 가르침으로 1)부친은 의롭고[父義] (2)어머니는 자애롭고[母慈] (3)형은 우애가 있고[兄友] (4)동생은 공손하고[弟恭] (5)자식은 효도한다[子孝]는 다섯 가지 도덕 교육을 가리킨다.

12) 깊고 어두움. 또는 심오하고 미묘함. 또는 저승이란 뜻. 여기서는 저승을 가리킨 것으로 보인다.

13) 아미타불의 한역은 무량수불(無量壽佛)로 한량없는 수명을 가진 부처라는 뜻이다. 여기서는 아미타불을 독송하는 일을 장수를 누리는 것으로 보고 있다.

결과 천하 사람들은 스스로를 돌이켜 욕망을 극복하는 행동을 하지 않고 내생의 복과 이익만을 열망했다. 따라서 이는 진실로 탐욕으로 백성을 교화하는 것이다.

> 천당을 가기 위해 선행을 하고 의(義)를 지키기 위하여 도를 닦는다. 지옥이 두려워서 몸을 삼가니, 어느 누가 도리로부터 마음을 단정히 할 수 있겠는가. 죄를 면하기 위해 예배를 드릴 뿐 공경하고 엄숙한 뜻을 말미암지는 않으며, 하나를 보시하면 백배를 구하려 해서 아낌없는 정(情)을 베풀지 않는다. 열반의 즐거움을 찬미하지만 탐욕과 방일(放逸)의 생각만 일어나고, 법신의 오묘함을 찬탄하지만 호기심만 유발한다. 가까이 있는 욕망도 만족되지 못했는데 멀리 있는 이익을 또 일으키니, 비록 보살은 욕망이 없다고 하지만 중생은 이미 확실하게 욕망이 있다. 겨우 피폐해버린 백성을 구제하면서 이익을 다투는 풍속을 영원히 열었으니, 신을 추구하고[14] 도(道)로 돌아가는 것을 어찌 이룰 수 있겠는가!

이익을 다투는 길이 이미 열렸다면 소박한 본질[樸質]의 기풍은 나날이 느슨해진다.

> 단청(丹靑)은 아름다운 색채를 보는 눈을 현란하게 하고, 토목(土木)은 웅장함을 좋아하는 마음을 과시하게 하니, 퇴폐적인 도가 흥기해 온 천하[九服][15]의 재물을 다 없앤다. 그리하여 쓸모없는 일만 할 뿐 중생의 중요한

---

14) 증신(澄神) : 심지(心智)와 정신이 안정되고 맑아서 외부 사물에 흔들리지 않는 것을 말한다.

15) 주(周)나라 때 왕의 통치 영역을 사방으로 각각 5백 리마다 1기(畿)로 구획해서 총 구복으로 나눈 것이다. 여기서 복(服)은 천자에게 복종한다는 뜻이고, 구복은

> 일은 잘라버리며, 영리를 도모하는 계책을 세워 사적인 권력을 성취하며, 권력을 다투는 일에만 힘쓰면서 당파를 만들어 세력을 키우려 했다. 그러나 고난 속에서도 변치 않는 절개는 온 힘을 다하는 영예를 중시하고, 법의 수호는 능경(陵競)(여기서는 사찰을 가리킴)의 정(情)을 펼치기 마련이니, 슬프다, 도(道)가 어찌 기탁할 수 있겠는가.

무릇 불교는 인(仁)의 구제와 욕망의 소멸을 중시했지만, 그 법이 말단으로 흐르면서 오히려 그 반대를 얻게 되었다. 석혜림이란 자는 이 말단의 흐름이 갖는 폐단을 깊이 밝혔지만 자신의 말이 과격하다는 건 깨닫지 못했다.

『백흑론』에서 그는 최초로 불가의 공무(空無)의 뜻을 변론했지만 단지 인생무상의 허망함과 환상[虛幻]만을 언급했을 뿐 본성(本性)의 공적(空寂)이란 깊은 뜻은 통찰하지 못했다. 혜림은 이렇게 말했다.

> 이제 굳건함을 쪼갠 비어있는 나무[空樹]는 아무리 잘라도 그늘을 드리우는 무성한 가지를 다치지 않으며, 자재를 여읜 빈 집[虛室]은 윤환[16]의 아름다움을 손상하지 않는다. 무상(無常)을 밝히면 애타는 갈망의 정만 늘리고, 고통의 거짓[苦僞]을 늘어놓으면 시간을 다투는 우려만 늘어난다.[17]**18:**

---

후복(候服), 전복(甸服), 남복(男服), 채복(采服), 위복(衛服), 만복(蠻服), 이복(夷服), 진복(鎭服), 번복(蕃服)이다.

16) 건물이 높고 장대하서 아름다운 모습을 형용한 것이다. 또는 그 건물.

17) 비어있는 나무는 아무리 잘라도 그 무성한 가지를 다치지 못하며, 비어있는 집은 자재를 치워도 그 아름다움을 손상하지 못한다. 만물의 무상함을 밝히면 오히려 사람들이 필요로 한 의식을 더 증가시키고, 만물의 가상을 통하도록 설명하면 오히려 사람들의 경쟁심을 더 키운다.

이 내용을 보면, 혜림은 불교학에 담긴 실상(實相)과 공허(空虛)의 뜻을 통달하지 못해서 허망하게 나무와 집으로 서로 비교한 것이다. 언사와 문구는 화려하지만 뜻의 취지는 완전히 어긋나 있다. 따라서 혜림 비구는 필경 글짓기에 유능한 문사일 뿐이지 그윽하고 미묘한[幽微] 뜻을 묘하게 헤아리는 철인(哲人)은 아니다. 위진 시대에 중국의 교화와 불교학이 결합한 이래로 중요한 사건이 두 가지 있으니, 하나는 현리(玄理)의 계합이고 또 하나는 문자의 표현이다. 도안, 혜원, 승조와 같은 고승들은 불교든 현담이든 모두 독보적이었고 문장도 우아하고 아름다워서 충분히 (불법과 현담에) 도움을 주었다.

송나라 시대가 되자 문학을 잘하는 승려도 많아졌다. 혜관(慧觀)은 『노자』와 『장자』를 탐구하였고 문장으로도 명성이 자자했다. 원가 초기 3월 상사일(上巳日)[18]에 황제는 곡수(曲水)의 연회[19]에 행차해서 조정의 대신들에게 시를 지으라고 했다. 혜관의 시가 먼저 완성되었는데 글의 취향이 맑고 완곡하였다[19:]. 지담제(支曇諦)는 글을 아주 잘 지어서 『문집』 여섯 권이 있다[20:]. 승철(僧徹)은 부(賦) 한 수와 시 한 수를 짓는데 붓을 대자마자 글을 완성하였다[21:].

석혜휴(釋慧休)도 글을 잘 써서 언사가 아름답고 화려했으며, 서담지(徐湛之)[20]는 그와 아주 각별한 사이였다. 세조(世祖)는 석혜휴에게 환속하라고 명령했는데, 그의 본래 성(姓)은 탕(湯)씨이고 양주의 종사사(從事史)까

---

18) 음력 정월에 첫 번째로 맞는 뱀의 날. 첫 뱀날이라고도 하며 무모일(無毛日)에 속함. 풍속으로는 이발 안하기, 머리 안감기, 뱀부적 붙이기 등등.

19) 3월 3일에 개최하는 연회.

20) 서담지(서기 410년~453년)는 자(字)가 효원(孝源)으로 동해의 담성(郯城) 사람이다.

지 지냈다[22]. 이상 여러 사람들 중에서 혜관이 현리에 능하다고 칭송을 받았을 뿐 나머지 사람들은 의학(義學)에 특별한 조예가 있는 것은 아니다. 탕혜휴는 단지 문인일 뿐이다. 그러나 혜림은 실제로 화려한 재능으로 명예를 얻었지 현묘한 이치에 대해서는 깊이 들어가지 못했다. 무릇 청담의 본질은 본래 명리(名理)에 있다. 하지만 말단의 부류들은 언어의 풍류와 문장의 화려함에 치중했으니, 혜림의 품격은 지도림이나 허순에 비하여 많이 뒤떨어졌다.

혜림은 원래 여릉왕(廬陵王) 의진(義眞)이 알아주었고 유명인사 사홍미(謝弘微)와 교유(交遊)한 적이 있다[23]. 의진은 글과 서적을 좋아해서 사령운, 안연지 및 혜림과 우호적이고 친밀한 관계를 맺었다. 그는 이렇게 말한 적이 있다.

"뜻을 이루는 날에는 사령운, 안연지를 재상으로 삼고 석혜림을 서예주(西豫州)의 도독(都督)으로 삼겠다."

그러나 소제(少帝) 경평(景平) 2년에 의진은 폐(廢)해지고 안연지와 사령운도 쫓겨났다. 혜림도 아마 도읍을 떠났을 것이다[24]. 원가 10년 전후로 혜림은 『백흑론』을 지었다[25]. 한 때 승려들은 『백흑론』이 부처님의 가르침을 폄하했다고 하면서 혜림을 배척하려고 했지만, 문제(文帝)가 『백흑론』을 보고 칭찬한데 힘입어서[26] 혜림은 마침내 권력의 핵심부에 참여하게 되었으며, 문제는 조정의 큰일을 모두 그와 의논했다. 그의 집은 빈객(賓客)으로 붐비면서 늘 수십 대의 수레가 문 앞에 있었고, 사방에서 선물과 뇌물로 관계를 맺고자 해서 그 기세가 등등했다(『송서』 97). 황제가 그를 불러 만날 때는 홀로 탁자에 올라갔는데 안연지는 이를 너무나 싫어해서 '삼대(三台)[21]의 자리를 어찌하여 형여(刑餘)[22]같은 승려에게 주십니까?' 하자 황제의 안색이 변했다[27].

혜림이 『백흑론』을 짓자 하승천은 매우 격찬하면서 종소문(宗少文)에게 보냈는데, 종소문은 편지를 써서 혜림의 허망함을 질책하며 하승천과 여러 번 논란을 벌였다. 하승천이 다시 『달성론(達性論)』을 지어서 불교의 가르침을 비방하자, 안연지도 하승천과 상세히 논쟁을 벌였다[28:]. 안연지는 진실로 불교를 신봉해서 혜림을 "형여(刑餘)"라고 배척했는데, 이는 혜림의 말과 논지에 불만이 있었기 때문이 아닌가 생각한다. 하승천과 종소문 및 안연지의 논란에서 각자 이론은 달랐지만, 그들에게 가장 중요한 문제는 신령(神靈)의 불멸이었다. 종소문은 하승천에게 보낸 서신에서 이렇게 말했다.

> 나는 그의 어리석은 생각을 없애기 위해 『명불론』을 지었다. 그래서 스스로 품고 있던 생각을 담아 그 내용을 완성한 후에 다른 사람을 시켜 필사하도록 했다.

따라서 종소문이 이 『명불론』을 지은 시기는 역시 혜림이 『백흑론』을 지은 후의 일이다. 『명불론』의 다른 이름은 『신불멸론』이라 했는데 아마 혜림 비구에 대적하기 위해 지었을 것이다.

---

21) 재상, 태위, 어사대부가 앉는 자리.

22) 형벌에 처해졌으나 목숨을 보존한 사람이란 뜻으로 전과자를 말한다. 이것이 거세(去勢)된 사람, 환관이란 뜻으로 전변했고, 또 승려의 뜻으로 전변하기도 했다.

### 3) 형신(形神)과 인과에 대한 변론

종소문은 이렇게 생각했다.

『세상 사람들 대부분은 부처를 기괴하게 여겨서 '나 자신도 돌볼 수 없는데 어찌 나 자신의 후생(後生)을 돌아볼 수 있겠는가'라고 여겼다.』

정신(精神)은 불멸이고 사람은 성불할 수 있다는 말은 아주 황망한 일이라서 주공과 공자의 서적에서는 또 명확히 말하지 않은 것이다. 불교 경전의 이치도 깊이 의심할 만한 것이니 중국의 군자는 예의에는 밝지만 예의의 근본인 마음의 이치에는 어두웠다. 주공과 공자의 서술은 야만 지역에서 거친 감응에 대한 다스림이라서 생(生)의 초월한 것에 대해서는 남기고 논술하지 않았으니, 그렇다면 성불에 대해서는 간직한 채 논하지 않았기 때문에 시초의 형상에 대해선 돈독하나 마지막의 신(神)에 대해선 생략한 것이다.

> 이제 한 번 음(陰)이고 한 번 양(陽)인 것을 도(道)라 하고 음과 양으로 측정할 수 없는 것을 신(神)이라 하는데, 이는 말하자면 무위의 도에 이르면 음과 양이 섞여서 가지런하기 때문에 '한 번 음(陰)이고 한 번 양(陽)이다'라고 한 것이다. 도(道)로부터 하강해 정신(精神)을 들어가게 하면 항상 음양의 표면에 있어서 이의(二儀)[23]는 탐구할 바가 아니기 때문에 '음과 양으로 측정할 수 없다'고 말한 것이며, 군평(君平)[24]은 하나가 둘을 낳음을 신명(神明)이라 한다고 설했으니29:, 만약 이 두 마디가 모두 무(無)를 밝히는 것이라면 무엇으로 정신(精神)을 밝히겠는가?

---

23) 천지(天地)를 가리키거나 혹은 해와 달[日月]을 가리킨다.

24) 한나라의 고사(高士)인 엄준(嚴遵)의 자(字)이다. 벼슬을 하지 않고 은거해서 성도(成都)에서 점을 치며 살았다.

그러므로 정신(精神)의 이(理)는 역시 중국 서적 속에 간간이 보이고 있다. 대체로 세상의 의혹 중 으뜸가는 것은 형(形)과 신(神)의 구별에 어두운 것이다. 무릇 흙이 쌓여 오악(五嶽)[25]을 이루고 물이 모여 사독(四瀆; 네 가지 큰 하천)이 되지만, 그러나 오악과 사독의 신령은 암석과 물의 흐름에 의탁하지만 산이 무너지고 물이 말라도 함께 죽지 않는다. 그러므로 신은 진실로 형태를 자량(資糧; 밑천으로 삼음)해 생겨나니, 신과 형태가 결합하고 연(緣)이 모여서 존재한다. 하지만 결합이 멸망과 동일하지 않은 것은 그 이치가 지극히 명확하다. 또 온갖 생명의 신은 그 극(極)은 가지런할지라도 인연에 따라 변천해 흐르면서 거칠고 묘한 식(識)을 이룬다. 신의 본체는 본래 두 가지 이치가 없기 때문에 '묘한 만물로 말을 삼는다'고 하며, 또 인연에 따라 거침[麤]을 접촉해서 어리석음과 성스러움을 아득히 분리시키기 때문에 요(堯)임금, 순(舜)임금과 걸왕(桀王), 주왕(紂王)은 식(識)에서 거침과 묘함의 구별이 있다. 만약 세상 사람이 악을 점차 소멸하고 점진적으로 선을 닦아 나가면 걸왕, 주왕도 요임금, 순임금의 식(識)을 내포하게 할 수 있다. 무릇 신의 불멸과 연회(緣會)의 이(理)와 수행을 쌓아서 성인이 되는 것, 이 세 가지는 모두 지극히 명확한 이론이다.

형(形)과 신(神)은 동일하지 않기 때문에 현조(玄照)[26]하는 자의 마음은 사물과 단절되어 있다. 마음과 사물이 연(緣)을 끊으면 허명(虛明)만 홀로 운행하며, 따라서 법신은 몸은 없지만 신(神)은 있다. 이 때문에 불교 경전에서는 모든 법의 성품은 공(空)해서 꿈같고 허깨비 같고 그림자

25) 중국의 오대(五大) 명산을 총체적으로 칭한 것인데, 각각은 동악 태산(泰山), 서악 화산(華山), 중악 숭산(嵩山), 북악 항산(恒山), 남악 형산(衡山)이다.

26) 사물의 이치를 미묘하게 비추는 것을 말한다.

같고 메아리 같고 거품 같고 물속의 달 같다고 말한다. 안자(顔子)는 이것을 알고 있기 때문에 유(有)에 처해서도 무(無)와 같았고 실제[實]를 마치 빈[虛] 것처럼 다루어서 잘못을 보이지 않았으므로 바로잡을 것도 없다. 이제 안자의 누공(屢空)[27]을 살펴보면 유(有)가 실제로는 무(無)라는 걸 알고 있었다. 좋은 습성이 쌓이면 성인이니, 성인이란 겉으로는 유교 현학의 지극함을 찬양할지 모르지만 속으로는 무생(無生)의 학문을 실제로 품부 받은 존재이다. 따라서 『노자』, 『장자』의 책은 대도를 건립해 말했지만 실제로는 신의 근본이 무생에 있음을 밝혀서 온갖 성품의 공(空)으로 극(極)을 비춘 것이다. 광성(廣成)[28]의 말에서 "지극한 도의 정수는 그윽하고 심오하다[窈窈冥冥]"는 내용이 바로 『수능엄』 삼매이다. 종소문의 관점에서 보면, 불가(佛家)의 법신은 현학의 지극한 도[至道]와 본래 차이가 없었다. 그래서 그는 이렇게 말했다.

> 일반적으로 함이 없으면서도 하지 않음이 없다[無爲而無不爲]고 칭하는 것과 법신이 형태가 없어서 일체에 두루 들어가는 것이 어찌 동일한 이치가 아니겠는가.

『명불론』의 마지막에서는 보응(報應)의 도리를 다시 "온갖 변화는 각각 인연을 따르며, 인연을 따른다는 것은 바로 숙명을 넘어설 수 없다는

---

27) 『논어 선진편(先進篇)』에 나오는 말. 공자가 말했다; "안회는 거의 도에 가깝지만. 자주 곤궁했다[子曰: 回也, 其庶乎. 屢空]." '누공'은 자주 곤궁했다는 뜻이지만, 여기서는 공과 유의 대립된 개념으로 파악해서 현학으로 전개하고 있다.
28) 중국 상고시대의 신선. 황제(黃帝)가 직접 찾아가서 도에 관해 물었고 치우와의 전쟁 때는 황제의 군사(軍師)가 되었다고 한다.

것이다"라고 서술했으며, 『주역』에서는 "건도(乾道;하늘의 도)의 변화는 바로 각자의 바른 성명(性命)이니, 생명을 품고 있는 부류는 위로는 모든 부처가 있고 아래로는 날아다니는 곤충과 기어 다니는 벌레가 있는데 모두 건곤 육자(六子)[29]의 소행이다. 천도는 지극히 공평해서 현명한지 아닌지가 다르고 귀하고 천함이 다르지만 보응을 이루는 것은 하나이다. 그렇다면 말린 물고기가 비록 천하다 해도 그 성명(性命)은 저마다 올바로 건도를 따르기 때문에 이전에 살생한 것은 이후에 보응을 받으니, 이로 인해 유가는 인(仁)을 널리 펴고 불가는 살생하지 않는 걸 모든 계율의 으뜸으로 삼았다.

종소문은 식(識)이 있는 부류는 똑같이 성명(性命)이 있다고 했지만, 하승천은 『달성론』에서 그렇지 않다고 했다. 그는 천지는 인간이 아니므로 신령하지 않고 삼재(三才)는 동일한 체(體)로 서로 필요해서 이루어진다고 생각했다. 따라서 사람은 능히 품부 받은 기(氣)가 맑고 조화로워서 신명(神明)이 특별히 발달했는데, 어찌 날아다니고 기어 다니는 벌레와 같은 중생이겠는가. 태어난 것은 반드시 죽기 마련이다. 형태[몸]가 죽고 정신이 흩어지는 것이 마치 봄에 번성하고 가을에 시드는 사계절의 교대(交代)와 같으니, 어찌 다시 형태[몸]를 받는 일이 있겠는가. 가령 수렵이나 사냥을 해도 때를 가리고 주방도 가까이 하지 않아서 온갖 생명을 때[時]에 맞게 취하고 도리에 맞게 쓴다면, 이는 천시(天時)에 순응하고 인간의 사용을 받아들여서 인도(仁道)를 밝히는 것이다. 보시에 보응하는 설은 이전에

---

29) 하늘을 상징하는 건괘는 아버지이고 땅을 상징하는 곤괘(母)는 어머니인데, 이 건괘와 곤괘에서 마치 부모로부터 자식들이 태어나듯이 육괘가 태어난다. 이를 건곤육자(乾坤六子)라고 하는데 바로 진(震 ; 맏아들) · 손(巽 ; 맏딸) · 감(坎 ; 차남) · 이(離 ; 차녀) · 간(艮 ; 막내 아들) · 태(兌 ; 막내 딸)이다.

들어본 적이 없는 것이라서 하승천은 믿지 않았다.

『달성론』에서 말한 내용은 『명불론』의 취지와 완전히 반대라서 안연지는 그와 변론을 주고받느라고 아주 힘들었다. 하지만 하승천은 살생이 과보를 초래한다는 걸 믿지 않았으니, 그의 논거는 사람의 체(體)가 인의(仁義)라서 축생의 종류와 성품을 비교할 수 없다는데 있다. 안연지는 생명을 얻는 이(理)는 모두 음양이라고 여겼으니, 품량(品量)은 비록 다를지라도 품부 받은 기(氣)가 어찌 다를 수 있겠는가. 두 사람의 쟁점은 사람과 만물의 차이이다. 그리고 진(晉)과 송(宋) 사이에 나함(羅含)이라는 자가[30] 『갱생론(更生論)』을 지었는데, 그는 만물의 유한성을 통해 인간 정신[人神]의 불멸을 논증하면서 그 첫 머리에서 이렇게 말했다.

> 훌륭하구나! 향생(向生; 향수)의 말이여. 그는 이렇게 말했다.
> "하늘이란 무엇인가? 만물의 총체적 명칭이다. 사람이란 무엇인가? 하늘 속의 한 사물이다[天者何，萬物之總名。人者何，天中之一物]."[31]

> 이 때문에 오늘날 만물은 수(數)가 있지만 천지는 무궁하다고 이야기하는 것이니, 그렇다면 무궁한 변화는 만물에서 비롯되어 나온 것이 아니다. 만물이 갱생하지 않으면 천지는 종말이 있는 것이며, 천지가 종말이 있지 않다면 갱생한다는 걸 알 수 있다.

또 비록 온갖 생명은 신진대사를 하면서 물화(物化)를 반복하지만, 그러나 자연의 앞뒤 순서는 추호의 차이도 없다. 천지는 비록 거대하지만 혼연일체로 흐트러지지 않으니, 이 때문에 온갖 신(神)은 변화하면서도 옛날의 체(體)[30)]는 잃지 않는다. 손안국(孫安國)은 나함에게 보낸 서신에서 그의 학설을 반박하며 신명(神明)도 형질(形質)처럼 모두 분산(粉散)해서 다른 사물로 변화할 수 있다고 했다. 군장(君章; 손안국)은 답장에서 "만물이 변화하지 않는다고 말하는 것은 아니다. 그러나 변화하는 것은 스스로 제자리를 얻어서 역력히 분명하므로 혼란스럽지가 않다. 그렇다면 만물의 변화는 끝난다 해도 다시 시작하면서 그 감응이 무궁하여 영원히 갱신한다"고 하였다. 손안국의 말은 자연의 수(數)에 어두운 것이다.

손성(孫盛)[32]은 진(晋)나라 시대에 죽었으므로 손성과 나함의 변론은 응당 동진 말엽이어야 한다. 동진 이래로 신(神)과 형상[形]에 대한 논쟁은 잡다하게 진행되었다. 완수(阮修[31])는 귀신을 믿지 않았고, 완첨(阮瞻[32])은 평소 무귀론(無鬼論)을 주장했다(『진서』 49에 보인다). 경천(庾闡)은 『신불경수형론(神不更受形論)』[33]을 지었고, 『고승전』의 기록에 의하면 동진 때 이학(異學)의 신도들은 모두 심신(心神)은 형태가 있다고 여겼다. 하지만 묘하게도 만물에 대한 논의는 복잡하게 얽혀서 서로 논쟁하고 서로 꺾어 누르고 있다. 축승부(竺僧敷)는 『신무형론(神無形論)』을 지어서 형태[形]가 있으면 수(數)가 있고 수가 있으면 다함[盡]이 있으며, 신은 다함이 없기 때문에 형태가 없다는 것을 안다고 하였다. 축승부가 말한 내용은 나함의 취지와 아주 비슷하다. 축승부는 형태의 다함 있음으로 신의 형태 없음을 증명하고 있으며, 나함은 만물은 수가 있기 때문에 신은 불멸한다고 주장했다[34].

---

30) 옛날의 체[舊體]는 원래의 근본적인 체를 뜻한다.

31) 기원 270년~311년. 진(晋)나라 무제(武帝) 태시(泰始) 6년(서기 270년)에 태어나 회제(懷帝) 영가(永嘉) 5년(서기 311년) 42세를 일기로 사망했다. 『진서(晉書)』 49권에 전기가 있다.

32) 출생 시기는 명확치 않고 서기 312년 경에 사망한 것으로 보인다. 위진 시기 '죽림칠현'의 하나인 완함(阮咸)의 아들. 『진서』 49권에 전기가 있다.

송나라 초기에도 논쟁은 계속되었다. 종소문은 『명불론』을 지어서 하승천과 『백흑론』을 변론했으며, 안연지는 하승천과 『달성론』을 변론했다. 그 주요 쟁점은 모두 신의 불멸이다. 범엽(范曄)은 늘 죽은 자는 신(神)이 소멸한다고 말하면서 『무귀론』을 지으려고 했으며(『송서』 69), 임성팽승(任城彭丞)[35]은 『무삼세론(無三世論)』을 지었으며, 승함(僧含)은 『신불멸론』을 지어서 대항했다(『고승전』). 그리고 『홍명집』에서는 또 정선지(鄭鮮之)의 『신불멸론』도 실어서 아주 상세하게 말했지만 새로운 뜻은 없었다. 정선지의 자(字)는 도자(道子)이고 원가 3년에 임종을 맞았다. 이상의 서술은 모두 원가 시대를 벗어나지 않았다. 당시 이런 담론에 대한 사대부들의 태도는 참으로 가관이었다. 하지만 진(晉)나라 때 간보(干寶)가 『수신기(搜神記)』를 짓고부터 세상에서는 귀신의 동호(董狐)[33]라고 칭했다[36]. 이후에는 도원명의 『수신록(搜神錄)』이 있으며[37], 송나라 임천왕(臨川王) 의경(義慶)의 『선험기(宣驗記)』과 『유명록(幽明錄)』이 있으며, 태원(太原)의 왕연수(王延秀)는 『감응전(感應傳)』[38]이 있는데 모두 세속의 전설을 채취하여 전문적인 책으로 묶어서 만든 것이다[39]. 그렇다면 당시 귀신 이야기는 민간에서도 상당히 성행한 것이다.

이상의 서적에서는 천(天), 신(神), 인(人), 귀(鬼)의 기이한 사적만 기록한 것이 아니라 인과의 증험(證驗)도 실려 있다. 무릇 인과응보설은 불가의 근본 뜻인데, 이 역시 진나라와 송나라 때 벌어진 논쟁 중 하나였다. 혜원, 대안공(戴安公), 주속지(周續之)는 여러 번 서신을 주고받으면서

---

33) 춘추 시대 때 진(晉)나라의 태사(太史)로 사호(史狐)라 칭하기도 한다. 권세를 두려워하지 않고 직필(直筆)로 유명해서 그의 필법을 '동호지필'(董狐之筆)이라 한다.

질문하고 응답했다. 송나라 초기에 하승천은 유소부(劉少府)에게 질의하는 글을 지어서 인과설은 단지 사람에게 선(善)을 권유하는 방편의 가르침일 뿐 실제로 있는 것은 아니라고 했다[40]. 카담(卡湛)은 『보응론』을 지어서 범백륜(范伯倫)과 문답을 했으며[41], 원찬(元粲)은 『거안론(遽顏論)』을 지어서 혜통(慧通)에게 제시해 여러 번 논란을 주고받았으며[42], 승함(僧含)은 『업보론(業報論)』을 지었다[43]. 법민(法愍)은 사회(謝晦)가 사찰을 파괴한 후에 화를 입었기 때문에 『현험론(顯驗論)』을 지었다(『고승전』). 이상은 모두 송나라 초기였다. 『홍명집』에는 초왕(譙王)이 지은 『논공석서(論孔釋書)』가 실려 있는데, 이 글에서는 인과의 이치가 주공과 공자의 전적(典籍)에서는 보이지 않으므로 문하 제자들이 글을 지어 대답하기를 희망했고 이로 인해 장신안(張新安)이 회신을 했다고 하였다. 엄철초(嚴鐵樵)의 『전송문(全宋文)』에서 고증한 바에 의하면, 초왕은 바로 남군(南郡)의 의선(義宣)이고 신안(新安)은 바로 장경(張鏡)이니 이 역시 송나라 때의 일이다.

### 4) 세족(世族)과 불교

장경(張鏡)은 강남의 명문 가족 출신이다. 송나라와 제나라 두 시대에 걸쳐 장씨 가문은 인재를 배출해서 문학과 현담의 중심이 되었다. 진(晋)나라의 시중상서(侍中尚書), 오(吳)나라의 내사(內史)까지 지낸 장창(張敞)의 자식 중에 유명한 자는 장유(張裕), 장위(張褘), 장소(張邵)이다. 장유는 원가 원년에 익주자사에 임명되어서 장락사(長樂寺)의 도은(道誾)을 수계 스승으로 청한 적이 있다(『고승전』). 장유의 자는 무도(茂度)이고 시호는 공자(恭子)이다[44]. 자식은 다섯 명으로 그 이름은 장연(張演), 장경(張鏡), 장영(張永), 장변(張辯), 장대(張岱)이며 당시 장씨의 다섯 용(龍)이라고 불렸다.

그 중 장경은 신안(新安)의 태수(太守)까지 지냈는데, 안연지는 그가 청담과 현리를 논하는 것을 듣고 깊이 탄복했다(『남사』 31). 초왕의 『논공석서』에 답한 그의 글을 보면 "방화(放華)[34]는 아직 우매하고 문선(文宣)은 아직 떠오르지 않았다"[35]는 구절이 있는데 불법에 대해 깊이 승복하는 것을 볼 수 있다.

장영도 유명 인사로서 재능이 뛰어났다. 그는 경사의 누호원(婁湖苑)에 한심사(閑心寺)를 세운 뒤 늘 도영(道營)을 청해 거주하도록 했으며, 범민(梵民)에게 가서는 그의 기풍을 흔쾌히 좋아했으며, 현운(玄運)에게 가서는 법당에 올라가 도를 물었으며45:, 담빈(曇斌)에게도 강의를 청한 적이 있다46:.

장변은 이부랑(吏部郎)[36]을 지냈다. 그는 승민(僧旻)이 사미승일 때 기이하다고 칭찬했다47:. 『법원주림』에 『석승민찬(釋僧旻贊)』(권115)이 실려 있고 『고승전』에는 『담감찬(曇鑒贊)』이 실려 있는데 모두 장변의 손에서 나온 것이다. 장대(張岱)도 역시 석승은(釋僧隱)의 계법(戒法)을 자문한 적이 있다48:.

장연(張演)의 자식 장서(張緖)는 젊은 시절에 이미 유명했다. 숙부 장경(張鏡)은 그를 악광(樂廣)과 비교했고 원찬(袁粲)은 그에게 정시(正始)의 유풍(遺風)이 있다고 했다. 하지만 장서와 안연지는 모두 승려 혜량(慧亮),

---

34) 방(放)은 방훈(放勳)으로 요 임금의 이름이다. 화(華)는 중화(重華)로 순 임금의 미칭(美稱)이다.

35) 문선(文宣)은 공자를 가리킨다. 당현종(唐玄宗) 개원(開元) 27년에 공자를 문선왕(文宣王)으로 봉했다.

36) 고대의 관직 이름. 동한 때 이부랑을 설치해서 선거(選擧)를 주관했다.

담빈을 숭상하면서 매번 "맑은 말과 오묘한 실마리는 끊어지려 하다가 다시 흥기(興起)했다"고 감탄하였고(『고승전』), 제(齊)나라 건원(建元) 원년 황제가 장엄사(莊嚴寺)에 행차했을 때 장서도 역시 있었다[49]. 장서는 승민이 어렸을 때 이미 그의 됨됨이를 기이하게 여겼고, 그의 아들 장충(張充)은 오군 태수를 역임할 때 역시 승민을 오군으로 청하는 표(表)를 올렸다(『속고승전』).

장영(張永)의 아들 장직(張稷)은 청주(靑州)와 기주(冀州) 자사를 지낼 때 전각(殿閣)을 닫고 불교 경전을 읽는 바람에 방위 태세가 느슨해졌다[50]. 또 장소(張邵)의 자(字)는 무종(茂宗)이며 승업(僧業)에게 고소(姑蘇)에다 한거사(閑居寺)를 지어주었다(『승전』). 장소의 아들 장부(張敷)는 현학을 좋아해서 젊은 시절 종소문과 담론했다. 종소문은 담론에서 굴복하려고 할 때마다 진미를 잡고서 "우리의 도는 동쪽에 있다"고 감탄했다(본전(本傳)). 장부와 그의 사촌 동생 장창(張暢)은 늘 승전(僧詮)과 교유(交遊)했으며 승전이 죽은 후에는 『추도문』을 지었다. 그의 아버지 장소가 양양에 주둔했을 때 장부는 따라갔으며[51], 그곳에서 도온(道溫)의 경전 강의를 듣고는 돌아와서 아버지에게 "의리(義理)에 대한 해석은 미묘함을 충분히 분석했다"고 하였다. 그래서 장소는 몸소 찾아가 배알하면서 승전의 신령한 풍모에 읍(挹)을 했다(『고승전』).

장위(張褘)의 아들 장창은 문학에 뛰어났고 담론을 잘했으며 문장의 음운(音韻)도 우아하고 풍채가 화려했다. 장창은 약야산(若耶山) 경(敬)법사의 『추도문』을 지었고(『광홍명집』) 승약(僧籥)의 사람됨을 존중했다. 그리고 형주의 석승혜(釋僧慧)는 변론 솜씨가 흐르는 물처럼 유창해서 명사 종병, 유규(劉虯)와 친했는데, 장창은 서쪽 땅으로 가서 그를 뵙고 교제를 청했다[52]. 장창의 동생 장열(張悅)도 명성이 뛰어났으며 승려 도왕(道汪)

과 친했다(『고승전』). 장창의 아들 장엄(張淹)은 동양(東陽) 태수를 지낼 때 군(郡)의 관리에게 팔을 태워 부처를 비추라고 핍박했고 백성에게 죄가 있으면 부처님께 예배하라고 했는데 수천 배(拜)씩 시켰다(『송서·창전(暢傳)』). 그리고 장엄의 동생 장융(張融)은 특히 유명했으니, 약관(弱冠)의 나이 때 도사 육수정(陸修靜)은 그에게 해오라기 털로 만든 부채를 선물했다. 사촌형제 장충(張充), 장권(張卷), 장직(張稷)도 모두 유명해서 당시에는 네 장씨(張氏)라고 칭했다(『남사』 31). 장씨는 장부 이래로 모두 음악과 언사를 다스리고 예의를 닦는 것에 충실했지만, 장융 때에는 기풍이 기괴할 뿐이라서 보는 사람마다 경악했다. 그들의 현학에 대한 이해는 스승에게 물려받은 법도가 없어서 남보다 지나치게 신비하게 해석했으며, 그들의 고담준론은 거의 대항할 수 있는 사람이 없었다. 병들어 죽었을 때 사람들에게 털이개를 잡고 지붕에 올라가 혼을 되살리라는 유언을 남겼으며, 왼손에는 『효경』과 『노자』를 들고 오른손에는 『소품』과 『법화』를 들어야 한다고 했고53: 승려와 자주 왕래했다54:. 『홍명집』에는 그가 지은 『문율(門律)』이 실려 있는데 이렇게 말하고 있다.

"우리 가문은 대대로 불교를 공경했다"

대체로 진(晉)나라 말엽 이래로 오(吳)나라의 장씨는 대대로 귀족이었으니, 장경, 장서, 장부, 장창, 장융은 모두 현담으로 이름을 날렸고 부처님을 신봉하는 것으로 유명했다. 남조의 불교에서는 사대부 계급의 세력이 현학과 밀접한 관계가 있다는 걸 여기서도 알 수 있다.

여강(廬江)의 하씨(何氏) 가문은 진(晉)나라의 사공(司空)인 하충(何充)과 송나라 사공인 하상지(何尙之) 이래로 대대로 불법을 신봉해서 모두 사찰과 탑을 세웠다55:. 하충(何充)은 평소 불법을 좋아했고56:, 그의 형님의 딸은 진(晉)나라 목제(穆帝)의 황후였고 역시 사찰을 지어서 하황후사(何皇

后寺)라고 불렀다. 특히 하상지는 소박하고 진중하게 불교를 신봉했으니57:, 그가 송문제(宋文帝)에게 불교를 찬양한 것은 앞에서 이미 언급했다. 하상지의 손자 하점(何點)은 용모가 출중했으며 많은 책을 널리 통달하고 담론을 잘했는데, 그는 형님인 하구(何求)와 함께 오군(吳郡)의 호구산(虎丘山)에 은거했다. 그의 가문은 대대로 불교를 신봉해서 훌륭한 승려와 명망 있는 사문을 초대하여 청담을 논하고 부(賦)를 읊으면서 유유자적하였다. 제(齊)의 경릉왕 자량(蕭子良)은 하점을 지극히 흠모했기 때문에 하점이 법륜사(法輪寺)에 있을 때 직접 그를 찾아가 만나보았다. 하점이 갈건(葛巾)을 두르고 좌석에 오르자 소자량은 한없이 즐거워하면서 혜강(嵇康)의 술잔과 서경산(徐景山)의 주당(酒鐺)[37]을 남겨 주었다58:. 법륜사는 그의 할아버지인 하상지가 지었기 때문에 하점은 늘 사찰에 거주했다59:. 하점은 승원(僧遠)에게 투신(投身)해 발을 들여놓았으며 계(戒)의 범위에 대해 자문했다.

송나라 대명(大明) 시기에 학문과 덕이 높은 하묵(何默)은 많은 승려를 초청해서 승인(僧印)을 법장(法匠)으로 청했다60:. 또 그는 오(吳) 지역의 석불사에서 직접 강연(講筵)을 건립한 적이 있다(『남사』 30). 하점의 동생 하윤(何胤)은 종산(鍾山)의 정림사(定林寺)에 가서 불교 경전을 듣고는 그 뜻을 모두 통달했다. 그는 회계에 있는 약사산(若邪山) 운문사(雲門寺)에 은거한 적이 있고, 오(吳) 지역에 있을 때는 호구산(虎丘山) 서사(西寺)에 거주하면서 경전을 강의하고 학문을 논했다. 또 주옹(周顒)의 권고로 육식을 끊었다. 그의 저작으로는 『주백법론(注百法論)』61:과 『십이문론(十二門論)』 각각 한 권이 있다62:. 그는 죽을 때 전답과 건물을 모두 승려들에게

37) 옛날의 삼족온주기(三足溫酒器).

주었다63:. 『고승전』에서는 그가 법안, 담비와 친구였고 또 혜기, 승민의 비석을 세웠다고 하였다64:.

또한 하상지의 종손 하경용(何敬容)은 자택의 동쪽을 가람(伽藍)으로 내놓았다. 권력에 아부하는 자들이 건물을 짓는데 재물을 내놓았고 하경용도 거절하지 않았기 때문에 사당(寺堂) 건물은 상당히 웅장하고 화려했다. 그래서 당시의 경박한 자들은 중조사(衆造寺)[38]라고 불렀다. 하경용은 치도(治道; 정치의 도)를 중시해서 청담과 현허(玄虛)의 기풍을 많이 질책했기 때문에 사촌 형제인 하점, 하윤처럼 명리(名理)를 잘 담론하는 자들과는 취향이 달랐다. 오군(吳郡)의 육(陸)씨도 명망 있는 가문이었다. 송나라의 육징(陸澄)은 젊은 시절 학문을 좋아해서 모르는 것이 없을 정도로 많은 책을 열람했다. 송나라 명제(明帝)가 그에게 『법론』을 편찬하라고 칙령을 내리자 그는 한(漢)나라 말엽 이래로 불교 저작에 관련된 작품을 모두 수집해서 103권을 만들고 16질(帙)로 나누었다(『우록』 12). 육징과 육혜효(陸彗曉)는 석승약(釋僧若)[39]과 마음이 맞아서 서로 깊이 사귀었다65:. 육혜효도 역시 오나라 사람이고 진(晉)나라 태위(太尉) 육완(陸阮)의 현손(玄孫; 증손자의 아들)으로 몇 세대에 걸쳐 시중(侍中)이었다. 당시 사람은 김(金)씨와 장(張)씨 두 가문을 비교하였다. 여군(廬郡)의 하점, 오군(吳郡)의 장융, 진군(陳郡)의 사비(謝朏), 낭야(瑯琊)의 왕융은 모두 서로가 추앙하고 존중했으며, 같은 군(郡)의 장서(張緒)는 강동의 배락(裵樂)이라고 높이 평가했다. 이상 여러 사람은 모두 세족(世族) 출신으로 우아하게 청담을

---

38) 많은 사람들이 지은 절이란 뜻이다.

39) 승약은 장엄사(莊嚴寺) 승거(僧璩)의 형이다. 15살에 출가하여 호구(虎丘)의 동산정사(東山精舍)에서 거주하였다. 스승을 공경히 섬기고 도반을 잘 대했다.

중시하면서 부처님의 제자와 교제하고 있었으니, 이를 살피면 당시 그들이 기뻐하고 좋아하던 불교의 성향을 알 수 있다.

육혜효의 아들 육수(陸倕)도 아주 유명한 사람으로 문장을 잘했다. 그는 형님 육임(陸任)에게 편지를 써서 양무제가 질문한 신멸(神滅)의 뜻에 대해 대답했고66:, 아울러 『화소명태자종산해강(和昭名太子鐘山解講)』(『광홍명집』)을 짓고 혜초(慧初) 선사를 위하여 묘비를 제작했다67:. 또 승민을 깊이 숭배하고 존경해서 태자중서(太子中庶)[40]로 있을 때 손님을 방으로 모셨는데, 승민이 병을 핑계로 만나지 않자 육수는 기뻐하면서 이렇게 말했다.

"이거야말로 정말 제자가 소망하던 바입니다."

사람들은 모두 육수가 명망 있는 대덕을 사랑하고 추앙했다(『속고승전』)고 했으니, 이로부터 육수와 불교 신도와의 관계가 단지 문자 상의 인연만은 아니란 걸 알 수 있다. 오(吳) 지역 사람으로 또 육고(陸杲)가 있는데, 그 역시 평소 불법을 믿었고 계율도 확실하게 지녔다. 석법통(釋法通)은 종부(鐘阜)에 은거할 때 육고, 진군(陳郡)의 사거(謝擧), 심양(尋陽)의 장효수(張孝秀)와 함께 절에 걸어가서 계법을 받았다(『고승전』에 보인다). 그리고 『사문전(沙門傳)』 30권을 지어서68: 동생 희균(煕均)과 함께 『양무제신멸칙(梁武帝神滅敕)』에 답했다(『홍명집』). 아들 조(罩)는 간문제(簡文帝)가 옹주(雍州)에서 『법보연벽(法寶聯璧)』을 편찬할 때 그 작업에 여러 해 참여한 적이 있다69:.

---

40) '중서'는 원래 제후나 경대부들이 낳은 서자들에 대한 교육을 담당하는 관직인데, 서한 때는 태자부( 太子府)에 속해 태자중서자(太子中庶子)라고 칭했다 . 이 직책은 시중(侍中)처럼 태자를 따라 다니며 시봉하는 것이다.

여남(汝南)의 주(周)씨는 송나라 초기의 황실 친척으로 고위직에 있었다. 주랑(周朗)은 명제(明帝) 때 글을 올려 불교의 폐단에 대해 자주 말했다[70]. 그의 후손 주옹(周顒)은 바로 진(晉)나라 주의(周顗)의 후예인데 처음엔 익주 자사 소혜개(蕭慧開)를 따라 촉(蜀) 지역에 들어왔다. 당시에 사문 법소(法紹)가 있었는데 본래 파서(巴西) 사람이다. 주옹이 소혜개를 따라 도읍으로 돌아올 때 법소를 불러 함께 내려왔으며, 나중에 법소는 주옹이 지어준 산자(山茨) 정사에 거주했다[71]. 송명제는 이(理)에 대한 담론을 좋아했다. 그는 주옹의 사의(辭義)[41]가 좋아서 궁전 안에 끌어들여 측근에서 지내도록 했다(宿値[42]). 송명제가 행한 참혹한 독살 사건에 대해 주옹이 드러내놓고 간하질 못하고 경전에 나오는 인연과 죄와 복에 대한 일을 외워서 들려주자 황제도 약간은 멈추었다(본전에 보인다). 주옹은 명제 앞에서 명리(名理)를 논하지 않고 죄와 복을 말했는데, 『고승전』에서는 이것이 승근(僧瑾)의 권고를 따른 것이라 했다[72].

원휘(元徽) 초기에 섬현(剡縣)의 현령을 할 때 혜기 법사에게 강설을 청했다. 주옹은 평소 학문의 공(功)이 있어서 특히 불교 이해가 깊었고, 게다가 혜기(慧基)를 만나 탐구하고 모색하자 나날이 새로운 발견이 있었다(『승전 · 혜기전』). 섬현 사람인 석혜비(慧斐)는 본래 혜기의 제자로서 『방등경』과 같은 심오한 경전을 종합적으로 통달하고 아울러 『노자』, 『장자』, 유교, 묵자도 열람하였으며, 그리고 주옹과 주옹의 아들인 주사(周舍)와도 모두 지음(知音)의 친교를 맺었다(『혜비전』). 당시 사문 혜약(慧約)도 섬현에 있었는데, 주옹은 옆 자리를 내주면서 예를 갖추었다(『속고승전 · 혜약전』).

---

41) 언사의 스타일과 문의(文義). 문장의 형식과 내용을 가리킨다.
42) 관청이나 회사 등에서 잠을 자면서 밤을 지키는 일.

제(齊) 나라 초기에 산음(山陰) 현령을 지내다가 나중에 도읍으로 돌아와서 문혜(文惠) 태자의 존중을 받았다. 경릉왕(竟陵王)은 현학과 불교학을 총체적으로 교정해 그 거짓과 진실을 정하고는 법운사(法雲寺)에다 수의재(竪義齋)를 세웠고, 법호(法護)를 표령(標領)으로 삼고 주옹과 완도(阮韜)와 완회(阮晦)는 허심탄회하게 예우했다(『속고승전 · 법호전』). 법총(法寵), 법운(法雲)도 모두 제나라와 양나라 승려 중 명망 있는 사람이라서 주옹은 그들과도 친교를 맺었다[73]. 제나라 석혜륭(釋慧隆)이 청담을 잘하자 주옹은 그를 지목해서 이렇게 말했다.

"혜륭은 조용하고 한가할 뿐 아니라 삼엄하고 트인 것이 마치 서리 아래 서있는 소나무나 대나무 같다."(『고승전 · 혜륭전』)

또 혜약을 위해 종산(鍾山)에 있는 뇌차종(雷次宗)의 옛집에 초당사(草堂寺)를 짓고 산자(山茨)라고 호칭했으며[74] 굴지사(屈知寺)[43]에 임직했다. 이 절은 한적하고 세상을 벗어난 듯해서 혜약은 이곳에서 임종을 맞았는데, 주옹은 감탄하면서 말했다.

"산자에 혜약 스님이 오니 청허(淸虛)함이 가득 하구나."(『속고승전 · 혜약전』)

주옹은 평상시에 채식을 했으며 처자식이 있어도 산사(山舍)에서 홀로 기거했다. 당시 하윤(何胤)도 역시 불법을 정성껏 믿었고 처첩(妻妾)이 없었다. 문혜(文惠) 태자가 주옹에게 물었다.

"당신의 정진은 하윤에 비해 어떤가?"

주옹이 대답했다.

"삼도팔난(三塗八難)[44]은 공통으로 면하지 못하겠지만, 그러나 각자

---

43) 초당사의 다른 이름이 굴지사이다.

누(累)를 받는 것이 있습니다."

태자가 물었다.

"어떤 누(累)를 받는가?"

"주옹은 아내가 있고 하윤은 육식을 합니다."(본전에 보인다)

이처럼 그 제목(題目)의 인물이나 언사의 임기응변이 모두 청담하는 사람의 기풍과 법도였다. 주옹은 『반야경』과 삼론(三論)을 중시하면서도 『성실론』을 가볍게 보지 않아서 『삼종론(三宗論)』을 지었는데, 이에 대해서는 앞으로 18장에서 상세히 서술할 것이다. 주옹의 자식 주사(周捨)도 즉석 대답에 능했고(占對)[45] 변론을 잘했다. 주사의 조카 홍정(弘正), 홍정의 제자 장기(張譏)도 모두 양(梁)나라와 진(陳)나라 두 시대에 걸친 현학의 청담가(淸談家)인데 역시 뒤에서 상세히 서술할 것이다.

남조의 세족(世族)은 왕(王)씨와 사(謝)씨를 으뜸으로 친다. 진(晉)나라 사도(司徒)인 왕도(王導)는 승려들을 장려했는데, 이는 강동(江東) 불법의 흥성과 상당한 관계가 있다. 왕도의 자식은 여섯 명으로 그 이름은 열(悅), 염(恬), 흡(洽), 협(協), 소(邵), 회(薈)이다. 왕회는 불법을 신봉했고, 왕흡은 가장 저명한 인물로 늘 승려와 교유했다. 왕흡의 자식 왕순(王珣)과 왕민(王珉)도 현학과 불학을 모두 공부했으며, 왕소의 자식 왕밀(王謐)은 사도(司徒)로서 구마라집에게 편지를 보내 불법의 뜻을 문의했고 혜원과도 벗이

44) 불교에서 말하는 삼악도, 즉 지옥(地獄), 아귀(餓鬼), 축생(畜生)를 삼도(三塗)라 한다. 불법을 듣지 못하는 여덟 가지 장애를 팔난이라 한다. 지옥, 아귀, 축생에 태어나면 고통이 심해서 불법을 듣지 못하고, 장수천(長壽天)과 울단월(鬱單越)에 태어나면 즐거움이 많아서 불법을 듣지 않고, 귀머거리와 벙어리면 불법을 듣지 못하고, 부처가 세상에 있기 이전이나 이후에 태어나면 불법을 듣지 못한다.

45) 점대(占對)는 즉각적으로 대답하는 것이다.

되었다. 그리고 왕희지(王羲之), 왕헌지(王獻之) 등 사도는 왕도의 사촌 동생이고 왕익(王廙)[46]의 후손인데, 이들은 수행을 신앙해서 천사도를 따랐지만 현리를 담론하고 승려들과도 교유했다75:. 이상 여러 사람들과 불교에 관련된 사적은 앞에서 이미 산발적으로 살펴보았다.

송나라 초기의 사도 왕홍(王弘)은 왕순(王珣)의 자식이자 왕도의 증손자이다. 그는 사령운과 늘 돈점(頓漸)의 뜻을 변론했으며 이를 축도생에게 서신으로 보여준 적도 있다(『광홍명집 · 변종론』). 또 범태(范泰)와 함께 승포(僧苞)의 논의를 듣고 그 재능과 생각에 감탄했다(『고승전』). 그의 사촌 동생 왕련(王練)은 『오분률』을 역출할 때 단월(檀越; 시주)이었다. 『오분률』은 불태습이 산스크리트를 담당하고 지승이 번역했으며 도생, 혜엄이 교정을 보았다(『고승전』). 왕홍의 조카 왕미(王微)는 학문을 좋아했고 문장을 잘 지었으며 음악을 알고 술수(術數)[47]도 알았다. 그는 도생을 칭송하면서 곽림종(郭林宗)[48]에 견주었고 그를 위해 전기를 지었다(『고승전 · 축도생전』). 왕홍의 자식 승달(僧達)은 어린 시절에 역시 사문들과 두루 교제했는

46) 서기 276년에 낭야(琅邪)의 임기(臨沂)에서 태어났다. 동진 시대의 저명한 서예가이자 화가이자 문학가. 아울러 굴지의 음악가이기도 했다. 동진의 승상 왕도(王導)의 사촌 동생이고 진원제(晋元帝)의 매제(姨弟)이다. 322년에 임종을 맞았다.

47) 술수(術數)는 고대 도교의 오술(五術) 중의 주요 내용이다. 즉 술수는 음양오행이 상생상극하면서 조화를 이루는 이론으로 이를 바탕으로 자연, 사회, 인간사의 '길흉'을 추정한다.

48) 곽태(郭泰; 서기 128년~169년)의 작(字)가 림종(林宗)이다. 동한 말엽 환제와 영제 때 사인(士人) 집단과 환관 집단이 격렬한 투쟁을 벌였는데, 당시 곽태는 사인의 대표자이자(太學生)의 주요한 우두머리 중 하나이다. 동한 때의 유명한 사상가이자 교육자로서 사람들은 그를 "유도선생(有道先生)"이라 칭했다.

데, 혜관은 그가 지은 문장의 뜻이 아름답다고 감탄했다(『송서』 본전). 일찍이 승원(僧遠)을 청하여 중조사(衆造寺)에 거주하도록 한 적이 있다. 왕홍의 사촌 동생 왕화(王華)는 어릴 때 조난을 당했지만 사문 석담빙(釋曇冰)을 따르면서 벗어났다(『송서』, 『남사』 본전).

왕화의 작은 아버지 왕곤(王琨)은 담기(曇機)를 청하여 회계의 가상사(嘉祥寺)에 거주하도록 했다. 가상사는 매우 유명한 사찰로서 왕화, 왕곤의 할아버지인 왕회가 지은 것이다76:. 그리고 왕소(王邵)의 증손자 왕경문(王景文)(이름은 욱(彧))은 아름다운 풍채에 이(理)를 논하기 좋아했고 젊은 시절에는 진군(陳郡)의 사장(謝莊)과 명성을 나란히 했다(본전). 『고승전・도혜전』에서는 "당시 왕욱77:이 삼상(三相)[49]의 뜻을 변론하자 학승이 많이 모였다"고 했다. 도혜는 당시 17세였지만 여러 번 질문을 했는데 언어가 현묘했고 설명의 논리가 뚜렷했다. 『석법원전(釋法瑗傳)』에서는 "석법원은 당시 『효경』, 『상복』을 논의했다. 자사 왕경문(王景文)이 방문해 안부를 물을 때 바로 『상복』을 강의하고 있었는데, 왕경문은 여러 번 묻고 논의한 뒤 훌륭하다고 하면서 물러났다"고 하였다. 그렇다면 왕경문도 진실로 담론을 잘하는 사람이다. 왕경문의 조카 왕환(王奐)과 왕환의 자식 왕숙(王肅)도 모두 승려와 교유했으며78:, 왕환은 자연스럽게 부처님 제자들과 사귀게 되었다79:. 왕환과 똑같이 남제 시대에 살았던 왕원장(王元長), 즉 왕융은 왕홍의 증손자로 문장이 화려하고 변재가 뛰어났으며 석법운(釋法雲)과 허물없는 친구 사이였다(『속고승전』). 그는 『법락사(法樂辭)』 12권을 지었는데 『광홍명집』에 실려 있다80:.

---

49) 삼상(三相; tini lakkhanàni); 일체의 유위법(有爲法)인 세간법(世間法)은 모두 세 가지 본질, 즉 무상(無常), 고(苦), 무아(無我)를 갖추고 있다.

또 송나라 사도인 왕홍의 동생 담수(曇首)에게는 승작(僧綽), 승건(僧虔) 두 아들이 있었다. 승작의 아들 왕검(王儉)은 제(齊)나라의 유명한 재상이었다. 『고승전』에서는 "그는 법원(法瑗)을 스승처럼 모셨고, 승원(僧遠)을 위해 비문(碑文)을 지어주었고, 승종(僧宗)을 청하여 『열반경』을 강의한 적이 있다"고 하였다. 승민(僧旻)이 연이은 질문도 모두 대적해 꺾어버리자 왕검은 그를 축도생에 견주었다. 또한 혜약(慧約)에게 『법화경』과 『대품』을 강의해 달라고 청한 적이 있다. 『남제서・주옹전』의 기록에 의하면, 왕검은 『효경』의 강의를 마치지 못하자 담제(曇濟)를 추천하여 자신을 대신하게 했다고 한다. 하지만 『광홍명집』에 실린 완효서(阮孝緖)의 『칠록서(七錄序)』에는 '왕검이 『칠지(七志)』를 편찬했다고 하지만 도교와 불교는 편(篇)에 실려 있지 지(志)에 한정되지 않는다'고 했고, 또 말하기를 '왕검은 도교가 우선이고 그 다음이 불교라서 종지로 삼은 것도 똑같지 않다'고 했으니, 이에 근거하면 왕검은 오직 도교를 믿는 사람이라서 불교에 대해서는 겨우 그 현묘한 이치만을 감상했을 수도 있다. 승려를 초청하여 강의한 경전이 『열반경』, 『법화경』, 『대품』인 것을 보면 알 수 있다. 『속고승전・승약전』에서는 낭야의 왕빈(王斌)이 오(吳) 지역을 지키고 있을 때 매번 법회를 열다가 도읍에 돌아와서는 지기(知己)에게 이렇게 말했다고 한다.

"오군에 있을 때 약공(若公; 승약)의 해학 덕분에 노쇠해가는 걸 크게 잊었다. 그가 해마다 방생을 업으로 삼고 있어서 그 인애[仁]가 벌레와 물고기에게도 미친 걸 볼 때 강설(講說)은 비록 듬성듬성했지만 진량(津梁)[50]은 끊어지지 않았으니 어찌 암굴[巖岫] 속에 자취를 소멸해야만 도(道)

50) 1)나루와 다리. 2)부처가 사람을 제도하는 일. 3)동분서주 4)일을 하기 위한

를 닦는다고 할 수 있겠는가. 하지만 출처(出處)가 기틀을 잃지 않았으니 그의 덕이 높은 것을 더욱 깨닫는다."81:

승건의 자식인 자(慈), 지(志), 읍(揖)82:, 빈(彬), 적(寂) 등은 모두 제나라와 양나라 시대에 관직에 있었다83:. 『속고승전・혜개전(慧開傳)』에서는 왕자(王慈) 형제가 모두 혜개와 친구였다고 한다. 왕읍의 자식 왕균이 가장 유명하고 문장을 잘 지었는데 심약(沈約)도 자신은 그보다 못하다고 감탄했다. 왕균이 황제의 칙명을 받고 석보지(釋寶志)의 비문을 지었는데 문장의 언사가 화려하고 뛰어났다. 『예문유취(藝文類聚)』에 그의 『개선사비(開善寺碑)』, 『초당사약법사비(草堂寺約法師碑)』가 실려 있다. 또 『광홍명집』에 그의 『여장사왕별서(與長沙王別書)』가 실려 있는데 이렇게 말하고 있다.

"법성(法城)을 찾아 유행하다가 기원(祇園) 정사에 체류하매,

충만한 마음으로 찬탄하니 비할 말이 없구나."84:

그리고 『동양성법사서(東陽盛法師書)』에서는 이렇게 말하고 있다.

"제자는 이 새장처럼 자유롭지 못한 처지를 한탄한다. 이 사슬의 족쇄에 핍박을 받아 도를 물을 수가 없으니 몸을 기댈 곳을 잃은 것 같구나."

『여운승정서(與雲僧正書)』에서는 이렇게 말한다.

"제자는 숙세(宿世)에 심은 선한 인(因) 때문에 일찍부터 친족의 가르침을 받았습니다. 외서(外書)는 소위 그윽이 계합해서 신(神)과 교류하고, 내전(內典)의 경우는 훌륭하고 우호적인 지식(知識)이니, 중하(中夏)에 온지 여러 해 되었으므로 강설을 청하고 싶습니다."85:

오늘날 그가 지은 문장을 읽으면 도를 향한 성의가 지극히 간곡하면서도

---

방편. 여가서는 두 번째인 부처가 사람을 제도하는 일을 뜻한다.

진지했다. 진(陳)나라 시대에 복야(仆射)인 왕극(王克)과 중서(中書)인 왕고(王固)는 모두 낭야 왕경문의 후손인데, 『속고승전』에서는 그들이 석지탈(釋智脫)과 함께 황제에게 북면(北面)[51] 했다고 하였다. 왕씨 가문은 사도 왕도 이래로 불교를 신봉하면서 대대로 끊어지지 않았다. 왕균이 양무제의 명으로 신멸론에 대한 답하는 글을 지으면서 법운에게 "제자는 대대로 법의 말씀을 받들었고, 도(道)의 교훈을 집안 대대로 전했다"고 한 말은 결코 허망한 말이 아니다86:.

진군(陳郡)의 사씨(謝氏)의 명인도 불교와 늘 인연을 맺었다. 진(晉)나라 시대의 사곤(謝鯤) 및 그의 조카 사안석(謝安石), 사만석(謝萬石) 세 사람과 그의 손자 사현(謝玄)의 불교와 관련된 사적은 이미 앞에서 산발적으로 살펴보았다. 사현의 손자 사령운의 사적은 앞으로 상세히 서술할 것이다. 사령운의 손자 사초종(謝超宗)은 혜휴(慧休) 도인과 왕래했고(『남제서』 본전) 석도혜의 비명(碑銘)을 지었다(『속고승전』). 증손자 사무경(謝茂卿)은 개선사(開善寺) 지장(智藏) 법사가 행한 사신(舍身)[52]의 대참회 법회에 참석했고(『속고승전』), 사만석의 증손자 사홍미(謝弘微)는 혜림(慧琳)의 친구였다(『송서』 본전). 그의 자식 사장(謝莊)은 석범민(釋梵敏)을 아주 높이 모셨으며(『고승전』), 사장의 자식 사약(謝瀹)은 석혜초를 칭송하고 인정했으며(『속고승전』), 사약의 자식 사람(謝覽)은 승민을 모셔서 경전을 강의했으며(『속고승전』), 사람의 동생 사거(謝擧)는 석법통(釋法通)을 존경

51) 고대의 군주는 조정에서 신하가 있는 남쪽 방향으로 앉아 있고 신하는 군주가 있는 북쪽 방향으로 서있었기 때문에 신하를 북면(北面)한다고 불렀다.

52) 보살의 자비행을 실천하려고 자기 몸의 일부를 타인에게 기증하거나 혹은 은혜를 갚기 위해 팔이나 몸을 태우는 행위. 동진 시대 말엽부터 이런 풍조가 생겨나기 시작했다.

해 섬겼고 그의 묘비를 제작했다(『고승전』). 사씨 가문은 대대로 오의항(烏衣巷)[53]에 거주했고 사거는 불교의 이치에 깊이 침잠했다. 자택 내부에 산재(山齋)[54]를 지어서 암석과 샘으로 아주 아름답게 꾸몄는데, 양나라 시대에 자택을 사찰로 기증했기 때문에 그 명칭을 산재사(山齋寺)라고 했다. 그리고 건강(建康)의 성(城) 밖에 있는 영풍사(永豊寺)는 송나라 원가 4년에 사방명(謝方明)이 건축한 것이다[87]. 사씨 가문에서 가장 유명한 자는 사령운이다. 사령운의 일생은 실제로 남조의 불법과 깊고 깊은 관계가 있는데 앞으로 상세히 서술하겠다.

### 5) 사령운(谢靈運)

강락(康樂; 사령운)의 일생을 살펴보면 항상 불교도와 인연이 있었다. 일찍이 여산에서 혜원을 만났고, 담륭과 함께 우승산(雩嵊山)[55]을 유람했고, 혜림, 법류등과 친하게 지냈다. 『변종론(辯宗論)』을 지어서 도생이 주장한 돈오[56]의 뜻을 펼쳤고 『금강반야경』에 주석을 달았으며[88], 혜엄, 혜관 등과 함께 대본(大本) 『열반경』을 개정했다. 근래 황회문(黃晦聞)[57]

---

53) 오의항(烏衣巷)은 남경(南京) 진회하(秦淮河) 남쪽 연안에 있다.

54) 산속에 지은 서재. 여기서 산은 집안 내에 만든 가산(假山)을 뜻한다.

55) 중국 절강성 승현(嵊縣) 북쪽에 위치한 우산과 승산을 말한다.

56) '단박에 깨친다'는 뜻이다. 소승에서 대승에 이르는 단계적 가르침을 따르면서 깨달아 가는 과정을 점오(漸悟)라고 하는데, 이 점오의 과정을 거치지 않고 대승의 근본 가르침을 곧바로 깨닫는 것이다. 문자나 언어를 여의고 수행의 단계를 이야기하지 않고서 곧바로 진여(眞如)인 본성을 깨닫는 것으로 특히 선종의 수행법이 이에 해당한다.

57) 자(字)는 옥곤(玉昆)이고 호(號)는 순희(純熙)이며 1873년에 태어났다. 광동성 순덕(順德) 출신이다. 『국수학보(國粹學報)』의 주필을 역임했고, 『정의통보(政

선생은 사령운의 시를 논하면서 그가 능히 유가와 불가와 도가를 융합했다고 했으니, 사령운이 참으로 깊이 침잠했음을 알 수 있다. 이제 사령운의 사적에서 불교와 특별히 관련된 것을 연표(年表)로 표시하면 다음과 같다89:.

진(晉) 효무제 태원(太元) 10년 출생

진(晉) 안제 의희 원년 3월에 낭야왕90:이 대사마(大司馬)로 명을 받고서 사령운을 참군(參軍)으로 삼았다. 같은 해 5월 유의(劉毅)가 예주 자사로 임명되어서 고숙(姑熟)[58]에 주둔했는데, 그가 인재와 선비를 좋아해서 당시의 유명 인사는 모두 모여들었다. 사령운도 당연히 자주 초청되어 참석했을 것이다91:.

의희 7년 4월, 유의는 강주(江州) 자사를 겸임하면서 측근의 장수 조회(趙恢)에게 천 명의 군사를 거느리고 심양(尋陽)을 지키라고 명했다. 사령운은 아마 이 때 심양에 왔다가 산에 가서 혜원을 만났을 것이다.

의희 8년 4월에 황제가 유의를 형주 자사로 임명했다. 유의가 예주에 할거해 문사(文事)와 무사(武事)를 장악하자 강주(江州)의 병력 만여 명이 저절로 뒤따랐다. 9월에 강릉에 도착했다. 사령운이 의희 7년에 심양에 도착하지 않았다면 이번에 유의를 따라 강주(江州)를 떠났을 것이고, 유의는 여기서 군사를 주둔하고 잠시 거주했을 터이니, 이로 인해 사령운은 산을 유람하다가 혜원을 만날 수 있었다. 『고승전 · 혜원전』에서 "진군(陳郡)의 사령운은 재능을 믿고 세상에 오만하게 굴어서 추앙하거나 숭배하는

---

議通報)』를 편집했다. 북경대학과 청화대학에서 교편을 잡았다.

58) 당도현(當涂縣) 고숙진(姑熟鎭).

사람이 별로 없었다. 그러다가 한 번 혜원을 만나게 되자 마음이 숙연해지면서 감복하였다…….”고 한 사적은 바로 이때였다. 생각건대 혜원이 원흥 원년에 왕생(往生)을 맹세한 것은 사령운이 강주에 오기 11년 전의 일이다. 세상에서는 혜원이 사령운을 백련사(白蓮社)에 가입하지 못하도록 했다고 하지만 그런 일은 아마 없었을 것이다. 또 사령운이 지은 『불영명서(佛影銘序)』에 따르면, 혜원은 승려 도병(道秉)을 시켜 자신의 의지(意旨)를 멀리 선포하게 하고 사령운에게 명(銘)을 짓게 했다[92]. 그렇다면 혜원은 사령운을 전혀 멸시하지 않은 것이다. 의희 13년 혜원이 임종을 맞자 사령운이 추도문을 지었고 이 글은 『광홍명집』에 실려 있다. 또 동림사에 혜원 법사의 비석을 세울 때 그 비명도 사령운이 직접 썼다고 한다. 서문은 장야(張野)가 지었는데 『불조통기』에 기재되어 있다[93].

동년(同年; 의희 8년) 10월에 유유(劉裕)가 군사를 거느리고 강릉에 와서 유의를 토벌해 격파했고 유의는 죽었다. 11월에 유유가 강릉에 도착하자 유의 측의 참군 신영(申永)은 유유에게 문벌의 순서에 따라 능력을 보여주자고 권했다. 유유는 그 권고에 따라 명사(名士)를 초빙했기 때문에 사령운은 태위(太尉) 참군에 임명되었다.

의희 9년 2월에 유유가 동쪽으로 내려가면서 밤낮으로 길을 재촉했는데 사령운도 수행했을 것이다. 그 길이 강주를 벗어나면 자연히 혜원을 만날 수 없었을 것이고 만났어도 또한 오래있지는 않았을 것이다.

의희 10년 사령운은 경성에 있었다. 이에 앞서 혜원은 여산에서 대(臺)를 세우고 부처님의 모습을 그린 뒤 제자 도병을 멀리까지 보내서 사령운에게 명(銘)을 짓게 했다. 이해 혹은 9년 말에 사령운은 명(銘)을 짓고 서문을 완성했다. 법현은 부처님의 영정(影幀)을 친히 참배했고 9년 가을과 겨울 무렵에 건업에 도착했다. 사령운은 그를 만나 이야기를 나누었기 때문에

서문에서 이를 언급했다.

송무제(宋武帝) 영초(永初) 원년에 범태(範泰)가 기원사(祇洹寺)를 짓고 불상을 세우면서 사령운에게 서신을 보내 찬(讚[59])을 지어달라고 청했다. 사령운은 세 수(首)를 짓고 사촌 동생 사혜련(謝惠連)도 한 수를 지었다.

영초 3년 7월 사령운은 영가군(永嘉郡) 태수로 있을 때 유명한 산수를 모두 편력하면서 여러 도인들과 동행했다. 그는 영가군에 있을 때 『변종론』을 지었다.

소제(少帝) 경평 원년 가을에 사령운은 병을 핑계로 사직하고 나중에 회계로 이주했다. 이에 앞서 담륭(曇隆) 도인은 처음에 여산의 석문(石門) 향로봉(香爐峰)에 거주하면서 6년간 하산하지 않았으며, 나중에는 상우(上虞)[60]의 서산(徐山)에 거주했다. 그리고 사령운이 병을 이유로 사직하고 동산(東山)에 왔을 때 찾아와서 함께 유행(遊行)했는데 우승산도 함께 다니며 2년간 같이 있었다. 담륭 도인이 서거하자 사령운은 『추도문』을 지었는데, 그 내용 중에 이런 말이 있다.

"일생을 돌이켜 회상해보니
깊고 그윽한 취향을 함께 했구나.
서로 서로 이끌며 다니기 시작하다
함께 산에도 올라 아래를 굽어봤으며,
돌을 깨 길을 뚫고, 계곡 물을 통하게 하고,
나뭇가지를 잘라 숲에 길을 내었네.

---

59) 일종의 문체로 인물을 노래하고 칭송하는데 쓰인다.
60) 절강성 상우시.

멀리 바라보니 산들이 중첩해 있고
가까이 살펴보니 들쑥날쑥 하구나.
일이 별로 없어 한가할 때에는
미묘하고 심오한 이치를 탐구하니
어떤 문구인들 연구하지 않았겠으며
어떤 의문인들 파헤치지 않았겠는가.
책자를 펴고 두루마리를 말면서
종이 갈피마다 숨은 뜻을 찾아내며
서로 문답을 주고받으면서
밤낮 없이 보냈구나."

이 글 속에 "돌을 깨 길을 뚫고, 계곡 물을 통하게 하고" 등의 구절은 사령운이 나무를 자르고 길을 닦았다는 사적이 실린 『송서』의 기록을 보면 거짓이 아니란 걸 증명할 수 있고, 사령운이 "서로 문답을 주고받으면서"고 말한 것은 그가 영가 시기에 지은 『변종론』에서 주고받은 문답을 증명해주니, 따라서 사령운과 승려의 친밀한 관계는 한가롭게 노닌 것은 아니다. 또 사령운의 『산거부(山居賦)』 자주(自注)에서는 담륭[94]과 법류(法流) 두 법사를 언급하고 있다. 이 두 법사는 은혜를 입거나 사랑하는 사람과 이별한 후 입산(入山)해서 인연을 끊고는 물고기와 고기를 먹지 않고 누더기 옷을 입고 있었다[95]. 사령운은 동산(東山)의 석문(石門) 폭포에서 이들을 만나자 함께 서방 극락세계로 갈 것을 기약하면서 늦게 만난 것을 아쉬워했다[96].

문제(文帝) 원가 3년. 사령운을 비서감(秘書監)으로 발탁했다.

원가 5년. 사령운은 휴가로 동쪽으로 돌아갔다가 나중에 면직되었다.

원가 3년에서 5년 사이. 대체로 이 시기에 범태는 도생, 혜관 두 법사에게 서신을 보내서 당시의 의학 승려가 열반을 믿는 것을 언급했다. 그때 도생은 청원사(靑園寺)에 거주했다.

원가 5년에서 6년 사이. 대략 이 시기에 도생은 배척을 받고 나와서 호구(虎丘)에 거주했다.

원가 7년. 도생은 여산으로 이주했다[97]. 회계 태수 맹의(孟顗)는 진군(陳郡)의 사령운에게 이상한 뜻이 있다고 표(表)를 올렸다. 사령운은 신속히 대궐로 달려가서 자신의 진술을 표(表)로 올렸다. 표(表)에서 '동쪽에 거주한지 이미 3년이 되었습니다'라고 하자 문제(文帝)는 죄를 묻지 않았다. 당시 『열반대경』이 건업에 전래되자 혜엄, 혜관과 사령운은 이를 고치고 정비했다[98]. 당나라의 승려 원강(元康)의 『조론소』에서는 "사령운의 문장이 빼어난 것은 고금을 초월한다"고 했다. 예컨대 『열반경』은 원래 질박(質樸)해서 본래 "손으로 잡고 발로 밟아서 피안에 이른다[手把脚蹈, 得到彼岸]"고 했는데, 사령운은 이를 "손과 발을 움직여서 흐름을 끊고 건넜다[運手動足, 截流而度]"로 고쳤다. 또 『승전・혜예전』에서는 이렇게 말했다.

"진군의 사령운은 불법의 이치를 독실하게 좋아했고, 특히 세속의 음(音)에 대해서도 충분히 통달하고 이해했다. 그래서 경전 속의 여러 글자와 많은 음(音)의 다른 뜻에 대해 승예에게 자문을 했고, 그 결과로 『십사음훈서(十四音訓敍)』를 저술해서 산스크리트와 한어(漢語)를 조목조목 예시하여 분명히 밝힘으로서 문자가 근거가 있게 되었다."

사령운은 저술에 뛰어났을 뿐 아니라 갖가지 방음(方音;지역 언어)도 이해하고 있었기 때문에 수정에 참여한 것이다. 사령운이 경도에 도착한 이후 문제는 그를 임천(臨川)의 내사(內史)로 임명했다. 사령운은 임천군에 가서 도인들과 여산을 유행했다. 훗날 죄(罪)를 얻어서 광주(廣州)로 유배되었다.

원가 10년 사령운은 광주에서 피살되었다. 49세 때의 일이다.

원가 11년 겨울 10월 경자일(庚子日)에 축도생이 여산에서 임종을 맞았다.

사령운은 일대의 명사(名士)로서 문장의 아름다움은 강좌(江左)에서 따를 자가 없었다99:. 비록 성정(性情)이 과격해서 항상 세상과 어긋났지만, 그러나 그로 인해 문장의 재능과 가문은 시대의 존중을 받았다. 그래서 『열반경』의 학설과 돈오의 학설은 그의 제창으로 후세에 그 기풍이 전해진 것은 아니지만 당시 사령운이 불교의 종지를 천양한 것에는 확실히 크나큰 영향을 미쳤다. 사령운이 지은 『변종론』에서 돈오를 펼치는 바람에 강남의 각 지방에서 모두 논의(論)가 있게 되었으니100:, 그가 불법을 빛내고 발전시키는데 확실한 힘이 되었음을 알 수 있다. 하지만 사령운은 필경 강인한 인격이 모자랐기에 명리(名利)와 부귀를 완전히 벗어나질 못했다. 그래서 몸은 비록 산림에 있어도 마음은 조정[魏闕][61]에 가 있었고, 마음속에 진(晉) 왕조를 품고 있었지만 벼슬은 송나라 황제에게 했다. 불교에 대한 그의 이해도 피상적인 것에 불과해서 그저 명리를 담론하는 자료로 삼았다. 도를 얻으려면 응당 지혜의 업을 닦아야 한다고 말했지만 깊고 두터운 수양(修養)은 없었으니, 그 결과 몸만 상하고 공부는 이루지 못했다. 이는 중국 문인(文人)들의 누적된 습성이란 점에서 거울로 삼을 만한 인물이라 할 수 있다.

---

61) 궁궐 문 위에 높이 솟은 망루(望樓). 그 아래에 항상 법령(法令)이 걸려 있었는데 나중에는 조정의 의미로 전용되었다.

안연지와 사령운은 나란히 문장[詞章]으로 유명했고 불법의 이치도 적지 않게 익혔다. 안연지의 저작은 『통불영적(通佛影迹)』, 『통불정치조(通佛頂齒爪)』, 『통불의발(通佛衣鉢)』, 『통불이첩불연(通佛二疊不燃)』, 『망서천혜선제홍신(妄書禪慧宣諸弘信)』, 『여하언덕론감과생멸(與何彦德論感果生滅)』, 『여하승천변달성논(與何承天辯達性論)』, 『광하언덕단가양론(廣何彦德斷家養論)』, 『여하서(與何書)』가 있으며, 그리고 『이식관(離識觀)』과 『논검(論檢)』을 지었다[101]. 『고승전・혜엄전』에서는 이렇게 말했다.

> 당시 안연지가 『이식관』과 『논검』을 지었다. 황제가 혜엄에게 그 다른 점과 같은 점을 변론하라고 해서 종일토록 문답을 주고받았다. 황제가 웃으면서 말했다.
>
> "여러분은 오늘 지둔과 허순에 못지 않소."

『송서』 안연지[연년(延年)은 자(字)이다]의 본전에서는 안연지가 무제(武帝) 앞에서 주속지(周續之)의 삼의(三義)를 물었다고 했다. 주속지는 언사가 우아하고 변론을 잘했지만, 안연지는 매번 요점만 간략하게 답변해서 연속으로 주속지를 꺾었다. 그리고 도리어 자신이 해석을 펼쳤는데 언어는 간략하고 이치가 잘 통해서 모두가 훌륭하다고 칭송했다. 또 『고승전・혜량전(慧亮傳)』에서는 이렇게 말했다.

> 안연지와 장서(張緖)는 덕을 돌보는 것을 오랫동안 좋아하면서 매번 이렇게 감탄했다.
>
> "도안과 법태가 앞에서 주옥(珠玉)을 토해냈고 담빈(曇斌)과 혜량(慧亮)이 금성(金聲[62])을 진동해 뒤를 이었으니, 청아한 말[淸言]의 오묘한 실마리가 끊어질 뻔하다 다시 부흥했다.

이렇게 볼 때 당시의 명사들이 승려들과의 교유를 좋아한 까닭과 사회가 불법을 널리 장려한 이유는 모두 현리(玄理)와 청언(淸言)에 있었으므로[102] 지둔과 허순, 도안과 법태 시절과 별로 다를 것이 없었다.

### 6) 조정(朝廷)과 불교

송문제는 문치(文治)를 상당히 숭상했다. 그가 안연지와 혜관의 논의를 보면서 지둔과 허순의 유풍을 회상한 것을 보면 알 수 있다. 그리고 축도생이 서거한 후 법요(法瑤), 도유(道猷) 등을 청하여 돈점(頓漸)의 뜻을 변론했다면 현담과 불교의 이치도 역시 좋아하고 숭상한 것이다. 하지만 남조 시대의 여러 황제 중에 송문제와 양무제 외에는 모두 교리를 잘 알지 못했다. 불법의 홍보는 한편으론 공덕을 쌓아 복전(福田)을 구하는 것에 불과했으며, 다른 한편으론 불교 신도의 범람을 제재하기 위한 것이다. 남조(南朝) 때 행해진 불교의 주요 사적을 모아서 열 개 항목으로 나누어 간략히 서술하겠다. 제(齊)나라 시절에 집정(執政)한 소자량(蕭子良)과 양무제 부자(父子)의 경우는 특별히 중요하기 때문에 나중에 따로 상세히 서술하겠다.

62) 금성옥진(金聲玉振); 금(金)은 종(鐘)이고 옥(玉)은 경(磬)이다. 팔음(八音)을 합주할 때 먼저 종을 쳐서 시작하고 마지막에 경을 친다. 사물을 집대성하는 의미로 전변하여 쓰이기도 하고, 혹은 앞과 뒤의 언론이 맥락이 연결되어 세상의 숭앙을 받는 것을 말하기도 한다.

1. 팔관재(八關齋). 이는 재일(齋日)에 여덟 가지 계율을 봉행하는 것을 말한다. 남조 시절에 행해진 것은 대체로 지겸이 번역한 『재경(齋經)』에 근거하고 있다. 가령 진(晋)나라 때 극초의 『봉법요(奉法要)』에서 서술한 것은 지겸의 번역과 대체로 동일하다. 즉 오계(五戒)에 세 가지를 더한 것이다. 첫째는 짙은 향이나 지분(脂粉)을 바르지 않고 가무(歌舞)나 노래, 연주를 하지 않는 것이며, 둘째는 좋은 침상에 눕지 않고 잠자거나 눕는 것을 줄이거나 없애고 경전과 도를 생각하는 것이며, 셋째는 정오가 지나면 식사를 하지 않는 것이다[103]. 재(齋)를 지낼 때 가장 중요한 일로는 채식을 으뜸으로 친다. 『송서』 89에서 이렇게 말했다.

> 효건(孝建) 원년에 세조(世祖)는 여러 대신들을 거느리고 중흥사(中興寺)에서 팔관재를 지냈다. 점심 식사를 마쳤는데 민손(愍孫)(즉 원찬(袁粲))은 따로 황문랑(黃門郞) 장엄(張淹)과 함께 물고기를 더 먹었다. 상서령 하상지(何尙之)는 불법을 정성과 공경으로 신봉하는 사람이라서 은밀하게 세조에게 밀고했다. 세조는 어사(御使) 왕겸지(王謙之)에게 규탄하는 조서를 올리게 해서 그들의 관직을 파면했다.

다음 '정오가 지나면 먹지 않는' 것이다. 가령 『비바사론』에서는 "무릇 재(齋)란 정오가 지나면 먹지 않는 것을 체(體; 바탕)으로 삼는다"고 했으며, 『고승전 · 축도생전』에서도 이렇게 말하고 있다.

> 후에 태조가 법회를 마련해서 자신이 직접 대중과 함께 땅에다 자리를 깔고 앉았다. 식사를 하사하고 오랜 시간이 지나자 대중들은 모두 날이 저물지 않을까 의심했다. 황제가 비로소 말했다.
>
> "지금이 바로 정오이다."

그러자 도생이 말했다.

"밝은 해가 하늘[天]에서 빛나고 천자[天]가 정오라고 말씀하시니, 어찌 정오가 아닐 수 있겠습니까."

그리고는 바루를 들고 즉시 식사를 했다. 그러자 대중 전체가 도생을 따라 식사하면서 추기(樞機[63])가 중정(中正)을 얻은 것에 감탄해 마지않았다.

남조 시대에 팔관재를 봉행한 까닭은 본보기로 선(善)을 일으키기 위해서이니, 이 때문에 극초는 『봉법요』에서 이렇게 말했다.

재(齋)는 먼저 사망한 사람을 두루 위한 것이다104:. 현재 알고 있는 친족과 일체 중생은 이로 인해 지극한 정성으로 각자 서로 감응해 발원하는데, 마음이 이미 감응해 발원하면 최종적으로 죄의 고통을 면한다. 따라서 충성과 효도를 지키는 사람은 더욱더 노력해야 하니, 진실로 이러한 구제의 공덕은 한갓 자기에게만 있는 것은 아니다.

『광홍명집』에 실린 심약(沈約)의 『술승중식론(述僧中食論)』에서는 이렇게 말하고 있다.

인간이 도(道)를 얻지 못하는 까닭은 심신(心神)이 미혹되고 혼미하기 때문이며, 심신이 미혹되고 혼미한 까닭은 외부 사물에 요동치기 때문이다. 가장 큰 요동침에 세 가지가 있으니, 첫째는 권세와 이익과 영달과 명예이고, 둘째는 요염함과 미색(美色)이고, 셋째는 달콤한 맛과 기름진 것이다. (중간

63) 추(樞)와 기(機)로 사물의 관건(關鍵)이 되는 부분이다. 『주역 · 계사상(繫辭上)』에서는 "언행(言行)은 군자의 추기이니, 추기의 발함이 영예와 치욕을 주재한다"고 하였다.

생략) 이 세 가지 일을 금지하면 도의 단정함이 있을 터이니, 어째서 그러한가? 인간에게 먹는 일은 단박에 멈출 수 있는 것이 아니다. 먹는 일은 정서와 성품에 막대한 누(累)를 끼치기 때문에 저녁 식사를 정오 전으로 하는 것이다. 정오 이후에는 청정하고 비어서 일이 없으며[無事], 이 무사(無事)로 인해 생각과 사념이 간소해진다. 처음에는 온전히 할 수 없지만 오래되면 저절로 습관이 된다. 그래서 팔지(八支)[64]로 속박하고 금계(禁戒)로 통제하므로 사치와 미색에 대한 욕망은 사전에 자를 수가 없고 영화(榮華)와 명예의 누(累)도 차츰 사후에 버려지기 때문에 "옛날의 여러 부처님은 정오가 지나면 먹지를 않았다"고 했으니, 이것이 바로 누(累)를 버리는 통발이고 도와 부합하는 지름길이다. 하지만 단지 먹지 않을 뿐이라면, 이는 즉시 방향을 잃고 바른 길을 알지 못하는 것이다.

남북조 시대의 오계(五戒)는 인(仁), 의(義), 예(禮), 지(智), 신(信)에 해당하는데, 오계를 봉행하는 것으로 백성을 교화해 풍속을 이룰 수 있었다. 그래서 『홍명집』에 실린 하상지가 송문제에게 답하는 글에서는 이렇게 말하고 있다.

백 가구가 있는 마을에서 열 사람이 오계를 지키면 열 사람은 순박하고 삼가는 것이며, 백사람이 십선(十善)을 닦으면 백 사람이 화목할 터이니, 이러한 기풍의 가르침을 나라 안에 두루하도록 전하면 인자한 사람이 백만이 됩니다. 그러니 하나의 선을 행할 수 있으면 바로 하나의 악을

64) 여덟 가지 재계(齋戒)이다. 즉 살생하지 말라, 훔치지 말라, 거짓말하지 말라, 음행하지 말라, 술 먹지 말라, 꽃다발 쓰거나 향을 바르거나 노래하거나 춤추지 말라. 높고 잘 꾸민 평상(平床)에 앉지 말라, 때가 아니면 먹지 말라. 팔재계, 팔관재계라고도 한다.

제거하는 것이고, 하나의 악을 제거하면 하나의 형벌을 쉬는 것이고, 가정에서 하나의 형벌이 쉬면 나라에서는 백 개의 형벌이 쉬는 것이니, 이것이 바로 폐하께서 앉은 자리에서 태평을 얻는다고 말하는 겁니다.

당시 조정에서 늘 팔관재를 봉행한 까닭은 악을 없애고 선을 닦음으로써 태평을 이루고 싶었기 때문이다.

2. 절과 탑을 건설했다. 진(晉)나라의 간문제가 즉위해서 파제사(波提寺)를 지었고105:, 그 후 송(宋), 제(齊), 양(梁), 진(陳) 네 왕조에 걸쳐 제왕이 절을 짓는 일은 늘 있었다. 송문제106:, 효무제107:, 명제108:, 제나라 의 고제(高帝)109:, 무제(武帝)110:, 양무제와 간문제111:, 진(陳)나라 후주(後主)[65)]112:도 각자 절을 지었다. 양무제가 지은 절이 가장 많았고 가장 장엄하고 화려했다. 그 밖에 송명제(宋明帝)가 지은 상궁사(湘宮寺)도 있다. 『남사 · 우원전(虞願傳)』에서는 이렇게 말했다.

황제는 옛 저택을 상궁사로 만들었는데113: 지극히 사치스럽고 화려했다. 효무제의 장엄사(莊嚴寺)는 칠층이라서114: 십층 부도(浮圖)를 세우려 하다가 그렇게 하지 못하고 각각 오층으로 세웠다. 신안(新安)태수 소상지(巢尙之)가 들어와서 보자 황제가 물었다.

"경(卿)이 상궁사에 왔으니, 이 상궁사는 나의 큰 공덕이다."

우원이 옆에서 시봉하면서 답했다.

---

65) 진숙보(陳叔寶; 서기553년~604년)를 말한다. 자(字)는 원수(元秀)이다. 남북조 때 진(陳) 왕조 마지막 황제로 서기583년에서 589년까지 재위했다. 연호는 지덕(至德), 정명(禎明)이다.

"이는 모두 백성이 자식을 팔고 마누라를 판 돈으로 지은 것이라서 그 죄가 부도(浮圖)보다 높을 텐데 무슨 공덕이 있겠습니까."

황제가 크게 노했다.

또한 『남사・천축국전』에서는 이렇게 말하고 있다.

효무제는 총애하는 은귀비(殷貴妃)가 죽자 그녀를 위하여 절을 세웠다. 은귀비의 자식 자란(子鸞)이 신안왕(新安王)으로 봉해졌기 때문에 신안을 절 이름으로 했다. 전폐제(前廢帝)가 자란을 살해하고 신안사 및 천보(天寶)와 중흥(中興)의 여러 절을 훼손하고 폐기했으며 승려와 신도를 쫓아냈다. 명제가 즉위한 후에 칙령을 내려서 복원했다.

하지만 『장융전(張融傳)』에서는 이렇게 말한다.

송나라 효무제가 신안사를 지을 때 관청에서 일을 도와주는 관리들[僚佐][66] 대부분이 돈과 비단을 냈지만 장융만이 홀로 백전(百錢)을 냈을 뿐이다. 황제가 좋아하지 않았다.

이에 따르면 절을 짓는 까닭은 공덕을 짓기 위해서이거나 혹은 죽은 망자를 위해 복을 짓기 위한 것이다. 또 대신이나 관료가 돈을 내는 행위이기도 하다[115:].

66) 관청에서 보조로 일을 돕는 하급 관리.

3. 불상을 제조하는 것이다. 남조 때 제왕이 지은 절의 숫자는 상당히 많았지만, 그러나 당시의 기록이 유실된 데다 후세의 추가 서술은 견강부회가 많았기 때문에 직접 고증하기가 매우 힘들다. 제왕이 불상을 제조한 것은 상세히 알기가 더더욱 어렵다. 단지 승우의 『법원잡연원시집목록(法苑雜緣原始集目錄)』(『출삼장기집』 12)에 근거하여 관련된 것만 발췌하면 다음과 같다.

『송효무황제조무량수금상기(宋孝武皇帝造無量壽金像記)』

『송명황제조장사금상기(宋明皇帝造丈四金像記)』[116]

『송명제제문황문선조행상팔부귀신기(宋明帝齊文皇文宣造行像八部鬼神記)』[117]

『제무황제조석가서상기(齊武皇帝造釋迦瑞像記)』

『황제조순은상기(皇帝造純銀像記)』[118]

불상은 옥으로 만든 것도 있다[119]. 또한 『남제서(南齊書)』에서는 "영명 7년, 월주(越州)에서 백주(白珠)를 공물로 바치자 자연히 사유하는 불상을 만들었는데, 황제는 이를 위해 선령사(禪靈寺)를 지으면서[120] 금은보화를 모두 보시했다"고 하였고[121], 남조의 동혼후(東昏侯)는 음탕하고 사치해서 이 절의 보석 귀걸이와 장엄사의 옥으로 만든 구자령(九子鈴), 그리고 외국불사(外國佛寺)의 부처님 얼굴의 빛나는 모습을 깎아내서 반비(潘妃)의 궁전을 장식하는데 사용했으니(『남사』), 이를 통해 남조의 사찰과 불상의 사치스러움을 알 수 있다[122]. 북조에서 불상을 지을 때는 석재를 사용했지만 남조의 제왕이 석재를 깎아 불상을 조성했다는 소식은 들은 적이 없는 것 같고 민간에도 역시 많지 않았으니, 이로서 풍토의 큰 차이를 볼 수 있다. 불교의 공덕은 사찰과 불상을 짓는 일 외에 종(鐘)이나 경(磬)의 주조, 경장(經藏)이나 약장(藥藏)의 조성, 사리(舍利)를 금장(金藏)[67]으로 만드는 것 등등이 있는데 상세히 고증하지는 않겠다.

4. 법회(法會)이다. 남조 시대에 불교를 신봉하는 제왕들은 대부분 불교 사찰에 재를 마련했고, 또 궁전에도 사부(四部) 무차대회(無遮大會)를 열거나 혹은 무애법선회(無碍法善會)[68]를 행했다. 황제는 이런 법회에서 친히 경전을 강의하고 법을 설하기도 했고 천하에 대사면도 실시했으며, 또한 이런 일을 위하여 연호를 고치기도 했다. 그리고 늘 참회를 행했는데 예컨대 양무제는 간문제가 병이 많았기 때문에 열반참(涅槃懺)을 했다[123:]. 양무제는 또 항상 대반야참(大般若懺)과 금강반야참(金剛般若懺)을 거행했다. 진선제(陳宣帝)는 승천왕(勝天王)의 반야참을 행했고, 진문제(陳文帝)는 법화참(法華懺), 금광명참(金光明懺), 대통방광참(大通放廣懺), 허공장보살참(虛空藏菩薩懺), 방등다라니참(方等陀羅尼懺), 약사재참(藥師齋懺), 바라대재참(婆羅大齋懺) 등을 치렀다[124:]. 참법(懺法; 참회법)에는 각각 예배하는 부처님이 있으며 그 부처님에 의거한 경전을 머리에 인[頂戴] 채 받아 지녔다. 참회는 늘 대법회 중에 행해졌는데, 예를 들면 진문제는 무애대회에서 바라대재(婆羅大齋)를 마련했다[125:]. 그리고 마련된 재회(齋會)의 문필(文筆)은 여러 유명한 사람들의 손에서 나왔다. 예를 들면 제(齊)

---

67) 경장은 경전을 보관하는 곳, 약장은 약을 보관하는 곳이며, 금장은 금으로 만든 사리함으로 보인다.

68) 무애회(無碍會), 무차대회와 같다. 남조(南朝) 양무제(梁武帝)의 『행아육왕사사조(幸阿育王寺赦詔)』에서 "오늘 아육왕사에 나와 무애회(無碍會)를 마련하니 젊은이든 늙은이든 모두 기뻐하였다"고 하였다.

나라의 경릉왕(景陵王)이 지은 경패신성(經唄新聲) 및 왕승유(王僧孺)의 『창도문(唱導文)』이 이에 해당한다[126]. 또 아마도 법회를 개설하여 황제에게 계(戒)를 수여했을 것이다[127].

5. 사신(捨身). 법회에서는 부처님께 예배하고 승려에게 보시함으로써 복전(福田)을 구한다. 승려에게 보시하기 위해 마련한 것으로는 소위 천승회(千僧會)와 백승회가 있는데[128], 하지만 남조의 황제와 대신이 행한 사신(捨身)이 가장 유명하다. 소위 '사신'에 대해 『광홍명집』에 실린 심약의 『사신원소』에서는 이렇게 말하고 있다.

> 아울러 몸과 재물, 복용(服用)[69]을 희생하는 것으로 117가지가 있는데, 몰래 스스로 줄이고 치워서 면전에 있는 여러 승려들에게 바친다.

또 『남제문혜태자해강소(南齊文惠太子解講疏)』에서는 이렇게 말하고 있다.

> 경건히 보배로 장식한 몸을 희생하는데, 황제부터 자신의 면류관에 달린 술[70]을 내려놓으며 모두 99 가지 물건이다.

또 『남제남군왕사신소(南齊南郡王舍身疏)』에서는 이렇게 말하고 있다.

> 몸[肌膚] 밖의 것을 경건하게 희생하는데 모두 118가지이다.

---

69) 첫째, 약을 먹는 것, 둘째, 옷을 입는 것, 셋째, 몸에 지니고 쓰는 것.
70) 면류관에 달린 보석으로 만들어진 술.

또 『속고승전 · 지장전(智藏傳)』에서는 이렇게 말하고 있다.

> 천감(天監) 말년 봄, 사신(捨身) 대참회 법회에 도인과 속인이 초청을 받아 모였다. 아울러 자신이 직접 『금강반야경』을 강설하는 것을 참회의 구원으로 여겼으니, 오직 옷과 바루만 남기고 나머지는 모두 보시하여 하나도 남기지 않았다.

그렇다면 사신(捨身)으로 부처님께 보시하는 것은 바로 몸, 재물과 복용(服用)을 희생하는 것인데 그 많고 적음은 동일하지 않다. 하지만 『광홍명집』에 실린 진문제(陳文帝)의 『무애회사신참문(無礙會捨身懺文)』에서는 이렇게 말하고 있다.

> 칠묘(七廟)[71]의 성스러운 영혼을 받들고, 황태후의 성어(聖御)를 받들고, 천(天), 용(龍), 귀신(鬼神), 유명(幽冥)을 받듭니다. 공(空)과 유(有)의 삼계(三界)와 사생(四生)과 오도(五道)와 육취(六趣)가 색(色)인 듯이, 상(想)인 듯이, 미움인 듯이, 친한 듯이, 밉거나 친하지도 않은 듯이 허공에 두루하고 법계에 충만해서 과거와 미래가 다하도록 한량없는 명식(名識)의 일체 종류를 평등하게 대사(大捨)하고, 제자 자신의 몸과 법복 그리고 백성(五服)[72]과 제왕의 마차도[73] 황관과 인감 그리고 옥과 모피, 마차와 말, 진주가

---

71) 주(周)나라 때 천자의 종묘(宗廟). 제왕은 칠묘에서 선조를 받든다. 태조(太祖)는 정중앙에 위치하고 그 좌우로 삼소(三昭)와 삼목(三穆)을 배치한 것을 총체적으로 칠묘라고 하는데, 후대에는 하나의 왕조를 지칭하는 것으로 전용되었다.

72) 고대에 왕이 친히 다스린 영지. 5백 리를 한 구획으로 삼아서 후복(侯服), 전복(甸服),수복(綏服), 요복(要服), 황복(荒服)을 오복이라 칭한다. 복(服)은 천자의 뜻을 섬기고 복종하는 것.

73) 고대 제왕의 수레 위에 달린 방울로 나중에는 제왕의 수레란 뜻으로 쓰이기도 했다.

달린 술과 그물, 장엄한 장식, 사용하려고 하는 모든 물품, 평생 좋아한 것들 모두 내놓아 삼보에 보시한다.

이에 의거하면, '사신'이란 재물을 희생하는 것만 아니라 자신(自身)도 희생하는 것이다[129]. 소위 자신을 희생한다는 것은 스스로 원해서 절에 들어가 일하는 것이니, 이 때문에 『북산록(北山錄) · 이학편(異學篇)』에서는 양무제를 언급하면서 주석에서 이렇게 말했다.

세 번 '사신(捨身)'하여 사찰에 들어가서 대중과 함께 머슴이 되었다.

하지만 『남사 · 무제본기(武帝本紀)』에서는 '중대통(中大通) 원년에 황제가 동태사(同泰寺)로 행차하여 사부대중(四部大衆)의 무차대회(無遮大會)를 열었다'고 하면서 이렇게 말했다.

"황제는 어복(御服)을 벗고 법의(法衣)를 걸치고서 청정한 대사(大捨)를 행했다. 간편한 방을 처소로 잡고, 검소한 침대와 흙으로 된 그릇을 사용하고, 작은 수레를 타고, 자기가 직접 노역을 했다."(같은 책 태청(太淸) 원년에 기재됨)

소위 '사신'이란 제왕이 몸소 승려들을 위하여 일을 하는 것이다[130]. 하지만 나라는 군주가 없을 수 없기 때문에 많은 대신들은 반드시 돈을 주고 도로 모셔왔다. 『남사』에서는 "양무제가 '사신'한 후 여러 신하들이 일억만 전(錢)을 바쳐서 황제 보살의 대사(大捨)와 교환하자 승려들도 묵묵히 인정했다"고 하였다. 백 명의 관리들이 사찰 동문(東門)에서 알현한 후 표(表)를 올려 대궐로 돌아와 즉위할 것을 재삼 요청한 뒤에야 허락을 받았다. 『광홍명집』에 기재된 진(陳)나라의 강총(江總)이 지은 『군신청진무제참문(群臣請陳武帝懺文)』에서는 "황제가 '사신'했기 때문에 여러 신하들은 많은 승려들 앞에서 죽도록 간청했다"고 하는데, 그 문장은 다음과 같다.

> 천하는 어디에도 의지할 곳이 없고 여러 신하들은 받들 존재가 없으니, 종묘의 사당(祠堂)에 있는 불변의 법도를 폐기하는 것입니다. 제자들은 허둥지둥 어쩔 줄을 모르다가 삼가 약간의 돈과 물건을 삼보(三寶) 대중에게 드려서 황제와 여러 왕들이 희사한 것과 바꾸어 모두 본래의 자리로 돌려놓았습니다.

제왕이 '사신'한 후 대신들이 값을 치르고 되찾는 일은 정말로 괴이하다. 하지만 『법현전』에 의하면, 갈차국(竭叉國) 왕은 5년 대회를 하여 공양을 모두 마쳤는데, 왕은 갖가지 재물과 사문이 필요한 물건을 대신들과 함께 보시하기로 발원했다고 한다.

> 승려에게 보시하고 나서 다시 돈을 주고 승려로부터 되돌려 받았다.

'사신'한 후에 값을 치르고 되돌려 받는 일은 서방에서 시작했다는 걸 알 수 있다.[74] 이는 큰 법회를 열 때의 통상적인 규칙이지만 중국의 제왕이 창시한 것은 아니다. 중국의 법사(法事)와 위의(威儀)는 응당 대부분 근본이 있으니, 경전에서 나온 것이 아니라면 반드시 서역에서 온 승려의 구전(口傳)을 얻었을 터인데, 아쉽게도 지금은 일일이 그 근원을 소급해 찾을 수가 없다.

---

74) 이는 인도의 사례를 따라 한 것이다. 『자은전(慈恩傳)』에는 인도의 재일(齋日)에 왕이 사신한 일이 보인다. 『자은전』 5권.

6. 사문이 왕에게 경의를 표시한다. 사문은 왕에게 무릎을 꿇고 절하는 관례가 없는데, 이는 중국의 예속(禮俗)과는 맞지 않았다. 그래서 동진 이후에는 경의를 표하게 하는 문제가 늘 발생했다. 성제(成帝) 때 경빙(庾冰)이 최초로 사문도 제왕에게 경의를 표해야 한다는 논의를 했고, 그 후 환현(桓玄)이 다시 그 뜻을 서술했지만 실행하지는 않았다. 송나라 효무제 대명 6년 9월에 담당 관리로 하여금 조서를 올려 승려가 왕에게 절을 하는 문제를 논의하게 했다. 담당 관리는 응당 왕에게 경의를 표해야 한다고 답했는데, 그 글은 다음과 같다(『고승전·승원전』).

불법은 겸손함과 검소함으로 스스로를 키워나가고 은혜와 경건함을 도(道)로 삼고 있습니다. 불경(不輕) 비구는 사람을 만나면 반드시 허리 굽혀 절을 하고, 목련(目連) 사문은 장로를 만나면 예를 표했으니, 어찌 네 성자(四輩)[75]를 만나면 무릎을 꿇으면서도 자신의 부모에게는 예를 생략하며, 나이 많은(60넘은) 장로에겐 머리를 숙이면서도 만승(萬乘)의 제왕에겐 꼿꼿이 마주 서있을 수 있겠습니까. 그래서 함강(咸康) 시기에 논의를 시작했고 원흥(元興) 시기에 서술을 실었지만, 그러나 편협한 무리들에게 굴복당해서 도(道)의 나머지 부분도 좌절되었습니다.

오늘날 홍원(鴻源)[76]이 멀리까지 씻어내서 수많은 흐름들이 우러러보며 거울로 삼고, 아홉 신선(九仙)[77]이 보물을 선사하고 백신(百神)[78] 이 직분을

75) 부처, 보살, 연각(緣覺), 성문(聲門)을 가리키거나 혹은 비구, 비구니, 우바새, 우바이를 가리킨다.

76) 기나긴 강의 근원. 왕의 대업(大業)을 처음 창시하는 걸 비유한다.

77) 아홉 종류의 선인(仙人). 『운급칠첨(云笈七籤)』 권3에서 "구선(九仙)이란 첫째, 상선(上仙), 둘째, 고선(高仙), 셋째, 화선(火仙), 넷째, 현선(玄仙), 다섯째, 천선

따르고 있습니다. 그런데도 제왕의 궁성 부근에 있는 무리 중에서조차 신하를 부정하는 백성이 포함되어 있고, 벼슬아치 품계의 자리 사이에도 예(禮)에 저항하는 손님을 맞이하고 있습니다.

이는 모범된 기풍을 한결같이 맑혀서 밝은 법칙을 상세히 보여주는 것이 아니라 걱정입니다. 신(臣) 등은 서로 논의해서 사문이 제왕을 접견할 때는 응당 경건히 예를 표하는 모습을 다해야 한다고 생각했습니다. 그들 본래의 풍속에 따르면 조휘(朝徽; 아침 예불)도 순서가 있고 대승의 방편은 먼 곳도 겸합니다.

『광홍명집』에서는 당시 이 제도가 이미 시행되었다고 하면서 "잔학하게 중간을 잘라 죽이고(刳斮) 얼굴에 채찍질을 해서 잘라 죽였으니 그 잔혹함은 이루 말할 수 없다"고 하였으니, 그렇다면 조서의 칙령을 엄격하게 봉행한 것을 알 수 있다. 하지만 경화(景和) 시기에 이 제도는 다시 침체되었다[131].

제(齊)나라 무제 때가 되자 또 제왕 앞에서는 자신의 이름을 불러야지 빈도(貧道)라고 칭하는 일이 없도록 하라고 사문에게 명령했다. 『고승전·법헌전』에서는 이렇게 말하고 있다.

당시 창(즉 현창(玄暢))과 법헌 두 승려는 젊어서부터 계율로 행위를 바로잡는 것을 익혔을 뿐 세속의 명예나 이익은 추구하지 않았다. 제나라 무제와 함께 말할 때마다 매번 이름을 칭하면서 자리에 앉지 않았다. 훗날 중흥사(中興寺)의 승종(僧鍾)이 건홍전(乾弘殿)에서 무제를 뵈었을 때 무제

---

(天仙), 여섯째, 진선(眞仙), 일곱째, 신선(神仙), 여덟째, 영선(靈仙), 아홉째, 지선(至仙)"이라고 했다.

78) 갖가지 종류의 신령(神靈)을 말한다.

가 승종에게 무엇이 적당한지 물었다. 승종이 대답했다.

"빈도(貧道)는 요즘 몸이 좀 불편합니다."

그러나 무제는 이를 싫어해서 상서(尙書) 왕검(王儉)에게 물었다.

"선배(先輩) 사문과 제왕이 함께 이야기 할 때 어떻게 불렀는가? 그리고 미리 정전(正殿)에 앉는가?"

왕검이 대답했다.

"한나라와 위나라 시절에는 불법이 흥성하지 않아서 기록되어 전해진 것이 없습니다. 위국(僞國[79])이 차츰 흥성하면서부터 모두 빈도라고 자칭하면서 미리 자리에 앉았으며, 이는 진(晉)나라 초기에도 역시 마찬가지였습니다. 중간 시대에 경빙과 환현 등도 사문들로 하여금 제왕에게 공경을 다하도록 했고 조정의 논의도 분분했지만 모두 그만두거나 폐기되었고, 송나라 중기의 조정에서도 예를 표하도록 했지만 끝내 실행되지 않았습니다. 그때부터 지금까지 대부분은 미리 자리에 앉아서 빈도라고 자칭했습니다."

무제가 말했다.

"현창과 법헌 두 승려의 도업(道業)이 이러한데도 오히려 이름을 자칭했으니, 나머지 자들은 더 말할 나위도 없다. 읍을 하거나 절을 하는 것은 너무 심하고, 이름을 자칭하는 것도 혐오스럽지 않다."

이때부터 사문은 제왕 앞에서 모두 이름을 자칭했으니, 현창과 법헌으로부터 시작된 것이다.

양무제 시절에 조정의 대신들은 '어좌(御座)는 오직 천자만이 오르는 곳이며 사문은 결코 미리 앉지 못하게 한다'는 걸 논의했지만 석지장(釋智藏)의 질책을 받고서 그만두었다.

---

79) 거짓으로 나라를 참칭(僭稱)한 것을 말한다.

7. 사태(沙汰)[80]이다. 일반 사람들은 불교를 믿을 때 대부분 복을 추구해서 자신을 이롭게 하려는 마음을 품고 있기 때문에 마음을 혁신하고 성품을 맑게 하려는 생각은 부족하다. 탐욕과 음란함이 더럽게 섞여있어서 언제나 사회의 공양을 이용하고 있는데, 위에 있는 자는 은근히 장려하지만 아래에 있는 자는 교만하고 사치스럽고 방자하기 때문에 진(晉)나라 환현 이후에는 조서를 내려 사문을 가려내는 일이 있기도 했다132:. 송문제 원가 12년 단양윤(丹陽尹) 소막지(蕭摹之)가 조서를 올렸다.

"사찰과 불상 조성에 경쟁적으로 사치를 부리다보니 신지(神祇)와는 관련 없이 인사(人事)에 누(累)를 끼칠 뿐입니다. 청컨대 이제부터는 동상을 제조하거나 탑, 사찰, 정사(精舍)를 지을 때 제한을 가하고 조칙으로 허가하시기 바랍니다."

당시 도태된 사문 수백 명이 불도를 포기했다. 효무제 대명 2년에 담표(曇標) 도인과 강인(羌人)[81] 고도(高闍)가 반란을 모의하자, 황제는 사문을 정리하여 도태하라는 조서를 내렸다. 나중에 죄를 범한 자가 있으면 엄격히 형벌을 가하고 계행(戒行)이 철저하지 않은 자는 모두 환속시키려고 했지만, 그러나 이 일은 끝내 실행되지 못했다133:.

전폐제(前廢帝)도 역시 승려를 내쫓고 사찰을 훼손한 일이 있다134:. 제(齊)나라 무제 시절에 단양윤인 심문계(沈文季)135:는 도교를 신봉하고 불교를 배척했기 때문에 의부승국(義符僧局)을 건립하여 승려의 승적을 따져 승려과 비구니를 줄이려고 했다. 당시 승주(僧主)인 천보사(天寶寺)의

---

80) 승려를 점검해 가려내는 것이다.

81) 강족(羌族)으로 스스로는 이마(爾瑪)라고 칭한다. 중국 서남(西南) 지역에서 사는 옛 민족.

석도성(釋道盛)은 강력히 저항하면서 무제에게 조서를 올려 논했으며136:, 그 결과 이 일은 조용히 가라앉았다137:. 그리고 황제는 승정(僧正)인 법헌과 현창을 동쪽의 삼오(三吳)[82] 지역으로 보내서 승려와 비구니를 가려내도록 했다(『고승전 · 법헌전』). 황제는 연회에 왕림하여 조서를 남겨서 이렇게 말했다.

"현양전(顯陽殿)의 다섯 가지 불상들과 공양은 별첩(別牒)대로 갖추어서 마음을 다해 예배하고 공양할 수 있다. 그래서 공덕이 있는 일은 전적으로 그 가운데 있을 수 있다. 이제부터는 공적이든 사적이든 모두 출가해 도를 구하거나 사찰과 탑을 세우지 못한다. 아울러 자택을 정사(精舍)로 삼는 것도 엄격히 금지한다. 오직 60세의 나이로 도를 구하는 마음이 확실한 자에게만 조정의 현자를 선택하는 순서에 따라 따로 조서를 내린다."(『남제서』 본기)

진후주(陳後主)가 즉위한지 얼마 되지 않았을 때 조서를 내려서 '승려와 비구니, 그리고 도사가 사악한 좌도(左道[83])를 끼고 경전과 계율에 의거하지 않는 짓은 모두 금지한다'고 언급했다(『진서(陳書)』 본기).

8. 승관(僧官). 조정에서는 승려의 기강을 단정히 함으로서 버릇없이 웃어른에게 덤비는 짓을 피하도록 승관이란 관직을 설치했지만 상세한 것은 고증하기 어렵다. 유일하게 알고 있는 것은 요흥이 처음으로 승관을 설치했다는 점이다. 그러나 진(晉) 나라 조정에서는 들어보지 못했다138:.

---

82) '삼오'는 옛날의 지역 명칭이다. 그 설이 늘 동일한 것은 아니나, 『수경주(水經注)』에서는 오군(吳郡), 오흥군(吳興郡), 회계군(會稽郡)을 말한다.

83) 사문방도(邪門旁道)이다. 대체로 정통이 아닌 무고(巫蠱), 방술(方術) 등을 가리킨다.

『승전·승략전(僧䂮傳)』에서 요흥이 승략을 승정으로 세운 일을 서술하면서 이렇게 말하고 있다.

> 동수(童壽; 구마라집)가 관중에 들어오면서부터 멀리서 승려들이 다시 모여들었는데, 승려와 비구니가 많다보니 간혹 허물과 과오가 있었다. 요흥이 말했다.
>
> "범부가 승가(僧家)의 일을 배우면서 고난과 인내를 함께 하지 못한다면, 어찌 잘못이 없을 수 있겠는가. 잘못이 극(極)에 이르면 잘못이 많아지기 마련이니, 마땅히 승주(僧主)를 세워 불법의 커다란 소망을 밝혀야 하리라."
>
> 그래서 조서를 내려 말했다.
>
> "대법(大法; 불법)이 동쪽으로 옮겨오면서 오늘날 흥성하게 되었다. 승려와 비구니가 이미 많아져서 응당 강령(綱領)이 필요하니, 이는 원대한 규칙을 선포하고 가르침으로써 쇠퇴의 조짐을 구제하려는 것이다. 승략 법사는 젊은 시절부터 학문이 뛰어났고 나이가 들어서는 덕망이 꽃다워서 나라 안의 승주(僧主)가 될 만하고, 승천(僧遷) 법사는 선정과 지혜를 아울러 닦아서 대중을 기쁘게 하였으니, 법흠(法欽)과 혜빈(慧斌)은 함께 승록(僧錄)을 관장하여 마차와 인력을 제공하라."
>
> 승략은 시중(侍中)에 준하는 자격으로 조서를 전해 받아서 양의 수레와 각 두 사람을 거느렸다. 또 승천 법사 등에게도 풍족히 공급하자 순수하고 검소하게 일에 종사하여 당시의 여망에 충실히 부응했다. 다섯 종류의 승려(五衆[84])들은 청정하고 엄숙했으며 육시(六時[85])에 게으름이 없었다.

---

84) 칠중(七衆) 중에서 출가한 오중(五衆)으로 비구, 비구니, 사미, 사미니, 그리고 식차마나(式叉摩那)이다. 식차마나는 사미니가 비구니가 되기 전 2년 동안의 호칭이다.

85) 하루를 6등분한 염불과 독경의 시간. 신조(晨朝, 아침)·일중(日中, 한낮)·일몰(日沒, 해질 녘)·초야(初夜, 초저녁)·중야(中夜, 한밤중)·후야(後夜, 한밤중

> 홍시(弘始) 7년에 와서는 가까운 측근으로 장신백[86] 각각 30명을 추가하도록 명했다. 승정의 제도가 흥기한 것은 승략으로부터 시작되었다.

『속고승전 · 승천전』에서는 진씨(晉氏)가 처음으로 승사(僧司)[87]를 설치했다고 하지만 무엇에 근거한 말인지 모르겠다. 남조 시대에도 승관(僧官)을 설치했지만 설치 연대는 상세히 고증할 수 없다. 수도에는 도읍(都邑) 대승정이 있고, 그 다음에는 도읍 대승도(大僧都)가 있다(『속고승전 · 혜항전(慧恒傳)』). 승정은 또한 도읍의 승주라 칭하기도 하는데(『고승전, 도온전(道溫傳)』), 『고승전』에서는 제(齊)나라의 혜기(慧基)가 그 덕이 삼오(三吳) 지역에 널리 알려지고 명성이 해내(海內)에 떨쳤기 때문에 칙령으로 승주로 임명된 후에는 열 개의 성을 관장했다고 한다. 또 제나라 영명 시기에는 법헌과 현창에게 칙령을 내려 모두 승주로 임명해서 각자 남북 양안(兩岸)[139]을 담당하도록 했으니, 그렇다면 내직(內職)의 승려와 외직(外職)의 승려는 관할하는 지방의 크기가 달랐던 것이다. 승관의 설립은 기강을 바로잡아서(『속고승전, 승원전』) 비구와 비구니를 가려내는데 뜻이 있다(『고승전 · 법헌전』). 승려의 송사(訟事)는 모두 불교의 계율에 의거해 처단했으니, 국가의 법을 통해 죄를 다루지 않고 승관과 사찰의 주지가 관장했다[140]. 승사(僧司; 승려 담당기관)에는 전부 승려를 썼지만 또한 소위 백의(白衣)의 승정도 있었다[141]. 당나라 법림(法琳)의 『변정론(辯正論)』에서는 양나라 때 공덕국주(功德局主)와 도공덕주(都功德主)를 설치한 적이 있다고 말했지만, 그 직책에 대해서는 상세히 서술하지 않았다.

---

에서 아침까지의 동안).

86) 몸을 부축하고 말씀을 알리는 시종.

87) 승려 관리부서를 말함, 고대의 관리부서는 모모사라고 함.

9. 승려를 군(郡)으로 요청했다. 남방의 조정의 인사(人士)는 외지의 군(郡)으로 발령이 났을 때 유명한 승려를 군(郡)으로 요청하기도 했다. 송나라 시절에는 이런 풍습이 아주 성행했다. 예를 들면 맹의(孟顗)가 회계 태수를 할 때 담마밀다를 청하여 함께 유행(遊行)했고 그를 위해 절과 탑을 세웠다. 또 강량야사를 군(郡)으로 요청했지만 이루지 못했다. 초왕(譙王) 의선(義宣)은 형주에 주둔했을 때 구나발다라를 청해 함께 다니다 신사(辛寺)에 그를 안치했으며, 안준(顏竣)은 동양주(東揚州) 자사로 발령받았을 때 혜정(慧靜)을 데리고 함께 다녔고, 왕환(王奐)은 상주(湘州)를 지키러 갈 때에도 승지도(僧志道)를 데리고 함께 유행(遊行)했고[142], 진(陳)나라 진안왕(晉安王) 백공(伯恭)은 상주 자사로 임명받아 갈 때 깊이 예를 갖추어 석혜각을 모셨고 아울러 대중에 대한 강의를 청하여 남쪽으로 불법을 널리 펼치며 갔다(『속고승전』). 『송서·장소전(張邵傳)』에는 강하왕(江夏王) 의공(義恭)이 문제에게 가서 의학(義學)을 공부하는 사문 한 분을 구하는 내용이 실려 있다. 마침 장부(張敷)가 강릉으로 돌아가려고 하직 인사를 하자, 문제는 뒤에 있는 수레에 사문을 싣고 가라고 명령하면서 그에게 말했다.

"도중에 서로 터놓고 말할 수 있을 것이다."

그러나 장부가 문제의 명령을 듣지 않자 문제는 매우 불쾌했다. 이 일화를 보면, 제왕도 역시 외지로 나가는 문무 대신들이 승려를 청하는 것을 장려했다. 승려를 초빙하는 뜻은 강설을 듣기 위한 것이기 때문에 초청을 받은 승려는 모두 의리(義理)를 잘하는 사문이었다.

10. 승려와 비구니가 정치에 간섭하다. 조정의 인사들이 불교를 신봉하자 승려들은 존경과 신뢰를 받았기 때문에 간간히 정치적인 일에 간섭하였다.

송나라 문제 때 석혜림이 조정에 참여해 한때 권력을 행사한 것은 앞에서 이미 서술했다. 그 밖에 비구니와 정치 사이에 발생한 관계도 역시 상당히 중요하다. 후궁의 왕비들이 불교를 믿은 탓에 타인이 함부로 들어가지 못하는 후궁을 출입할 수 있었던 것인데, 이 사실은 비록 애매하긴 하지만 역사의 전기(傳記)에 간혹 기록되기도 했다.

### 7) 여러 제왕과 불교

비구니들이 금기시된 후궁과 귀인(貴人)의 규방을 드나든 것은 유송(劉宋) 시대의 정치에서는 아주 뚜렷한 현상이다. 『송서 · 무이왕전(武二王傳)』에서는 이렇게 말하였다.

"의선(義宣)은 피부가 희고 밝았으며 수염과 눈썹이 아름다웠고, 키는 7척 5촌이고 허리둘레는 10위(圍)[88]였다. 아름다운 빈(嬪)과 첩들을 많이 두고 있었고 후궁의 방도 천여 개가 되었으며 비구니도 수백 명이었다."

그리고 유원경(柳元景)은 의선과 장질(臧質) 등을 성토하는 격문(檄文)에서 이렇게 말했다.

"첩이 거주하는 방이 백 개가 되고 비구니가 천명이다."143:

『송서 · 후비전(後妃傳)』에 실린 강잠(江潛)의 혼사를 사양하는 표(表)에서는 공주의 교만과 방자함을 서술하면서 "비구니들이 공주 앞에서 경쟁했다"고 했으며, 또 "비구니들은 스스로 많이 안다고 자랑하면서 구설수의 단속에 힘썼으며, 간혹 질문에 응답하고 점을 치는 사모(師母)가 되기도 했다"고 하였다. 송나라 세조 때 주랑(周朗)이 조서를 올려 당시

---

88) 양팔로 둘러싼 한 아름을 위(圍)라 하는데, 또 하나의 설은 다섯 치를 말하기도 한다.

불교도의 부패를 한탄하면서 이렇게 말했다.

"어설픈 의술을 빌리고 잡다한 점술[卜數]에 의탁해서 미녀를 청하여 방을 가득 채웠고 술좌석에 술이 멈추지 않았다."(『주랑전』)

또 도육(道育)은 옷을 바꿔 입고 비구니로 위장해서 동궁(東宮)으로 도피해 숨었고(『이흉전(二凶傳)』), 왕국사(王國寺)의 비구니 법정(法淨)은 팽성왕 의강(義康)의 집을 출입하면서 사문 법략(法略)과 함께 공희선(孔熙先)의 반역 모의를 도왔으며(『범엽전(范曄傳)』), 『비구니전・덕락전(德樂傳)』에서는 "왕국사의 비구니 법정과 담람(曇覽)은 공희선의 역모에 끼어들었다가 몸은 형벌에 처해지고 사찰과 정사는 파괴되었다"고 했으니, 그렇다면 비구니가 궁전과 왕부(王府)에 출입한 것은 사실이다.

『비구니전』에서는 또 "송문제는 보현(寶賢) 비구니를 깊이 예우했고, 효무제도 우아한 모습으로 공경히 대우했으며, 명제는 상(賞)도 주면서 숭배했으니, 이는 제왕들이 비구니를 공양한 증거이다. 『남사』에서는 송나라 후폐제(後廢帝)가 덮개 없는 수레를 타고 노부(鹵簿)[89] 없이 청원니사(靑園尼寺)에 갔다고 했으니, 그렇다면 제왕도 역시 직접 비구니 사찰에 행차한 것이다. 송무제 소황후(蕭皇后)의 가문은 본래 부처님을 섬겼다144:. 비록 황후가 불교를 믿었다는 기록은 없지만, 그러나 조카 사화(思話)145:와 사화의 자식 혜개(慧開)146:도 모두 불교를 믿었다. 송문제의 원(袁)황후와 황태자 소(劭), 그리고 공주는 모두 담마밀다를 위하여 계궁(桂宮)에 재(齋)를 마련해 초액(椒掖[90])에서 계를 청했는데 동정을 살피는

89) 천자가 거동할 때의 행렬.

90) 후비(后妃)가 거주하는 궁실(宮室)로 후비를 가리키는 뜻으로도 쓰인다. 산초(山椒)의 열매를 섞어서 바른 벽을 초벽(椒壁)이라 하는데, 후비의 궁실은 이 초벽으로 이루어져 있다.

사자가 십 일간 서로 지켜보았다. 번(藩) 귀비는 땅을 보시하여 동청원사(東青園寺)의 불전(佛殿)을 건설했으며147:, 노숙원(路淑媛)도 역시 불교를 믿었다148:.

효무제 대명 2년에는 담표(曇標)가 반란을 일으켰기 때문에 사문을 점검하여 가려내도록 조서를 내렸지만, 그러나 여러 사찰의 비구니들이 후궁에 출입하면서 왕비나 황후와 교류하면서 관여했기 때문에 이 제도는 끝내 실행하지 못했으니(『송서, 천축전』), 노소(路昭) 황태후가 응당 이 일에 힘썼을 것이다. 제나라, 양나라, 진(陳)나라의 여러 시대에 걸쳐 황후와 비빈(妃嬪)이 불교를 신봉했지만 기록에서는 그렇게 많이 보이지 않는다. 다만 제나라의 완숙원(阮淑媛)은 병이 심해서 여러 승려들이 그녀를 위해 도술을 행했다. 소제(少帝)는 반란을 모의해 황위를 폐하려는 자가 있다는 소문을 은밀히 듣자 소탄지(簫坦之)에게 문의했는데, 소탄지는 '비구니들'이 퍼뜨린 것이라 생각했다. 그렇다면 승려와 비구니는 궁중에서도 멋대로 진언(進言)할 수 있었으며149:, 이런 일은 제나라와 양나라 시대에도 역시 있었다.

남조 시대의 왕자(王子)는 불법을 많이 믿었다. 송나라 시대에 불교를 믿는 왕자로는 임천왕(臨川王) 도규(道規)150:, 사자(嗣子)인 의경(義慶)151:, 강하왕(江夏王) 의공(義恭)152:, 형양왕(衡陽王) 의계(義季)153:, 팽성왕 의강154:, 남군왕(南郡 王) 의선(義宣)155:, 여릉왕(廬陵王) 의정(義貞)156:, 건평왕(建平王) 홍(弘)157:과 그의 아들 경소(景素)158:, 파릉왕(巴陵王) 휴약(休若), 산양왕(山陽王) 휴우(休祐)159:, 경릉왕(竟陵王) 탄(誕)(『법원전(法願傳)』), 예장왕(豫章王) 자상(子尙)160:, 제나라의 문혜(文惠) 태자 및 경릉왕161:, 예장 지역의 문헌왕(文憲王) 억(嶷)162: 그리고 억의 아들 자범(子範)163:, 자현(子顯)164:, 자운(子雲)165:, 자휘(子暉)166:, 임천

왕 영(映), 장사왕(長沙王) 황(晃)167:, 선도왕(宣都王) 감(鑒)168:, 진안왕(晉安王) 자무(子懋)169:, 시안왕(始安王) 요광(遙光)170:, 그리고 파릉왕(巴陵王) 소주(昭冑)171:가 있다.

양나라 시대가 되었을 때 양무제의 자식들은 대부분 불법을 잘 알고 있었다172:. 양무제의 형제들인 임천왕(臨川王) 홍(弘)173:, 안성왕(安成王) 수(秀)174:, 남평왕(南平王) 위(偉)175:, 파양왕(鄱陽王) 회(恢)176:, 시흥왕(始興) 담(憺)177:, 그리고 조카들인 장사왕(長沙王) 업(業)178:, 자소(子韶)179:, 형양왕 원간(元簡)180:, 계양왕(桂陽王) 상(象)181:, 그의 손자 대구(大球)가 있다182:.

진(陳)나라 시대에 불교를 믿는 왕자들은 진안왕(晉安王) 백공(伯恭)183:, 신안왕(新安王) 백고(伯固), 파양왕(鄱陽王) 백산(伯山), 신채왕(新蔡王) 숙제(叔齊)184:, 시흥왕(始興王) 숙릉(叔陵)185:이 있다. 이상 여러 왕들은 혹은 불교를 칭송하며 믿었거나, 혹은 승려들과 한 때의 인연이 있었다고 한다.

황제 자손의 종실(宗室)은 궁궐에 있는 제왕의 황후와 비빈들이 불교에 빠져있었기 때문에 눈과 귀로 늘 보고 들어서 어린 시절부터 감응해 느끼는 바가 있었다. 송나라 시절에 도조(道照)는 창도(唱導)[91]를 잘했는데 맑은 소리가 멀리까지 들려서 홍진(紅塵)에 물든 마음을 씻어주었다. 『고승전』에서는 이렇게 말하고 있다.

> 송무제는 궁궐의 내전(內殿)에서 재(齋)를 지냈는데, 도조가 첫날밤에 다음과 같이 간략히 서술했다.

---

91) 경전을 강의하고 법을 설할 때 창(唱)을 설해서 인도하는 것.

“백 년은 신속히 흘러가서 잠깐 사이에 변천해 소멸하지만, 고난과 즐거움이 들쑥날쑥 다른 것은 반드시 인과를 말미암기 때문이다. 여래는 자비로 육도(六道)에 감응하고 폐하는 일체를 어루만지며 긍휼히 여깁니다.”

황제는 선은 영원하다고 말하면서 재를 마친 뒤에 따로 돈 삼만(三萬)을 보시했다. 임천왕 도규는 도조로부터 오계를 받고 스승으로 받들었다.

『비구니전・정현전』에서는 이렇게 말했다.

송문제는 그녀를 잘 대했다. 상동왕(湘東王) 욱(彧)은 초츤(齠齔)[92]의 나이에 잠을 자다 자주 가위에 눌렸는데, 송문제가 칙령을 내려 정현 비구니에게 삼귀의(三歸依[93])를 받게 하자 잠잘 때 놀라는 것이 나았다. 송문제는 더욱더 그녀를 잘 대했다.

『승전・승거전(僧璩傳)』에서는 이렇게 말했다.

소제(少帝) 준(準)186:은 그로부터 오계를 받았다. 예장왕 자상은 그를 숭배해 불법을 닦는 도반이 되었다.

『승우전』에서는 이렇게 말했다.

오늘 황제(양무제)는 정중하게 승우를 예우했다. 승려의 일 중에서 큰 의문이 생기면 모두 그에게 심사하고 결정하도록 칙령을 내렸으며, 나이가 들고 다리에 병이 생기자 수레를 타고 내전(內殿)에 들도록 하여 육궁(六

92) 이갈이를 하는 7,8세의 나이를 말한다.
93) 삼보인 불보(佛寶)・법보(法寶)・승보(僧寶)에 진심으로 귀의한다는 뜻.

宮)[94]에서 계를 받도록 했으니, 황제가 승우를 매우 중시했음을 알 수 있다. 개선(開善), 지장(智藏), 법음(法音), 혜곽(慧廓)은 모두 승우의 덕행을 숭배해서 그를 청하여 스승의 예로 섬겼다. 양나라의 임천왕 굉(宏), 남평왕 위(偉), 의동(儀同) 진군(陳郡)의 원앙(袁昂), 영강(永康)공주[95], 귀빈(貴嬪) 정(丁)씨 등이 모두 계를 지키는 그의 모범을 숭배해서 스승과 제자의 공경을 다했다.

『양서』 44에서 이렇게 말했다.

건평왕(建平王) 대구(大球)… 성품이 밝고 일찍부터 지혜로웠다. 처음에 후경(侯景)이  경성(京城)을 포위하자, 고조(高祖)는 평소 부처의 가르침에 귀의한지라 서원(誓願)을 일으킬 때마다 언제나 이렇게 말했다.

"만약 중생이 응당 받아야 할 온갖 고통이 있다면 모두 연(衍[96])의 몸으로 대신하겠다."

당시 대구는 일곱 살이었는데 이 말을 듣고 놀라서 어머니에게 말했다.

"황제가 이러할진대 자식이 어찌 감히 거역하겠습니까."

그리하여 밤낮으로 부처님을 예배하면서 이렇게 말했다.

"중생이 응당 받아야 할 고통의 과보를 모두 대구가 대신 받겠습니다."

여러 왕들은 어린 시절에 이미 궁전 안에서 불교의 영향을 받았다. 아울러 나이가 점점 들어 학문을 배우면서부터는 더욱더 사대부의 불교를

94) 후비(后妃)가 거처하는 궁전.

95) 영강공주의 생몰 연대는 확실치 않다. 이름은 소옥환(蕭玉嬛)으로 남조(南朝) 양무제 소연(蕭衍)의 딸이다.

96) 양(梁)나라 고조(高祖) 무황제(武皇帝) 소연(蕭衍)을 말한다.

믿는 풍토에 물들었다. 이 때문에 경건하게 불법을 신봉했을 뿐만 아니라 현학의 이치에 대해서도 간간이 정통했다. 동진(東晉) 때 회계왕 욱(昱)은 유명한 승려 지도림 등과 교유했고 황제의 지위에 즉위해서는 불교의 이치를 매우 장려했다. 남조 시대의 제왕은 즉위한 후 나이가 점점 들어가면서 문학을 알았기 때문에 항상 불교학을 장려했고 아울러 현리(玄理)도 중시했다. 송나라의 의도왕(宜都王) 의륭(義隆)은 열네 살에 경전과 역사를 널리 섭렵했고 예서(隸書)를 잘했으며, 송무제는 유명한 스님 혜관(慧觀)을 의륭과 함께 유행(遊行)하도록 했다[187]. 그 후 의륭은 즉위하여 문제가 되었다. 효무제가 즉위할 때는 24세였고 글재주도 어느 정도 있었다. 명제는 상동왕이었을 때 책 읽기를 좋아했고 문장의 뜻[文義]을 사랑했다. 이처럼 모두 불교를 상당히 신봉했다. 문제와 효무제는 현담(玄談)을 특히 더 제창했는데[188], 이는 사대부와 왕래해서 당시 주목받던 이론을 많이 알았기 때문이다. 송나라의 임천왕 유의경은 문장의 뜻을 좋아했고 만년에는 사문을 봉양했다. 그가 지은 『세설신어』 8권을 살펴보면 위진 시대 청담의 풍습에 심취해 있었다는 걸 떠올릴 수 있다. 아울러 제나라 때 문혜 태자, 예장왕 소억, 경릉왕 소자량은 모두 불교를 독실하게 믿었을 뿐 아니라 의리(義理)도 중시했기 때문에 불학이 한 때 지극히 번성했다. 경릉왕은 이를 영도하는 명류(名流)로서 특히 대법(大法)의 공신(功臣)이 되었다.

### 8) 제나라 경릉왕

경릉 문선왕(文宣王) 소자량(蕭子良)이 유송(劉宋)을 선양(禪讓)할 때 제나라 고제(高帝)는 이를 믿고 중시했다. 무제 때 사도(司徒)로 승진한 그는 어느 정도 맑고 고상해서 빈객을 좋아했기 때문에 재능 있고 탁월한 인사들은 모두 그의 문하에 모여들었다. 서저(西邸)[189]를 개방하면서 고인(古人)들의 기물(器物)과 의복을 많이 모아서 채웠는데, 범운(範雲), 소침(蕭琛), 임방(任昉), 왕융(王融), 소연(蕭衍)(양무제), 사조(謝朓), 심약(沈約), 육수(陸倕)는 모두 문학을 각별히 가까이 해서 팔우(八友)라고 불렸다. 그리고 유운(柳惲), 왕승유(王僧孺), 강화(江革), 범진(範縝), 공휴원(孔休源)도 역시 참여했는데, 이처럼 학사(學士)를 모아 오경(五經)과 백가(百家)를 초록해서 『황람(皇覽)』에 의거해 『사부요략(四部要略)』을 본보기로 만들었다. 문혜 태자와 아주 친하고 우애가 있어서 늘 함께 명승(名僧)을 초청하여 불법을 강설하도록 했다. 그가 존경하고 예의를 다한 승려와 비구니는 『고승전』, 『비구니전』에 아주 많이 보인다. 그 중 가장 유명한 사람은 현창(玄暢)[190], 승유(僧柔), 혜차(慧次)[191], 혜기(慧基)[192], 법안(法安)[193], 법도(法度)[194], 보지(寶誌)[195], 법헌, 승우, 지칭(智稱), 도선(道禪)[196], 법호, 법총, 승민, 지장[197] 등이다. 제나라와 양나라 두 시대의 유명한 법사로 경릉왕과 관계가 없는 자는 아주 드물다. 항상 『화엄경』, 『대집경(大集經)』 등 여러 경전과 계율을 초록했는데 모두 36부이다. 『남제서』 본전에서는 당시 출가한 승려와 재가 신도가 흥성했지만 강좌(江左)에서는 없던 일이라고 했다[198].

소자량은 공경과 믿음이 아주 돈독했다. 자기 저택의 정원에서 재계(齋戒)를 여러 번 했고, 승려를 많이 모아서 음식과 마실 것을 제공하고 몸소 그런 일을 하기도 했다. 세상 사람들은 재상으로서의 체면을 잃는다고 했지만[199], 그는 화엄재(華嚴齋)와 용화회(龍華會)97)를 지내고 도림재(道

---

97) 미륵불을 공양하는 법회를 말한다. 4월 8일, 여러 절에서 재(齋)를 마련해 오색(五色) 향기의 물로 부처를 목욕시키면서 함께 용화회를 개최하는 것으로

林齋)도 지냈다. 사신(捨身), 방생(放生) 약품의 보시를 했고 직접 불경 71부를 필사했고 또 부처님 치아[佛牙]를 공양했다[200]. 그는 평생 지은 불법 홍보의 문자를 양나라 때 16질 116권으로 결집했으며[201], 계율을 받드는 것도 지극히 엄격했다[202]. 자칭 정주자(淨住子)라고 했고[203] 『정주자정행법문(淨住子淨行法門)』 20권을 지었다[204]. 낭야왕 융이 이를 위해 송(頌)을 지어서 "연회를 크게 열자 영재(英材)들이 성대히 모였고, 몸소 법좌에 나가서 종문(宗門)의 이치를 담론하고 서술했다"고 했는데, 이를 듣는 자가 구름처럼 모였다. 그 지취는 "홍진(紅塵)의 정(情)을 제어하고 선근(善根)을 증가시키는데" 있었다[205]. 자신이 불교를 신봉하고 수행을 중시한 것이 공자가 가르친 종지와 많이 부합한다고 여겼기 때문에 국내와 외국의 가르침이 본질적으로는 같다고 말했다. 그래서 높은 지위에 있는 자는 응당 대법을 믿어서 도(道)로써 사물(즉 중생)을 교화했다. 『홍명집』에 그가 공치규(孔稚珪)』에게 보낸 서신이 실려 있는데 스스로 "사도(司徒)의 부(府)는 본래 오교(五教;오륜)로 권유한다"고 했으며, 이는 사람의 마음을 단정하게 하는데 아주 중요했기 때문에 『제서』 본전에서도 이렇게 말했다.

"소자량은 사람들에게 선(善)을 권고하면서 싫어하거나 게으른 적이 없었고, 이로 인해 끝내 성대한 명성을 얻었다."

그렇다면 경릉왕은 정말로 한결같고 성실한 종교 신도였다.

하지만 문선왕 소자량은 불교의 의리를 제창하는데 많은 힘을 기울였다. 그는 『유교경』 1권을 주석했고 『유마의략』 5권과 『잡의기(雜義記)』 20권을 지었는데 『우록 · 경릉왕법집록(竟陵王法集錄)』에 모두 기록되어 있다.

---

미륵이 하생(下生)한 증거로 삼는다.

동서(同書)에는 또 『회계형옹강영강기(會稽荊雍江郢講記)』 1권과 『서주법운소장엄보홍사강(徐州法雲小莊嚴普弘寺講)』 1권 및 『술양상홍광재(述羊常弘廣齋)』 1권이 있는데 모두 소자량이 강연(講筵)을 매우 중시했음을 증명해준다. 경릉왕은 서쪽 저택에 학인과 문사(文士)를 초대하여 현학의 종지를 상세히 탐구했다. 예를 들면 형주의 은사 유규(劉虯)는 불교 이치에 정통하고 문장에도 능해서 '선(善)은 보응을 받지 않는다', '돈오(頓悟)로 성불한다'는 뜻을 서술했을 뿐 아니라 『법화경』을 주석했고 『열반경』, 『대품』, 『소품』을 강설했다. 소자량은 서신을 보내서 그를 초청했다[206:]. 아울러 경고지(庚杲之)에게 편지를 써서 유규에게 보내도록 했는데[207:], 그 편지에서 서쪽 저택의 불학 강연 상황을 이렇게 묘사했다.

> 군왕은 교외 외곽에 거주했는데 산과 물로 에워싸였다. 드러난[顯] 것은 공덕을 부리지 않고 숨겨진(晦) 것은 흔적을 나타내지 않으니, 조용히 인간과 야성(野性) 사이에서 양자의 이치를 궁구한다. 그리고 불법의 전파와 수호를 마음으로 삼아서 널리 진(眞)과 속(俗)을 펼치니, 듣고 사유함으로 표상(表象)을 결박해서 함께 온갖 미묘함을 판가름한다.

그리고 유명한 승려를 초청하여 강설했는데 이들은 다 『고승전』에 보인다. 『광홍명집』에 있는 심약의 『경릉왕발강소(竟陵王發講疏)』에서는 이렇게 말하고 있다.

> 영명 원년 2월 8일에 서쪽 저택에 강연의 자리를 마련했고 명승(名僧)들은 경성과 가까운 곳에 모였다. 모두 진(眞)과 속(俗)을 깊이 변별했고, 명상(名相)을 통찰하고 헤아렸으며, 미세함을 걸림 없이 분석하고, 의문이 생기면 환히 밝혔다. 모두 저택 안에 있는 법운정려(法雲精廬; 정려는 精舍)에

모여서 현묘한 음은 육소(六霄; 높은 하늘)까지 울리고 천년을 이어갈 법문(法門)을 열었다. 훌륭하도다! 실로 세상에 드문 성대한 일이로다.

『속고승전·법호전(法護傳)』에서는 이렇게 말했다.

제(齊)나라 경릉왕은 현학과 불학을 총체적으로 교정해서 그 허(虛)와 실(實)을 정했다. 그리고 법운사에 의재(義齋)[98]를 건립해서 법호를 표령(標領; 모범)으로 삼았다.

또 『법신전(法申傳)』에서도 이렇게 말했다.

[경릉왕]은 영명 시기에 20명의 법사를 청해서 널리 법을 펴고 강설하게 했다.

『지장전(地藏傳)』에서는 이렇게 말했다.

태재(太宰) 문선왕은 올바른 전범(典範)을 건립하고 부처님의 가르침을 이어받았다. 장차 『정명경』을 강의하기 위해서 『정명경』 연구에 가장 뛰어난 자를 선발하려고 정밀히 이해한 20여 명의 승려를 초빙했다.

『우록』 11에 실린 『약성실론기(略成實論記)』에서는 이렇게 말했다.

98) 현학과 불학의 뜻을 총체적으로 밝힌다는 뜻에서 '의재'라 지었다.

> 제나라 영명 7년 10월, 문선왕은 경성의 석학 명승 5백여 명을 모집한 후에 정림사(定林寺)의 승유 법사와 사사(謝寺)의 혜차 법사를 보홍사(普弘寺)로 청하여 번갈아 강설하도록 했다.

이상의 내용에 따르면, 남제 시대에 강연의 법석(法席)은 아주 흥성했고 대부분은 문선왕 소자량의 보호와 지지에서 나온 것이다. 또한 『속고승전·혜초전』에서는 이렇게 말했다.

> 제나라 영명 시기에 경릉왕은 지수(智秀) 법사와 여러 학사(學士)를 청하여 여러 곳에서 강연했는데 서역의 번등(樊鄧)까지 갔다.

즉 경릉왕은 또 명승을 사방으로 보내 불법을 전파하게 했으니 그 마음씀이가 크다고 할 수 있다. 『약성실론기』에서는 이렇게 말했다.

> 그대는 매번 대승 경전의 심오함으로 …… 하지만 근래에 경릉왕이 폐기되어 돈독한 수행을 하지 못했을 것이다. 그리하여 본질을 버리고 가지만 좇으면서 쓸데없이 번잡한 논의만 할 뿐이다208:.

소자량은 대승에서 말하는 공(空)의 이치를 받아들였으니, 이는 그가 『정명경』을 중시한 것으로 증거 삼을 수 있다. 하지만 『성실론』의 쇠락과 『삼론』의 부흥도 역시 여기에서 시작되었다[99]209:. 소자량의 학문은 우선 대승과 현리(玄理)를 근본으로 삼았기 때문에 평생토록 많이 홍보하고 강설했고, 그의 뜻은 '현학과 불학을 총체적으로 교정하여 그 허와 실을

99) 성실론이 쇠퇴하고 삼론이 부흥했는데 유심론 부분이 더 철저했다.

정하는' 것이었다. 다음에는 마음을 씻어서 번뇌[累]를 소멸하는 걸 작용[用]으로 삼았기 때문에 사람들에게 선을 권하면서 도(道)로써 사물(즉 중생)을 교화할 걸 기약했다. 전자는 석가모니와 노자를 함께 담론하고, 후자는 석가모니와 공자를 똑같이 중시한 것이다.

### 9) 이하(夷夏) 논쟁

『시비시경(時非時經)』 뒤에 『기(記)』가 있는데 이렇게 말하고 있다.

> 거친 베옷을 입었지만 가슴엔 옥을 품고 있고 깊은 지혜가 있지만 어리석은 것처럼 행동하며, 외적으로는 오랑캐 사람 같지만 내적으로는 밝은 구슬[明珠]을 품고 있으니, 천억만 겁에 걸쳐 도(道)와 한 몸이 되리라.

이 기(記)는 양주(涼州) 도인이 우전(于闐) 지역의 성(城) 안에서 쓴 것이다[210:]. 중국 사람이 불교를 신봉하게 된 것은 본래 이(夷)를 이용해 하(夏)[100)]로 변용한 것이다. 급기야 위진 시대가 되자 불교의 의학(義學)과 청담의 현학은 똑같이 대도의 실천을 목적으로 삼고 있다. 깊은 지혜가 있는 이인(夷人)과 가르침을 받은 한인(漢人)은 형상과 자취는 다르지만 도(道)의 몸은 서로 별개가 아니므로 중국과 오랑캐의 변론이라고 할 수 없다. 양주 도인을 통해 우전의 성(城)에서 한문(漢文) 경전을 필사한 사실을 살펴보면 동서 문화교류의 영향은 아주 깊다고 할 수 있다. 그

---

100) 이(夷)는 오랑캐라는 나쁜 뜻으로 많이 쓰이지만, 여기서는 중국 서쪽의 이민족들을 총칭해 가리키는 뜻으로 쓰이고 있다. 하(夏)는 이(夷)와 대비되는 중국을 뜻한다.

후기를 읽으면 위진 시대의 현학과 불교가 동일한 흐름이라서 필경 이(夷)와 하(夏)의 경계가 점차 사라지는 것을 헤아려 알 수 있다.

하지만 위진 이래로 현학과 불교가 합류했기 때문에 중국과 오랑캐의 경계가 명확하지 않았지만, 한(漢)나라 이후에는 불교와 도교가 분리된 흐름이었기 때문에 이(夷)와 하(夏)의 분쟁이 일어났다[211]. 진(晉)나라와 송나라 사이에 도교의 세력은 점차 확립되었는데, 도교 집회의 조직과 경전의 제작 및 정리도 모두 규모를 갖추었다. 북조 때 도교의 세력은 구천사(寇天師)를 말미암아 점차 커져갔고, 마침내 태무제(太武帝) 때 법난(法難)이 발생하면서 남방의 불교와 도교의 논쟁도 점차 가열되었다. 진나라 간문제 시절에 비구니 도용(道容)은 청수(淸水) 도사 왕복양(王濮陽)을 반대했다[212]. 송나라 때 심유지(沈攸之)는 형주 자사를 역임하면서 널리 사문을 가려냈다[213]. 심유지가 형주에 있을 때 도사 진공소(陳公昭)가 천공서(天公書)를 증여했으므로 심유지는 응당 도교 신봉자였을 것이다. 제나라 초기에 단양윤 심문계(沈文季)는 황로(黃老)를 신봉해서 승려와 비구니를 가려내 도태시키려고 했으며, 또한 천보사(天保寺)에 집회를 마련해 도사 육수정(陸修靜)과 승려 도성(道盛)으로 하여금 논의하도록 했다(『고승전』). 두 종교 문도들의 논쟁으로 인해 양측은 경전을 위조해 자기네들의 교세를 확장하려고 했다. 도사가 근거로 삼은 것은 『화호경』과 『서승경(西昇經)』 등이며, 승려도 역시 월광동자 및 삼성화도(三聖化導)의 설을 제창했다. 월광동자 이야기는 『신일경(申日經)』에 보이며, 삼성화도의 설은 『총묘인원사방신주경(塚墓因緣四方神呪經)』 및 『청정법행경(淸淨法行經)』에 보이는데, 이 경전들은 모두 진(晉)나라와 송나라 사이에 나타나서 유행한 것이다[214]. 송나라 말기가 되자 도사 고환(顧歡)은 『이하론(夷夏論)』을 지어서 불교를 배척했는데, 이는 송나라와 제나라 사이에 두 종교 간에 벌어진 일대 사건이었다[215].

북조 때 도교가 논쟁을 벌인 근거는 권력에 있었기 때문에 그 투쟁의 결과로 왕왕 무력을 사용해 불교를 훼멸했다. 남방의 도교와 불교 논쟁의 근거는 이론이었기 때문에 논쟁이 극도로 고조되면 학설의 이치를 갖고 근본적인 전복을 도모하였다. 남조의 인사가 지닌 근본적으로 불교를 전복할 수 있는 학설에 두 가지가 있다. 하나는 신멸론(神滅論)이고 또 하나는 이하론(夷夏論)이다. 이 두 학설이 모두 근본적으로 불교를 전복할 수 있었기 때문에 양측은 변별하는 걸 아주 중시해서 이에 대한 논의가 아주 많았다.

한(漢)나라 때부터 모자가 서술한 혹인(或人)의 질문은 바로 불교를 믿는 자가 이(夷)를 하(夏)로 변용하는 걸 비난한 것이다. 진(晉)나라 시대의 왕부(王浮)는 『화호경』을 지어서 중화와 오랑캐의 변론을 지지했으며, 그 후 조정의 대신도 소(疏)를 올리고 출가자와 재가자도 저술을 해서 늘 논쟁을 벌였다. 한 시대를 진동시킨 저술은 고환(顧歡)의 『이하론』이다. 고한의 자(字)는 경이(景怡)이고 또 하나의 자(字)는 현평(玄平)으로 오흥(吳興)의 염관(鹽官)[101] 출신이다. 황로(黃老)를 좋아했고 음양(陰陽)에 관한 서적을 잘 이해했다. 술수를 부리면 대부분 효험이 있었고, 남제 초기에 사망했다. 그는 유송(劉宋) 말엽에 『이하론』을 지었다[216]. 처음엔 불가와 도가가 서로 비방했기 때문에 이 『이하론』을 지었는데, 비록 두 종교를 회동(會同)시킨다고 했지만 도교를 세우는데 뜻이 있었다. 사진지(謝鎭之)[217]와 주소지(朱昭之)[218], 그리고 주광지(朱廣之)[219]는 모두 논

101) 한나라 때 소금이 많이 생산되는 군(郡)이나 현(縣)에 두어 소금세를 징수하게 한 벼슬.

문을 지어서 비난했다. 사도 원찬도 통공(通公)이라고 하는 도사에게 부탁해서 반박을 했다[220]. 승려 혜통과 승민(僧愍)도 역시 반박하며 논쟁을 벌였다[221]. 그리고 명승소(明僧紹)의 『정이교론(正二教論)』도 역시 고환의 『이하론』에 대응하기 위하여 지은 것이다[222].

고환은 공자, 노자, 석가모니가 모두 성인이라고 하지만, 그러나 그가 이(夷)와 하(夏)의 경계를 잡아서 불교를 배척한 것은 아주 명확하다. 가령 그는 이렇게 말하고 있다.

> 단아한 복장(搢紳)[102]이 여러 중화[諸華]의 모습이고, 머리칼을 자르고 헐렁한 옷을 입은 것이 수많은 이(夷)의 복식이다. 손을 들고 꿇어앉는 것이 후전(侯甸)[103]의 공경함이고, 여우처럼 웅크리고 개처럼 무릎 세우고 앉는 것은 황량한 지역의 엄숙함이다. 관(棺; 속널)에 시신을 안치했다가 곽(槨; 겉널)에 넣어 장례를 치르는 것이 중하의 풍습이고, 화장(火葬)하거나 수장(水葬)하는 것이 서역 오랑캐의 풍습이다. 형태를 온전히 해서 예의를 지키는 것이 선(善)을 이어받은 가르침이고, 모습을 훼손하고 성(性)을 바꾸는 것은 악을 단절한 학문이다.

또 이렇게 말했다.

---

102) 허리띠에 홀(笏)을 삽입한 것이다. 신(紳)은 고대의 벼슬아치와 유학자들이 허리에 두른 큰 띠이다.

103) 후복(侯服)과 전복(甸服)을 말하는데, 여기서는 제후와 공(公), 경(卿), 대부를 뜻함. 왕의 관할 구역[王畿]을 중심으로 주위를 순차적으로 다섯 구역으로 나눈 것을 오복(五服)이라 하는데, 오복은 앞서 말한 후복과 전복 외에 남복(男服), 채복(采服), 위복(衛服)이 있다. 하나의 복(服)은 각각 오백 리를 말한다.

> 오늘날 중화의 특성과 서역 오랑캐의 법을 비교하면 완전히 같지도 않고 또한 완전히 다르지도 않다. 아래로는 아내와 하인을 버리고[104] 위로는 종사(從祀)를 모두 끊는다. 좋아서 갖고 싶은 물건은 모두 예의로 지켜나가며, 효도와 공경의 전범(典範)은 단지 법으로만 복종시킬 뿐이니, 예의를 어기고 순종을 범하고서 깨닫는 일은 있은 적이 없다. 어린 나이에 집을 떠나서 돌아오는 걸 잊었는데 어찌 옛것을 알 수 있겠는가. 그리고 이(理)가 존귀할 수 있는 것이 도(道)라면 사(事)가 비천할 수 있는 것이 속세이니, 중화를 버리고 오랑캐를 본받는데 장차 어디에서 의(義)를 취하겠는가. 만약 도(道)로써 샛되다면 그 도는 확연히 부합하겠지만, 만약 속세로써 샛되다면 그 속세는 크게 어긋난다.

고환은 원찬에게 한 답장에서 이렇게 말하고 있다.

> 오랑캐의 풍속은 오래 꿇어앉은 것이 법도라서 중화와는 다르다. 오른쪽 무릎은 꿇고 왼쪽 무릎은 세우면서 전적으로 웅크린 자세인데, 이 때문에 주공(周公)은 이미 예전에 금지했고 훗날 공자도 못하도록 훈계했다. 또 불교는 오랑캐 지역에서 흥기했으니 어찌 오랑캐의 풍속이 평소 사악한 것이 아니겠으며, 도(道)는 중화에서 나타났으니 어찌 중화의 풍속이 본래 선한 것이 아니겠는가.

고환의 요지(要旨)는 중국과 인도의 국민성의 특수한 차이에 근거해서 서역의 종교는 중국에서 행해지지 말아야 한다고 주장한 것이다. 게다가 인도의 풍속은 사악하고 중화의 풍토는 근본적으로 선하다고 한 것은 본래 『화호경』에서 나온 것으로 의심된다. 한나라 때 전승된 내용에 따르면,

---

104) 원문의 키울 육(育)자는 다른 판본에서 버릴 기(棄)자인데 이를 따른다.

인도 사람들은 살해나 공격을 하지 않는다고 했고 풍속도 불량하다고 말하지 않았으며, 이런 설은 진(晉)나라 시대 이후에도 여전히 존재했다. 『후한기』에서 '신독(身毒; 인도)은 부처님 도를 수행하는 풍속이 있어서 살생이나 정벌을 하지 않고 나약해서 전쟁을 두려워했으며, 아울러 중국에 복속된 이후에는 한나라 사람 중에 간사하고 교활한 자들이 가서 살았기 때문에 거짓과 모략이 점점 생겨나면서 습속(習俗)이 파괴되었다'고 하였다.

이는 응당 한나라 시대의 전설이다. 하지만 진(晉)나라 시대의 『화호경』에서는 "호인(胡人)은 강인하지만 예(禮)가 없다"고 했다223:. 『정무론(正誣論)』에서 불교를 모함한 자는 『화호경』의 설을 내세우면서 이렇게 말했다.

"그들의 풍속은 아버지와 아들이 취우(聚麀)[105]하며, 또 탐욕스럽고 잔인하고 우매하고 수치를 모르며, 남을 침해하고 해치는데 거리낌이 없어서 수많은 생명을 도살했다."

『후한서 · 서역전』에서도 천축 사람들이 나약하다고 말하면서도 "부처의 도를 수행하는 것이 마침내 풍습이 되었다"고 했는데, 하지만 그의 『후한서 · 서역전찬(贊)』에서는 그 나라 사람들에 대해 "중화의 예의를 따르지 않고 전적(典籍)이나 서적도 없으니, 만약 신(神)의 도가 아니라면 어찌 불쌍히 여길 것이며 어찌 껴안을 수 있겠는가"라고 했다. 이 밖에 범울종(范蔚宗) 이전에 환현은 왕중령(王中令)을 질책하면서 역시 이렇게 말했다.

"육이(六夷)[106]는 교만하고 드세서 일반적인 가르침으로 교화할 수 없다.

---

105) 짐승은 무지하여 예의를 모르므로 부자나 부부의 구별도 없이 한 마리의 암사슴을 공유한다. 즉 난륜(亂倫)을 비유한 것이다.

106) 고대에는 동이(東夷), 서남이(西南夷), 서강(西羌), 서역(西域), 남흉노(南匈奴), 오환선비(烏桓鮮卑) 등의 각 민족을 가리키는데 후에는 대체로 외부

그래서 영험의 기적을 크게 마련해서 외경(畏敬)을 통해 복종하도록 했다."

범울종과 같은 시대의 하승천이 종소문에게 답한 글에서도 역시 중화와 오랑캐는 자연히 다르다고 하면서 이렇게 말했다.

"왜냐하면 중국 사람은 성품이 맑고 온화하며 인의(仁義)를 품고 있기 때문에 주공(周公)과 공자는 성품과 습기(習氣)의 가르침을 밝힌 것이다. 외국의 무리들은 품부 받은 성품이 강인하고 드센데다 탐욕스럽고 사납기 때문에 석가모니 부처님께서는 엄격한 다섯 가지 계율을 가르쳤다."[224]

고환의 논술은 이런 뜻을 전부 채용했기 때문에 두 가르침을 이렇게 변론했다.

> 신성한 도(道)를 추구하는 것은 똑같지만 방법은 좌우가 다르다. 그래서 시작할 때도 단서가 없고 끝날 때도 결말이 없다. 열반과 신선이 되는 것도 각기 하나의 술법이다. 불교는 정진(正眞)이라 부르고, 도교는 정일(正一)이라 칭하는데, 도교의 정일은 죽음 없음(無死)로 돌아가는 것이고 불교의 정진은 무생(無生)을 회통하는 것이니, 명칭에서는 서로 반대이지만 실제로는 서로 합치한다. 하지만 무생의 가르침은 외상 거래처럼 멀리 떨어져 있고 무사(無死)로 변화하는 것은 절실하다. 절실한 법은 겸손과 유약(柔弱)함으로 진보하지만 외상 거래 같은 법은 허황되고 드세진다. 불교는 형식적[文]이면서 박식하고 도교는 본질적이면서 정밀하니, 정밀함은 거친 사람들이 믿는 것이 아니고 박식함은 정밀한 사람이 능할 수 있는 것이 아니다. 불교의 말씀은 화려하면서도 유인(誘引)하고 도교의 말씀은 실제적이면서도 억제하니, 억제하면 '밝음[明]'만이 홀로 진보하고 유인하면 '어둠[昧]'만이 앞 다투어 간다. 불교 경전은 번잡하면서도 분명히

---

민족을 가리키는 말로 쓰였다.

드러나고, 도교의 경전은 간략하면서도 그윽이 유현(幽玄)하다. 유현하면 오묘한 문(門)은 보기 힘들고, 분명히 드러나면 올바른 길을 쉽게 따른다. 이상은 두 가지 법을 변별한 것이다.

성스러운 종장(宗匠;종지에 통달한 대가)은 무심해서 모난[方] 것에서든 둥근[圓] 것에서든 체(體)가 있으며, 그릇[器]은 특별한 쓰임새가 있어서 가르침도 쉽게 실시한다. 불교는 악을 격파하는 방법이고 도교는 선을 부흥하는 술수이니, 선을 흥기하면 자연히 고상해지고 악을 격파하면 용감해서 존귀하다. 부처님의 흔적은 크게 빛나서 마땅히 사물을 감화하며, 도교의 흔적은 비밀스럽고 미묘해서 자기를 위해 이용한다. 우열의 분별은 대체로 이러하다.

고환이 본래 도교를 믿은 것은 그의 학설이 위로 거슬러 올라가 왕부(王浮)로부터 나왔기 때문에 이상할 것은 없다. 그리고 제나라 시대에는 어떤 도사가 장융(張融)이 지은 『삼파론(三破論)』을 빌려 불법을 훼손했는데, 전혀 터무니없는 내용이긴 하지만 단지 이런 말은 있다.

"이 세 가지 파괴하는 법[225]은 중국에서 실시된 것이 아니라 본래 서역에만 있었다."

이렇게 말한 이유는 "호인(胡人)은 둘이 없어서[226] 강인하고 드세고 예의가 없다. 이들은 짐승과 다르지 않고 허무(虛無)를 믿지 않는지라 노자가 관외로 들어가서 일부러 형상을 지어 교화했다"고 했기 때문이고, 또 "호인(胡人)은 거칠고 사나운지라 그 악한 종자를 끊기 위하여 남자들은 아내를 얻지 못하게 하고 여자는 시집을 가지 못하도록 했다"고 했기 때문이다. 그 대의(大意)는 불교를 가리켜 "악을 소멸하는 술법"이라고 해서 고환의 취지와도 다르지 않다. 이 논문이 나온 후에 유협(劉勰)과 석승순(釋僧順)은 글을 지어 반박했으며, 대략 동일한 시기에 석현광(釋玄

光)은 『변혹론(辨惑論)』을 지어서 도교의 망언을 통렬히 배척했다227:.

## 10) 본말(本末)의 논쟁

위진 시대 이래로 학문의 궁극 목적은 도(道)를 체득해 현묘함[玄]을 통달하는 것인데, 도(道)라고 말하고 현묘함이라 말하는 것은 모두 본원(本源)을 가리킨다. 삼현(三玄)[107]과 불법은 모두 근원을 탐구하고 본원으로 돌아가는 학문이다. 석가모니와 노자의 같고 다른 점과 이설(異說)에 대한 논쟁은 모두 본말과 원류(源流)의 관념과 관계있다. 석가모니를 추종하는 무리들은 대부분 노자를 말류(末流)라 배척하고, 노자를 존경하는 자들은 석가모니를 말할 때마다 근본을 얻지 못했다고 한다.

그리고 당시에는 또 늘 현학과 불학을 합쳐 도가라고 함으로써 주공과 공자의 명교(名教)와 구별하였다. 이 도가의 교훈[道訓]과 명교의 같고 다른 점은 또한 본말의 구별이 되었으며, 모두 본말에 대한 논쟁이기 때문에 이야기를 위조하여 그 선후를 결정하고 있다. 도사는 "공자는 노담(老聃; 노자)에게 배운 적이 있고, 불법 역시 노자가 교화한 사례에 들어간다"고 했으며, 불가에서는 "노자는 축건(竺乾;인도)의 옛 선생으로부터 도를 공부했는데, 옛 선생이란 바로 부처님이다228:"라고 했으며, 또한

---

107) 한나라 말엽 사화 변란이 심해지면서 도덕을 중시하고 문자해석에 치우쳤던 유학은 그 권위가 상실되었고, 그 대신 위진 시대 이래로 도(道)를 체득해 현묘함[玄]을 통달함을 추구하는 풍조가 생겨났는데, 당시 인사들은 이 현리(玄理)를 『노자』, 『장자』, 『주역』에서 구했고 이를 '삼현'이라 불렀다. 특히 왕필(王弼)은 노장사상으로 주역을 설명한 『주역주(周易注)』를 저술하여 새로운 국면을 열었고, 그 후 동진(東晋) 시대에는 노장학이 성행하여 무수한 주석이 나왔다. 당시 청담(淸談)을 귀하게 여긴 풍토의 바탕에는 '삼현'이 있었다.

"부처님은 세 제자를 진단(震旦)에 보내서 교화하라고 했는데, 바로 유동(儒童) 보살은 공구(孔丘; 공자)라 칭하고 광정(光淨) 보살은 안연이라 칭하고 마하가섭은 노자라 칭했다"229:고 하였다. 이 때문에 도교의 입장에서 말한다면 노자의 교리는 본래 현허(玄虛)해서 관외로 들어가 호인(胡人)을 교화할 때는 형상을 나타내 교화한 것이며230:, 불가의 입장에서 말한다면 석가모니는 실제로 공(空)하고 현묘한 무형(無形)의 참된 경지를 통달했으므로 노자의 오천 어(語)의 글은 단지 속세를 인도하는 것일 뿐이고 장릉(張陵) 신선은 더욱더 열등하다(『멸혹론』). 범태와 사령운은 모두 이렇게 말하고 있다.

"여섯 경전의 문장은 본래 세속의 구제와 정치를 위한 것이다. 성품의 영(靈)의 참됨과 오묘함을 반드시 구하겠다면 어찌 불교 경전을 지남(指南; 나침반)으로 삼지 않을 수 있겠는가."231:

명승소(明僧紹)가 지은 『정이교론(正二教論)』에서는 석가모니의 발견이 "근원을 궁구한 진정한 주창[眞唱]"이라 했고, 주공과 공자 그리고 노자, 장자는 모두 "제왕의 스승"이라 했으며, 또 "경세(經世)의 깊이는 공자와 노자가 지극했고" "신령한 공(功)의 올바름은 불교의 광대함"이라고 했으며, 또 "부처님은 그 종지를 밝혔고 노자는 그 삶을 온전히 했으니, 삶을 지키는 자는 가려지고 종지를 밝히는 자는 통한다"고 했다. 그래서 공자와 노자의 가르침은 "생명의 영성을 자량(資糧)하고 온전히 하여 지역에서 가르쳤다"고 했지만, 부처님은 "종파를 초월하여 지극히 살펴서 근원을 찾아 근원을 궁구했다"고 했으니, 이는 진정으로 현묘함을 통달하고 도를 능히 체득해서 하늘과 사람의 사이를 밝힌 것이다. 이러한 밝힘은 오직 불교만이 근원을 궁구하고 성품을 다할 수 있지 공자와 노자는 단지 선(善)의 권도(權度)로 사물을 구제했을 뿐이다.

장융의 『문율(門律)』에서는 "도교와 불교는 극치에 도달하면 다르지 않으니, 고요히 움직임이 없어서[寂然不動] 이치의 근본이 동일하다"고 했는데, 이에 대해 주옹은 그의 주장을 힐난하면서 『반야』의 법성과 『노자』의 허무가 근본은 하나이나 지말(枝末)이 다르다면[殊] 이는 근본과 지말이 함께 다른[異] 것이라 여겼다. 만약 근본이 하나라고 한다면 불가와 노자는 반드시 하나는 근본이 되고 하나는 지말이 되며, 만약 근본과 지말이 다르다고 한다면 장차 두 개의 근본이 있게 된다. 따라서 두 가르침의 선후는 바로 본말에 대한 논쟁이다. 주옹의 뜻은 『노자』의 허무가 실제로는 불법의 즉색비유(卽色非有; 색에 즉해서 유가 아님)에는 미치지 못한다는 것이다. 진실로 근본에 둘이 없어서 근본에 일치한 분은 석가모니이지 노자가 아니다. 따라서 본말의 변별은 진실로 유무(有無)의 분별과 같다[232].

또 하나의 '근본'에 대한 설은 현학과 불법이 똑같이 믿는 것이다. 위진 시대 이래로 현담과 불법이 구하는 것은 도(道)이며, 도는 하나이다. 그래서 유협은 이렇게 말했다.

"도(道)가 종지의 극치에 이르면 이(理)는 하나로 귀일하니, 오묘한 법의 참 경지는 근본에서는 둘이 없다."(『멸혹론』)

소자량은 이렇게 말했다.

"진(眞)과 속(俗)의 가르침은 그 이치가 하나다."(『여공중승서(與孔中丞書)』)

공아규(孔雅珪)는 이렇게 말했다.

"지극한 이(理)에서 미루어보건대, 이(理)가 지극하면 하나로 돌아간다. 지극한 종지의 관점에서 보건대, 종지가 지극하면 둘을 용납하지 못한다."(『답소사도서(答蕭司徒書)』)

명산빈(明山賓)은 이렇게 말했다.

"가르침은 다른 길이 있지만 이(理)는 두 개의 이치가 없다."(『답칙문신멸론(答敕問神滅論)』)

주소지는 이렇게 말했다.

"쓰거나 달거나 하는 방편은 비록 둘이지만, 체(體)를 이루는 성품은 둘이 아니다."(『난이하론(難夷夏論)』)

안연지는 이렇게 말했다.

"하늘이 부여한 도(道)는 오랑캐와 중화의 차이가 없다. 사람이 품부받은 영성(靈性)이 어찌 외지와 내지의 제한이 있겠는가."233:

불교를 신봉한 유규(劉虯)는 이렇게 말했다.

"지극한 가르침이 세상에 감응하는 것은 풍속에 따라 다르며, 신령한 도는 사물을 구제하지만 감응할 때는 차이를 이룬다. 현포(玄圃)[108] 동쪽을 태일(太一)이라 호칭하고, 계빈 서쪽을 정각(正覺)이라 한다. 동국(東國)에서는 백년 세월에 걸친 재앙과 경사를 밝혔고 서역은 삼세(三世)에 걸쳐 길흉선악을 변별했으니, 무(無)를 희구하는 것과 공(空)을 수행하는 것은 그 도리가 하나이다."(『우록 · 무량의경서(無量義經序)』)

도사 맹경익(孟景翼)은 『정일론(正一論)』을 지어서 이렇게 말했다.

"『보적경(寶積經)』에서는 부처님이 일음(一音)[109]으로 널리 법을 설했다고 하였고, 『노자』에서는 성인은 포일(抱一)을 천하의 법식(法式)으로 삼는다고 하였다. '하나'의 묘함은 공(空)의 유현함이 유(有)의 경계에서 끊어지고 신령한 조화가 무궁(無窮)에서 풍부해지면서 만물을 위하면서도

108) 남북조 시대에 낙양과 건강에 있던 궁중의 정원 이름. 당시 경전을 강연하던 곳이다.

109) 부처님은 일음(一音), 즉 한 목소리로 법을 설하지만 중생들은 다 자기 근기에 맞게 알아들어서 이익을 얻는다는 것이다.

무위(無爲)이고 하나의 수[一數]에 처하면서도 무수(無數)인 것인데, 능히 이름을 지을 수 없어서 억지로 '하나'라고 부른다. 이를 불가에서는 실상(實相)이라 하고 도교에서는 현빈(玄牝)이라 한다. 도교에서 말하는 대상(大象)[110]이 바로 불가에서 말하는 법신(法身)이다."(『남제서 · 고환전』)

양무제의 『회삼교시(會三教詩)』에서는 "궁극의 본원에는 두 명의 성인(聖人)이 없다"(『광홍명집』)고 했으며, 사문 혜림은 『균선론(均善論)』을 지었고 처사 심약은 『균성론(均聖論)』을 지었다.

대체로 현학의 바람이 일어나면서부터 길은 다르지만 이르는 목적지는 같다는 학설이 크게 성행했다. 이 때문에 향자기(向子期; 향수)는 유가와 도가는 하나라고 했고, 응길보(應吉甫)는 공자와 노자는 하나로 정렬된다고 말했다[234:]. 원홍(袁弘)은 『후한기』의 논(論)에서, 황간(皇侃)은 『논어』의 소(疏)에서 늘 명교(名教)와 자연(自然)을 합해서 하나라고 했으니 불교 신도의 일방적인 말이 아니다[235:]. 무릇 "마음의 근원은 본래 둘이 없으니, 이(理)를 배우면 저절로 참[眞]으로 돌아간다"[236:]고 했으니, 이를 '똑같이 하나의 근본으로 돌아간다'고 한다. 하지만 마음의 감수(感受)가 달라서 이(理)를 보는 깊고 얕음도 다르기 때문에 사물을 구제하는 방식과 교화를 행하는 자취도 각자 차이가 있으니, 그 근본을 밝히려는 자는 심성의 근원을 깊이 탐구하고, 자취를 따르는 자는 각자 방편의 술수를 마련한다. 앞서 『삼파론』을 인용하면서 '노자는 허무를 밝혔지만 부처는 단지 형상뿐이다'라고 하였고, 손작(孫綽)의 『유도론(喩道論)』에서는 "주

110) 『노자』에 "커다란 사각형은 그 각(角)이 없고, 큰 그릇은 늦게서야 이루어지고(大器晩成),큰 소리는 그 소리가 미미한 것 같고, 크나큰 형상[大象]은 형태가 없다"는 구절에서 나왔으며 도(道)의 광대무변함을 나타낸다.

공과 공자의 가르침은 폐단이 지극하지만 부처의 가르침은 그 근본을 밝힌다"고 하였다. 두 사람은 각자 자신이 믿는 도를 존중해서 심원(心源)의 근본을 능히 통달했다고 하면서 다른 가르침을 말단이라고 비하했다. 도사 맹경익에 이르러서는 불법에서 말하는 법신이 바로 『노자』에서 말하는 대상(大象)이라고 하였다. 종병은 『명불론』에서 "함이 없으면서도[無爲] 하지 않음이 없는[無不爲] 것이 바로 법신의 형상 없음[無形]으로 일체에 두루 들어가는 것이다"라고 했으니, 이는 "근본은 오로지 '하나'일 뿐이고 두 개의 가르침은 모두 이 근본을 요달하고 있다"고 말한 것이다. 사령운은 『변종론』에서 '부처는 하나의 지극함[一極]을 주장하고 공자는 능히 도달할[能至] 수 있다고 했으니, 이를 합하여 돈오(頓悟)의 설이 있다'고 하였다. 이는 단점을 버리고 장점을 취하여 양쪽을 합한 것으로 새로운 뜻을 밝힌 것인데, 이 설은 신기하기는 하지만 양쪽의 가르침을 하나의 체(體)로 인식하는 것이 너무나 뚜렷하다.

위진 시대의 현학은 『노자』, 『장자』를 커다란 종지로 삼고 있다. 성인은 본래 무(無)이기 때문에 『반야경』에서 담론하는 공(空)과 『노자』, 『장자』 두 편에 담긴 허무의 종지는 병행하고 있지 서로 어긋나지 않으므로 모두 본원을 탐색하는 학문이라고 보았다. 주공과 공자는 성인으로서 비록 체(體)는 없다[無] 해도 명교(名教)는 제왕이 교화를 행하는 술수라서 늘 지말(支末)이라고 본다. 유송(劉宋) 이후에 유가의 학설은 점차 번창해서 조정에서도 장려를 했으며, 사대부가 현담(玄談)을 하는 밑천도 노자[瀨鄉][111] 뿐만 아니라 공자의 학풍[洙泗][112]도 겸했다. 그러나 당시 사람들이

111) 강소성 이양현. 즉 노자의 고향으로 노자를 지칭하는 것이다.

112) 수수(洙水)와 사수(泗水). 모두 강 이름이다. 공자가 이 근처에서 제자들을

연구하고 읽은 자료는 비록 다르긴 했어도 유가의 술수를 담론할 때는 여전히 현학의 관점을 따랐으니, 이는 왕필(王弼)이 『주역』을 주석하고 하안(何晏)이 『논어』를 해석한 것과 동일한 계통이다. 양나라 때 황간(皇刊)[113]이 지은 『논어집해의소(論語集解義疏)』는 그 문장의 편제(編制)가 당시 불경의 주소(注疏)와 아주 흡사했으며, 그리고 그가 '성인은 꿈이 없다'(권 4에 보인다)고 한 것은 불교 경전에 본래 있던 설이고 과조(戈釣)[114]에 대한 그의 해석(권 4)은 혜원의 글에 보인다(『답하진남서(答何鎭南書)』). 논자(論者)는 곧바로 '부처를 조각해 그리고, 공자[洙泗]를 비난했다'(황간(黃侃)의 『한당현학론(漢唐玄學論)』)고 했으며, 또 무파(繆播)를 인용해서 "지말[末]을 배워 이름[名]을 숭상하는 자는 많지만 그 실제[實]를 돌아보는 자는 적다. 허나 회심(回心)하면 근본을 숭상하고 지말을 버린다"(권 3)고 했다. 이는 안회(顏回)가 근본을 숭상한 까닭이 그 마음을 "자주 비웠기[屢空]" 때문이고 '공'은 '허(虛)'와 같다고 여기는 것이니, 성인은 고요함[寂]을 체득해서 마음이 항상 허(虛)하여 번뇌[累]가 없다고237: 말한 것이다. 또 도(道)를 어기지 않음이 마치 어리석은 듯이 보이는 안회의 모습을 해석하면서 이렇게 말했다.

"형기(形器) 이상을 이름하여 무(無)라고 하는데 성인이 체(體)로 삼는

---

가르쳐서 '공자의 문하'란 뜻으로 쓰인다.

113) 황간(서기 488년~545년)는 오군(吳郡) 사람으로 남조(南朝) 양(梁)나라의 유학자이자 경학가(經學家)이다.

114) 『논어』에 나오는 용어. 『술이(述而)』 제7편에 "선생님께서는 낚시는 했어도 그물로 집지는 않았고, 나는 새를 쏘아서 잡긴 했어도 잠자는 새를 쏘지는 않았다"고 했는데, 황간의 소(疏)에서는 이를 "주공과 공자의 가르침은 살생하지 않았다는 것이 아니라 살생을 위한 살생을 하지 않고자 한 것이다……."라고 했다.

것이며, 형기(形器)로 돌아온 것을 이름하여 유(有)라고 하는데 현자가 체(體)로 삼는 것이다."(권 1)

마치 황간이 지은 『논어집해의소』의 뜻이 안자는 현인(賢人)으로 거의 무(無)를 체(體)로 삼고 있다고 여기는 것 같다. 하지만 마음을 궁진(窮盡)하지 못했기 때문에 형기(形器)의 영역을 초월하지 못했다. 총체적으로 이는 본말과 유무(有無)의 변론이고 허무를 근본으로 삼고 있으므로 여전히 현학이다. 그러므로 이 『논어집해의소』의 관점에서 살펴보면, 토론의 중심 문제는 석가와 공자가 역시 동일한 것이다.

오조(五朝)에서 말하는 본말이 대체로 후세의 소위 체용(體用)에 해당한다는 건 앞에서 이미 언급했다(제 8장을 보라). 본말은 당시 토론한 내용의 중심 문제이다. 따라서 다른 종류의 논쟁은 왕왕 이 문제와 연루되어 있다. 혜원은 '사문은 제왕에게 예의를 표하지 않는다'를 논하면서 종체(宗體)의 지극함을 구하는 자는 순종적으로 따르지[順化] 않는다고 했으며, 그래서 "그윽한 종지는 광대해서 보고 들음을 벗어났고, 불변의 체(體)는 세상의 표상(表象)을 초월하니, 이 때문에 만승(萬乘)의 천자에게도 예를 올리지 않고 자신의 일을 높이며 숭상할 수 있다"고 했다. 그는 또 사문의 단복(袒服)[115]을 논할 때도 종지를 구하면 순종적으로 따르지 않는다는 이론을 수립했다. 정도자(鄭道子)는 꿇어 앉아 식사하는 것을 반대하면서 사문에게 보낸 편지에서 이렇게 말했다.

"무릇 성인의 교훈은 근본을 닦고 지말을 없애는 것이니, 마음에 즉(卽)함이 가르침이 되고 사(事)를 인하여 작용[用]을 이룬다. 성품과 형상을 거역하고서 대화(大化)를 돈독히 한 자는 있지 않다."

115) 웃통을 벗어 어깨를 드러내는 복장.

이는 모두 본말과 체용의 설이다. 『이하론』에서는 "성스러운 도[聖道]는 같지만 방법에서는 좌(左)와 우(右)가 있다"고 했으며, "불법은 악을 타파하는 방법이고 도교는 선을 일으키는 술수이다"라고 했으니, 그렇다면 이(夷)와 하(夏)의 도는 근본적으로 서로 같으며 다만 방법의 지말만이 다를 뿐이다.

본말로 구분하는 것은 내학(內學)과 외학(外學)에서 공통으로 인정하고 있으며, 근본은 둘이 없다[無二]는 것도 여러 가르침에서 공통으로 인정하는 것이다. 이 무이(無二)의 근본은 또 당시 인사들이 공통으로 모방하고 추구한 것이다. 모방한다고 해서 반드시 옳은 것은 아니며, 추구한다고 해서 반드시 얻는 것은 아니다. 하지만 오조(五朝; 동진, 송, 제, 양, 진)의 학문은 현학이든 불학이든 공통적으로 이 모방과 추구를 근간으로 삼고 있으며 모든 문제가 다 이와 관련이 있다. 따라서 현학과 불교는 진실로 동일한 기풍이라서 정신적으로는 간격 없이 계합한다고 말할 수 있다. 당시 불교와 현학은 하나로 합쳐졌고 사대부가 의학(義學) 승려와 교유한 까닭도 바로 현리(玄理)가 결합했기 때문이니, 이것이 남조 불교의 특질로서 우리가 주의해야 할 점이다.

### 11) 범진(範縝)의 『신멸론』

또 당시에 회자된 소위 '근본'이란 심성의 근원을 가리키기 때문에 심신(心神)에 대한 연구가 주요 주제 중의 하나였다. 신불멸의 논쟁은 특히 격렬했다. 대체로 중국 불교는 이전엔 신명(神明)의 상속으로 성불에 이른다고 주장했기 때문에 신명이 상속되지 않음을 증명하면 불교는 근본적으로 무너진다. 진(晉)나라와 송나라 사이에는 토론이 극히 많았고, 남제 시대에 와서는 다시 범진의 『신멸론』이 나와서 조정과 재야(在野)가 떠들썩

했다.

범진의 자(字)는 자진(子眞)이고 범운(範雲)의 사촌 형이고 소침(蕭琛)의 외사촌 형이다. 『남사』의 전기에서는 "성품이 귀신을 믿지 않는다"고 했다. 의도(宜都)의 태수를 할 때 이릉(夷陵)에 오상묘(伍相廟), 당한(唐漢)의 삼신묘(三神廟), 호리신묘(胡里神廟)가 있자 범진은 제사를 지내지 못하게 하는 교시(敎示)를 내렸다. 항상 부처는 없다고 왕성하게 떠들면서 인과를 믿지 않았고 『신멸론』을 지었다. 경릉왕 소자량은 승려를 모집하여 반론했지만 굴복시키지 못했다. 소침, 조사문(曹思文), 심약은 모두 논을 지어서 반박했으며[238:], 태원 출신의 왕염(王琰)은 논을 지어 범진을 나무라면서 "슬프다, 범진은 선조의 신령이 어디에 있는지도 알지 못했구나"라고 하며 범진의 대응을 막으려고 했다. 그러자 범진도 "슬프다, 왕염은 선조의 신령이 어디에 있는지는 알고 있지만 자기 자신을 죽여서 따르지는 못하는구나"라고 했으니, 그의 위험한 견해는 모두 이런 종류였다. 소자량은 왕융을 시켜 범진에게 말했다.

"신멸(神滅)은 이미 잘못된 도리인데도 경(卿)이 굳세게 집착하는 것은 명교(名敎)를 손상할지 모른다. 경의 크나큰 미덕으로 어찌 중서랑(中書郞)까지 이르지 못할 걸 걱정하겠는가. 그런데도 이토록 배척하고 헐뜯으니 바로 훼손시킬 수도 있겠구려."

범진이 크게 웃으면서 대답했다.

"범진에게 논(論)을 팔아 관직을 얻게 해서 이미 상서령과 복야(僕射)까지 이르게 했는데, 어찌 중서랑 뿐이겠습니까."

범진은 본래 양무제와 서저(西邸)의 친구였다. 황제가 즉위해서 대신들에게 범진의 『신멸론』에 답장을 지으라고 했는데 답장을 지은 자가 64명이었다[239:]. 여기서 『신멸론』이 한때 커다란 반향을 일으켰음을 알 수 있다.

범진은 불교가 정치에 피해를 주고 속세를 좀먹는 것을 보고서 신멸론을 지었는데, 그 뜻은 형상(形)과 신(神)은 이름은 달라도 체(體)는 하나라서 형상 밖에 따로 신은 없음을 말한 것이다. 심신(心神)이 이미 없다면 부처도 자연히 있을 수 없다. 『남사』에서는 범진의 『신멸론』을 실으면서 간략히 이렇게 말했다.

> 신이 곧 형상이고 형상이 곧 신이다. 형상이 존재하면 신도 존재하고, 형상이 쇠퇴하면 신도 소멸한다. 형상은 신의 질(質)이고 신은 형상의 용(用)이니, 그렇다면 형상은 그 질(質)을 칭한 것이고 신은 그 용(用)을 말한 것이므로 형상과 신은 서로 다를 수 없다. 신에게서 질(質)이란 마치 예리함을 갖는 칼날과 같으며, 형상에게서 용(用)이란 마치 칼날을 갖는 예리함과 같다. 예리함의 이름은 칼날이 아니고 칼날의 이름도 예리함이 아니지만, 그러면서도 예리함을 버리면 칼날이 없고 칼날을 버리면 예리함이 없다. 칼날이 없는데도 예리함이 존재한다는 건 들어본 적이 없으니, 어찌 형상이 없어졌는데 신이 존재하는 걸 용납하겠는가.

하지만 사람의 질은 나무의 질과 다르다. 사람의 질은 앎이 있고 나무의 질은 앎이 없다. 양자는 질이 다르기 때문에 앎이 있고 알지 못함이 있다. 그래서 사람이 죽으면 앎이 없는 질이 되어서 생전과 사후의 질도 다르다. 태어나면서부터 죽음에 이르기까지 마치 "무성한 나무가 고목으로 변하는 것과 같기 때문에 고목의 질은 오히려 무성한 나무의 체(體)이다"라고 하는 것과 같다.

범진은 또 앎과 사려(思慮)는 깊고 얕음의 구별이 있다고 했다. 하지만 마음에 시비(是非)의 사려가 있는 것은 바로 하나의 신이 달리 작용하기 때문이다. 사려의 근본은 바로 이 오온(五蘊)의 마음일 뿐이며 이 밖에 다른 체(體)는 없다. 따라서 범부와 성자가 있다고 안다면, 이 역시 형상의 질의 특수함으로 돌아가기 때문에 이렇게 말했다.

> 금(金)의 정수(精髓)는 능히 비출 수 있지만 더러운 것이 섞인 금은 능히 비추질 못하니, 능히 비출 수 있는 정금(精金)도 오히려 비추지 못하는 더러운 질이 있는가? 또 어찌 성인의 신(神)으로서 범인의 기(器)에 기탁함이 있겠으며, 또 어찌 범부의 신으로서 성인의 체(體)에 의탁함이 없겠는가. 따라서 눈썹의 여덟 가지 채색과 이중 눈동자[八彩重瞳[116]]는 요 임금과 순 임금의 용모이고[勛華之容[117]], 용안(龍顏)과 마구(馬口)는 헌원(軒轅; 黃帝)과 고요(皐陶)의 모습이니, 이는 형상의 겉모습이 다른 것이다. 비간(比干)[118] 의 심장은 일곱 구멍이 나 있고 백약의 담낭은 주먹만큼 크니, 이는 심기(心器)가 다른 것이다. 따라서 성인을 구분할 때는 매번 평범한 품격이 끊어졌음을 아니, 도(道)만이 중생을 혁신할 뿐 아니라 또한 그 형상이 만유(萬有)를 초월하므로 범부와 성인은 체(體)는 평등하다고 하는 것은 타당치 않은 것이다.

---

116) 요(堯) 임금의 눈썹에 여덟 가지 채색[八彩]이 있다고 한데서 유래한다. 고서기(古書記); "요 임금은 어린 시절 눈썹이 팔채(八彩)로 나뉜 기이한 모습이었으니, 이는 인자함이 하늘과 같고, 지혜가 신(神)과 같고, 낭가면 태양과 같고 바라보면 구름과 같다…….는 뜻이다" 전설에 따르면, 요 임금의 눈썹에 여덟 가지 안색이 있는 것은 제왕의 상(相)이라고 하였다.
중동(重瞳)을 갖춘 역사의 인물로는 창힐(倉頡), 우순(虞舜), 중이(重耳), 항우(項羽), 이욱(李煜) 등 8명이 있다고 한다. 역시 제왕의 상을 뜻한다.

117) 훈(勛)은 요 임금의 이름이고, 화(華)는 순 임금의 이름이다.

118) 은(殷)나라 사람. 주왕(紂王)의 숙부인데 주왕의 악정을 간하다가 죽임을 당했다고 한다.

양화(陽貨)[119]의 모습은 공자와 비슷하다. 그러나 그의 심기(心器;마음의 그릇)는 공자와 같지 않다. 또한 성기(聖器;성인의 그릇) 역시 양화와 공자는 다르니, 그래서 "진나라의 옥과 초나라의 옥은 같은 가격으로 비싸며, 주목왕의 유명한 말과 도척의 유명한 말은 모두 천리를 갈 수 있다"고 한 것이다. 유교가 조상의 신에게 제사를 지내는 것을 주창하는 것은 그 뜻이 효자의 마음을 따르면서도 경박함을 경계하는데 있다. 세속에서는 요괴와 귀신이 있다고 전하는데, 허나 결코 신은 결코 불멸이 아니기 때문에 귀신이 있는 것이다.

범진은 생성과 소멸 및 번영과 쇠퇴가 갑작스러울 수도 있고 점진적일 수도 있는 것은 사물의 이치라고 여겼다. 생명을 잉태하고 키우는 것은 품부 받은 자연(自然)이지만, 그러나 불가는 허망하게도 인과에서 나왔다고 여긴다. 그래서 백성을 대할 때도 지옥을 말해서 공포를 심어 놓고 내생(來生)의 보응으로 유혹한다. 그 결과 천하 사람들로 하여금 승려에게 다가가 모든 재물을 바치게 하고 부처를 쫓다가 파산하게 하니, 백성을 병들게 하고 나라를 해치는 것으로 이보다 심한 것이 없다.

> 만약 도견(陶甄)[120] 이 자연(自然)에서 품부 받은 걸 알면 삼라만상이 평등하게 홀로 조화를 이룬다. 홀연히[忽焉] 저절로 유(有)이고 아스라이[恍爾] 무(無)이니, 와도 거절하지 않고 가도 쫓지 않는다. 하늘의 도리[天理]를 타고서 각자 그 성품에 안주하니, 소인은 즐겁게 농사를 짓고 군자는 담박함과 소박함을 보존한다. 농사를 지어 먹는데, 음식은 궁하지 말아야 한다.

---

119) 춘추 시대 노(魯)나라 사람. 노나라 대부 계평자(季平子)의 가신(家臣).

120) (1)도야(陶冶) 교화(敎化)를 비유한 것. (2)조화(造化), 자연계(自然界)를 비유한다.

> 누에를 키워 옷을 입는데, 옷은 다할 수 없는 것이다. 아랫사람은 남는 것을 윗사람에게 바치고, 윗사람은 무위(無爲)로 아래 사람을 대한다. 이렇게 하면 삶을 온전히 할 수 있고, 친족을 기를 수 있으며, 남을 위할 수 있고, 자기를 위할 수 있고, 나라를 바로잡을 수 있고, 패자(覇者)가 될 수 있으니, 이 도를 사용한 것이다.[240:]

범진의 『신멸론』의 궁극적 종지는 자연을 숭상하고 인과를 타파하는 것이다. 『남사』 본전의 기록은 아주 상세한데 그 글에서 이렇게 말했다.

"경릉왕이 범진에게 물었다.

'그대는 인과를 믿지 않는데 어찌하여 부귀와 빈천이 있게 되는가?'

범진이 대답했다.

'인생은 나무의 꽃이 동시에 피어서 바람을 타고 떨어지는 것과 같으니, 저절로 발과 휘장을 헤치고 돗자리 좌석에 떨어지는 것도 있고, 저절로 울타리와 담장이 막혀 있어서 더러운 뒷간의 똥 속에 떨어지는 것도 있습니다. 돗자리 좌석에 떨어진 것은 전하(殿下)께 해당되고, 뒷간의 똥에 떨어진 것은 하관(下官)에 해당됩니다. 귀천(貴賤)이 비록 길은 다르겠지만 인과가 끝내 어디에 있단 말입니까."

소자량은 그를 굴복시킬 수 없자 매우 괴아하게 여겼다. 범진은 자신이 주장한 이치를 논술하여 『신멸론』을 지었다.

진(陳)나라 때의 주세경(朱世卿)이 저술한 『성법자연론(性法自然論)』[241:] 역시 그 취지는 자연을 숭상해서 인과를 타파하는데 있다[242:]. 그 문장에서는 이렇게 말했다.

> 비유하자면 온화한 바람이 꽃을 흩날리고 차가운 폭풍이 눈을 날리는 것과 같으니, 더러운 똥에 떨어져 쌓이는 경우도 있고 옥으로 만든 계단에

떨어져 쌓이는 경우도 있다. 폭풍은 후하거나 각박한데 무심(無心)하지만 꽃의 흩날림은 더럽거나 청정한 길의 차이가 있다. 천도(天道)는 애증(愛憎)에 무심하지만 성명(性命)은 궁하거나 통하는 술수의 차이가 있다. 자식은 우공(于公)이 [121] 봉하기를 기다린다고 듣고서야 봉해졌고, 엄연년의 모친[122]은 상(喪)을 소망하고서야 상(喪)이 미쳤다. 선한 사람을 만나면 훗날 반드시 창성할 거라고 말하고, 악한 사람을 보면 훗날 반드시 망할 거라고 말하는데, 이는 마치 평생 나무 그루터기에서 교활한 토끼를 잡으려고 기다리는 것과 같을 뿐이다.

## 12) 양무제(梁武帝)

남조 시대의 불교는 양무제 때 와서 완전히 흥성했다. 무제는 원래 경릉왕의 문하에 있었고243: 일찍부터 승려과 접촉했다. 그의 불교 신앙은 그가 지내던 계롱산의 서저(西邸)와 중대한 관계가 있다. 무제의 한 계열은 원래 도교를 믿는 세가(世家)였을 것이다. 그의 『사도귀불문(舍道歸佛文; 도교를 버리고 불교에 귀의하는 글)』(『광홍명집』)에서는 이렇게 말하고 있다.

> 제자는 의심스런 미망과 황량함을 겪으면서 노자의 설에 탐닉했습니다. 가문 대대로 이어받은 탓에 이 삿된 법에 물들었습니다.[123]

---

121) 우공(于公)은 서한 시대의 사람으로 재상 우정국(于定國)의 부친이다. 법률에 정통해서 옥사(獄事)를 꼼꼼히 잘 해결해서 명성을 얻었다. 사람들은 그에 대해 "송사를 해결할 때마다 원망이 없었다"고 하였다.

122) 한나라의 혹리(酷吏) 엄연년의 어머니가 그를 위해 장사지낼 곳을 준비했다는 고사(故事)를 말한다.

123) 노자는 사이비 법이고 공자는 사이비 법이 아니라는 말이다.

『수서(隋書)・경적지(經籍志)・도경부(道經部)』에서는 이렇게 말했다.

> 무제는 젊은 시절에 일을 아주 좋아해서 먼저 도교를 받아들였다. 그리고 즉위한 후에는 홀로 스스로 표문(表文)을 올려서[上章] 도교를 받아들이는 조정의 인사가 많았다. 삼오(三吳)124) 지역에서 해변(海邊)까지 이를 믿는 자는 더욱 많았다.

양무제가 젊은 시절에 도교를 신봉한 까닭은 집안 대대로의 영향을 받았기 때문이며, 중년에 불교 신앙으로 바꾼 까닭은 그가 경릉왕 문하에서 유명한 승려와 불교를 신봉하는 문인들과 교유하면서 점차 변했기 때문이다.

양무제는 열렬한 불교신도 중 한 사람이었다. 황제에 즉위한지 삼년 만에 도교를 버리고 불교로 귀의했는데, 그 발원문에서 이렇게 말했다.

> 원컨대 미래 세상에서 동자(童子)로 출가하여 경전의 가르침을 널리 펴서 중생을 교화로 인도해 함께 성불하기를 바랍니다. 차라리 정법(正法) 속에서 오랫동안 악도에 떨어질지언정 노자의 가르침에 의거해 잠시 천상에 태어나는 걸 즐기지는 않겠습니다.

양무제는 황제로 있었던 48년 동안 거의 부처님의 교화로 나라를 다스렸다고 할 수 있다. 부남(扶南; 베트남)의 승려 승가바라를 청하여 수광전(壽光殿) 등 여러 곳에서 경전을 번역하도록 했는데, 처음 경전을 번역하는 날에 황제가 몸소 법의 자리[法座]에 왕림하여 붓으로 번역 문장을 받아 적었다(천감(天監) 5년). 승가바라를 영접한 예의가 두터워서 가문의 승려로

---

124) 오(吳) 나라를 셋으로 나눈 오군(吳郡), 오흥(吳興), 회계(會稽)의 세 지역.

모셨다. 또 부남의 승려 만다라(曼陀羅) 역시 함께 경전을 번역하라는 칙령을 받았고(『속고승전 · 승가바라전』), 또 승려를 외국에 파견해서 선(禪) 경전을 구하도록 했고(『우록』 12), 그리고 천축의 사문 진제(眞諦)도 역시 양무제의 명성을 듣고 멀리서 양도(楊都)로 왔다244:.

양무제는 금과 은과 구리로 만든 불상을 많이 조성했다. 예를 들면 8장(丈) 크기의 동상을 광택사(光宅寺)에 안치했고245:, 승우에게는 섬계(剡溪)의 대석상(大石像)을 감독하도록 칙령을 내렸다246:. 이때 세운 절들로는 애경사(愛敬寺), 지도사(智道寺), 신림사(新林寺), 법왕사(法王寺), 선굴사(仙窟寺), 광택사(光宅寺), 해탈사(解脫寺), 개선사(開善寺) 등이 있다247:. 그리고 특히 동태사(同泰寺)가 가장 커서248: 늘 대법회를 열고 몇 차례 사신(捨身)을 했다249:. 그리고 열 개의 무진장(無盡藏)[125]을 세웠고250: 선정(禪定)을 지극히 중시해서 학자를 찾아 양도(揚都)에 모집했다251:.

그리고 승려의 계율에 각별히 주의(注意)를 기울여서 몸소 보살계를 받고252: 법명을 관달(冠達)이라고 했다253:. 또 계율을 초록해 편찬하도록 칙령을 내렸으며(『명철전(明徹傳)』), 승려의 계율을 중시했기 때문에 법초(法超)를 도읍의 승정으로 임명했다. 계율이 번잡하고 광대했기에 『출요율의(出要律儀)』 14권을 편찬해서 양나라 경내에 유통하고 상세하게 이용했다. 보통 6년에 지사(知事)와 명해(名解)[126]를 두루 모아서 법초가 계율을 강의하도록 했고 양무제도 몸소 계율과 규범을 받아들였다(『법초전』). 또

---

125) '무진장'은 불교의 발전과 지지를 위해 재물을 취득하고 축적하는 것이다. 양무제(梁武帝) 때 처음으로 세웠는데 삼계교에서는 가장 중요한 교화 수단으로 이 교(敎)의 일대 특색을 이루었다.

126) 경론을 통달하여 사리에 밝은 자.

승려와 비구니가 조화롭게 익히지 못하자 양무제는 스스로 백의(白衣) 승정이 되려고 했으나 지장(智藏)이 배척해서 못하게 하자 멈추었다[254]. 한(漢)나라 이래로 승려들에게 삼정육(三淨肉)을 먹는 걸 허락해서 살생이 완전히 단절되지 않자, 양무제는 『열반경, 사상품(四相品)』 등 경문에 근거해서 술과 육식을 끊도록 했다[255]. 또 가죽으로 된 신발을 신지 못하도록 했고[256] 주사(周舍)와 육식을 끊은 것에 대하여 논의하면서[257] 이렇게 말했다.

"재가자가 육식을 하면 지옥을 면치 못한다."

그래서 종묘(宗廟)에 제사 지낼 때는 채식을 하도록 추천했다[258].

양무제는 또 형벌을 내리는 일에도 신중했고 늘 대규모의 사면을 행했다. 천감 시기에는 육식을 모두 끊고 하루 한 번만 먹었으며 음식은 야채만으로 했다[259]. 그가 지은 『정업부(淨業賦)』는 그 취지가 소자량의 『정주자』와 동일했으며, 스스로 성관계를 멀리하고 약을 먹지 않은지가 40여 년이 되었다고 말했다[260]. 그는 『단주육문(斷酒肉文)』에서 이렇게 말했다.

> 하지만 경전의 가르침에서도 역시 이렇게 말했다.
> "불법을 인간 세상의 왕[人王]에게 기탁해 부촉했으니, 따라서 나는 제자로서 말하지 않을 수 없다."

대체로 양무제의 불법 전파는 마치 아육왕[阿輸迦]과 비슷한데, 어쩌면 스스로를 아육왕에 비교했을 수도 있다.

양무제는 나라를 다스리면서 유교의 술수도 겸하여 사용했다. 그는 조서를 내려 오경(五經) 박사를 설치하고 이렇게 말했다.

"서한과 동한 두 시대에 드러난 현자로서 오경의 술수를 쓰지 않은 자가 없으니, 이들은 우아한 도를 충실히 지켜서 명성과 품행을 이루었다. 위진 시대는 부박(浮薄)하고 방탕해서 유교가 쇠퇴하였으니, 고상한 대의가 허술한 것도 이 때문이다."

양무제는 불법을 제창할 때도 왕왕 유교를 끼워 넣었으며, 불교의 교리를 논의할 때도 늘 유교의 서적을 인용했다[261]. 그리고 강남의 습속(習俗)을 이어받아서 특히 친상(親喪)을 중시했다. 『역대삼보기』 11권에서는 이렇게 말했다.

> 부모가 일찍 돌아가셔서 늘 애잔한 감정을 품고 있었기에 매번 이렇게 탄식했다.
>
> "천하의 지존(至尊)이지만 부모님에 대한 그리운 마음은 어쩔 수 없구나!"
>
> 그래서 불교 경전에 마음을 두었다.

양무제는 늘 『효사부(孝思賦)』를 지었는데 서문에서 이렇게 말했다.

> 오늘날 천하의 황제이지만 일반 백성[供養]보다 못하니, 마치 흉년에 칠보(七寶)를 가지고 있지만 배고파도 먹을 수 없고 추워도 입을 수 없는 것과 같다. 영원히 그리워하고 오래도록 호곡(號哭)하니, 슬픈 사념을 무엇으로 해결하겠는가? 그래서 종산(鍾山) 밑에 대애경사(大愛敬寺)를 세웠고[262], 청계(靑溪) 옆에다 대지도사(大智度寺)를 지었다[263]. 이렇게 부모에 대한 한없는 정을 표시하고 멀리까지 추모하는 마음을 전달했다[264].

그리고 『정업부서』에서는 이렇게 말했다.

> 남쪽에 이르기까지 천하를 모두 가지고 있었다. 먼 지역의 진귀한 음식이

> 지속적으로 공물로 바쳐졌으며 세상의 기이한 음식도 모두 왔다. 방장(方丈)[127] 앞에 백 가지 음식이 도마 위에 차려졌다. 이윽고 식사를 시작하자 젓가락을 놓고 그릇을 마주한 채 눈물을 흘리면서 온정(溫情)을 갖고 아침저녁으로 공양할 수 없는 걸 한탄했다. 무슨 마음으로 홀로 이 맛있는 음식을 들 수 있겠는가. 이 때문에 채식을 하고 물고기와 육류를 먹지 않았다.

따라서 양무제가 불교를 신봉하게 된 동기는 실제로 유가의 예교(禮敎)와 섞여 있다.

양무제는 비록 종교의 가르침을 실천하는 사람이었지만, 그러나 근본을 궁구하는 문인으로 당시 학술의 기풍에 물든 탓에 불교를 대할 때도 특히 의학을 중시했다. 그는 재위하는 동안 불교 경전을 구해서 그 경적(經籍)을 정리했다. 그의 학문의 종지는 『반야경』, 『열반경』에 있으며265: 『의기(義記)』 수백 권을 지어서 몸소 강설까지 했다. 실제로는 청담의 기풍에 물들었고 또 스스로 『노자』, 『장자』, 『주역』을 강의했기 때문에 그의 불교 학설의 성격은 여전히 현학을 벗어나지 못했다. 『안씨가훈(顔氏家訓)·면학편(勉學篇)』에서는 현학의 기풍을 이렇게 논했다.

> 양씨 시대에 와서 이런 기풍이 다시 천명되었다. 『장자』, 『노자』, 『주역』을 총체적으로 삼현(三玄)이라고 하는데, 양무제와 간문제는 몸소 스스로 강론을 했다.

---

127) 우리나라에선 총림(叢林)의 최고 어른을 가라키지만 일반적으론 절의 주지를 뜻한다.

양나라 시절의 불교는 늘 화려하지만 실속이 없는 결함도 다소 있다. 조정의 대신들이 불교를 신봉한 것은 늘 황제의 행실에 부화뇌동했을 뿐이다[266:]. 그리고 승려도 명사(名士)의 풍미만 있을 뿐 독실한 정신은 모자랐다. 당나라의 도선(道宣)이 양나라 시절의 불교를 논하면서 은근히 비꼬는 말을 많이 했으니, 예를 들면 이렇게 말한 것이다.

"매일 교화를 한다고 하지만 현학의 문장을 지었고, 논문은 보지도 못한 채 흰머리 노인이 되었다. 이렇게 된다면 '이어받아 창성했다'고 말하지는 못할 것이다."

그리고 양나라 때 승려들이 단지 "슬기로운 해석은 잘하지만 의례의 규범은 잡다했다"(『속고승전 · 의해편론(義解篇論)』)고 말했으며, 또 이렇게도 말했다.

"당시 불법의 교화가 융성했지만 대부분 슬기로운 변론에만 노닐었다. 그래서 말로만 날카롭게 가리키며 서로 파란을 일으킬 뿐 논증이나 인용은 염두에 두지 않았으니, 그 결과 한갓 명성 날리는 데만 치중하다가 끝내 솔직한 마음의 내실(內實)을 훼손했다."[267:]

여기서 당시 불교도들이 습관적으로 겉치레의 화려함만 숭상했음을 알 수 있다.

당시의 풍속은 유약하고 허무맹랑해서 실제(實際)를 구하지 않았다. 삼현(三玄)이 다시 성행했을 뿐 아니라 불자(佛子)도 강건하고 질박한 정신이 모자랐다. 나라의 정세는 겉모습만 안정적일 뿐 내실은 미약했으니, 양무제는 이로 인해 결국 나라를 멸망케 했고 자신은 죽음을 당했다. 역사의 기록을 보면, 양무제는 후경(侯景)에 의해 곤경에 처했을 때도 재계(齋戒)를 포기하지 않았고 죽을 때도 정거전(淨居殿)에 누운 채 입맛이 써서 꿀을 찾았지만 얻지 못하고 죽었다. '정거'란 계를 지키는 행위의 이름이고, 꿀을 먹는 것은 불교도들이 사용하는 약물 중 하나이다268:. 양무제는 참으로 불교를 위하여 몸을 바쳤다고 할 수 있다. 하지만 세상 사람들은 늘 후경의 반란이 전적으로 불법 탓이라고 한다. 실제로 국력의 쇠퇴는 무엇보다도 문약(文弱)하고 겉모습의 화려함만 숭상하는 기풍 때문이다. 당시는 정치든 학술이든 그리고 불교든 모두 부박하고 문약한 표현을 일삼았다. 전적으로 불교 탓만 하는 것은 실제로 인과를 거꾸로 보고 사태의 변화 전체를 관찰한 것이 아니다. 『안씨가훈・섭무편(涉務篇)』에서는 당시 사대부의 풍습을 이렇게 서술하고 있다.

> 양무제 시절의 사대부는 모두 넓은 옷과 넉넉한 허리띠, 그리고 큰 관(冠)과 높은 신발을 좋아했다. 집 밖으로 나서면 바로 수레를 타고 다녔고, 집으로 들어오면 바로 부축을 받았다. 성 밖과 성곽 안에서도 말을 타고 다니는 자가 없었다. 주홍정(周弘正)은 선성왕(宣城王)의 총애를 받아서 수레를 하나 하사받았는데, 수레에서 내리면 상복(常服)[128]으로 말을 몰았다. 조정의 모든 사람들이 주홍정이 방자하다고 여겨서 급기야 상서랑(尙書郞)까지는 말을 타면 고발하도록 했다. 그 후 후경의 반란이 일어나자 모두 피부가 벗겨지고 뼈가 물렁해서 줄기차게 걷지를 못했다. 신체가 탄탄하지 못하고 기력이 약해서 더위와 추위를 견디지 못한 탓에 그 자리에서 갑자기 죽은 자가 왕왕 있었다.

유자산(庾子山)의 『애강남부(哀江南賦)』에서는 양무제 시대의 상황을 이렇게 서술했다.

---

128) 일월(日月)의 휘장(徽章)이 있는 천자의 융복(戎服).

> 천자(天子; 양무제)는 시서(詩書)[129]를 산정(刪定)하고 예악(禮樂)을 확정했으며, 중운전(重雲殿)에서 불경 강설을 마련하여 사림(士林)의 학문을 열었다. 겁화(劫火)의 재[130]가 날리는 일에 대해 담론하고, 상성(常星)이 밤에 떨어진 일에 대해 변별하고[131], 도읍의 성곽은 지대가 평평하여 방어 시설이 없고[地平魚齒][132], 성곽이 위험하자 맹수의 뿔로 성(城)을 삼았으며[133], 조두(刁斗)[134]는 형양(滎陽)의 창고에 누워 있고, 용매(龍媒)[135]는 평락(平樂)[136]에 매여 있고, 조정의 재상은 전쟁을 어린이 장난으로 보고, 사대부 계층은 청담(淸談)을 조정의 정책으로 삼는다.

안지추(顔之推)와 유자산은 모두 경박한 사람이 아니라서 그들이 보고 들은 것에 대한 서술은 틀리지 않았을 것이다.

하지만 남조 불교의 세력 확장은 양무제 시절에 극에 달했다고 할 수 있다. 외적인 현상만 말하면, 당시 경사(京師)의 사찰은 7백 개에 이를

---

129) 『시경』과 『상서(尙書)』를 가리킨다.
130) 세계가 파멸할 때 일어나는 큰 불을 겁화라고 하며, 이 겁화의 재를 겁회(劫灰)라고 한다.
131) 석가모니가 태어날 때 하늘의 상성이 보이지 않았다고 한다.
132) 어치라는 말은 어치산을 말함. 춘추 전국 시대에 초나라 군대가 정주를 토벌할 때 어치산에 갔다. 여기서는 방어태세가 허술하다는 뜻으로 쓰였다.
133) 『여씨춘추』에 이 말이 나온다. 방어태세가 약하다는 뜻. 『여씨춘추 · 행론(行論)』: "맹수의 뿔로 성곽을 만들 수 있고 그 꼬리로 깃발을 만들 수 있다" 나중에 '맹수의 뿔', 즉 '수각(獸角)은 성곽을 가리켰다.
134) 구리로 만든 솥 같은 기구. 군중(軍中)에서 낮에는 음식을 만들고 밤에는 이걸 두드려 경계하는데 썼다. 여기서는 군기(軍紀)가 해이해졌다는 뜻으로 쓰였다.
135) 용매는 준마(駿馬)를 말한다.
136) 평락은 한명제 시기에 장안에 있었던 관각(館閣) 이름이다.

정도로 많았다. 동태사(同泰寺)의 웅장함과 화려함, 애경사(愛敬寺)의 장엄함, 섬계(剡溪) 석상(石像)의 위대함269: 따위는 이전에는 없던 것이다. 승려들에 관해 말한다면, 유명한 승려도 많았고 벼슬아치들도 명승에게 귀의했다. 법을 설하는 자리는 마치 시장 같았고 듣는 군중은 마치 숲과 같았다. 궁전 안의 화림원은 경전을 강설하는 장소였고, 궁전 밖의 동태사는 제왕들이 사신(捨身)하는 구역이었다. 중대통(中大通) 원년에 사부(四部) 대중의 무차대회(無遮大會)를 열었는데 출가자와 재가자가 5만여 명이나 모였다. 경성 밖 서쪽 끝으로는 민촉(岷蜀)[137] 지역까지이고, 동쪽으로는 회계까지, 남쪽으로는 광주(廣州)까지 모두 불법을 전파했다. 또 불교 경전도 무수히 많아서 정리할 때가 되었기 때문에 양무제는 세 차례나 목록을 편찬하도록 명했다. 그리고 권질(卷帙)이 많아지자 초학자의 편리를 위해 항상 편집했으며, 비구니의 전기도 상당히 많이 편집했다270:.

사상(思想)의 경우에는 특히 의리(義理)의 계교가 번잡하게 일어나 학인들이 무리를 이루었다. 『삼론』과 『성실론』이 대립하면서 교대로 일어났고, 『열반경』, 『화엄경』이 깊은 영향을 미쳤다. 승려의 위력은 제왕을 추월했다. 양무제는 승려들을 위해 사람을 보내서 빨래하고 먼지 터는 일을 시켰는데, 조금이라도 흡족하지 않으면 승려들은 정전(正殿)에 올라가 법좌에 걸터앉아서 항의할 수 있었다(『속고승전 · 지장전』). 따라서 이 시기에 불교 세력의 확장은 이미 최고조에 달했다. 양나라 소명(昭明) 태자271:도 역시 삼보(三寶)를 숭배해서 많은 경전을 열람했고 궁중 안에 따로 삼혜의전(三慧義殿)을 건립해서 전적으로 법집(法執)의 장소로 삼았다. 태자는 또 명승을 초청하여 끊임없이 담론을 했고, 태자 스스로도 이제(二諦)와

---

137) 촉 땅에 민산(岷山), 민강(岷江)이 있어서 붙여진 이름이다.

법신의 뜻을 수립했는데 모두 새로운 의미가 있었다. 간문제[272:]는 불교를 더욱 신봉해서 그의 저작에 담긴 종지는 대부분 불법을 전파하기 위한 것이었다. 원제(元帝)[273:]는 더욱더 불교를 깊이 신봉해서 『법화경』, 『성실론』을 늘 직접 펼치고 천양했고, 또 학부(學府)를 크게 열어서 의학(義學) 승려를 널리 모집하여 과거의 전통을 따랐다. 양무제의 여러 자식들 역시 모두 문사(文士)로서 신앙의 특징도 대체로 부친과 똑같았다. 하지만 나라가 안정되지 못해서 어떤 새로운 발전도 없었다.

양무제 시대에 불법이 흥성하자 갖가지 병폐가 저절로 발생하면서 반작용을 야기했다. 당시 곽조심(郭祖深)과 순제(荀濟)가 상소문을 올려 직간(直諫)한 것도 불교의 지극한 흥성을 반증하는 사례이다.

### 13) 곽조심과 순제의 반불(反佛)

제나라와 양나라 두 시대에 걸쳐 불교의 세력이 성대해지자 조정의 대신은 불법을 감히 비난하지 못했다. 고환과 법진의 주장은 실로 한 시기의 논쟁을 불러일으켰지만 정사(政事)와는 무관했다. 양무제 때 곽조심은 관을 가마에 올려놓고[138] 상소를 했는데 밀봉한 글[封事][139] 29조였다. 양무제는 불교 경전을 크게 전파해서 풍속을 바꾸려 했기 때문에 곽조심이 특히 그 일을 말한 것이다(『남사』 70). 상소를 하면서 관을 가마에 올린 것을 보면 금기를 얼마나 꺼려했는지 알 수 있다[274:]. 그의 상소문에서는

---

138) 관(棺)을 가마에 올려놓는 걸 여츤(輿櫬)이라 한다. 죽을 죄를 지었다는 뜻, 혹은 죽을 각오를 했다는 뜻이다.

139) 옛날의 신하는 글을 올려 상주(上奏)할 때 누설을 방지하기 위해 밀봉을 했다.

이렇게 말하고 있다.

> 도읍 아래에 불교 사찰이 5백여 곳 있는데 지극히 웅장하고 화려하며, 승려와 비구니는 십여만 명이나 되고 자산도 풍부합니다. 군(郡)이나 현(縣)에 있는 사찰은 더 말할 것도 없습니다. 도인 중에도 백도(白徒)[140]가 있고 비구니는 모두 양녀(養女)를 (몸종처럼) 키우고 있지만, 모두 호적에 등록되지 않아서 천하의 호구(戶口)는 거의 절반이 없어졌습니다. 게다가 승려와 비구니는 법도가 아닌 짓을 많이 하고 양녀들은 모두 비단옷을 입고 있으니, 풍속을 좀먹고 법도를 해치는 것도 이 때문입니다. 청컨대 더욱 정밀하게 점검하시기 바랍니다.
>
> 만약 도(道)의 행실이 없다면 40세 이하인 자는 모두 환속시켜 농사를 짓게 하고, 백도(白徒)와 양녀(養女)를 파직시켜 노비로 쌓아두시고, 노비는 푸른 천으로 짠 옷을 입도록 하시고, 또 승려와 비구니는 모두 채식을 하게 하십시오. 이렇게 하면 불법도 흥하고 속세도 번성하고 나라도 부유하고 사람들도 잘 다스려집니다. 그렇지 않으면 얼마 안가서 곳곳마다 사찰을 짓고 집집마다 삭발을 해서 얼마 안 되는 땅에 한 사람만 남으니, 어찌 나라가 있을 수 있겠습니까.

순제도 역시 양무제에게 상소문을 올려 불법을 질책했는데, 그의 언사는 상세하고 간곡하고 소박하고 정직해서 당나라의 부혁(傅奕) 외에는 추월할 자가 없었다. 『광홍명집』에 그 내용이 상세히 인용되었는데, 순제가 제시한 이유는 후세에 불교를 반대하는 자들도 넘어서지 못할 정도였다. 그 조목을 열거하면 다음과 같다.

---

140) 불교에서 속인(俗人)에 대한 호칭. 승려는 검은색 옷을 입기 때문에 세속 사람을 '백도'라 했다.

(1) 불교는 나라에 큰 피해를 준다. 가령 다음과 같은 문장이다.

한무제가 금인(金人)에게 제사를 지내고, 왕망이 신(新) 왕조를 세워(莽新) 건국했고, 환제와 영제는(桓靈) 부처에게 제사지내고, 환관들이 발호하여 권력을 장악했고, 삼국(三國)은 이런 식으로 정립(鼎立)해 대치했고, 오호(五胡)는 지속적으로 병탄을 일삼았습니다[荐食]. 의관(衣冠)을 갖춘 벼슬아치들은 강동으로 도주하고, 오랑캐의 가르침이 중하(中夏)의 땅에서 흥성했습니다. 그리하여 부자간의 친근함을 가로막고, 군신(君臣) 사이의 의(義)를 어기고, 부부 사이의 화목을 멀어지게 하고, 친구 사이의 믿음을 끊게 했으니, 온 세상을 소란스럽게 한지 삼백 년이나 되었습니다.

(2) 불교는 황제의 재위 기간을 줄어들게 한다[短祚][141]. 순제는 상소문에서 다섯 가지 사건을 인용하여 송나라와 제나라 두 시대에 불교를 중시하고 승려를 존중한 결과 나라와 사당[廟]이 바뀐 걸 밝히면서 이렇게 말했다. "부처는 요망하고 승려는 위선적이라서 그 마음이 간사합니다. 낙태를 해서 자식을 살해하고 음탕한 짓으로 도를 어지럽히니, 이 때문에 송나라와 제나라 시대는 마멸(磨滅)을 시켰습니다. 오늘날 송나라와 제나라의 사찰과 불상이 현존하고 있으니, 폐하께서 일을 계승하시면 송나라와 제나라의 변화가 말하지 않아도 분명해질 겁니다."

(3) 불교는 본래 윤성(允姓)[142]의 간사함에서 나온 것이다. "중국에서는 멀리 떨어진 곳[143]을 배척함으로써 망매(魍魅)[144] 같은 자를 통제하였다."

141) 단조(短祚)는 황제의 재위 기간이 매우 짧은 것이다.
142) 고대의 부족(部族) 이름으로 음융(陰戎)의 선조이다.
143) 불교가 생겨나고 전파된 인도와 서역을 뜻하는 것으로 보인다.
144) 고대에 사람을 해치는 산과 늪의 신괴(神怪)를 말하는데, 일반적으로는 귀괴

(4) 불교는 충효(忠孝)를 멸시하고 저버려서 가장 흉악하고 탐욕스럽다.

(5) 승려와 비구니는 경작도 하지 않고 결혼도 하지 않는데다 백성을 힘들게 하고 재물을 낭비해서 정부에 특히 해롭다.

(6) 승려와 비구니는 탐욕스럽고 음탕한데다 중화(中華)의 경전을 도둑질하고 조정의 권력을 빼앗으려고 하는데 모두 열 가지가 있다.

1. 방대한 사찰 건물을 짓고 수리해서 분수에 맞지 않게 황궁과 견주고 있다.

2. 큰 방[室]을 건립하고 오랑캐 형상을 장식함으로서 분수에 맞지 않게 명당(明堂)의 종사(宗祀)와 견주었다.

3. 요망한 말을 많이 번역해 권유하고 전파함으로서 제왕의 조칙(詔勅)을 깔아뭉갠다.

4. 사람들에게 돈을 내도록 해서 천당의 오복(五福)이란 허망한 과보를 파는데, 이는 군주의 덕과 포상을 빼앗는 것이다.

5. 미리 속전(贖錢)을 징수한 후에 지옥과 육극(六極)[145]의 잘못과 재앙을 면제해준다고 하는데, 이는 군주의 형벌을 빼앗는 것이다.

6. 스스로 삼보(三寶)라 칭하고 사의(四依)[146]에 가탁(假託)해서 오만하게 군왕을 대하는데, 이는 군주가 갖고 있는 위엄의 술(術)을 빼앗는 것이다.

7. 사찰과 불상을 많이 짓고 승려와 비구니를 널리 삭발케 하고 있으니,

---

(鬼怪)를 가리킨다.

145) 여섯 가지 크게 불길한 일. 명이 짧은 것, 질병, 근심, 가난, 악행, 나약함이다.

146) 수도자가 의지하는 네 가지 정법(正法). 또는 네 가지 의거하고 네 가지 의거하지 않는 법이라고도 한다. 첫째, 법에 의거하지 사람에 의거하지 않는다. 둘째, 요의경(了義經)에 의거하지 불요의경에 의거하지 않는다. 셋째, 뜻[義]에 의거하지 말에 의거하지 않는다. 넷째, 지혜[智]에 의거하지 식(識)에 의거하지 않는다.

이는 패권의 기초를 다지는 것이다.

8. 삼장육기(三長六紀)[147] 사대법집(四大法集; 사대법회)이니, 이는 정삭(正朔)[148]을 따로 행하고 은밀히 징발(徵發)을 행하는 것이다.

9. 즐거운 자리를 마련하여 어리석은 소인을 유혹하고, 광대놀이로 멀리 있는 사람까지 불러들이고, 불국토의 안락함을 진술하고, 왕의 다스림은 위험하고 고통스럽다고 배척하는데, 이는 풍속을 바꾸어 조세를 징수하는 것이다.

10. 법회 모임에서는 삿되게 변통(變通)을 모의하고, 황금의 증여에 뜻을 두다가 훼손과 파괴로 비방을 당하는데, 이는 강태공 여상(呂尙)의 육도(六韜)의 비책(秘策)이다.

이상 열 가지 일은 하나도 용납할 수 없으므로 미세한 징조만 나타나도 바로 잘라야 한다. 지금은 제멋대로 행동하면서 우리 왕의 교화를 배척하고, 또 높은 대(臺)에서 커다란 종을 치면서 대궐의 시간을 제약하려고 하며, 긴 찰간(刹竿)에 깃발과 천개(天蓋)[149]를 걸어서 조정을 채운 황제의 행렬에 방기(放棄)하며, 재회(齋會)에 쓰는 진귀한 음식을 거두어 왕공(王公)의 향연(享燕; 享宴)에 섞으며, 고답적이고 초월적인 찬송의 범패를 부른 것은 식거(食擧)의 등가(登歌)[150]를 흉내낸 것이며, 공덕을 감탄한 것은 축사(祝

---

147) 삼장(三長)은 북위(北魏)의 지방 행정관리인 당장(黨長), 이장(里長), 영장(鄰長)을 합해서 칭한 것이다. 육기(六紀)는 부친들, 형제, 족인(族人), 외삼촌[舅]들, 사장(師長), 친구이다.

148) 정월과 초하루인데 역수(曆數)의 뜻으로도 쓰인다. 왕이 건국하면 반드시 달력을 고쳐 천하에 반포하는데, 그 달력이 통치권이 행해지는 영역에 쓰이므로 신민(臣民)이 되는 것을 '정삭을 받든다'고 한다.

149) 불상이나 관(棺) 등의 위를 덮는 일산(日傘).

150) 고대에 제왕들이 만찬이나 연회를 할 때 연주한 악전(樂典). 등가(登歌)는 제전(祭典)의 큰 조회(朝會)를 열 때 악사(樂師)가 당(堂)에 올라가 노래한 것을 말한다.

史)[151]가 진술한 언사와 비슷한 것이며, 보시를 받는 것은 마치 선물로 주는 비단(束帛)의 등급 차이와 마찬가지이며, 위엄을 세우는 것은 깃발의 문물을 모방한 것이다. 이상의 모든 거동은 조정의 의례(儀禮)를 표절하여 모방한 것이다.

(7) 사문은 비단 천자를 신하로 삼는 짓을 하지 말아야 한다. 하지만 양무제는 "더욱더 저장한 재물을 내놓아 사찰을 공양했고, 천자로서 부용(附庸)의 의례를 모방했다. 승려와 비구니에게 엄숙히 절을 했고 세 가지 일[三事][152]에선 배석하는 신하의 예를 지켰다. 총애가 이토록 융성했으니, 그 모욕도 심했다."

(8) 불교만 성대히 전파하고 유교와 도교를 폐지해서 명교(名教)를 훼손했기 때문에 순제의 상소문에서는 이렇게 말했다.

폐하께서는 인과는 확실히 정해진 기약이 있고 보응(報應)은 변천하여 지연되는 업이 없다고 여겼기에 상법(像法)[153]을 숭상하고 중시해서 공양과 보시가 더욱 융성했습니다. 그래서 백성을 수고롭게 하고 나무를 벌목하며, 땅강아지와 개미 같은 벌레의 구멍을 태워서 파는 바람에 평화로운 기운을 손상했는데, 어찌 대각(大覺)의 자비를 돌아본 것이겠습니까? 오랑캐의

151) 1.축관(祝官)과 사관(史官)을 합한 칭호. 2.제사를 맡은 관리.

152) 1.삼공(三公). 2.임금, 부친, 스승을 섬기는 일. 3.나라를 다스리는 데 중요한 정덕(正德), 이용(利用), 후생(厚生).

153) 정법시대, 상법시대, 말법시대를 삼시(三時)라고 한다. 부처님이 멸도한 후 오백 년까지를 정법 시대라 하고, 그 이후 1천 년을 상법 시대라 한다. 정법 시대는 교(敎), 행(行), 증(證)이 갖추어졌지만, 상법 시대엔 교(敎), 행(行)만 있다고 한다.

귀신이 정말로 복을 이룰 수 있다면 유교와 도교를 폐기할 수 있습니다. 석가모니는 맨발로 화(禍)를 없애고 전쟁을 가로막았다고 하지만, 오늘도 여전히 변경 지역인 관외(關外)를 중시해서 만약의 사태를 대비하고 전쟁(擊柝[154])으로 빈 땅을 차지하려고 다투고 있습니다. 벌레들을 죽여서 공덕을 영위하는 것은 이미 불교 경전에 어긋났으며, 요사(妖邪)함을 숭상하고 아부하는 제사를 지내서 또한 명교를 훼손합니다. 키가 다섯 재(尺)에 불과한 목동도 알아서 의심하지 않는데, 하물며 사해(四海)의 지존(至尊)께서는 어찌 이랬다저랬다 하십니까.

순제의 글은 실로 지극히 침통하다. 이 글을 올리자 양무제는 크게 분노했고, 순제는 죽는 것이 두려워 위나라로 도망갔다[275]:.

## 14) 진(陳)나라 시대의 불교

진씨(陳氏)의 시대는 중국에서 사고가 가장 많았다. 남경의 승려와 사찰이 대부분 피살되거나 소각되어서 제왕과 백성이 대강 수리하여 복원했지만 여전히 양나라 때의 성대함만 못했다. 제왕이 명승들을 장려했다는 소식이 늘 들렸으며, 일을 행하는 것도 여전히 양무제가 남긴 규범을 모방했다. 영정(永定) 2년 5월 신유일(辛酉日)에 진무제(陳武帝)는 대장엄사에 행차하여 사신(捨身)을 했고, 임술일(壬戌日)에 많은 신하들이 표문을 올려 궁전으로 돌아오시라고 청했다. 12월 갑자일(甲子日)에 다시 대장엄사에 행차하여 무애(無碍) 대회를 열어서 수레와 법물(法物)을 보시했으며, 많은 신하들이 법가(法駕; 천자가 타는 수레의 일종)를 준비해서 천자를 맞이해 당일 궁전으로 돌아왔다. 진후주(陳後主)는 즉위한 해에 역시 홍법

---

154) 부탁(擊柝)은 전란이나 전사(戰事)를 비유한 것이다.

사(弘法寺)에서 사신을 했다. 이는 모두 양무제의 이야기를 본받은 것이다. 그리고 고승의 경우는 천자의 재위 기간이 짧거나276: 또한 난세를 만났기 때문에 대부분 사라지고 드러나지 않았다277:. 하지만 진(陳)나라 시대에는 법랑의 『삼론』과 진제의 『섭론(攝論)』 및 지자(智者) 대사가 수립한 교파는 모두 수나라, 당나라 사상과 지극히 중요한 관계가 있다.

진나라와 송나라 시대 이래로 승려는 대부분 문장에 능했을 뿐 아니라 속세의 경전에도 능통했으며, 사대부 역시 불교의 이치를 겸하여 익혔다. 또 승려의 사찰은 청정하고 그윽한 탓에 특히 유람하고 창화(倡和)[155]하는 곳이었으며, 따라서 문인과 학사는 이미 문자 상으로 끊지 못할 인연을 맺었다. 한편으로는 문자의 취재(取材)가 아주 광대한 새 영역을 개척했으니, 지도림과 사령운의 시문을 읽으면 이런 것을 볼 수 있으므로 번거롭게 말할 필요는 없을 것이다. 다른 한편으로는 문자 상의 체재도 현학과 불학의 논쟁 때문에 이치를 설하는 문장이 많았으니, 『홍명집』에 실린 글을 읽어보면 그 문장이 『문선(文選)』의 성질과는 크게 다른 것을 알 수 있으며, 범음(梵音)의 학문과 중국 성운(聲韻)의 관계가 문자에 미친 영향도 뜻밖의 수확이라 할 수 있다.

남조 문인들 중에 불교와 밀접한 관계가 있는 자들은 사안 이후에는 거의 서술할 수 없을 정도로 많았다. 양나라의 유협(劉勰)[156]은 일찍 고아가 되자 사문 승우에 의탁해 그와 함께 10여 년을 같이 있으면서 경전과 논서를 널리 통달하고 그 부류(部類)를 구별해서 기록을 하고 서문을

---

155) 시문(詩文) 같은 것을 한 사람이 시작하면 다른 사람이 이어받는 것을 말한다.
156) 유협(기원 465년~520년)은 자(字)가 언화(彦和)로 남북조 시대에 살았다. 중국 역사상 저명한 문학이론가이다.

지었다. 그의 글이 불교의 이치에 능했으므로 경사(京師)의 사찰과 탑, 그리고 유명한 승려의 비문과 지(誌)는 반드시 유협을 청하여 지었다. 훗날 출가해서 혜지(慧地)라고 이름을 고쳤다(『양서』 본전). 또 우효경(虞孝敬)은 내외의 경전을 모두 배웠고 『내전박요(內典博要)』 30권을 어명을 받고 짓는 한편 『고승전』 6권도 지었다. 훗날 출가해서 이름을 도명(道命)으로 고쳤다278:. 이상은 문인(文人)으로 불교를 믿었다가 끝내 출가한 사람이다. 그리고 출가하지는 않았지만 불법을 경건하게 신봉한 사람으로 주옹, 왕균(王筠), 심약, 강엄(江淹) 등이 각자 지은 문장이 『광홍명집』에 실려 있다. 이는 실제로 사대부를 대표하는 풍조이지 몇 사람이 단독으로 갖고 있는 신앙이 아니다.

진(陳)나라 시대에도 이 풍조는 바뀌지 않았다. 서릉(徐陵)은 불교를 신봉해서 경론을 정밀히 해석한 것이 많았다. 진후주(陳後主)가 동궁(東宮)에 있을 때 서릉은 후주에게 『대품』을 강의했는데, 많은 의학(義學)의 명승이 강연하는 법좌에 왔다(『진서』 본전). 강총(江總)은 자서(自序)에서 '젊은 나이에 불교에 마음을 두고 20여 세에 종산(鐘山)에 들어가 영요사(靈曜寺)에서 법사에게 보살계를 받았다'고 했으며, 노년에 관직을 그만두고 섭산(攝山)[157]의 석혜포 상인(上人)과 유람하며 교제했다(『진서』 본전). 요찰(姚察)은 어린 시절에 종산의 명경사(明慶寺) 상선사(尙禪師)에게 보살계를 받았다. 그는 관직을 그만두고는 봉록을 모두 사찰을 짓는데 보시했으며, 아울러 선사를 위해 비문을 지었는데 아주 힘이 있고 아름다웠다. 요찰은 내전(內典)에 정통해서 여러 탑과 많은 승려들의 문장을 편찬했는데 유려함과 엄밀함으로 칭송을 받았다(『진서』 본전). 원래 문인과 승려의

157) 서하산(栖霞山)의 또 다른 명칭이 섭산(攝山)이다.

의기투합은 당시 문자의 인연에만 있는 것이 아니라 특히 의리(義理) 상의 결합에 있었다. 서효목(徐孝穆)은 천태산의 지의(智顗)를 숭배했고 강(江)총지는 흥황사(興皇寺)의 법랑을 존경했는데 모두 그들의 학문에 탄복했기 때문이다279:.

소위 의리를 바탕으로 결합한 자는 진나라와 송나라 이후의 현담(玄談)의 성격을 이어받은 것이다. 양무제 시대에 삼현이 다시 흥성했고 진(陳)나라 시대에도 마찬가지였다. 마추(馬樞)는 여섯 살에 『효경』, 『논어』, 『노자』를 능히 외웠고, 자라면서는 경전과 역사를 널리 열람해서 특히 불교 및 『주역』, 『노자』의 뜻을 잘 이해했다. 양나라 소릉왕 윤(綸)이 남서주(南徐州)에 있을 때 마추의 명성을 듣고 학사로 불러들였다. 소릉왕 윤은 당시 자신이 직접 『대품경』을 강의하고 마추로 하여금 『유마경』, 『노자』, 『주역』을 강의하도록 했는데 같은 날에 발제(發題)했다. 출가자와 재가자 2천여 명이 귀를 기울여 들었는데, 소릉왕은 누가 더 잘하는지 매우 보고 싶어서 대중에게 말했다.

"마학사(馬學士)와 논의를 하면 반드시 굴복시켜야지 주객을 헛되이 세우지 말라."

그리하여 여러 학파의 학자들이 각각 문제를 제출했다. 마추는 순서에 따라 상세히 분석하고 판단해서 자신의 종지를 열었고, 그 다음에는 가지를 나누고 유파를 분별하여 끝없이 펼쳐나갔다. 그 결과 질문자[論者]는 묵묵히 침묵한 채 듣고만 있었다(『진서』 본전). 유승선(庾承先)[158]은 젊은 시절에 남양의 유규(劉虯)에게 수학(受學)했는데 현학의 경전과 불교 경전을 모두 다 섭렵했다. 양나라 때 파양(鄱陽) 충렬왕이 그에게 『노자』를 강의하도록

158) 원문의 광(光)은 선(先)의 오기(誤記)로 보인다.

했는데, 멀든 가깝든 유명한 승려들이 모두 집회에 와서 벌떼같이 논란을 벌였고 이단(異端)의 주장이 앞다투어 나왔다. 유승선은 천천히 문답을 주고받았는데 모두들 듣지 못했던 것을 얻었다(『남사』 76). 제나라 주옹은 담론을 잘했고 그의 자식 주사(周捨)는 특히 의리(義理)에 정통했으며, 주사의 동생의 아들 주홍정(周弘正)은 당시 현종(玄宗)의 리더였다. 『진서』 24에서는 이렇게 말하고 있다.

> 원제(元帝)가 저술한 『금루자』에서 말한다.
> "난 여러 승려들 중에는 초제사(招提寺)의 염(琰) 법사를 중시하고, 은사(隱士) 중에는 화양(華陽)의 도정백(陶貞白)을 중시하고, 사대부 중에는 여남(汝南)의 주홍정을 중시한다. 그는 의리를 끝없이 맑게 굴릴 수 있었으니[159] 역시 한 시대의 명사(名士)이다.

『안씨가훈』에서는 양나라와 진(陳)나라 시대의 현학에 대해 이렇게 말했다.

> 주홍정은 대유(大猷)[160]를 받들고 찬탄하면서 도읍에 교화를 행했다. 학도(學徒)들은 천여 명으로 실로 성대하고 아름다웠다.

주홍정은 열 살 때 『노자』와 『주역』을 통달했다. 백부 주사가 그와 담론하면서 매우 기이하게 여겼다. 지장 법사가 개선사(開善寺)에서 법을 설할 때 문도(門徒)가 수백 명이었는데, 주홍정은 어린 나이라 이름이

---

159) 서로 문답을 주고받으면서 불법에 담긴 의리를 분명히 드러내는 걸 뜻한다.
160) 나라를 다스리는 대도(大道).

알려지지 않았지만 홍색 잠방이를 입고 비단 끈으로 상투를 묶은 채 문에 쭈그리고 앉아 법문을 들었다. 사람들은 그를 멸시했지만 꾸짖지는 않았다. 얼마 있다가 틈을 타서 앞에 나가 질문을 했는데 법좌에 있는 사람들이 다 귀를 기울였다. 법사가 세상 사람이 아닌 것 같다고 의심하면서 암암리에 알아보고 크게 감탄했다. 주홍정은 유난히 현묘한 말을 잘했고 특히 불교 경전에 정통했기 때문에 비록 큰 덕이 있는 명승(名僧)이라도 의문으로 막힌 곳이 있으면 늘 질문을 했다(『남사』 본전). 주홍정의 제자 장기(張譏)도 명리(名理)를 잘 담론했으며 저술로도 『주역의(周易義)』, 『노자의(老子義)』, 『장자의(莊子義)』 등이 있고 『현부통의(玄部通義)』 12권, 『유현계림(遊玄桂林)』 24권이 있다. 오군(吳郡)에 있는 육원랑(陸元朗), 주맹박(朱孟博), 일승사(一乘寺)의 사문 법재(法才), 법운사(法雲寺)의 사문 혜휴(慧休), 지진관(至眞觀)의 도사(道士) 요수(姚綏)가 다 그의 업적을 전했다(『진서』 본전).

무릇 당시 사대부의 학문은 진(晉)나라 때 노자와 장자에 편중되었던 것과는 달리 유술(儒術)까지 겸하여 전파했다. 승려의 학문도 『반야경』을 종지로 삼았을 뿐 아니라 온갖 많은 경론(經論)까지 통달했다. 그러나 털이개[麈尾]를 잡고서[280] 이(理)를 담론하고 현묘한 경지에 노닐었으니[281], 진실로 지도림에서 장기에 이르기까지 세상의 풍속은 동일한 것이다.

# 미주

## 제13장

1) 진(陳)나라는 589년에 멸망했다.

2) 『이십이사찰기(二十二史札記)』에 보인다.

3) 남조 시대에는 경전 번역도 적지 않았지만, 그러나 특별히 중요한 관계는 별로 없었다. 예를 들면 진(晋)나라 말기에 출간한 『화엄경』은 남북조 말엽에 와서야 성행하기 시작하면서 북방 지역 사람들이 비교적 많이 공부했다.

4) 『고승전』에서는 그가 혜엄(慧嚴)과 승도(僧導)를 예우했다고 하였다.

5) 『남사, 본사(本史)』, 『건강실록』 및 『고승전・혜의전(慧義傳)』

6) 『건강실록』에는 축림(竹林), 청원(淸園), 엄림(嚴林), 영풍(永豊), 남림(南林), 죽원(竹園), 상정림(上定林) 및 연수(延壽)의 여덟 개 사찰이 실려 있다. 『경정건강지(景定建康志)』에는 능인(能仁) 사찰 하나가 있고, 『지정금릉신지(至正金陵新志)』에 숭복사(崇福寺),선거(善居寺) 두 사찰이 있고, 『고승전』에는 송희사(宋熙寺), 천축사(天竺寺) 두 사찰이 있고, 『비구니전』에는 왕국사(王國寺)가 있고, 『고승전』에는 영미사(靈味寺)가 있는데 모두 원가 시기에 건립되었다.

7) 응당 하상지의 증조부인 충(充)과 준(准)을 가리키는 것이다.

8) 『광홍명집』에 상세히 보인다.

9) 제11장에서 이미 논했다.

10) 『홍명집』에 보인다.

11) 나중에 상세히 밝힘.

12) 이상은 『고승전 · 도연전(道淵傳)』에 보인다. 『수지』에서는 "송나라 사문 석혜림은 집(集) 5권, 양(梁) 9권, 녹(錄) 1권이 있다"고 했다.

13) 『송서』 97에 보인다.

14) 『고승전, 도연전』에 상세함.

15) 『홍명집』의 『하승천이 종병에게 보내는 서신』 속에 나오는 말.

16) 『송서』 97에 문장이 보인다.

17) 그래서 논문을 『균선론(均善論)』이라고 명명했다.

18) 이 단락의 문장은 『홍명집』에 나온 종병의 『하승천에게 보내는 서신』에 근거하여 교정했다.

19) 『고승전, 본전』에 보인다.

20) 『고승전, 본전』

21) 『고승전, 본전』

22) 『송서』 71. 또 종영(鍾嶸)의 『시품(詩品)』에 혜휴가 있으며, 『수지』에는 송완구령(宋宛朐令)[1) 『탕혜휴집』 3권, 양(梁) 4권이 기록되어 있다.

1) 송나라 완구(지역 이름)의 현령. 현의 기록을 말함. 완구(宛朐) 혹은 완구(宛句)로 불리기도 함. 옛성이 오늘날 산동성 하택시(菏澤市) 서남쪽에 있다.

23) 『송서』 58에는 사홍미와 석혜림이 함께 식사를 하는 내용이 나오는데 그 때는 원가 4년이다.

24) 동쪽의 호구(虎丘)로 간 것으로 의심된다.

25) 『홍명집』에 실린 종병의 『하승천에게 보내는 서신』에서는 『백흑론』을 언급하면서 승천(承天)을 하형양(何(衡陽)이라 부르고 있다. 하승천이 형양의 태수이고 은경인(殷景仁)이 복야(僕射)[1)]였을 때이다. 은경인이 복야에서 해임된 것은 원가 9년의 일이다.

1) 진(秦)나라 때는 활쏘는 것을 맡은 관직이고, 당나라 이후에는 상서성(尙書省)의 장관이다.

26) 『송서』 97에 보인다. 또 하승천은 『종병에게 보내는 서신』에서 "야성(冶城) 혜림이라고 하는 도인이 『백흑론』을 지었다가 많은 승려들의 배척을 받았지만 현명한 제왕을 만난 덕분에 구원을 받아 바라이(波羅夷)[1]에 떨어지지 않았다"고 했다. 『고승전・도연전』에서는 혜림이 교주로 쫓겨났다고 하는데 응당 사실이 아닐 것이다.

1) 원어는 Pārājika이고 육취죄(六聚罪) 중 첫 번째로 계율 중에서 가장 엄중한 죄이다.

27) 『송서・안연지전』에 의하면, 이 사건은 원가 17년 이후에 있었다.

28) 『홍명집』에 모든 글이 실려 있다.

29) 도장(道藏)에 있는 엄군평(嚴君平)의 『도덕경지귀(道德經指歸)』 권8』

30) 『진서』 92에서는 "사상(謝尙)은 그와 세속을 벗어난 친교를 맺었다"고 했다.

31) 현존하는 곽상(郭象)의 『장자, 제물론주(齊物論注)』에는 "하늘이란 만물의 총체적인 명칭이다"는 말이 있으며, 『소요유주(逍遙游注)』에도 이 말이 있다. 하지만 하늘 천(天)자 아래에는 땅 지(地)자도 있다. 만약 나함이 인용한 것이 향수가 지은 이 두 편의 주(注)를 은밀히 해석한 데서 나온 것이라면, 그렇다면 향수와 곽상 두 사람은 각자 『장자주』를 지었다는 걸 알 수 있다. 하지만 자현(子玄; 곽상)은 자기(子期; 향수)의 책을 표절하지는 않았다.

32) 자(字)는 안국(安國)이다.

33) 『우록』에 보이지만 지금은 유실되었다. 『진서』 92에 실린 가의(賈誼)를 조문하는 추모사에서는 "마음은 죽은 재가 아니고, 지혜는 반드시 형태가 존재하고, 형태는 신(神)에 의탁해 사용되기 때문에 온전하게 살 수 있는 것이다……."라고 했다.

34) 혜원은 '왕을 공경하지 않는다[不敬王者]'를 논한 글에서 신은 불멸한다는

뜻을 주석했다. 앞 장에서 이미 서술했다.

35) 임평성함(任彭城函)이라고도 하는데 이는 고려본을 따른 것이다.

36) 유담(劉惔)의 말. 『진서』 82에 보인다.

37) 『고승전』 서문에서 언급했다.

38) 『송서』 66 『하상지전(何尙之傳)』에 연수가 보인다. 또한 『예지(禮志)』에 의하면 진시중(秦始中)은 사부랑(祠部郞)이다.

39) 진(晉)나라와 송(宋)나라 사이에 이런 책들은 이 정도 숫자에 그치지는 않지만 상세히 고증하지는 않겠다.

40) 하승천의 글과 유소부의 답신은 모두 『광명홍집』에 보인다.

41) 『우록』 육징의 『목록』

42) 『고승전』에 보인다.

43) 『승전』에 보인다. 그리고 담선(曇詵)에겐 『궁통론(窮通論)』이 있는데 아마도 역시 인과를 논의했을 것이다.

44) 『고승전』에서는 오군(吳郡)의 장공(張恭)은 승전(僧詮)에게 오군으로 돌아와서 강설해달라고 청했다고 하는데, 장공이 바로 무도를 말하는지는 모르겠다.

45) 『고승전』에 모두 보인다.

46) 『고승전 · 법안전(法安傳)』

47) 『속고승전 · 승민전』

48) 『고승전』에 보인다. 장대는 당시 강릉에 있었지만, 그러나 『남사, 본전』에는 기재되지 않았다.

49) 이상은 『남사』, 『제서, 본전』에 모두 보인다.

50) 『남사』, 『양서(梁書)』의 본전. 장영의 손자 장솔(張率)은 승려 도초(道超)와 교류한 적이 있는데, 이는 『속고승전』에 보인다.

51) 『남사 · 소전(邵傳)』에 따르면 원가 7년이다.

52) 모두 『고승전』에 보인다.

53) 『제서』와 『남사』의 본전.

54) 『고승전』에는 현운(玄運), 승원(僧遠), 혜기(慧基), 법안(法安), 담비(曇斐)가 있고, 『속고승전』에 법총(法寵)과 승민(僧旻)이 있다.

55) 이 말은 『양서, 하경용전(何敬容傳)』에 나온다.

56) 이 말은 『세설신어』에 보인다.

57) 이 말은 『송서 · 원찬전(袁粲傳)』에 보인다.

58) 『남사』 31에 보인다.

59) 『고승전 · 지도전(志道傳)』에서는 '하상지는 자신이 지은 법륜사에 거주하길 청했다'고 하였다. 『남사 · 하점전(何點傳)』에서는 최혜경(崔慧景)이 불교의 뜻을 좋아했다고 했는데, 그는 영원(永元) 시기에 반란을 일으켜서 하점에게 자신과의 담론에 응하도록 핍박했다. 『제서 · 혜경전』에서는 '혜경이 반란을 일으킬 때 법륜사 앞에 병사를 주둔시키고 손님과 고담준론을 했다'고 하였으니, 그렇다면 최혜경과 하점의 담론은 역시 법륜사에서 했을 것이다.

60) 모두 『고승전』에 보인다. 『고승전』에서는 하점을 역시 하묵이라고 했는데 잘못된 것이다. 또 『우법개전(于法開傳)』을 보면, 진(晉)나라 때도 하묵이 있는데 여강 사람이다.

61) 법(法)자는 연(衍)자 인 것 같다.

62) 『남사』 30 본전(本傳)에 보인다. 본전에는 그가 지장(智藏) 법사의 『대장엄경』을 얻은 일을 기록했으며, 이는 『고승전 · 지장전』에도 역시 실려 있지만 약간 다르다.

63) 『하경용전(何敬容傳)』에 보인다.

64) 모두 『고승전』에 보인다.

65) 『속고승전』에 보인다.

66) 『홍명집』에 보인다.

67) 『속고승전·혜승전(慧勝傳)』

68) 혜교가 『고승전』 서문에서 언급한 적이 있다.

69) 이상은 주(注)로 밝힌 것을 제외하면 모두 『남사』 48에 보인다.

70) 『송서』 본전에 보인다.

71) 『남제서(南齊書)』 본전, 『고승전·법도전(法度傳)』.

72) 『승근전』에서 말한다. "명제 말년에 이르자 기휘(忌諱;꺼리고 기피함)가 많아졌기 때문에 열반을 멸도(滅度)로 번역하는 일은 여기서 잠시 멈추었다. 대체로 죽음, 멸망, 흉화(凶禍), 슬픔 등의 말은 모두 하지 못하게 되었으며, 이 때문에 기휘(忌諱)를 범하여 죽임을 당한 사람이 열에 일고여덟은 된다." 승근이 매번 바른 간언을 하자 황제의 은총과 예우도 엷어졌다. 당시 여남의 주옹이 유악(帷幄; 작전을 세우는 막사)에 들어가 시중을 들었는데, 승근은 주옹에게 이렇게 말했다.

"폐하의 근래 행위는 무엇보다 군주로서의 거동이 아닙니다. 세속의 일을 완곡히 간(諫)하는 것도 더 이상 유익하지 않고, 오묘한 이치를 깊이 담론하는 것도 뒤로 미루어야 하오. 오직 삼세의 괴로운 보응만이 가장 절실한 상황이니, 시주(施主)께서는 기미를 살펴서 적절하게 말씀을 드려야 할 것이오."

황제는 나중에 중풍에 걸려서 몇 번이나 침을 맞고 뜸을 떴지만 고통과 괴로움은 멎지 않았다. 가끔 주옹과 은홍(殷洪) 등을 불러서 귀신의 잡다한 일을 말하면서 가슴의 회포를 풀었다. 주옹은 『법구경』, 『현우경(賢愚經)』 두 경전을 습관적으로 읽은지라 황제와 이야기할 때마다 먼저 이 경전의 내용을 말했다. 황제는 왕왕 놀라면서 "보응이 참으로 이러하니 어찌 두려워하지 않을 수 있겠는가!"라고 하였고 이로 인해 죄를 범한 자들을 누차에 걸쳐 완전히 용서했다. 승근이 말한 원인은 바로 사람을 얻기 위한 것이었다.

73) 모두 『속고승전』에 보인다.

74) 『홍명집』에 있는 주옹의 『난장장사문논(難張長史門論)』에서는 자칭 "주섬산자귀서소자(周剡山茨歸書少子)"라고 했다. 주(周; 주옹)는 섬현 현령이고 소자(少子)는 장용의 자(字)이다. 주옹이 글을 지을 때는 초당사에 있었다.

75) 천사도와 불교도 사이의 왕래는 현학에 대한 논의와 연관되지 신앙과는 관계없다.

76) 『고승전』에서는 또 왕유(王裕)가 승전을 위해 비를 세웠다고 하는데, 그는 바로 『남제서』에 나오는 왕수(王秀)의 조부로서 역시 낭야 임기(臨沂) 사람이다. 『고승전』 말미에 실린 왕만영(王曼穎)의 서신에 '왕수(王秀)는 단지 고좌(高座)라 칭했다'는 말이 있는데 동일한 사람으로 보인다.

77) 원작은 혹(或)으로 되어 있는 데 욱(彧)자를 잘못 적은 것이다.

78) 『고승전 · 법궤지도전(法匱志道傳)』

79) 『남제서』 49에 보인다

80) 『광홍명집』에는 또 『서현사(栖玄寺)에서 강의들 들은 후 저원(邸園)[1]을 유람하면서 사도의 교시에 응답하는 시(栖玄寺聽講畢游邸園應司徒教詩)』도 실려 있다.

1) 이 책에서는 저국(邸國)으로 되어 있지만 다른 자료들에서는 저원(邸園)으로 되어 있다.

81) 이는 아마 『남사 · 육궐전(陸厥傳)』에 나오는 『사성론(四聲論)』을 지은 왕빈일 것이다.

82) 즙(楫)이라고도 한다.

83) 지(志), 읍(揖), 빈(彬)과 자(慈)의 자식 태(泰), 지의 자식 즙(緝), 읍의 자식 균(筠), 그리고 형(瑩), 진(陳), 임(琳) 등은 모두 진(晋)나라 사도인 왕도의 후예이다. 이들은 모두 양무제의 신멸론을 묻는 칙서에 답장을 썼는데 『홍명집』에 실려 있다.

84) 이는 장사왕(長沙王)의 법사(法事)가 성대함을 찬양한 것이다.

85) 『속고승전』에서는 『법운묘지(法雲墓志)』를 왕균이 지은 것이라고 했다.

86) 낭야 왕익(王廙)의 후예로는 왕희지의 증손으로 출가한 도경(道敬)이 있는데 『고승전』에 보인다. 또 석법개의 친구 왕준(王峻) 역시 왕익의 후손인데 『속고승전』에 보인다.

87) 이상은 『남조불사지(南朝佛寺志)』에 보인다.

88) 『문선(文選)』의 주에서 인용했다. 또 『광홍명집 · 금강경집주서(金剛經集注序)』에도 보인다.

89) 『열반경』을 재차 손질하는 것과 『변종론』의 제작 연도에 관한 고증은 앞으로 나올 16장을 보라.

90) 후에 공제(恭帝)가 됨.

91) 유의는 자신의 숙조(叔祖)인 사곤과 친교를 맺었다.

92) 당시 사령운은 경도에 있었다.

93) 진순유(陳舜俞)의 『여산기』를 참고하라.

94) 원본에는 담강(曇降)이다.

95) 이는 두타행(頭陀行)이다.

96) 『고승전 · 승경전(僧鏡傳)』에 도류(道流)가 나오는데 아마 법류일지 모른다.

97) 이는 『우록』에 근거함.

98) 앞으로 16장에서 상세히 서술함.

99) 심약(沈約)의 『송서』 본전에서 나온 말.

100) 16장에서 상세히 서술함.

101) 부록(附錄) 『답혹인문(答或人問)』, 이상은 모두 육징의 『법론목록』에 보인다.

102) 안연지가 칭찬하고 인정한 혜량은 『현통론(玄通論)』을 지었다.

103) 어떤 때는 화려한 지분(脂粉)과 가무를 둘로 나누고, 정오가 지나면 먹지 않는 것은 주(主)로 삼고 여덟 가지 일은 보조로 한다.

104) 재를 마련한 뜻은 역시 망자(亡者)를 추모하는데 있다. 『남사, 본기(本紀)』를 보면, 효무제 효건(孝建) 원년에 중흥사(中興寺)에서 팔관재를 지냈는데 문제(文帝)의 휘일(諱日)[1]이다.

1) 조상의 제사를 지내는 날.

105) 『건강실록(建康實錄)』

106) 천축사(天竺寺), 보은사(報恩寺)를 지었다.

107) 약왕사(藥王寺), 신안사(新安寺)를 지었다.

108) 상동사(湘東寺), 흥황사(興皇寺)

109) 건원사(建元寺)를 지었다.

110) 제안사(齊安寺), 선령사(禪靈寺), 집선사(集善寺)를 지었다.

111) 앞으로 상세히 서술할 것임.

112) 대황사(大皇寺)를 지음.

113) 즉 명제가 상동왕이었을 때 거주했던 자택이다.

114) 대장엄사는 효무제 시절에 노(路)태후가 지은 것이다.

115) 『남조불사지(南朝佛寺志)』를 참고하라.

116) 영명(永明) 7년에 심약이 문장을 지었는데 『광홍명집』에 실려 있다.

117) 문황은 바로 문혜(文惠) 태자이다.

118) 황제는 양무제이다.

119) 예를 들면 『잡연목록(雜緣目錄)』에는 『송명제진태비조백옥상기(宋明帝陣太妃造白玉像記)』가 있는데, 그 문장은 『광홍명집』에 보이는데 영명 4년에 심약의 손에서 나온 것이다.

120) 『상서지(祥瑞志)』

121) 이 말은 『소자량전』에 보인다.

122) 동혼의 행위는 역시 도교를 믿었기 때문이다.

123) 간문제가 감사의 글 사계(謝啓)[1]를 지었는데 『광홍명집』에 실려 있다.

1) 옛날 사람에 대해 감사를 표시하는 일종의 문체이다.

124) 모두 문장이 있고 『광홍명집』에 살려 있다.

125) 『광홍명집』에 기재된 참회문에 보인다.

126) 『창도문』이란 설법을 창도할 때 예불하고 발원하면서 참회하는 문장이다. 『속고승전・법운보암전(法韻寶巖傳)』에서 모두 승유의 창도문을 언급했다.

127) 예를 들면 『남사』에서는 천감(天監) 18년에 무제가 계를 받았다고 했다.

128) 『광홍명집』에 실린 심약의 『남제황태자예배원소(南齊皇太子禮拜願疏)』, 그리고 『천승회원문』도 모두 참고할 수 있다.

129) 앞에서 인용한 『문혜태자소』에서도 역시 경건히 보배로운 몸을 희생한다고 했다.

130) 『남제서』에서는 '경릉왕은 승려들을 모아서 부식(賦食), 즉 음식과 물을 나누어 주게 하거나 혹은 몸소 그 일을 했다'고 하였다.

131) 『고승전』에 이 말이 보인다. 『송서・천축전』을 참고하라.

132) 환현의 교령(敎令)과 혜원의 답서(答書)는 모두 『홍명집』에 보인다.

133) 『송서・천축전』에 상세함.

134) 역시 『천축전』에 보인다.

135) 심문계는 승명(升明) 2년에 단양윤이 되었다.

136) 『홍명집』에 실려 있다.

137) 『고승전 · 도성전』에 상세함.

138) 『승사략(僧史略)』의 승정(僧正)을 수립한 조목에 보인다.

139) 즉 진회하(秦淮河) 지역의 양안

140) 『광홍명집』에 실린 담원(曇瑗) 율사의 『여량조사서(與梁朝士書)』, 그리고 『속고승전 · 담원전』을 참고하라.

141) 『속고승전 · 지장전』에 양무제가 자신이 직접 백의의 승정을 하려고 했다는 내용이 실려 있는데, 이를 참고하라.

142) 이상은 『고승전』에 보인다.

143) 『질전(質傳)』을 보라.

144) 『송서 · 소동개전(蕭東開傳)』

145) 『고승전 · 승철전(僧徹傳)』

146) 『고승전 · 도왕전(道汪傳)』, 『소석전(邵碩傳)』 및 『송서』 본전

147) 『비구니전 · 업수니전(業首尼傳)』

148) 효무제의 생모인 노소(路昭) 황태후이다. 『승전 · 도온전(道溫傳)』에 보인다.

149) 양나라 영강(永康) 공주 정귀빈(丁貴嬪)은 승우로부터 계를 받았는데 『고승전』에 보인다.

150) 『고승전 · 도조전(道照)』, 아래의 인용에 보인다.

151) 『고승전』의 『강량야사전』, 『도유전(道儒傳)』, 『도경전(道冏傳)』, 『비구니전 · 경휘전(景暉傳)』

152) 『고승전』에 나오는 『혜익전(慧益傳)』, 『담영전(曇穎傳)』, 『홍충전(弘充傳)』, 및 『속고승전 · 승민전(僧旻傳)』, 또 『비구니전 · 혜준전(慧濬傳)』

153) 『고승전』의 『법공전(法恭傳)』, 『담광전(曇光傳)』

154) 『고승전 · 담천전(曇遷傳)』. 『송서』 본전에서는 황제가 죽음을 내릴 때 스스로 '불법에서는 자살하면 다시는 사람 몸을 얻지 못한다'고 하면서 자살을 달가워하지 않았다고 하였다.

155) 『고승전 · 혜거전(慧璩傳)』

156) 『송서』 61에는 그가 혜림과 친했다는 기록이 있다.

157) 『고승전 · 법요전(法瑤)』

158) 『승원전(僧遠傳)』, 『승은전(僧隱傳)』

159) 『승은전(僧隱傳)』

160) 『승거전』

161) 앞으로 상세히 밝힘

162) 『제서』 본전에는 그가 후당(後堂)에 불상을 모시고 외국 승려 두 명을 공양했다는 기록이 있다. 『속고승전 · 지장전(智藏傳)』을 참고할 수 있고, 『비구니전 · 혜서전(慧緒傳)』에도 나옴.

163) 초제사(招提寺)의 승방(僧房)에서 죽었다.

164) 『남제서』를 살펴보면 그가 불교를 믿은 것을 증명할 수 있다. 『광홍명집』에 그의 『어강대반야경서(御講大般若經序)』가 실려 있다.

165) 현운사(顯雲寺)에서 죽었다. 『광홍명집』에는 그의 『현포원강부(玄圃園講賦)』가 실려 있다.

166) 중운전(重雲殿)에서 『삼혜경(三慧經)』 강의를 들었다. 이상은 모두 『남사』 42에 보인다.

167) 『속고승전 · 담회전(曇淮傳)』

168) 죽었을 때 팔관재를 올바로 행했다.

169) 일곱살 때 예배를 했다. 이상은 모두 『남사』에 보인다.

170) 『고승전 · 법도전(法度傳)』

171) 『속고승전 · 승민전』, 『비구니전 · 법선전(法宣傳)』. 그리고 『우록』 12에 실린 파릉왕의 『법집목록(法集目錄)』

172) 앞으로 상세히 밝힘.

173) 『남사』 51에 의하면, 홍은 석혜사(釋惠思) 때문에 피난할 수 있었다. 『고승전 · 승우전』, 『속고승전 · 승가바라전』을 참고하라.

174) 『남사』 62권에서는 수(秀)가 형주에 왕거사(王居寺)를 세웠다고 하였다. 『속고승전 · 혜초전』을 참고하라.

175) 『남사』에서는 그가 불교를 신봉하고 현학에 정통했다고 하였다. 『고승전 · 승우전』을 보라.

176) 『남사』에서는 그가 승려에게서 눈병을 치료했다고 하였다. 『고승전 · 보지전(寶誌傳)』을 참고하라.

177) 『금석췌편(金石萃編)』의 26번째 비문에서는 그는 대도(大道)를 깊이 믿었다고 했다. 『고승전 · 명달전(明達傳)』을 보라.

178) 『양서』 23에서는 그가 불교를 신봉했다고 말했다.

179) 『속고승전 · 홍언전(洪偃傳)』

180) 『고승전 · 담배전(曇斐傳)』과 『비구니전 · 법선전』

181) 『속고승전 · 혜징전(慧澄傳)』

182) 『양서』 44

183) 『속고승전 · 혜각전(慧覺傳)』

184) 『속고승전 · 지취전(智聚傳)』

185) 『남사』에서는 숙릉이 몸을 찔러 나온 피로 『열반경』을 필사했다고 한다.

186) 순제(順帝)가 즉위할 때 겨우 11살이었다.

187) 『혜관전』에 보인다.

188) 예를 들면 돈점(頓漸)의 뜻.

189) 서쪽 저택; 계롱산(鷄籠山)에 있다.

190) 처음으로 『화엄경』을 홍보했는데, 경릉왕도 이 경전을 중시해서 화엄재법(華嚴齋法)을 행했다.

191) 그를 청해 『성실론』을 초록했다.

192) 『법화경』을 주석했고, 경릉왕은 이 경전을 손으로 필사한 적이 있다.

193) 『정명(淨名)』을 주석했고, 경릉왕도 『유마의략(維摩義略)』을 저술했다.

194) 서하사(栖霞寺)의 개산조(開山祖)이다.

195) 신승(神僧)

196) 모두 율사(律師)이다.

197) 양나라 시절의 명승

198) 영명 7년 2월 20일, 경릉왕은 소리에 능한 사문을 경성의 저택에 모이도록 해서 『경패신성(經唄新聲)』을 만들었다. 이는 당시의 문장을 고찰하고 음을 심사하는 일대 사건이었다. 사성(四聲)의 학설은 영명(永明) 시대에 성립되었는데 이 『경패신성』과 관계가 있다. 민국(民國) 23년 4월 『청화학보(淸華學報)』 진인각(陳寅恪)의 『사성삼문(四聲三問)』에 상세하다.

199) 『남제서』 본전

200) 『우록』 12에 그의 『불아기(佛牙記)』가 기록되어 있다. 『승전・법헌전』 및 『법원주림』 12를 참고하라.

201) 목록은 『우록』 12권에 기재되었다.

202) 저술에 『승제(僧制)』 한 권이 있다. 또 『청신사녀법제(淸信士女法制)』 3권을 지었다. 모두 조정의 대신에게 보여주었는데 『예문유취』 77에 왕융의 『법을 보여준 것에 대한 감사문[謝示法制啓]』가 실려 있다.

203) 정주자라는 이름은 영명 8년 꿈에 감응하여 얻은 것이다. 『광홍명집』에 있는 도선의 『통략정주자서(統略淨住子序)』에 상세히 보인다.

204) 도선이 한 권으로 요약했으며 『광홍명집』에 실려 있다.

205) 도선의 서문에 상세하다.

206) 서신은 『광홍명집』에 실려 있다.

207) 『광홍명집』에 보인다.

208) 『성실론』을 가리킴.

209) 앞으로 나올 18장을 보라.

210) 연대는 상세하지 않다.

211) 서진(西晉)의 도사(道士) 왕부(王浮)는 『화호경』을 지어 이 문제를 제출했다.

212) 『비구니전』에 보인다.

213) 『비구니전・혜서전(慧緖傳)』

214) 『국학계간(國學季刊)』 4권 2호 왕유성(王維誠)의 『노자화호설고증(老子化胡說考證)』에 상세하다.

215) 『이하론』은 『남제서』 54에 보인다.

216) 당시 원찬이 사도(司徒)였다.

217) 명제 때 산기상시(散騎常侍)였다.

218) 주겸지의 아버지로 오군(吳郡)의 전당(錢塘) 사람이다.

219) 자는 처심(處深). 오군의 전당 사람으로 이치에 정통하고 임천왕의 상시(常侍)였다.

220) 문장은 『남제서』에 보인다. 통공은 혜통(慧通)이라고 하는 사람도 있다. 하지만 혜통은 따로 『박이하론(駁夷夏論)』을 지었다.

221) 원찬의 글을 제외하곤 모두 『홍명집』에 실려 있다.

222) 『통재(通載)』에서는 주옹(周顒) 역시 반박한 논문이 있다고 하였다.

223) 『소도론(笑道論)』에서 인용한 내용에 보인다. 또 『북산록(北山錄)』 5에서 왕부의 『화호경』을 인용하면서 "호인(胡人)은 흉맹하기 때문에 부처가 되도록 교화해서 삭발을 하고 후사(後嗣)를 끊게" 했으며, 또 오나라 지겸의 『유마경』에서는 "이 나라 백성은 강하고 드세서 교화하기 어렵다"고 했는데, 이는 『화호경』의 말을 불경이 전한 내용에서 택한 것으로 의심하고 있어서 그 말의 과장이 너무 심하다.

224) 모두 『홍명집』에 보인다. 사령운도 중국과 오랑캐의 성품이 다르다고 여겼기 때문에 공자와 석가모니가 수립한 가르침도 다르다고 했다. 『광홍명집, 변종론』에 상세히 보인다.

225) 나라에 들어가면 나라를 파괴하고, 집안에 들어가면 집안을 파괴하고, 몸에 들어가면 몸을 파괴하는 것.

226) 여기서 말한 둘(二)은 인(仁) 자로 의심된다.

227) 이상은 모두 『홍명집』에 보인다.

228) 『홍명집 · 정무론(正誣論)』

229) 도안의 『이교론(二教論)』에서는 청정의 『법행경』을 인용했고, 승순의 『석삼파론(釋三破論)』에서도 인용했다.

230) 유협의 『멸혹론(滅惑論)』과 승순의 『석삼파론』에 보인다.

231) 『승전 · 혜엄전』에서 송문제의 말을 인용했다.

232) 제18장의 『삼종론』 조항을 참고하라.

233) 『정고(庭誥)』, 이상은 모두 『홍명집』에 보인다.

234) 사령운의 『변종론』에 나온 말

235) 『양서・서면전(徐勉傳)』에서는 "서면은 공자와 석가모니의 두 가르침이 방법은 달라도 그 목적지는 같다고 했고 『회림(會林)』 50권을 편찬했다.

236) 『광홍명집』에 실린 지장의 『화무제회삼교시(和武帝會三教詩)』

237) 이는 하안의 설을 계승한 것으로 권6에 보인다.

238) 모두 『홍명집』에 실려 있다.

239) 역시 『홍명집』에 실려 있다.

240) 이상은 모두 소침(蕭琛)의 논문에서 인용한 것이다.

241) 석진관(釋眞觀)이 『인연무성론(因緣無性論)』을 지어서 반박했으며 모두 『광홍명집』에 실려 있다.

242) 유효표(劉孝標)의 『변명론(辯命論)』도 이런 뜻이 있었다.

243) 『금루자(金樓子)』 권2

244) 『속고승전』에 상세하다.

245) 천감 8년. 『승전・법열전(法悅傳)』에 상세하다.

246) 천감 12년에서 15년까지. 『승전・승호전(僧護傳)』

247) 『남조불사기(南朝佛寺記)』에 상세함.

248) 『건강실록』과 『광홍명집』에 상세히 보인다. 양나라 간문제의 『상대법송(上大法頌)』에 기록되었다. 『건강실록』에 의하면, 사찰은 보통(普通) 8년에 창건되었다. 하지만 『속고승전・법운전』을 보면 6년 전에 이미 사찰을 세운 듯하다.

249) 『남사』의 기록에 의하면 양무제는 대법회를 16번 개최했고 사신(捨身)을 네 번 했다.

250) 『우록』 12. 또 『광홍명집』에 있는 소자현(蕭子顯)의 『어강반야경계(御講

般若經啓)』에서는 “양무제는 열세 가지 무진장을 조성했는데 그중에 방생과 보시 두 과(科)가 있다”고 하였다.

251) 『속고승전 · 습선편론(習禪篇論)』

252) 천감 18년으로 『속고승전 · 혜약전』과 『남사』 6에 보인다.

253) 『속고승전 · 지의전(智顗傳)』에 보인다.

254) 보통 3년, 『지장전』에 보인다.

255) 『광홍명집』에 문장이 보인다.

256) 『광홍명집 · 창단육경경제(唱斷肉經竟制)』 속의 말이다.

257) 같은 책에 보인다.

258) 『남사』 6에 상세함. 천감 16년.

259) 『삼보기』 11에 상세함.

260) 『광홍명집 · 정업부서』에 상세함.

261) 예를 들면 『칙답신물멸(敕答神不滅)』.

262) 길이가 7리에 달했으며 천 명의 승려를 공양했다.

263) 절에 7층 탑이 있고 비구니 5백 명이 있었다.

264) 『금루자』의 기록을 참고하라.

265) 뒤에서 상세히 논할 것임.

266) 예를 들면 많은 대신들이 『신멸론』에 답장을 지었는데 칭찬만 했지 새로운 뜻은 없었다.

267) 이 말은 당시 선정 수행을 하지 않았다는 말이다. 『속고승전 · 습선편론(習禪篇論)』.

268) 『고승전』에 기록된 혜원이 사망했을 때의 사적을 참고하라.

269) 석상은 승우가 계획하고 승호가 발원했다. 앉은 높이가 5장(丈)이고 서

있는 형상은 10장이다. 탑[龕] 앞에 삼층의 법당이 있고, 문각(門閣)의 전당(殿堂)도 지었고, 많은 기업(基業)을 세웠다. 『승호전』에 상세히 보인다. 양무제 시대에 윗사람이든 아랫사람이든 다투어 공덕을 지었는데, 백성을 지극히 괴롭힌 탓에 순제(荀濟)가 글을 올려 간(諫)했다.

270) 모두 제15장에서 상세하다.

271) 양무제의 장자이고 이름은 통(統)이다.

272) 양무제의 셋째 아들이고 이름은 강(綱)이다.

273) 양무제의 일곱째 아들이고 이름은 역(繹)이다.

274) 이를 통해 조정에서 불교를 비방하는 자가 적었다는 걸 알 수 있다.

275) 『북사』 83을 참고하라.

276) 겨우 33년이다.

277) 『속고승전・의해편론(義解篇論)』.

278) 『속고승전・승가바라전』. 『법원주림』 1백 권에는 혜명(慧命)으로 되어 있다.

279) 이 밖에 손창(孫瑒)과 부재(傅縡)의 삼론과의 관계, 모희(毛喜)와 천태사의 관계도 마찬가지이다.

280) 『진서(陳書)』에서는 '진후주가 가지를 꺾고 장기가 털이개를 대신했다'고 했으며, 『속고승전』에서는 '진(陳)나라 승려 보경(寶瓊)이 천천히 털이개를 떨치며 조용히 대하였다'고 하였다.

281) 지도림은 『즉색유현론』을 지었고, 장기는 『유현게림』을 편찬했다.

# 14

# 불교의 북방 통일[北統]

동진(東晋) 시대 말엽에 요진(姚秦)은 관중(關中)을 참칭했고 몽손저구(蒙孫沮渠)는 농서(隴西)[1]에서 왕위에 올랐는데 이들은 모두 불교를 신봉했다. 장안의 경전 번역자로는 구마라집이 있고 양주(涼州)의 경전 번역자로는 담무참이 있는데 모두 일대 명승으로 그 영향이 남방과 북방에 모두 미쳤다. 그 후 진(晋)나라 말기 송나라 초기에 척발씨(拓跋氏)가 대북(代北)으로부터 중원 지방을 침입해 차지하자, 진(秦)나라 양주 지역의 불교는 병란(兵亂)의 피해를 많이 받았다. 이후부터는 정치적으로 남북의 대립이 형성되었고 불교 역시 남과 북이 그 취향을 달리 했다. 그래서 남방 불교는 현학과 의리를 치우치게 숭상하면서 위로 위진 이래의 계통을 이어받았고, 북방은 종교 행위를 중시해서 아래로 수(隋)나라, 당(唐)나라 이후의 종파와 접해 있다. 당나라 승려 신청(神淸)의 『북산록』(권 4)에서는 이렇게 말하고 있다.

> 송나라 사람과 위나라 사람은 남쪽과 북쪽에 각자의 도읍이 있다. 송나라의 기풍은 화려함을 숭상했지만 위나라의 풍습은 오히려 순박했다. 순박하

---

1) 용서: 용선의 서쪽 지역, 중국의 감숙성.

면 도에 근거하지 않음이 드물고, 화려하면 기예(技藝)에 노니는 일이 많다[1]. 어떻게 아는가? 북쪽은 덕행의 교화에서 가지와 잎이 생기고 남쪽은 가지와 잎이 사행(辭行; 언사와 행실)[2]을 낳는 걸 살펴보면 안다.

이 글을 살펴보면, 당나라 시대에 이미 불교를 남북 두 계통으로 나누어 논하고 있었다.

### 1) 양주(涼州)와 황룡(黃龍)[2)]

원위(元魏)의 척발씨는 원래 가장 먼 북방에 거주했다. 불교의 세력이 미치는 곳이 아니었으나 후에 중국과 교통하면서 처음 불법을 알게 되었다. 도무제(道武帝)는 황하 북쪽 지역을 공략할 때 승려의 사찰을 지나다가 사문과 도사를 만나면 언제나 공경히 예의를 표했다. 그는 중국 풍습의 영향을 받아서 황로(黃老)를 좋아하고 불교 경전도 읽었으며 사자를 시켜 태산의 승랑(僧朗)에게 서신을 보낸 적도 있다. 천흥(天興) 원년(서기 398년)에 처음으로 도성(都城)에 사찰을 짓고 탑을 세우리고 명했다. 명원제(明元帝)(서기 409년부터 422년까지)는 경성 내외에 불화(佛畵)와 불상을 세우고 사문들에게 백성의 풍속을 인도하라고 명했으며, 사문 법과(法果)를 도인통(道人統)으로 임명하여 승려들을 관장하게 했는데[3], 대략 구마라집이 장안에서 경전을 번역할 때에 해당한다. 구마라집이 열반한 후 관중지역은 연속해서 변란(變亂)을 거쳤고 혁련(赫連)씨의 불교 파괴까지 가해지면서[4] 장안의 불교는 점차 쇠퇴하기 시작했다. 위나라는 비록 황하 유역까

---

2) 황룡은 명승지로 사천성(四川省) 아패장족강족자치주(阿壩藏族羌族自治州) 송반현(松潘縣) 경내에 있다.

지 진출했지만 불법을 특별히 스스로 제창하지는 않았다. 당시 북방에서 불법이 조금이라도 흥성한 지역은 서북쪽의 양주와 동북쪽의 연주(燕州)라고 생각한다.

진(秦)나라 요흥의 말년부터 위나라 태무제 시기까지(서기 416년부터 서기 452년까지) 북방 불교의 상황에 대해서는 여러 책들에 기록이 실려 있지 않아서 나는 단지 남방의 기록에 근거하여 추측할 수밖에 없다. 『고승전』을 보면, 담무갈(曇無竭)[5:]의 속가 성은 이(李)씨이고 유주(幽州) 황룡(黃龍) 사람이다. 어린 나이에 사미승으로 고행을 닦으면서 계를 지키고 경전을 독송하여 스승의 중시를 받았는데, 송나라 영초 원년(서기 420년)에 승맹(僧猛), 담랑(曇朗) 등 25명의 동지들을 모집해서 불법을 구하러 서역으로 갔다. 또 송나라 석승전(釋僧詮)의 속가 성은 장(張)씨이고 요서(遼西) 지역의 해양(海陽) 사람이다. 어린 시절에 연(燕)과 제(齊) 땅에 유학해서 외전(外典)을 편중되게 배웠고, 약관의 나이에 출가해서 다시 삼장(三藏)을 정통했으며, 이에 앞서 황룡국(黃龍國)[6:]에서 장육(丈六)의 금상(金像)을 조성했다.

또 석법도(釋法度)도 황룡 사람이라고 한다. 그는 어려서 출가한 후 북부 지역에 유학(游學)해서 많은 경전을 종합적으로 갖추었고, 송나라 말엽에는 남방 지역에 유학(遊學)했다. 또 석담홍(釋曇弘)도 황룡 사람이라고 한다. 그는 어려서부터 계행(戒行)을 닦아서 전문적으로 율부(律部)를 정통했는데 송나라 영초(永初) 때엔 남방의 번우(番禺)[3)]에 유학했다. 또 석혜예(釋慧豫)도 황룡 출신이다. 그는 경사(건업(建業))에 와서 유학했는데 젊어서부터 학문에 힘쓰면서 많은 스승을 두루 예방했다. 이상 앞에서

3) 번우는 중국 남방 지역의 광동성 반우현이다.

살펴본 승려들이 남쪽 지역에 유행한 시기는 모두 송나라 초엽이다. 그렇다면 당시 유주, 연주, 요서 일대에서는 불법이 크게 성행했음을 알 수 있으니, 『석로지』에 실린 위나라 문성제(文成帝)의 조서에는 이런 내용이 있다.

> 세조(世祖) 태무황제는 변방의 황폐한 곳을 널리 개척하여 그 덕의 혜택이 멀리까지 미쳤다. 사문과 도사들은 선행이 순수하고 성실했으며, 혜시(惠始) 같은 무리는 아무리 멀어도 모두 왔으니, 그 기풍과 뜻이 서로 감응함이 왕왕 숲과 같았다.

혜시 스님의 호(號)는 백각선사(白脚禪師)로 그 사적이 『석로지』에 상세히 보이는데, 『고승전』에서는 담시(曇始)라고 하면서 관중 사람이라고 했다[7]. 진(晋)나라 효무제 태원(太元) 말엽에 경전과 율장 수십 부를 갖고 요동 지역으로 불법을 전파하러 갔으며, 이로 인해 고구려가 처음으로 불도(佛道)를 듣게 되었다. 의희(義熙) 초기에 다시 관중으로 돌아왔고[8], 훗날 평성(平城)에 도착하여 태무제의 존중을 받았으며 태연(太延) 때(서기 435년에서부터 439년까지)에 임종을 맞았다[9]. 이에 따르면, 혜시는 원래 동북 지역을 유행한 적이 있고 나중에서야 평성에 도착했다. 『고승전』의 기록에 따르면 황룡 지역의 승려들은 대부분 남쪽 지역으로 유행(遊行)했으니, 그렇다면 헌문제(獻文帝)의 '멀리서도 모두 왔다'는 말도 아마 동북 지역에서 온 사람이 적지 않았다는 뜻일 것이다[10].

북량(北涼)은 저거(沮渠)씨가 세웠는데 원래 불법의 나라라고 할 수 있다. 특히 원위(元魏)의 불교와 긴밀한 관계가 있는데, 『석로지』에서는 이렇게 말하고 있다.

> 양주는 장궤(張軌)[4] 이후부터 불교를 믿기 시작했다. 돈황 지역은 서역과 인접해서 도인과 속인이 상호 교류할 수 있었으며, 이 지역의 옛날식 농촌

마을에는 탑이나 사찰이 많았다. 태연(太延) 시기에 양주가 평정되자 그 나라 사람들을 경읍(京邑)으로 이주시켰고, 사문과 불사(佛事)는 모두 동쪽으로 가서 상법(象法)의 가르침이 더욱 증가했다.

태무제는 태연(太延) 5년(서기 439년)에 양주를 멸망시킨 후 저거씨족과 목건(牧鍵) 종족 그리고 관리와 백성 3만 호[11:]를 평성(平城)으로 이주시켰다. 『속고승전 · 승랑전』에서는 위나라 군대가 동쪽으로 돌아올 때 포로인 사문들도 함께 왔다고 하였으니, 그 문장은 다음과 같다.

석승랑(釋僧朗)은 양주 사람이다. 위나라 군사가 양주를 공략할 때 양주성은 원래 백성이 적은 탓에 도인들을 핍박하여 군대에 충원시켜서 별도의 부대를 겸하게 했다. 성벽을 공략하는 전차를 가지고 양주성 전체를 함락해서 군인이 된 등성(登城)의 승려 삼천여 명을 모두 잡았다. 위나라 왕이 말했다.

"도인은 응당 좌선하고 도를 닦아야지 어찌 도적이 되었는가! 그 죄가 죽어 마땅하니 내일 참수하라."

형을 집행하는 식시(食時[5])가 되자 붉은 기운이 몇 장(丈) 높이로 곧바로 해를 관통했다. 천사(天師) 구겸지(冠謙之)는 제왕의 신임을 받고 있어서 상주문을 올렸다.

"하늘에서 이상한 기운이 내려오는 것은 바로 도인을 위함이니, 이들의 행위는 실제로 본심이 아니므로 죽이지 말기를 바랍니다."

황제의 동생 적견왕(赤堅王)도 구겸지와 함께 간청했다. 그러자 제왕은

---

4) 장궤(서기 255년~314년)는 자(字)가 사언(士彦)으로 서한 때의 상산왕(常山王) 장이(張耳)의 17세 후손이다. 진(晋)나라 때 양주목(凉州牧)에 임명되었고 전량(前凉)을 실질적으로 건립하였다.

5) 해가 뜨고 나서부터 오전까지의 시간을 말한다.

> 칙령을 내려 중지시켰다. 하지만 여전히 노략질을 하자 부역(賦役)에 분산하여 배정했다. 오직 석승랑 등 몇 명의 승려만이 따로 장막(帳幕) 아래 있다가 위나라 군대가 동쪽으로 귀환할 때 도반들과 함께 승랑은 중도에 반기를 들고 떠났다. (이하 생략)

위나라 태무제는 담무참을 얻으려고 사자를 보낸 적이 있으니, 그렇다면 태무제가 사문을 평성으로 이주시킨 것은 반드시 승려들의 군역(軍役) 충원이 필요했기 때문은 아니다. 태무제와 헌문제(獻文帝) 시기에 사문으로 특히 유명한 자는 현고(玄高), 담요(曇曜), 사현(師賢)으로 원위(元魏) 시대 불법의 흥망성쇠와 중대한 관계가 있는데, 이 승려들은 모두 양주에서 평성으로 온 사람들이다.

### 2) 석현고(釋玄高)

『고승전』에서 "석현고는 위(魏)씨이고 본명은 영육(靈育)이며 풍익만년(馮翊萬年)[6]사람이다"라고 했다. 어머니 구(寇)씨는 본래 외도(外道)를 믿었다. 처음 위씨와 결혼한 후에 첫 임신 때 딸을 낳았는데 바로 현고의 누나이다. 그녀는 태어난 후부터 불교를 믿은지라 어머니가 외도를 믿지 않고 불법을 신봉하길 바라는 기도를 올렸다. 어머니는 위진(僞秦) 홍시(弘始) 3년에 인도 승려가 꽃을 방에 가득 뿌리는 꿈을 꾸었는데, 꿈을 깬 후에 바로 임신해서 홍시 4년(서기 402년) 2월 8일에 남자 아이를 출산했다. 집 안에 갑자기 특이한 향이 풍기면서 광명이 벽을 비추는 일이 하루 종일 지속되었고, 어머니는 아이가 상서로운 조짐을 가져온 것을 보자 그 이름을 영육(靈育)이라고 지었다. 당시 사람들은 이를 중시해서 다시

6) 오늘날 섬서성 임동(臨潼) 북쪽.

현고(玄高)라고 불렀다. 구겸지도 역시 풍익 만년현 사람으로 현고와 똑같은 현(縣) 출신이다. 현고 어머니의 성(姓)도 구씨이고 현고의 본명도 영육이라서 도교의 칭호처럼 보이는데, 그렇다면 현고의 어머니는 본래 도교를 신봉했을 수도 있다.

홍시 12년(서기 413년)에 중상산(中常山)12:에 들어가 강력히 출가를 요구해서 현고라고 이름을 고쳤다. 출가할 때는 신인(神人)이 맞이했다고 한다. 15살 때는 이미 산승(山僧)들에게 법을 설했고 전문적으로 선(禪)과 율(律)에 정통했다. 관우(關右)[7] 지역에 부태발타(浮馱跋陀) 선사가 석양사(石羊寺)에서 불법을 펴고 있다는 소식을 듣자 현고는 그를 찾아가 스승으로 모셨다. 그리고 십일 만에 선법(禪法)을 오묘하게 통달해서 부태발타의 칭찬을 받았다. 불타발다라는 홍시 13년에 이미 장안을 떠나 남쪽으로 갔는데 당시 현고는 겨우 열 살이었다. 불타발다라 역시 석양사에 거주했다는 걸 듣지 못했으니, 그렇다면 여기서 말하는 부태발타는 누구를 가리키는지 모르겠다. 만약 각현이라면 『고승전』에서 현고가 홍시 4년에 출생했다고 말한 것도 필경 잘못된 것이다13:.

후에 현고는 말을 채찍질해서 서진(西秦)으로 가서 맥적산(麥積山)에 은거했다. 맥적산은 천수(天水) 동남쪽 80리 거리에 있다. 유자산이 지은 『맥적애불감명서(麥積崖佛龕銘序)』에는 이런 구절이 있다.

"그 후 축도(鷲島)[8]로 가서 자취를 삼선(三禪)에 숨겼다."

맥적산은 농우(隴右)[9]의 유명한 산이다. 현고를 따라 공부하는 사람은

---

7) 옛 사람들은 서쪽을 오른쪽으로 여겼으므로 '관우'는 '관서(關西)'이다. 한나라와 당나라 때는 일반적으로 함곡관이나 동관(潼關) 서쪽 지역을 가리킨다.

8) 영취산(靈鷲山)을 가리킨다. 전하는 바에 따르면, 이 산이 수중(水中)에 있기 때문에 축도라 불렀다고 한다.

백여 명이 되었고, 장안의 석담홍(釋曇弘)도 역시 이 산에 은거했는데 모두 선법을 업(業)으로 삼았다. 당시 서진(西秦)의 걸복치반(乞伏熾槃)[10]이 농서(隴西) 지역을 차지하고서[14:] 하남왕으로 자칭했다[15:]. 선법을 깊이 통달한 외국인 선사 담무비(曇無毗)가 중국에 들어오자 현고는 바로 문도들을 데리고 그를 따랐다. 당시 하남에는 두 승려가 있었는데 모습만 사문일 뿐 가짜 수행자로 권력을 쫓고 방탕한 생활로 계율을 어겨서 많은 승려들이 꺼렸다. 담무비가 서쪽 사이국(舍夷國)으로[16:] 돌아가자, 이 두 승려는 하남왕의 세자 만(曼)[17:]에게 현고를 중상 모략했다. 현고는 하북의 임양당산(林陽堂山)(상세하지 않음)으로 갔는데, 산에 사는 노인들은 '이 산은 신선들이 거주하는 곳'이라고 했다. 현고는 300명의 문도들과 함께 산사(山舍)에 가서 거주했으며, 이곳에서 육문(六門)[11][18:]에 노닌 사람이 백여 명이고 그중 11명이 신령한 이적(異蹟)을 뚜렷이 갖추었다.

그중에 현소(玄紹)라는 스님이 있었는데 진주(秦州)의 농서 사람이다. 현소는 바로 『고승전』에 나오는 장안 태후사(太后寺) 혜통의 스승인 양주의 선사 혜소(慧紹)이다. 혜소는 훗날 당술산(堂術山)에 들어가서 매미가

---

9) 농산(隴山) 서쪽을 '농우'라 하며 옛날엔 '농서'라 불렀다.

10) 걸복치반( ? ~서기 428년)은 십육국 때 서진(西秦)의 군주이다. 걸복건귀(乞伏乾歸)의 맏아들.

11) 육묘문선법(六妙門禪法)은 호흡선(呼吸禪)이다. 즉 산스크리트 Anapana - Smrti로서 음역(音譯)하면 안반(安般), 혹은 안나반나(安那般那)이다. Ana는 들숨이고 apana는 날숨이며 Smrti는 염주(念住)이므로 Anapana - Smrti는 바로 일심(一心)으로 호흡의 들숨과 날숨에 오로지 집중하는 관법(觀法)이다.
호흡선의 여섯 가지 인상(因相)은 수(數), 수(隨), 지(止), 관(觀), 환(還), 정(淨)이다. 이 여섯 가지 인(因)이 구족해야 원만한 호흡선을 닦아 지니니, 이 때문에 이를 '육묘문'이라 칭한다.

허물을 벗듯 돌아가셨다. 당술산은 곧 소적석산(小積石山)이다. 『수경주(水經注)』에서는 신선이 왔다 갔다는 전설이 있다고 하니, 대체로 역시 신선의 산일 것이다[19]. 당시 담홍(曇弘) 법사는 이미 민산의 사천지역[岷蜀]으로 가서 교화를 행하고 있었는데, 하남왕은 그의 높은 명성을 듣고 사자를 보내 영접했다. 담홍은 도착하자마자 왕에게 현고를 귀국시켜 국사(國師)로 모시라고 말했다. 후에 현고가 양주 땅에서 유행할 때 저거몽손 역시 공경의 예의를 다했다. 당시 해서(海西) 출신인 번승인(樊僧印)도 현고를 따라 공부했다[20]. 번승인은 훗날 강릉 지역에서 교화를 행했다[21]. 대체로 현고는 이미 서북 지역에서는 선학의 종사였다.

위나라 태무제가 양(涼)을 소멸하고(서기 439년) 외삼촌인 양평왕(陽平王) 두초(杜超)가 현고를 청하여 함께 평성에 돌아와서 크게 법을 폈다. 태자 황(晃)은 현고를 스승으로 섬겼는데, 황이 한때 참언(讒言)을 받아[22] 부왕의 의심을 받게 되자 현고는 금광명재(金光明齋)를 7일 동안 지내라고 했다. 태무제는 꿈에서 조부와 부친에게 어째서 참언을 믿느냐는 질책을 받았으며, 그래서 태무제는 태자도 국정에 함께 참여하라는 조서를 내렸다[23]. 훗날 최호(崔浩)[24]와 구천사(寇天師)가 또 참언하기를[25] "앞서의 꿈은 현고가 한 짓이니, 응당 그를 죽여서 해를 없애야 합니다"라고 하자 태무제는 그의 말을 따랐다. 당시 양주의 사문 혜숭(慧崇)은 상서(尙書)인 한만덕(韓萬德)의 스승인데, 그도 현고와 함께 감금되었다가 모두 태평진군(太平眞君) 5년 9월 15일에 죽임을 당했다[26]. 현고는 당시 43세였는데[27], 이해는 송나라 원가 21년이다(서기 444년). 죽을 때 신령한 이적(異蹟)이 나타났다고 한다.

『고승전』에 실린 '현고가 태자를 위해 재(齋)를 지냈다'는 사적은 『남제서·위로전』에도 보인다. 하지만 『위서』, 『송서』에는 모두 기록이 보이지 않는다. 『통감고이(通鑑考異)』에서는 『위서』를 따랐으므로 『고승전』의 내용이 전부 실상을 기록한 것은 아니다. 태무제는 원가 15년에 이미 조서를 내려 50세 이하의 사문을 파직했으며28:, 원가 17년에는 연호를 태평진군으로 바꾸었고, 원가 19년에는 구천사의 법록(法籙)[12]을 받아들였다. 그러니 현고가 죽기 몇 년 전에 태무제는 이미 불교를 억제하고 도교를 존중했다. 태평진군 5년이 되자 그 박해는 더욱 심해졌다. 현고의 죽음은 어떤 원인인지를 논하지 않고 단지 불법을 훼멸하는 절차의 하나였을 뿐이다. 『고승전』에서는 현고가 피살된 후에 다시 부활하여 '대법(大法)이 장차 소멸된다'고 예언했다고 한다. 실제로 당시 식견이 있는 사람들은 반드시 이를 예견했을 것이다.

### 3) 태무제가 법을 훼멸하다

천사(天師) 구겸지는 도교의 방술을 집대성했다. 신인(神人)을 가탁(假託)하고 불교 경전을 이용해 가짜 경전을 만들어서 세 명의 장씨[13]의 법과 쌀과 돈의 조세(租稅) 및 남녀가 기(氣)를 합하는 술법 등을 제거했다. 철저하고 엄숙한 계율로 도교 신도를 조직했기 때문에 실제로는 도교 부흥의 공신이다. 한(漢)나라 이래로 도참이나 역수(曆數)에 관한 학문이 북방 지역에서 상당히 유행했는데, 구겸지는 그 술법을 모두 갖추었다. 스스로 새로운 경전이 운(運)에 감응해 세상에 나왔다고 하면서 신인(神人)

---

12) 도교의 부서(符書).

13) 구겸지는 태상노군(太上老君)이라 칭하면서 직접 "천사의 지위"를 수여하였다. 그는 삼장(三張), 즉 장릉(張陵), 장형(張衡), 장로(張魯)의 거짓된 법 등등을 제거했다.

이 '경전을 구겸지에게 부촉하니 북방의 태평진군을 더욱 보좌하라'고 고(誥)했다고 했다. 그가 말한 내용은 우길(于吉)의 소위 '태평의 기운이 도래해 덕 있는 군주가 앞으로 출현한다'는 설과 비슷하다. 최호는 역수(曆數)에 밝아서 고금의 치세와 난세의 자취를 밤 새워 논한 적이 있으니, 이 때문에 구겸지의 학문과 깊이 계합했다. 명원제(明元帝) 시기에 구겸지는 이미 최호에게 이렇게 말했다.

"나는 도를 행하기 위해 은거해서 세상의 일을 보지 않았다. 그러다 갑자기 신(神)의 비결(秘訣)을 받았는데 응당 유교의 겸수(兼修)로 태평진군을 보좌해서 천 년간 끊어진 전통을 이어가라고 했고, 상고(上古)를 고찰해 배우지 않으면 일[事]에 임해서 우매하게 된다고 했다. 경(卿)은 나를 위해 역대 왕들의 통치의 경전과 그 중대한 요점을 논한 것을 편찬해주기 바란다."

최호는 이십여 편의 글을 저술했는데 위로는 태초부터 시작하고 아래로는 진(秦), 한(漢)의 변화와 병폐의 과정을 다 서술했다[29]. 구겸지의 뜻을 살펴보면, 삼통오덕(三通五德) 설의 남은 실마리를 도용하여 위로 한나라 시대의 경학을 계승했기 때문에 '유교를 겸수했다'고 했다. 대체로 신선이 되어 영생한다는 술법으로 왕을 현혹하고 또 고대 성왕(聖王)의 도통설(道統說)로 위로 탁발씨의 군왕을 간섭했으니, 영민하고 용맹해서 큰 뜻을 품은 태무제가 기꺼이 받아들이는 것은 정말이지 이상한 일이 아니다. 그래서 최호는 태무제에게 이렇게 소(疏)를 올렸다.

"신하가 듣건대 성왕이 명(命)을 받으면 하늘이 감응한다고 합니다. 그래서 『하도(河圖)』, 『낙서(洛書)』가 모두 벌레나 물고기의 무늬에 말을 기탁한 것이죠. 하지만 이는 오늘날 사람과 신(神)이 접대(接對)해서 직접 쓴 필체가 찬란하고 언사와 음성이 깊고 오묘해서 예로부터 견줄 바가 없는 것만 못합니다. (중간 생략) 이제 청정한 덕을 갖춘 은거한 신선이 부르지 않았는데도 절로 왔으니, 이는 진실로 폐하께서 헌원(軒轅) 황제(黃帝)가 하늘에 감응한 신부(神符)를 따르는 겁니다. 어찌 세속의 평범한 담론 때문에 상령(上靈)의 명(命)을 소홀히 할 수 있겠습니까?"

세조는 즐거워하면서 처음으로 천사(天師)를 숭상하고 받들었다(『석로지』). 후에 원년을 태평진군(서기 440년)으로 고쳤다.

태무제는 무예가 출중하고 성품이 날카로워서 매번 병화(兵禍)나 전란(戰亂)의 평정을 급선무로 삼았다. 태연(太延) 4년(서기 438년) 3월 계미일(癸未日)에 위나라 왕은 50세 이하의 승려는 모두 환속하도록 조서를 내렸다. 『통감호주(通鑑胡注)』에서 "건장한 자는 평민으로 환속시켜서 조세를 징수하고 부역을 시켰다. 이해에 위나라는 유연(柔然)을 대거 토벌했고 다음 해에는 멀리 양주까지 정벌했다"고 했으니, 호(胡)씨의 설은 반드시 근거가 있을 것이다. 또 다음 해에는 연호를 태평진군(太平眞君)으로 바꾸었고, 또 2년 뒤에 태무제는 법가(法駕)[14]를 갖추어 도단(道壇)에 이르러 부록(符籙)을 받았다. 이때 양주의 사문들은 이미 평성에 도착했으며, 태자 황은 현고를 받들었고 상서 한만덕(韓萬德)은 혜숭(慧崇)을 스승으로 모셨다. 하지만 태무제는 이미 구겸지를 믿었고 특히 최호의 말을 듣고 계교(計較)를 따랐다.

최호는 도교를 믿고 구겸지를 스승으로 모셨지만 특히 불교는 믿지 않았다. 그래서 황제에게 참언하여 몇 번이나 불교를 비방하고 훼손하려고 했다. 항상 불교는 허망해서 세상에 해를 끼친다고 했는데, 태무제는 그의 말을 상당히 믿었다(『석로지』). 태평진군 5년 정월 무신일(戊申日)에

---

14) 임금이 타는 수레.

태무제는 '왕공부터 서민까지 사사롭게 사문이나 무당, 박수를 집에서 공양하는 자는 모두 관청에 신고해야 한다'는 조서를 내렸다. 2월 15일이 지나도 제출하지 않자 사문과 무당, 박수는 죽이고 주인의 가문도 멸했으며, 아울러 불교는 "서쪽 오랑캐의 허망한 거짓이 재앙을 낳는다"고 배척했다[30]. 그해 9월에 현고와 혜숭이 피살되었으니, 두 승려는 당시 불교도의 우두머리였기 때문에 이런 재앙을 만났다. 조정에서는 이미 매우 적극적으로 불교를 배척했으며, 이에 앞서 사문 혜시(慧始)의 시신은 원래 평성 성안에 묻었지만, 태평진군 6년에 성안에 무덤을 두지 못한다는 제도를 제정해서 남쪽 교외 밖으로 이장했는데 그때 6천여 명이 전송을 했다. 중서감(中書監) 고윤(高允)이 혜시 스님의 전기를 지어 그 덕행의 자취를 칭송했다(『석로지』).

『고승전』의 기록을 보면, 현창(玄暢)은 본래 현고의 제자인데 당시 포로를 학살하고 불법을 훼멸하고 사문들을 해치는 일을 만나자 원가 22년 윤(閏)5월 17일 평성에서 도망갔다. 태평진군 6년을 조사해 보면 윤5월이 있으니, 이해에는 이미 사문들을 살해한 일이 있었다[31]. 또 같은 해 겨울에 개오(蓋吳)가 관중에서 반란을 도모하자 위나라 왕은 서쪽으로 정벌에 나섰다. 다음 해(서기 446년) 2월 태무제는 장안에 도착해서 불교 사찰에 병기가 있는 것을 보았다. 크게 분노한 태무제는 개오와 내통한다고 의심해서 사찰의 모든 승려를 죽이라고 명령했다. 그리고 재산을 조사해보니 술을 빚는 공구 및 주(州)와 군(郡)의 목수(牧守)[15]와 부자들이 숨겨둔 물건이 만 개를 헤아렸고 또 밀실에는 부녀를 숨겨두고 있었다. 이 때문에 최호는 천하의 사문을 모조리 죽이고 온갖 경전과 불상을 훼멸할 것을

---

15) 주와 군의 장관. 주에서는 목(牧), 군에서는 수(守)라고 한다.

태무제에게 권했다. 태무제는 그의 말을 따랐다. 구겸지는 최호를 제지했지만 최호는 말을 듣지 않았다[32:]. 그는 먼저 장안의 사문을 모조리 죽이고 경전과 불상을 태우고 망가뜨렸으며, 아울러 유대(留臺)[16)]에게 칙령을 내려 전국적으로 장안에서 실시한 방법과 똑같이 집행하도록 했다. 이해(서기 446년) 3월에 내린 조서에서 스스로 "하늘의 계통을 이어받아 거짓을 없애고 진실을 결정해서[33:] 복희와 신농의 치세(治世)를 회복하고자 한다"라고 했다. 이처럼 스스로 왕자(王者)의 계통을 계승했다고 여겼으니, 이는 구겸지와 최호의 설을 이용한 것이다. 또 호(胡) 땅엔 본래 부처가 없다고 하면서 "모두 이전 세상의 한족(漢族) 중에 무뢰배의 자제(子弟)인 유원진(劉元眞)과 여백강(呂伯疆)의 문도[34:]들이 호인(胡人)의 황당한 말을 빌고 『장자』, 『노자』의 허망함과 거짓됨을 이용하여 이득을 취한 것으로 모두 진실이 아니다"라고 하였다. 그렇다면 불교는 호인(胡人)의 신이 아니므로 신봉하지 말아야 한다는 뜻이다. 조서의 마지막에서는 이렇게 말했다.

"비상(非常)한 사람이 있은 후에야 비상한 일을 할 수 있다. 짐이 아니면 누가 이 역대의 거짓된 것을 없앨 수 있겠는가! 담당 관리들은 주둔한 군(軍)들과 자사(刺史)에게 선포하길, 부처의 그림이나 형상 및 오랑캐 경전[胡經]을 발견하면 모두 다 파괴하고 불사를 것이며, 승려는 나이를 불문하고 모두 묻어 죽이라고 하라."

당시 태자 황은 나라를 감독하고 있어서 여러 번 간언했지만 소용이 없었다. 하지만 그래도 조서의 선포를 늦추게 하는 바람에 멀든 가깝든

---

16) 송나라 때의 벼슬이름. 서쪽, 남쪽, 북쪽의 삼경(三京)에 두어서 다스리게 한 지방장관.

모든 사람들이 소식을 미리 듣고 저마다 대응할 수 있었다. 사문은 대부분 숨어서 죽음을 면하고 경전이나 불상은 수습해 숨겨두었다. 하지만 위(魏)나라 경내의 탑과 절은 모두 훼손되어 남아나지 않았다35:.

태무제가 불법을 훼손한 것은 정말로 불교와 도교간의 투쟁 결과라고 할 수 있다. 하지만 그 주모자는 최호이다. 최호의 부인 곽씨는 불교 경전을 좋아하여 때때로 독송했으며, 부인의 사촌 동생 모(模)는 천민이지만 불상에 예배를 드렸다(『위서 · 호전(浩傳)』). 그의 동료 고윤(高允)은 불교를 믿어서 수시로 재(齋)를 지냈고 생명을 존중하고 살생을 싫어했는데 일찍 출가하여 사문이 되었다36:. 구겸지 역시 불교를 훼멸하려고 하지 않았다37:. 최호가 홀로 불교의 훼멸을 주창해서 끝까지 고집한 것이다38:. 최호는 복식(服食)[17]으로 성품을 기르는 술법을 닦았고 또 한나라 이후의 경술(經術)과 역수(曆數)의 학문에도 정통했다. 그래서 태무제가 "거짓을 없애고 진실을 따름으로써" 새로운 운동에 응하길 깊이 원했다. 최호가 불교를 훼멸하려는 것과 그가 태무제에 권고해서 역수(曆數)를 바꾸어 천도39:를 따르게 한 것은 본질적으로 같은 뜻이니, 이 오랑캐 신[胡神]을 훼멸하고 비방함으로써 중화의 왕도(王道)에 정통의 뜻을 세우려는 것이다. 이 일은 또 단순하게 불교와 도교가 투쟁하는 것만은 아니다. 남조 때 불교와 도교의 투쟁은 순수하게 말이나 글로 싸우는 것이었고 의리(義理)로 장단점을 비교한 것이다. 하지만 북조 시대부터 종교의 투쟁은 위세와 힘을 사용하기 시작했다. 그리고 북위의 승려 중 최초의 리더는 선(禪)을 익힌 현고였다. 남쪽은 의학(義學)을 중시하고 북쪽은 실행(實行)을 중시한 것을 여기서 볼 수 있다.

---

17) 도가에서 장생불사의 약을 복용하는 일.

### 4) 담요(曇曜)가 불법을 부흥하다

불교를 훼손한 4년 후에(서기 450년) 최호는 죽임을 당했다[40]. 태무제는 이전에 했던 일을 상당히 후회했다[41]. 하지만 이미 저질러진 행실은 원래대로 되돌리기 어렵다. 태자 황은 암암리에 불교를 부흥하려고 했지만 감히 말하지 못했다(『석로지』) 다음 해에 태자가 죽었고, 그다음 해(서기 452년) 태무제가 살해되었다. 태무제가 죽기까지 불교는 7년간 폐기되었다. 하지만 금지가 조금씩 풀리자 독실한 믿음을 가진 인사들은 비밀리에 불사를 받들었다(『석로지』). 그러다 문성제(文成帝)(태자 황의 아들)가 즉위하면서 불법은 다시 부흥했다. 이 일을 주관한 사람은 사문 사현(師賢)과 담요(曇曜)이니 모두가 원래 양주에서 온 사람이다.

『고승전・현고전』에서는 이렇게 말하고 있다.

"양(涼) 땅의 저거목건(沮渠牧犍) 시대에 사문 담요가 있었다. 선(禪) 공부로 칭송을 받았는데 위태부(僞太傅) 장담(張潭)이 스승의 예로 복종했다."

이 담요가 바로 위나라 시대에 불법을 부흥시킨 사문이다. 도선이 전기를 지어서 어디 출신인지 모른다고 했는데 사실은 양주에서 왔다. 『석로지』에서는 그의 고상한 지조를 칭송하면서 태자 황이 예를 표했다고 하였다. 불법이 박해를 받을 때 적지 않은 사문이 환속하여 자신을 보존했지만 담요는 죽음으로 지키겠다고 맹세를 하였다. 태자가 친히 재삼 권유했지만, 그는 여전히 법복을 입고 법기(法器)를 몸에서 잠시라도 떼놓지 않아서 모든 사람이 감탄하고 존중했다. 문성제는 12살 때 즉위했고 그의 부친 황은 지극히 경건하게 불교를 신봉했으니, 문성제도 원래 늘 현고나 담요 등을 만났을 것이다. 문성제는 즉위한지 약 1년이 되자 즉시 조서를 내려서 불교를 부흥시켰다. 아주 젊은 나이에도 불구하고 거대한 개혁을 했으니,

이는 좌우의 대신들과 가까이 있는 승려들이 주장한 것이고 담요 역시 유력한 사람이었을 것이다[42]. 문성제는 조서에서(『석로지』) 석가여래의 교화를 대단히 칭송하고 태무제의 불법 훼손에 대해서는 담당 관료가 본분을 잃은 잘못으로 돌렸다. 그리고 성품과 행위가 독실하고 훌륭한 가문 출신자에게만 출가할 수 있게 했다. 큰 주(州)에서는 50명, 작은 주(州)에서는 40명, 멀리 떨어진 군(郡)에서는 10명으로 했으니 흥안(興安) 원년(서기 452년) 12월의 일이다. 불교 부흥의 바람을 탄 천하는 얼마 후에 훼손되거나 파괴된 불화와 사찰을 다시 수복하고 불상과 경전, 논서도 다시 세상에 나오게 되었다(『석로지』).

사현(師賢) 사문은 본래 계빈국의 왕족이다. 젊은 시절에 도(道)에 입문하여 동쪽 양주로 유행했고, 양주와 평성을 거쳐 위나라 경성에 도착했다. 불법을 파괴하던 시절에 사현은 환속해서 임시로 의술로 생활하면서도 한결같이 도를 지켰다. 불법을 회복한 날에 동년배 다섯 명과 함께 사문으로 돌아왔고 황제가 친히 삭발해 주었다. 사현은 도인통(道人統)이 되었고 화평(和平) 초기(서기 460년)에 열반했다. 담요가 그를 대신해서 이름하여 사문의 통솔자, 즉 사문통(沙門統)이 되었고, 문성제는 담요를 스승으로 모셨다(『석로지』). 사현과 담요는 모두 승통이었으며, 이들은 불교가 피해를 받을 때 도처에 흩어져 있는 자를 모으기 위해 다분히 최선을 다했다. 『고승전』에서는 승주(僧周)라고 하는 승려가 늘 숭산에서 두타행을 하며 좌선했다고 하는데, 그는 불법을 훼멸할 때 수십 명의 도반과 함께 장안에서 서남쪽으로 4백 리 떨어진 한산(寒山)으로 들어갔다. 그리고 영창왕(永昌王)은 장안을 진압한 후 성지(聖旨)를 받들어 불법을 회복했다. 영창왕은 승주의 명성을 듣고 모셔왔는데, 승주는 제자 승량(僧亮)을 보내 왕명을 받들도록 했다. 그래서 옛 사찰을 수복하고 사문을 청했으니, 관중의 불법이 다시 흥기한 것은 승량의 노력이었다.

담요는 선(禪) 공부로 칭송을 받았고, 사현은 의술로 세상에서 활동했고, 승주는 두타행을 닦고 좌선을 했는데, 모두 문성제 시대의 주요 인물이다[43]. 이로부터 북위 시대의 불법이 부흥한 후의 성격을 미루어 알 수 있다.

북조 시대에는 아랫사람이든 윗사람이든 모두 불교를 믿고 받들었는데 특히 공덕을 많이 쌓는 걸 두드러지게 칭송했다. 문성제가 즉위한 원년에 석상(石像)을 조성하라는 조서를 담당 관료에게 내렸다. 흥광(興光) 원년(서기 454년) 가을에 오급대사(五級大寺)[44]에다 태조 이하 다섯 황제를 위해 다섯 개의 석가모니 입상(立像)을 세우라고 담당 관료에게 칙령을 내렸는데, 이 입상은 각각의 길이가 6장(丈)이고 모두 붉은 금 2만 5천금을 사용했다. 태안(太安) 초(서기 455년)에 사자국(師子國)의 사문 사사유다(邪奢遺多)와 부타난제(浮陀難提) 등 다섯 사람이 불상 세 개를 받들고 경사에 도착했고, 또 사륵(沙勒) 사문이 경사에 와서 부처님의 바루를 보내왔고 불상을 그렸다. 화평(和平) 초기에 담요는 사문통(沙門統)이 되었다. 백제(白帝)는 경성의 서쪽 무주새(武州塞)에다 석굴 다섯 곳을 개척해서 각각에 불상 하나씩 조각했는데 높은 것은 70자[尺]이고 그다음은 60자였다. 조각 장식도 기이하게 커서 한 시기의 으뜸이었다(『석로지』). 헌문제와 효문제는 늘 이 산의 석굴에 행차했다. 무주새의 가장 높은 봉우리는 운강(雲岡)이라고 한다. 담요가 굴을 파서 제작한 불상이 바로 오늘날 세계적으로 유명한 대동(大同)의 운강 석굴이다. 근대 사람의 고증에 의하면, 운강 석굴에 앞서 양주(涼州)의 명사산(鳴沙山)에 이미 대규모로 산을 개척하여 불상을 조성했다고 한다. 양주의 승려들이 평성으로 이주했을 때 그 가운데 기예[工藝]가 탁월한 사람이 적지 않았을 것이다. 무주(武州)

의 불상 조성은 그 발원지가 반드시 양주이며, 또 담요도 역시 양주 땅에서 왔고 석굴의 개척도 담요의 제안이었다. 양주 불교가 북위에 미친 영향은 또한 일대 사건이라 할 수 있다.

하지만 담요가 불법을 부흥시키면서 세운 가장 큰 공적은 경제적인 것이다. 『석로지』에서는 이렇게 말하고 있다.

> 담요가 아뢰었다; 평제호(平齊戶)[18]와 일반 백성들은 1년에 곡물 60곡(斛)을 승려 사찰에 납부하도록 했는데, 이를 승기호(僧祇戶)라고 불렀고 곡물을 승기속(僧祇粟)이라고 했다. 흉년이 들면 이 곡물을 기아에 처한 백성에게 나누어 주기로 했다. 또 백성 중에 중죄를 범한 자와 관청의 노예를 불도호(佛圖戶)로 삼도록 요청했는데, 이들은 사찰에서 청소 등 일을 하고 해마다 농사도 겸해서 곡물을 제공하도록 했다.
>
> 고종은 모두 허락했다. 그래서 승기호와 승기속 및 사찰의 불도호가 각 주(州)와 군(郡)에 두루했다.

『위서・술예전(術藝傳)』에서 "장소유(蔣少遊)[19]는 '포로로 평성에 들어와서 평제호로 충당되었다'"고 하였고, 또 『최도고전(崔道固傳)』에서는 이렇게 말했다.

"그리하여 청(靑)과 제(齊) 지역의 명망 있는 인사 및 최도고(崔道固) 태수와 함께 성을 지켰던 수백 가족을 상건(桑乾)에 이주시켜서 평성 서북쪽 북신성(北新城)에다 평제군(平齊郡)을 건립했다."

---

18) 가족, 호적 이름, 새롭게 만든 용어로 평성의 제나라 출신 가족을 말함.

19) 장소유는 태어난 해는 상세하지 않고 죽은 해는 북조(北朝) 북위(北魏) 선무제(宣武帝) 경명(景明) 2년(서기 501년)이다. 모용백요(慕容白曜)가 동양(東陽)을 함락했을 때 포로가 되어 운중(雲中)에서 병사가 되었다.

그렇다면 '평제호'란 청(靑)과 제(齊) 지역을 토벌해서 여러 백성을 이주시켜 충당했기[45] 때문에 '평제호'란 명칭이 붙은 것이다. 또『석로지』의 고조(高肇)는 상소를 올려서 "양주의 군호(軍戶)인 조구자(趙苟子) 등 이백 가구는 승기호가 되었다"했으니, 그렇다면 앞의 글에서 말한 "여러 백성" 중에는 양주에서 이주한 백성도 있다. 대체로 담요가 상주(上奏)해서 충당한 승기호는 대부분 위나라가 여러 나라를 토벌하여 얻은 포로였으며, 불도호는 품격이 더욱 비천해서 중죄를 범한 자와 관청의 노비였다[46]. 승기호는 원래 기근을 구제하는 것이었고 또 승가의 공동 재산이었다[47]. 다만 그 후 버릇없이 윗사람에게 덤비면서 승려들이 백성의 재물을 싫증내는 일 없이 강제로 빼앗았고 또한 사사로운 이익을 도모했다. 그러나 사찰이 훼멸된 후에 담요는 절의 경제권을 확립하였으므로 불교의 부흥에 많은 도움을 주었다[48].

『석로지』에서는 "담요는 또 천축의 사문 상나야사(常那邪舍)[49] 등과 함께 새로운 경전을 14부 역출했다"고 하였다.『방록』에 수록된 담요의 번역은 3부이고[50] 길가야(吉迦夜)가 번역한 것은 5부로서[51] 전후로 모두 8부일뿐이다. 이 중에 담요가 번역한 것은『부법장전(付法藏傳)』4권이다. 길가야는 또『부법장인연전(付法藏因緣傳)』6권을 번역했는데『방록』등에서는 담요의 번역한 것과 다르다고 했다.『방록』에서는 이렇게 말하고 있다.

> 소현통(昭玄統)[20] 사문 석담요는 과거의 불교 훼멸을 개탄하고 오늘날의

---

20) 북제(北齊)에서 설치한 승관(僧官)의 명칭. 북제 문선제(文宣帝) 천보 2년(서기 551년)에 십통(十統)의 직무를 설치한 뒤 법상(法上)을 십통의 으뜸으로 임명하고 소현대통(昭玄大統) 혹은 소현통(昭玄統)이라 칭했으며, 나머지 아홉 명은 통통(通統)이라 칭해서 도합 소현십통이라 불렀다. 9명의 통통(通統)은 대부분

> 부흥을 즐거워했다. 그래서 북대의 석굴사에 여러 승려들을 모아서 이 전래된 경전을 번역하여 후세의 현자에게 유통하였으니, 이렇게 해서 법장(法藏)의 주지(住持)[21]를 끊어지지 않게 하였다.

태무제가 불법을 훼멸할 때 불법은 본래 황당무계한 거짓이라고 무고(誣告)하면서 호인(胡人)에겐 이 가르침이 없었는데 한인(漢人) 중의 무뢰배들이 위조한 것이라고 했다. 담요는 불법이 다시 부흥한 후에 『부법장전』을 번역함으로써 불교의 전래를 밝혀 확연히 고증할 수 있었고, 그리고 불과 몇 년이 지나지 않아서 길가야가 또 담요를 위해 거듭 번역했다. 모두 전등(傳燈)의 유래를 분명히 제시해서 "법장(法藏)의 주지(主枝)를 끊어지지 않게 하는데" 뜻을 두고 있다.

### 5) 북위의 여러 황제와 불법

북위의 황제들은 점차 중국식으로 변화하긴 했지만 그들의 불교에 대한 신봉은 중국 남방의 군주들과는 달랐다. 경목(景穆)(태자 황(晃))과 그의 아들 문성제(文成帝)와 교유(交遊)한 사람들은 선사(禪師)로서 크게 공덕을 지어 복을 구했으니, 능히 불법의 뜻을 변론할 수 있었던 동시대의 송문제(宋文帝)와는 그 취향이 자연히 달랐다. 문성제가 붕어하[illegible] 아들 홍(弘)이 황제의 지위를 계승했으니 바로 헌문제(獻文[illegible])이다. 전하는 바에 따르면, 송나라 효무제 대명(大明) 4년52:에 [illegible]의 중흥사(中興寺)에서 재(齋)를 지냈는데 한 사문의 [illegible] 청수(淸秀)했지만 아무도

---

법상과 율학의 [illegible]장 혜광(慧光)의 문도이다.

21) 세상에 머물[illegible] 교법(敎法)을 보호하고 육성하는 것.

누구인지 알아보지 못했다. 그래서 어디서 왔는지 물어보자 "천안(天安)에서 왔다"고 대답하고는 말을 마치자마자 갑자기 사라졌다[53]. 그 뒤 7년 후에[54] 헌문제가 등극하자 연호를 천안으로 고쳤다[55]. 그리고 자칭 천안 사람을 이어받았다고 하면서 스스로를 인정했고 아울러 남조의 신화를 인용하여 스스로를 존중했다. 헌문제는 평성에 영녕사(永寧寺)를 세웠고 높이가 삼백여 재[尺]인 칠층 부도탑을 지었는데 기초 구조가 방대하고 넓어서 천하제일이었다[56]. 그리고 천궁사(天宮寺)에 석가모니 입상(立像)을 세웠는데 높이가 43자이고 구리 10만근, 황금 6백 근을 사용했다. 또 삼층 석탑을 지었는데 기둥과 그 위에 가로댄 나무는 상하로 중첩되어 있고 크고 작은 돌이 10장 높이로 견고하고 교묘하고 정밀하게 축조된 석탑으로 경성(京城)의 장관(壯觀)이었다[57]. 헌문제는 당시의 할 일[時務]에 대해 별로 관심이 없고 늘 속세를 떠날 마음을 갖고 있었기 때문에 즉위 6년 만에 태자 굉(宏)에게 지위를 선양(禪讓)했다. 그는 조서에서 직접 "현묘함을 희구하고 담박(澹泊)함을 지향하고 있다"고 했다. 그리고 북원(北苑)의 숭광궁(崇光宮)으로 거처를 옮기고는[58] 선(禪) 서적을 열람하고 익혔다. 또 숭광사 오른쪽에서 약 10리 정도 떨어진 정원의 서산(西山)에다 부처가 녹야원에서 설법하던 모습[鹿野佛圖]을 건립했고 바위로 이루어진 선방에는 선승(禪僧)이 거주했다(『석로지』).

헌문제는 천안 원년에 직접 도록(道籙)을 받았다[59]. 고윤(高允)의 『녹원부(鹿苑賦)』[60]에서는 황제의 의지와 염원을 서술하면서 이렇게 말했다.

"성왕(聖王)의 원대한 도모(圖謀)를 자량(資糧)하는 것이 어찌 평범한 불교일 수 있겠는가. 진운(縉雲)[22]의 상승을 희구하고 정생(頂生)[23]의

22) 고대의 관직 이름. 전설에 따르면, 황제(黃帝) 때 하(夏)나라의 관직이다. 당나라

고답(高踏)을 흠모했다.”

따라서 황제는 정호(鼎湖)[24]의 신선이 되는 법을 희구해서 제왕의 지위를 버린 것이다. 그가 신봉한 것은 전적으로 불교에만 있는 건 아니다. 하지만 도를 믿었기 때문에 황제의 자리를 포기했으니, 그의 종교에 대한 열정은 남조(南朝)의 제왕들이 현리(玄理)를 좋아한 것과는 견줄 수 없을 정도로 대단하게 보인다.

그러나 『석로지』에서는 이렇게 말하고 있다.

“헌문제는 온갖 경전과 논서를 열람하고 『노자』, 『장자』를 좋아했는데 매번 여러 사문과 현담을 할 수 있는 문사들을 끌어들여 이(理)의 요체를 논의했다.”

아마 헌문제는 불도(佛道)의 이론에 대해서도 흥취가 있었을 것이다. 하지만 확실하게 불교의 의리(義理)에 대해 연구하고 제창한 자라면 북위 시대에는 응당 효문제를 추천해야 한다.

효문제의 아버지 헌문제 및 할머니 문명(文明) 태후도 불교를 숭상했기 때문에 효문제는 일찍이 불교의 훈도(薰陶;훈육)를 받았다. 즉위한 후에는 승려의 규율을 정비했고61: 아울러 공덕을 쌓았으며, 그리고 담요에게 명령하여 제주(濟州)에서 신령한 불상을 영접하여 영녕사에다 재(齋)를 지내도록 했고(『석로지』) 사원사(思遠寺)를 세웠다62:. 또 독수리처럼 생명을 해치는 종류들은 산림으로 놓아버리도록 했고, 문명 태후를 위하여 탑을 세우고 독수리 조련사들을 파직한 후에 그 땅에 보덕불사(保德佛寺)를

---

때는 진운이 병부(兵部)의 별칭이다.

23) 정생왕으로 인도 고대의 전륜성왕(轉輪聖王)이다. 옛날 포살타왕의 정수리에서 출생하여 전륜성왕이 되었으므로 정생왕이라 한다.

24) 지명(地名). 고대의 전설에서 황제(黃帝)가 정호에서 용을 타고 하늘로 올라갔다.

지어서63: 신앙의 성실함을 보여주었다. 헌문제는 문학을 잘하고 독서를 좋아해서 경서와 사서(史書)를 널리 열람했고 강설도 능했다64:. 또 『노자』와 『장자』를 훌륭히 담론했고 특히 불교의 뜻에도 정통했다(『본기』). 태화 3년에는 영녕사에 행차하여 법회를 마련해서 도(道)를 행하고 강설을 들었으며, 중성(中省)과 비성(秘省) 두 관료에게 명하여 승려들과 불교의 의리를 토론하도록 했다65:. 구마라집 법사의 상주사(常住寺)에 삼층 부도탑을 세우라고 조서를 내렸으며 그의 후예를 방문했다. 낙양으로 이주한 후에도 여러 번 금용성(金墉城) 서쪽에 있는 왕남사(王南寺)로 가서 사문들과 논의를 했는데, 이로 인해 성(城)에서는 새로운 성문 하나를 열었다(『낙양가람기』). 『석로지』에서는 이렇게 말한다.

"당시 사문 도순(道順), 혜각(慧覺), 승의(僧意), 혜기(慧紀), 승범(僧範), 도변(道弁), 혜도(惠度), 지탄(智誕), 승현(僧顯), 승의(僧義), 승리(僧利)는 모두 의행(義行)으로 알려지고 존중을 받았다."

승려들 중에 도순, 혜각66:, 승범, 지탄, 승리에 대해서는 모두 상세하지 않다. 승현은 방산(方山)의 사원사(思遠寺) 주지인데 효문제는 그를 사문통(沙門統)으로 삼아서 담요의 뒤를 잇도록 했다67:. 승의는 평성의 황구사(皇舅寺) 주지인데68: 효문제는 그를 도유나(都維那)[25]로 임명했다69:. 승의는 태산(泰山) 낭공곡(朗公谷)의 산사(山寺)에 거주했는데 사유의 힘이 바르고 확고해서 매번 법좌에 올라 강설할 때마다 하늘에서 꽃이 내려왔다70:. 도변은 『속고승전』에서는 도변(道辯)으로 되어 있는데 『유마경』, 『승만경』,

---

25) 유나는 산스크리트어 karma - dāna의 번역으로 첫째, 사찰의 여러 가지 일을 지도하고 단속하는 직책, 또는 그 일을 맡은 승려, 둘째. 육지사(六知事)의 하나로 선원(禪院)의 규율과 질서를 다스리는 직책, 또는 그 일을 맡은 승려이다. 도유나는 유나 중의 우두머리.

『금강경』, 『반야경』을 주석한 적이 있고 『소승의장(小乘義章)』 6권, 『대승의(大乘義)』 50장 및 『신현조(申玄照)』 등을 편찬했다. 아울러 많은 경전에 자세한 주석을 하려고 했지만 이루지 못했다. 위나라에 『대법존왕(大法尊王)』 80여 권의 경전이 있었는데, 도변은 이 경전이 위경인 걸 알자 모아서 태워버렸다. 그는 귀가 멀긴 했지만 효문제에 대해서는 황제의 뜻을 어기지 않았다. 처음에는 북대(北臺)에 거주했고 후에 남쪽으로 옮겨갔다. 삿됨[邪]과 올바름[正]을 판정하고 막히고 걸린 곳을 푸는 것이 그의 장점이었으므로 확실히 의학(義學)의 승려 중 한 사람이었다.

혜기(慧紀)[71]와 도등(道登) 및 담도[72]는 모두 승연에게 배웠다. 승연은 구마라집의 문하인 팽성 승숭(僧嵩)의 제자이고, 승숭은 『성실론』과 『비담』을 정통한데다 원래는 『대품』을 믿었다가 후에 『열반경』을 신봉했다[73]. 승연은 승숭으로부터 『이소승론』을 배웠는데 슬기로운 이해로 인해 멀리까지 명성을 날렸다. 혜기는 『수론(數論)』을 통달했고 녹원(鹿苑)[74]에서 경전을 강연한 적이 있다. 혜기가 서거한 후에 효문제는 조서를 내려서 비단을 보시하고 재(齋)를 지내도록 했다[75]. 도등은 효문제의 스승으로 『열반경』, 『법화경』, 『성실론』, 『승만경』에 능했고 효문제는 그를 존중하면서 늘 함께 담론했다[76]. 태화 20년에 임종을 맞았는데, 황제는 곡(哭)을 하는 한편 그에게 비단을 보시하고 재(齋)를 지냈다(『석로지』). 담도는 승연의 『성실론』을 공부했고 『열반경』, 『법화경』, 『유마경』, 『대품』도 겸하여 잘했다. 역시 효문제의 존중을 받았다. 그는 북방에서 크게 강연법회를 열었는데 듣는 자가 천여 명이었고, 그가 편찬한 『성실의소(成實義疏)』 8권은 북방에서 성행했다[77].

위나라 시대의 의학(義學), 예컨대 『성실론』, 『열반경』, 『비담』은 모두 효문제 시대부터 비롯되었다[78]. 북방의 의학은 위나라 초기에 침체했다가 효문제의 촉발을 거치면서 점차 크게 발전했다. 효문제는 불타선사(佛陀禪師)79:를 위하여 숭산에 소림사를 세웠고, 불타선사의 제자 혜광은 특히 위나라 말엽 의학의 대사(大師)였다. 또 혜맹(惠猛) 법사도 역시 의학 승려였는데 효무제는 혜맹 법사와 청담을 하면서 날을 지새웠고, 혜맹 법사는 훗날 선무제(宣武帝)에게 후한 대우를 받았다80:.

『광홍명집』에는 효문제의 『법사들이 한 달에 세 번 궁전에 들어오는 걸 허락하는 조서[聽諸法師一月三入殿詔』가 실려 있는데, 이 글에서 북위의 제왕들이 의학을 제창한 것이 실제로 효문제로부터 시작되었음을 알 수 있다. 그 글에서는 이렇게 말하고 있다.

> 선대의 조정에서는 육합(六合; 천하)을 경영하면서 내부 규범은 미처 마련하지 못했기 때문에 마침내 황궁은 문턱이 높아 멀어졌고 대궐은 속세를 초월한 의식(儀式)을 소홀히 했으니, 그 결과 선(善)을 흠모하는 이치와 복전(福田)의 자량(資糧)에 대해서는 진실로 충족하지 못하였다. 그래서 장차 덕망이 높은 법사를 수시로 만나면서 나아가면 도의 맛을 음미할 수 있고 물러나면 조정을 빛낼 수 있도록 하고자 했다. 그 칙령은 궁전에 한 달에 세 번 들어오는 걸 허락했다.

동일한 『광홍명집』에 또 『여러 주(州)의 많은 승려들로 하여금 안거(安居)하고 강설(講說)하게 하는 조서[令諸州衆僧安居講說詔』가 실려 있는데, 그 글에선 이렇게 말하고 있다.

> 각 주(州)에 칙령을 내려서 하안거(夏安居) 하는 청중을 대주(大州)는 3백 명, 중주(中州)는 2백 명, 소주(小州)는 백 명으로 하고 자유롭게 여러 곳에서 강설할 수 있게 하였다. 모두 승기속으로 공양한다. 만약 승기속이

> 적고 문도(門徒)가 적어서 이 숫자를 채우지 못하면 소현(昭玄[26])에 칙령을 내려 그 숫자가 줄더라도 다시 들도록 한다. 각 주에서는 현자들을 표창하고 지혜롭고 덕망 있는 자를 추천해서 절대 물을 더럽히지 말게 하여 후학이 게으르지 않도록 한다.

이 글을 보면 효문제가 승려의 학식을 제고하는데 열중했다는 걸 알 수 있다.

효문제 이후에 북위에서는 의학 승려들이 배출되었고, 조정에서는 역경과 구법(求法) 및 강론에 대하여 장려했다. 선무제(宣武帝)는 불법의 이(理)를 각별히 좋아해서 매년 늘 금궁(禁宮)에서 직접 경론을 강설했고 유명한 승려를 널리 모집해서 뜻과 종지를 표명했다. 사문의 조록(條錄)이 바로 『내기거(內起居)』이다[81:]. 위나라는 태무제 시대부터 군사력의 위세가 강대해서 서역과 활발히 통했고, 천축은 선무제(宣武帝) 시대에 여러 번 조공을 왔었다. 천축의 사문 담마류지는 경명(景明)과 정시(正始) 연간에 낙양에서 선무제를 위하여 경전 삼부(三部)를 번역했다(『방록』). 보리류지와 늑나마제(勒那摩提) 두 천축 승려도 역시 선무제 때 낙양에 온 인물로 위나라 시대 역경자(譯經者)의 중진이었다. 당시 『십지경론』을 번역할 때 황제가 직접 대전(大殿)에서 필사하다가 하루 뒤에 사문에게 일을 마치라고 부촉했다.

진(晉)나라 말기와 송나라 초기에 북방 불법에서 삼보가 흥성한 지역은 양주와 연주이다[82:]. 당시 유주(幽州)와 연주를 차지한 자는 풍(馮)씨였고[83:] 풍발(馮跋)과 동생 풍홍(馮弘)은 선후로 왕이 되었다. 풍홍의 아들

---

26) 북제의 관제(官制) 12사(寺) 중 하나인 소현사(昭玄寺)이며, 그 장관을 통(統) 혹은 대통(大統)이라 했다.

풍랑(馮朗)은 위나라 대신이었는데 사건에 연루되어 살해되었다. 그 딸이 궁궐에 들어갔다가 나중에 문성제의 황후가 되었으니 바로 문명태후이다. 문명태후는 사연불도(思燕佛圖)를 용성(龍城)에 세운 적이 있다. 그의 형 풍희(馮熙)는 불법을 신봉해서 스스로 집안의 재산을 내놓아 여러 주(州)와 진(鎭)에 모두 72곳의 불도정사(佛圖精舍)를 세워서[84] 16부의 일체경(一切經)을 필사했다. 덕망이 높은 사문을 요청하여 매일 강론하고 부지런히 정진했기 때문에 이 일에 들어간 비용도 셀 수 없을 정도로 많았다. 그리고 주(州)에서 탑과 절을 지었는데 대부분 높고 아름다운 산기슭에 있었다[85]. 풍희에겐 두 딸이 있는데 모두 효문제의 황후가 되었다. 언니가 바로 유(幽)황후로 출가하여 비구니가 되었으며, 동생도 폐위가 되자 계를 수행하는 비구니가 되었고 요광사(瑤光寺)에서 임종했다. 위나라 때 궁전의 불법이 흥성하게 된 것은 필경 연주의 풍씨가 힘을 기울였기 때문이다. 요광사는 선(宣)무제가 세운 것인데,『가람기』에서는 이렇게 말했다.

> 후비(后妃)와 천자의 첩[嬪御]의 처소는 도를 공부하는 장소로 궁중의 미인들이 모두 거기에 있었다. 또한 명망 있는 귀족 처녀들도 성품이 도량을 좋아해서 삭발하고 친족을 떠나 이 사찰에 의지했다. 진귀하고 화려한 장식을 버리고 수도하는 옷을 입고 나서는 마음을 팔정(八正)[86]에 투입해 일승(一乘)에 성실하게 귀의했다.

생각건대 효문 황후 풍씨 이후로 출가하여 비구니가 되어 요광사(瑤光寺)에 거주한 사람은 선무(宣武) 황후 고(高)씨와 효명(孝明) 황후 호(胡)씨가 있다[87]. 불법과 가장 관계가 있는 사람은 선무 영(靈)황후 호씨이다[88].

호태후는 효명제가 즉위한 초기에 조정에서 칭제(稱制)[27]를 하며 십여 년간 권력을 전횡했다. 그녀는 성품이 총명하고 재능과 기예가 있었다. 비구니인 고모가 도(道)에 대한 강설을 많이 했는데, 황후는 어린 시절 고모와 서로 의지했기 때문에 불경의 큰 뜻을 대략이나마 얻었다[89:]. 황후가 있던 시기에 보리류지, 늑나마제, 불타선다가 낙양에서 경전을 번역했고, 반야류지와 비목지선(毘目智仙)도 역시 이 시기에 낙양에 도착했다[90:]. 조서를 내려 보리류지를 영녕사(永寧寺)[91:]에 머물게 하고 사사(四事)[28]를 제공했다. 7백여 명의 불교 승려가 있었는데, 보리류지를 역경의 종장(宗匠)으로 임명했다.

선무제 이래로 서역의 승려가 나날이 많이 오자 선무제는 영명사(永明寺)를 지어서 거주하도록 했다(『가람기』). 효명제 신귀(神龜) 원년(서기 518년) 11월 겨울[92:]에 태후는 사문 혜생에게 조서를 보내서 서역으로 가서 불경을 구하도록 했다. 동행하는 사람으로 송운(宋雲)이 있었다[93:]. 정광(正光) 2년(서기 521년) 2월[94:]에 경성으로 돌아왔는데 갖고 온 경전 170부가 모두 대승의 오묘한 경전이었다. 같은 시대에 사문 도약(道藥)[95:]도 서역으로 갔다[96:]. 대체로 역경과 구법(求法)의 풍습이 이때부터 다시 흥성했다.

위나라 시대의 여러 왕들도 불교를 신봉하는 자가 많았다. 예를 들면 성양왕(城陽王) 휘(徽)[97:], 광릉왕(廣陵王) 공(恭)[98:], 고양왕(高陽王) 옹(雍)[99:], 팽성왕 협(勰)[100:], 북해왕(北海王) 상(詳)[101:], 청하왕(淸河王) 역(懌)[102:], 여남왕 열(悅)[103:], 광평왕(廣平王) 회(懷)[104:]는 모두 사찰을 지었거나(『가람기』) 승려들과 교유했을 것이다. 『북사(北史)』에서는 팽성왕

27) 천자를 대신하여 정사(政事)를 행하는 것.
28) 1.의복, 음식, 와구(臥具), 탕약(湯藥). 2.방사(房舍), 의복, 음식, 탕약.

협이 죽었을 때의 일을 전하고 있다. 즉 경명사와 보덕사 승려가 종을 울려 식사를 하려다가 갑자기 팽성왕의 사망을 듣자 두 절의 승려 1천여 명이 다 비통해 하면서 음식을 먹지 않았으니, 팽성왕과 승려들의 교류한 정(情)이 매우 컸음을 상상할 수 있다.

하지만 여러 왕들은 의학(義學)을 별로 알지 못해서 이(理)를 담론할 수 없었다. 『북사』에서는 여남왕 열이 불경 읽는 걸 좋아했다고 하지만 또 좌도(左道)도 좋아했다고 기록하고 있으니, 그렇다면 여러 왕들이 불교에 대해 알고 있는 것은 대부분 신앙에 치우친 것이다. 북위의 문무백관과 여러 왕 이하부터 환관, 우림(羽林)[29], 호분(虎賁)[30] 등도 자택을 보시하여 사찰을 세웠다[105:]. 학사, 문인과 불법은 의리(義理)상의 결합이 처음에는 별로 많이 보이지 않았다. 선무제 호태후 시대에 와서야 비로소 최광(崔光), 왕숙(王肅), 왕익(王翊), 맹중휘(孟仲暉), 풍량(馮亮), 배식(裵植), 배찬(裵粲), 서흘(徐紇)이 있었으니 모두 문사와 학인으로 불법을 신봉했다[106:]. 최광은 학문을 좋아해서 효문제는 그를 "오늘의 문종(文宗)"이라고 칭했다. 최광은 불법을 숭배하고 신봉해서[107:] 예배와 독송을 했는데 늙어서는 더욱 심했다. 사문 보리류지, 늑나마제 등이 경전을 번역할 때 최광은 늘 필사했으며, 『십지경론』을 필사한 후에는 『서문』도 지었다. 사문 조귀(朝貴)가 요청하여 『유마경』과 『십지경』을 강설하도록 했는데 청중이 수백 명이었고, 두 경전에 『소(疏)』를 지었는데 식자(識者)들은 그 간략함을 알았다[108:].

29) 천자의 수비대
30) 천자의 호위대

왕숙은 경전과 역사를 섭렵했고 낙양에 정각사를 지었으며(『가람기』), 왕익은 학문을 좋아하고 글재주가 있었으며 자택을 보시하여 원회사(願會寺)를 만들었다(『가람기』). 맹중휘는 의지와 성품이 총명해서 석가모니가 설한 사성제(四聖諦)의 뜻을 겸하여 공부했고 그 종지의 귀결처를 궁구하면서 늘 사문과 담론했다. 당시의 호(號)는 현종(玄宗) 선생이었다(『가람기』에 상세함). 풍량은 여러 서적을 널리 열람하였고 불교의 이치를 돈독히 좋아했다. 선무제는 그에게 『십지』 등 여러 경전을 강설하도록 했다[109:]. 배식은 젊어서부터 학문을 좋아해서 경전과 역사 책을 종합적으로 열람했고 특히 불교 경전에 능해서 의리(義理)를 훌륭히 담론했다. 죽을 때는 사문의 예로 장례를 지내라는 유언을 남겼다. 동생 배찬은 불학(佛學)을 좋아해서 직접 법좌에 올라가 강설했는데, 비록  의리의 이해가 정묘하지는 않았지만 풍도와 운치는 훌륭했다[110:]. 서흘은 젊어서부터 학문을 좋아해서 명리(名理)가 있고 문사(文詞)로 칭송을 받았다. 그는 수시로 사문과 강론을 했는데 밤을 새우면서도 심력(心力)이 게을러지지 않았다[111:]. 위나라 때 조정의 대신 중에 불법을 믿는 자가 적지 않았지만, 그러나 고윤(高允) 이후로는 문학을 알고 불법을 믿는 자는 이 몇 사람뿐이다. 이 중에 최광의 조부와 부친은 모두 유송(劉宋)의 관리였다. 최광은 17세에 북방으로 왔다. 왕숙과 왕익은 왕도의 후예로 모두 나이든 후에 위나라 조정에 귀순했다. 풍량은 본래 남방에 있다가 위나라 사람의 포로가 되었고 나중에는 숭산에 은거했다. 배식도 역시 먼저 강남에서 벼슬했고 동생 배찬도 남방에서 왔다[112:]. 그렇다면 이 여섯 사람은 문사의 신분으로 불교를 믿었고 의리를 담론한 것이니, 비록 정밀하지도 않고 깊이도 모자라지만 진실로 남조의 기풍을 이어받았다고 할 수 있다.

효문제가 의학(義學)을 제창한 후부터 선무제와 효명제 시대에 이르기까지 역경과 강론의 사업이 상당히 흥성했다. 하지만 조정의 위아래 사람이 불교를 신봉할 때는 여전히 공덕을 짓고 복전(福田)의 이익을 구하는 걸 우선으로 삼았다. 그래서 불상을 만들고 절을 세우는 등 토목의 힘을 다한 것이 북조 불법의 특징이다. 세종(世宗)은 항농(恒農)과 형산(荊山)에 여섯 장(丈) 높이의 민옥(珉玉) 불상 하나를 조성하여 영평 3년 겨울에 낙수(洛水) 옆의 보덕사(報德寺)에 안치했고 황제도 직접 공경의 예를 올렸다(『석로지』). 그리고 요광사, 경명사, 영명사 등을 건립했다. 요광사에는 5층 부도탑이 있는데 높이가 50장이고 비구니 방이 5백 칸이 넘었다. 경명사는 지리적 위치가 뛰어난 곳에 있으며 천여 개의 방이 있었다. 큰 건물[殿]과 방이 겹겹이 중첩되고 청대(靑臺)와 자각(紫閣)들은 부도로 서로 통했는데, 비록 절 밖에는 사계절이 있지만 안에는 추위와 더위가 없었다. 처마 밖은 모두 산과 연못인데, 소나무, 대나무, 난초, 지초(芷草)들이 계단 옆에 죽 늘어서서 바람을 머금고 이슬을 맺으며 향기를 풍겼다. 정광(正光) 시기에 호태후는 칠층 부도탑 하나를 지었는데 부지가 백인(百仞; 고대에 땅을 재는 단위)이나 되었다[113].

영명사(永明寺)는 선무제가 외국 사문들을 위해 건립한 것이다. 방은 1천여 칸으로 이어졌고 백국(百國)에서 온 사문 3천여 명이 거주했다[114]. 그리고 효명제 희평 원년에 호태우는 낙양성 안에 영녕사를 세웠다[115]. 중간에 9층 부도탑이 있는데 부지가 1천 척(尺)으로 경사(京師)에서 백 리나 떨어져 있지만 멀리서도 보였다. 탑 위에는 금탁(金鐸; 금으로 만든 커다란 방울) 120개와 금방울[金鈴] 5천 4백 개를 달아서 토목 기술의 모든 공능(功能)을 다하고 조형의 교묘함을 다하였다. 불사(佛事)의 정묘함은 불가사의했으며, 수(繡)를 놓은 기둥과 금빛 바닥은 사람들의 마음을 뒤흔들었다. 바람이 부는 기나긴 밤에는 보배 방울들이 조화롭게 울리면서

쨍그렁 거리는 소리가 십 리 밖에서도 들렸다. 부도 탑 북쪽에 불전(佛殿) 한 곳이 있는데 그 형태는 마치 태극전(太極殿) 같으며, 그 속에 8장(丈) 크기의 금불상 하나, 중간 길이의 금불상이 열 개, 구슬을 수놓은 불상 세 개, 금실로 짠 불상 다섯 구(軀)가 있는데 솜씨가 기이하고 교묘해서 당대의 으뜸이었다. 승려의 방과 누각은 천여 칸이다. 상경(常景)의 비문에서는 "수미산의 보배 궁전이나 도솔천의 청정 궁전도 이보다 못할 것이다"116:라고 했으며, 또한 선무제 경명 초기에 대장추경(大長秋卿)[31] 백정(白整)을 불러서 대경(代京) 영암사(靈巖寺)의 석굴에 준거하여 낙양 남쪽의 이궐산(伊闕山)[32]에다 고조(高祖)와 문소(文昭) 황태후를 위해 석굴 두 개를 만들라고 했다. 처음 건축을 시작할 때 석굴의 정상은 땅에서 310척(尺)이 되었고 정시 2년에야 비로소 산 23장(丈)을 잘라냈다. 후에 대장추경 왕질(王質)은 '산을 자르는 것은 너무 높고 힘만 들어서 이루기가 힘들다'고 하면서 아래의 평지로 이동하여 1백 척 높이로 하고 남북으로는 140척으로 하자고 조서를 올렸다. 영평 시기에 중윤(中尹) 유등(劉騰)117:은 세종을 위해 다시 석굴 하나를 조성하자고 글을 올렸다. 그리하여 석굴은 모두 세 곳이 되었다. 경명 원년부터 정광(正光) 4년 이전까지 용공(用功)은 80만2천3백66이다(『석로지』). 이 용문의 조상(造像)은 그 석공(石工)의 위대함이 영녕 부도탑의 토목의 장려(壯麗)함과 더불어 중국에서 첫손가락을 꼽을 정도이다. 북방에 있는 제왕들의 불교를 신봉하는 경건함과 복을 구하는 열성(熱誠)은 진실로 남조와는 다른 것이었다.

---

31) 장추궁(長秋宮)은 한나라 황후가 거주하는 곳이고, 대장추는 실제로 황후가 부린 관속(官屬)으로 일반적으로 환관이 맡았다.

32) 이궐산은 또 용문산(龍門山) 혹은 종산(鍾山)이라고도 한다. 낙양 남쪽에 있으며 해발 263미터이다.

정사(正史)에는 낙양의 제왕이 늘 법회를 연다고 기록하지는 않았지만, 그러나 『가람기』의 경명사 조목 아래에는 이런 글이 있다.

> 당시(선무제) 세상은 복을 좋아하고 숭상했다. 4월 8일에 경사의 불상들은 모두 이 절로 왔다. 상서사조(尚書祠曹)가 불상을 기록했는데 모두 1천여 개이다. 8일이 되자 차례로 선양문(宣陽門)으로 들어가 여합궁(閭闔宮) 정문 앞에서 황제가 뿌리는 꽃을 받았다. 당시 황금 빛살은 해가 비치는 듯하고, 보배 일산은 뜬구름과 같고, 깃발은 숲과 같고, 향연(香煙)은 안개와 같았다. 범패 음악과 법음(法音)이 천지에 진동하고, 온갖 광대놀이로 재주를 넘으며 죽 늘어서 있었다. 유명한 승려와 덕망 있는 대중은 석장(錫杖)을 메고 무리를 지으며, 신도와 승려는 꽃을 들고 무리를 이루었으며, 수레와 기마는 길목을 막고 서로 앞을 다투느라 붐볐다. 당시 서역에서 온 호인(胡人) 사문이 이를 보고 부처님 나라[佛國]라고 찬탄했다.

요진(姚秦) 시대에 구마라집이 장안에서 법을 전하고 경전을 번역할 때 당시 사람들은 이들을 찬미하면서 거의 기원정사의 경전 결집에 견주었다[118]. 오늘날 이 호인(胡人) 승려가 낙양에서 일어난 법사(法事)를 목격하고 불국이라 찬미했는데, 말은 비록 똑같다 하더라도 찬미한 내용은 확실히 다르다. 이를 살펴보면 두 시대의 불법을 신봉하는 성격의 차이와 북방 불교의 변천을 추측해 알 수 있다.

### 6) 북조 시대의 불상

북조 시대에는 불법의 활발한 보급으로 백성들이 열렬히 복(福)을 숭상했는데, 이는 불상 조성이라는 하나의 일에서 엿볼 수 있다. 북조 시대에 불상 조성은 용문과 운강이 가장 크다. 북제의 황제 유제(幼帝) 때 진양(晋

陽)의 서산을 파서 대불상을 조각했는데 소위 천룡산(天龍山) 불상으로 이궐(伊闕) 무주(武州)와 더불어 명성을 나란히 한다. 이는 모두 국가의 힘을 몽땅 쏟아서 힘들게 만든 것이다. 그 당시 백성들이 탑을 세우고 절을 짓는 풍습은 보편적이었다. 근대에 발견된 것은 소재지가 모두 있다. 그 종지는 스스로 복전과 이익을 구하는데 있거나, 혹은 보리의 증득을 원하고 능히 성불하길 희구하거나, 혹은 안락한 정토에 왕생하기를 원해서 아미타불을 숭상하거나, 혹은 도솔천에 왕생하여 자씨(慈氏)(미륵불)을 보기를 희구하거나, 혹은 사전에 미리 이득을 구하거나, 혹은 사후에 예전의 소원을 되돌아 갚거나[119:], 혹은 부귀한 집안에 태어나기를 기원하거나[120:], 혹은 원정(遠征)을 나가면서 평안을 구하거나[121:], 혹은 병환을 제거하기를 원한 것이다(『비구혜감제기(比邱惠鑒題記)』). 그리고 "몸이 늘 쇠약해서 밤새 끙끙 앓기" 때문에 일곱 불상을 조각하는 신도들도 있거나(『승연조상기(僧淵造像記)』), 혹은 한 사람이 발심(發心)해서 공덕을 쌓거나, 혹은 여러 사람이 공동으로 조성한 탓에 제명(題名)이 몇 사람에서 수십 명, 더 나아가 삼백여 명까지도 있었다[122:]. 이미 통용되고 있는 금석서(金石書)에 실린 조상기(造像記)가 지극히 많다고 하지만, 그러나 최근에 발견되었지만 목록에 실리지 않은 것은 특히 얼마나 되는지 모른다. 만약 그 글을 모두 수집해서 불상 조성의 성격을 연구할 수 있다면[123:] 북조의 종교를 이해하는데 적지 않은 도움이 될 것이다. 지금은 단지 왕창(王昶)의 『금석췌편(金石萃編)』에 기록된 내용을 근거로 북조의 불상 조성과 갖가지 비문을 총체적으로 논하면 다음과 같다.

불상을 조성하고 비석을 세우는 것은 북위 시대에 시작하여 당나라 중엽까지 갔다. 대체로 조성한 불상은 석가모니, 아미타, 미륵 및 관음보살과 세지(勢至) 보살이 많았다. 산의 절벽에 조각하거나, 혹은 비석을 새기거나,

혹은 석굴을 만들거나, 혹은 불감(佛堪)[33][124:]을 만들거나, 혹은 부도 탑을 조성했다. 최초에는 그냥 돌을 조각하는데 불과했으나 나중에는 금을 바르거나 채색을 하였다. 그 형상의 크고 작음, 넓고 좁음 및 제작의 정밀함과 조잡함에 차이가 있었으며, 조성한 불상을 아마 일구(一區)라고 불렀거나[125:] 혹은 일감(一堪)이라 칭했다가 나중엔 일포(一鋪)라고 칭했다.

불상을 조성하면 반드시 기(記)가 있고[126:] 기(記)의 뒤에 제명(題名)이 있다. 왕창(王昶)이 얻은 탑본(榻本; 탁본)은 북위에서 수나라 시대까지 약 백여 가지를 헤아리며, 그 나머지는 사찰이나 탑원(塔院)에 흩어져 있는데 다 기록하기 힘들다. 그 원인을 추측하면 전오(典午)[34] 초기부터 중원 지역은 병란이 계속되면서 16개 나라로 나뉘어졌다가 이윽고 남북조와 위(魏), 제(齊), 주(周), 수(隋) 왕조를 거쳐 당나라 초기에 와서야 조금 평정되었기 때문이다. 그리고 바로 천보(天寶) 때 안사(安史)의 난(亂)을 거치면서 전쟁이 멈추질 않자 백성은 거처를 떠나 떠돌면서 편안히 쉴 곳이 없었으니, 거의 "간섭 없이 편안한 잠을 자고 싶다"거나 "태어나지 않는 것만 못하다"고 한탄하였다.

그러나 불교에서는 서방 극락정토의 왕생과 도솔천궁으로 올라가 태어난다는 설(說)로 유혹했기 때문에 우매한 남녀들인 다투어 불상을 조성해서 부처의 가호(加護)를 기대했으니, 이는 백여 년간 점차적으로 뿌리를 내리면서 풍속이 되었다. 불교에서는 미타가 서방 정토의 교주가 되고 관음과 세지(勢至)가 염불하는 자들을 이끌고 정토로 돌아갈 수 있다고 했으며, 그래서 석가가 이 경전을 먼저 설하고 미륵이 장차 부처를 보좌하는 곳에서 다음 차례를 기다리고 있기 때문에 불상 조성도 이를 벗어나지 않았다.

---

33) 불상을 모시기 위해 나무나 돌, 쇠 등을 깎아 일반적인 건축물보다 작은 규모로 만든 공간. 불감은 그 안에 모셔진 불상의 양식뿐만 아니라, 당시의 건축 양식을 살필 수 있는 중요한 자료가 된다.

34) '전오'는 진(晉)나라 왕조를 가리킨다.

불상을 조성한 여러 기(記)를 종합적으로 살펴보면, 그 기도의 언사(言詞)가 위로는 나라에 미치고 아래로는 아버지와 자식에 미치고 다음 생까지 이르니 그 원하는 소망이 아득히 멀리까지 미쳤다. 그 나머지는 비천해서 거치지 않으므로 우리 유가에서는 반드시 배척한다. 하지만 그들이 삶을 중시하고 죽음을 두려워하고 이별과 혼란에 상처 받고 태평한 세상을 상상하는 것은 어쩔 수 없는 일이라 그 허망함과 황당함을 가릴 겨를이 없다. 인인(仁人)이나 군자(君子)라면 이것을 읽고 측은한 마음으로 불쌍히 여겨야지 급하게 배척하거나 욕하지 말아야 한다.

불상을 조성한 사람들의 관직, 성씨, 지명(地名)을 자료를 통해 고증할 수 있는 것은 모두 본 조목에 분류하여 넣었고, 또 경전의 실제와 관계없이 각 비문에 흩어져 보인다고 말해지는 내용은 지금 다시 여기에 모아서 기록했다. 불상을 조성한 사람들은 자칭 '불제자, 정신(正信) 불제자, 청신사(淸信士), 청신녀, 우바새, 우바이'라고 했다. 자본을 내놓아 불상을 조성한 자는 모두 '상주(像主), 부(副)상주, 동서남북 사면(四面) 상주, 발심주(發心主), 도개광명주(都開光明主), 광명주, 천궁주(天宮主), 남면북면상감중감(南面北面上堪中堪) 상주, 단월주(檀越主), 대상주(大像主), 석가(釋迦) 상주, 개명(開明) 상주, 미륵 상주, 미륵 개명주(開明主), 관세음 상주, 무량수불주(無量壽佛主), 도대단월(都大檀越), 도상주(都像主), 상재주(像齋主), 좌우상재주(左右葙齋主)'라고 한다. 탑을 조성한 사람은 '탑주'라고 하며, 종(鐘)을 만든 사람은 '종주'라고 하며, 부도 탑을 조성한 사람은 '동면서면남면부도주(東面西面南面浮圖主)'라고 하며, 등(燈)을 제작한 사람은 '등주(登主)[127:], 등명주(登明主), 세석주(世石主)[128:]'라고 한다. 교화를 권유한 사람은 '화주(化主), 교화주(敎化主), 동서남북면화주(東西南北面化主), 좌우상화주(左右葙化主), 도화주(都化主), 대도화주, 대화주, 도록주(都錄主), 좌주(坐主), 고좌주'라고 한다. 읍(邑)에서 인연을 도운 사람을 '읍주(邑主), 대도읍주, 도읍주, 동서면읍주, 읍자(邑子), 읍사(邑師), 읍정(邑正), 좌우상읍정(左右葙邑正), 읍로(邑老), 읍서(邑胥)[129:], 읍서(邑諝)[130:], 읍서(邑

渭)131:, 읍정(邑政)132:, 읍의(邑義), 읍일(邑日)133:, 도읍(都邑), 충정(忠正), 읍중정(邑中正), 읍장(邑長), 향정(鄕正), 읍평정(邑平正), 향당치율(鄕黨治律)134:'라고 한다. 사찰 직무에 대한 명칭은 '화상(和上), 비구(比邱), 비구니, 도유나(都維那), 유나(維那), 전록(典錄), 전좌(典坐), 향화(香火), 사미(沙彌), 문사(門師), 도읍유나(都邑維那), 읍 유나, 행(行) 유나, 좌우상(左右葙) 유나, 좌우상향화(左右葙香火)'라고 한다. 그 명목의 번잡함은 이와 같아서 큰 것만 모아서 다른 견문을 넓힌다. 불상 조성한 제기(題記)의 개요(概要)가 여기서 갖춰졌으며, 당나라로 접어든 이후에는 다시 번잡하게 논하지 않았다.

## 7) 북위의 사찰과 승려의 수효

위나라의 문성제가 불법을 부흥시킨 후부터 승려와 사찰의 수효는 대대로 증가했다. 『위서・석로지』에 실린 내용에 따라 다음과 같이 표(表)로 나열한다.

| 연대 | 사찰 수효 | 비구와 비구니 수효 | 주(注) |
|---|---|---|---|
| 효문제 태화 원년<br>(서기 477년) | (평성 경내)약 백개<br>(사방四方) 6478 | (경내) 2천여 명<br>(사방) 772588 | 태화 10년 1327 명의 승려를 환속하도록 함. |
| 선무제 연창(延昌) 시기<br>(서기 512년~515년)<br>효명제 신귀(神龜) 원년<br>(서기 518년) | (천하)13727<br>(낙양성 안) 500 | (문도들이 더 많아짐)<br>[徒侶 益衆] | 이때 도읍을 낙양으로 천도했음. |
| 위나라 말엽<br>(서기 534년) | (낙양) 1367『가람기』<br>(천하) 3만여 개 | (천하) 2백만 | 불경이 유통해서 중국에 크게 수집되었는데 대체로 415부로 도합 1천9백19권이다. |

북위 시대의 승려와 비구니 수효가 급증한 것은 출가한 사람의 숫자로도 알 수 있다. 문성제가 불법을 부흥한 이후 출가자의 숫자를 제한했는데 대주(大州)는 50명, 소주(小州)는 40명 (당시는 452년)으로 했다. 그 후 효문제 태화 16년(서기 492년)에 조서를 발표하여 매년 4월 8일과 7월 15일에 대주(大州)는 100명, 중주(中州)는 50명, 하주(下州)는 20명이 출가할 수 있도록 제한했다. 호태후가 섭정을 하던 희평(熙平) 2년(서기 517년)에는 칙령을 내려서 늘 출가할 수 있는 자는 대주 백 명으로 제한했으며, 각 주(州)와 군(郡)에서는 십 일 전에 삼백 명을 분산해서 보냈는데 중주는 2백 명이고 소주는 1백 명이었다. 주통(州統)[135:]과 유나는 관청에서 선발해 채웠지만 정진 수행하는 자가 없으면 넘치게 뽑지 말아야 했으니, 그렇다면 문성제의 제도는 실제로는 봉행되지 않은 것이다. 그래서 효문제는 다시 제한하는 명령을 내렸지만 효문제의 법도 역시 실행되지 않았다. 그리하여 호태후는 다시 이전의 제도를 발표하고 사사로운 출가를 금지했다. 하지만 그 후에 승려의 숫자가 다시 크게 증가했으니, 이는 조정의 금지령이 허수아비에 불과하다는 걸 말해준다.

조정에서 출가를 제한한 이유는 승려가 넘치도록 많아질까 두려워서였다. 하지만 불법을 제창하는 정책은 역대로 변하지 않았다. 효문제는 승명(承明) 원년에 평성의 영녕사에서 대법공양을 마련했는데 좋은 가문 출신의 남녀들로 승려와 비구니가 된 자가 백여 명이나 되었다(『석로지』). 그리고 경조왕(京兆王)의 아들 태흥(太興)은 도(道)에 입문하길 발원한 뒤 왕족의 작위(爵位)를 버리고 사문이 되기를 청했는데, 그는 열 번 이상 표를 올린 후에야 허락을 받았다. 당시 효문제는 남방을 토벌하면서 군대에서 태자를 불러 8월 8일에 삭발을 시켰다[136:]. 효문제가 친히 승려를 삭발시켰으니, 그 밖의 선무제, 호태후 및 왕공 대신 등이 삭발해준 사람은 필경 크게 많았을 것이다. 평민으로 사사로이 출가한 자는 더구나 얼마나 되는지 알 수 없다. 타인을 제도해 승려로 만드는 것은 본래 공덕이 되기 때문에 불교를 믿는 신도들은 그렇게 하려고 노력했다. 하지만 그런 행위가 나라의 민생에는 크게 해롭다는 건 모르고 있었다.

북방에서는 사찰을 짓는 풍습도 성행했다. 효명제 때 관청의 사사로운 사찰과 탑의 숫자가 이미 매우 많았고, 위나라 말엽이 되자 천하가 혼란해지면서 경성과 읍의 저택은 대체로 사찰이 되었다(『석로지』). 양현지(楊衒之)의 『가람기서(伽藍記序)』에서는 그 성황을 이렇게 기록했다.

> 북위 황제가 즉위한 후에 숭산의 낙양을 도읍으로 삼으면서 독실한 신도가 더욱 번성하고 불법의 가르침은 더욱 흥성했다. 왕후 귀족과 대신들은 재물(象馬)을 신발 벗듯이 보시했고, 서민과 사대부, 호족(豪族)은 유적(遺跡) 같은 자산과 재물을 보시했다. 그 결과 사찰은 즐비했고 부도 탑은 새 잡는 그물코처럼 많았다. 사람들은 다투어 천상의 자태를 묘사했고 산속의 모습을 경쟁적으로 모방했다. 금칠을 한 사찰은 영대(靈臺)와 높이를 견주었고, 불전(佛殿)의 광대함은 아방궁처럼 장려(壯麗)했으니, 어찌하여 사찰의 곧은 나무가 비단을 걸치고 낙양의 국토가 모두 붉은 색과 자주색에 물들었는가.

『석로지』에서는 임성왕(任城王) 징(澄)이 상소문에서 이렇게 말했다.

> 오늘날 승려와 사찰은 어느 곳에나 있다. 도성과 읍에 가득 차 있기도 하고, 혹은 도살장 가게 옆에 늘어서 있기도 하고, 혹은 세 명이나 다섯 명의 적은 승려가 한 사찰을 공유하기도 했다. 범패 소리와 도살하는 소리가 처마 아래서 연이어 울리고, 불상과 탑은 비린내나 누린내에 파묻혀 있고, 성품의 신령함은 욕망에 빠져 있다. 진실과 거짓이 섞여 있고 오고 가는

> 것이 잡다히 얽혀있다. 하급 관리는 관습 때문에 그르다고 하지 못하고, 승려 관리부서는 제도에 대해 묻지를 않는다. 그리하여 참된 행실을 오염시키고 수행하는 승려를 홍진(紅塵)으로 더럽혀서 훈유(薰猶)[35]가 똑같은 그릇에 담겨 있으니 너무 심하지 않은가.

경성 이외에 주(州)와 진(鎭)의 사찰은 백성의 집을 약탈하고 경작지를 널리 차지했다. 역사에서는 풍희(馮熙) 한 사람이 주(州)와 군(郡)에 지은 사찰이 72개라고 하니, 그렇다면 천하에 건립한 절들이 매우 많았다는 걸 알 수 있다.

### 8) 북조 시대의 승가에 대한 제약

남조의 불법에서는 손에 진미(塵尾; 털이개)를 들고 청담할 수 있는 사람을 높게 여겼지만, 이런 유행의 폐단이 극에 이르면 명예를 다투고 신앙은 부족했다. 북조의 불법은 탑과 불상을 지어서 복전(福田)을 숭상하는 자가 많았지만, 이런 유행의 폐단이 극에 이르면 이익을 좋아하고 사사로운 욕심에 빠졌다. 북조에서는 윗사람이든 아랫사람이든 모두 열렬히 불법을 숭배했으므로 그 신앙이 진실하지 않다고 말할 수는 없다. 하지만 통상 부처를 섬기게 되면, 윗사람은 죽은 뒤의 안락을 도모하는데 불과하고 아랫사람은 부귀와 이익을 구하는 행위일 뿐이다. 출세간의 법을 수행한다고 하지만 세간의 복과 이익에 대한 생각을 면하지 못했다. 그래서 심한 자는 탐욕을 멋대로 부려서 부도(浮圖)를 무역 거래의 장소로

---

35) 향기가 나는 풀과 악취가 나는 풀. 선과 악, 아름다움과 추함, 성인과 소인을 비유한다.

삼았고137: 또한 도를 넘은 방탕으로 정토는 도리어 음욕을 가르치는 땅이 되었다138:. 이러한 원인을 추궁하면 모두 불법을 신봉하는 동기가 이익을 구하는데 있기 때문이다. 불교 신앙은 지극히 경건할지 모르지만 최종적으로는 상업의 성질을 내포하고 있다. 인도의 고대 바라문교는 특히 제사를 중시했지만 최종적으로는 "나에게 주면 나도 너에게 준다"139:는 종교였다. 그래서 승려의 도덕은 점차 무너져서 전적으로 금전 속에서 생활을 꾸리기에 이르렀으니, 이것이 바로 석가모니 세존께서 세상에 나와 통렬하게 배척한 "삿된 수단으로 살아가는" 자로서 북조 불교의 특징은 이를 준거해 알 수 있다. 당시 건축의 위용과 불상을 많이 만든 것은 한편으로는 종교적 열정을 나타내지만 다른 한편으로는 그 목적이 전적으로 공덕과 이익을 희구하는데 있음을 엿볼 수 있다.

무릇 북조 시대의 선법(禪法)에서 선정(禪定)의 성행은 본래 마음을 닦는 것이지만 당시의 불자(佛子)가 능히 청정한 행실로 정진하는 것은 끝내 보지 못했다. 숭산은 북조 선법의 중심인데다 낙양과의 거리도 아주 가까워서 그곳 승려들의 지저분한 행위는 이미 당시 사람의 기록에 드러나 있으니140:, 그렇다면 그 당시 유행하는 풍속의 붕괴는 가히 놀랄 만하다.

종교가 이미 이익으로 사람을 유혹하자 출가하는 자들이 몰려들었다. 삭발하는 것도 공덕이라 부르자 사적으로 삭발하는 자들이 붕어처럼 몰려들었다. 북위 조정은 삭발에 대하여 항상 제한을 두었지만 끝내 금지해 단절하지는 못했다. 호태후는 희평 2년에 칙령을 내려서 규율을 상세히 정했는데, 그 내용은 다음과 같다.

> 이제부터는 노비는 모두 출가를 허락하지 않으며, 여러 왕과 친족, 귀족도 출가를 청하지 못한다. 이를 범한 자는 어명을 어긴 것으로 논죄한다.

또 이렇게 말했다.

> 지금부터 한 사람이라도 사적으로 타인을 삭발하여 출가시키면 모두 명을 어긴 것으로 논죄한다. 인장(隣長)[36]부터 시작하여 이당(里黨)[37]은 각자 관직을 한 등급 낮춘다. 현(縣)에는 삭발한 자가 15명을 채우고, 군(郡)에는 30명을 채우고, 주(州)와 진(鎭)에는 30명을 채우면 관직을 면직하며, 그밖의 관리도 연좌(連坐)하여 죄를 묻는다. 사적으로 삭발한 자는 그 주(州)의 하역(下役)으로 배치한다.

조서의 명령은 엄격하지만, 그러나 『석로지』에서는 "당시 법의 금기는 관대한 편이라서 실제로는 엄격히 집행하지 않았다"고 했다.

승기속(僧祇粟)의 본뜻은 흉년에 이재민을 구제하기 위한 것이었지만 나중엔 점차 승려가 누리게 되었다. 예를 들면 효문제가 조서를 내려서 여러 주(州)의 승려들로 하여금 안거하고 강설하게 할 때 승기속의 공급을 허락했다[141]. 후에 승기속은 점차 승려의 사사로운 소유가 되었다. 선무제 영평 2년에 사문통(沙門統) 혜심(慧深)이 올린 말에 이런 내용이 있다.

> 승려와 비구니가 광대하게 많아서 청정한 무리와 혼탁한 무리가 섞여 있다. 이들은 계율과 경전을 준수하지 않아서 정밀한 것과 조잡한 것을 구별하지 못하니, 이 때문에 경전과 계율의 법사들은 충분히 논의하여 제도를 세워야 한다. 각 주(州)와 진(鎭) 및 군(郡)의 유나, 상좌, 그리고 사찰의 주지는 각기 계율로 자신을 수행하도록 해야 하고 모두 사찰내의

36) 고대의 일종의 거주민 조직. 오가(五家)를 인(隣)이라 한다.
37) 이(里)는 25가(家)이고, 당(黨)은 5백가(百家)이다. 이당(里黨)은 향리(鄕里), 인리(鄰里)를 가리킨다.

> 금계를 따라야 한다. 만약 계율을 이해하지 못한 자는 본래 자리로 물러나야 한다.
>
> 또 출가자는 법을 어기지 말아야 하고 여덟 가지 부정물(不淨物)을 축적하지 말아야 하며[142] 자신을 위해 사사로이 축적하지 말아야 한다. 오직 늙고 병이 있는 60세 이상인 자만 수레 한 대에 한하여 허락할 수 있다. 또 요즈음 승려와 비구니는 아마 삼보(三寶)로 인해 사사로운 재물을 대출해서 주(州)의 제약을 벗어난다.

영평 4년이 되자 선무제는 조서를 내려서 승기속의 범람을 통렬히 논하면서 이렇게 말했다.

> 승기속은 본래 구제와 보시를 기약한 것으로 흉년에는 대출해주고 풍년에는 거두어들인다. 산림의 승려와 비구에게는 수시로 공급하여 베풀고[143] 백성들이 궁핍해져도 즉시 구휼했다. 하지만 사찰의 주지나 유사(有司)는 이익을 탐내서 이자를 도모하여 취했고, 아울러 곡물을 받을 때에는 수재든 가뭄이든 상관하지 않았다. 혹은 이자가 원금을 초과하는 경우도 있고, 혹은 계약을 고치기도 했다. 가난하고 하천한 자를 해치고 좀먹는 일은 언제 끝날지 알 수 없었으며, 빈민이 도탄에 빠진 세월은 더욱 오래갔다.

조서에서 정한 내용은 '향후에는 자사(刺史)에게 함께 감독케 해서 규칙을 벗어나 남용하는 경우는 계율에 따라 죄를 묻게 한다'는 것이다. 동시에 상서령 고조(高肇)는 상소하여 이렇게 말했다.

> 삼가 살피건대, 돌아가신 사문통 담요는 과거 승명(承明) 원년에 양주(涼州)의 군호(軍戶) 조구자(趙苟子) 등 2백 가구를 승기호(僧祇戶)로 삼는 글을 올렸습니다. 부과할 세금을 수립하고 곡물을 축적하여 흉년을 구제하

려고 했으니, 이는 출가자와 재가자를 불문하고 모두 구제를 베푸는 것이었습니다. 또한 사찰 내부의 계율에 따르면 승기호는 한 사찰에 개별적으로 속하지 못하는데, 그런데도 도유나(都維那)인 승섬(僧暹), 승빈(僧頻) 등은 나아가면 종지(宗旨)를 어기고 물러나면 사찰 내부의 법도를 지키지 않으면서 제멋대로 방자하게 요구하고 핍박했습니다. 그 결과 한탄하고 원망하는 소리가 행도(行道)에 가득 찼고 자식을 버리고 생명을 해치면서 목매어 죽거나 물에 빠져 죽은 자가 50여 명이나 되었으니, 어찌 성스러운 황제의 자비로운 훈육의 뜻을 우러러 감탄할 수 있겠습니까. 이는 폐하의 귀의하는 마음을 깊이 저버린 겁니다. 결국 거리나 골목에서 울부짖고 슬퍼하는 이런 사람들로 하여금 하소연할 곳도 없게 했으니, 흰 깃털로 귀를 뚫어서[白羽貫耳][38] 궁궐에 줄을 서서 소송을 하면 한가로운 사람도 애통해 하는데 하물며 자비로운 인사(人士)가 편안할 수 있겠습니까. 청컨대 조구자 등에게 고을의 세금을 돌려주어서 흉년에는 빈곤한 자를 두루 구제하게 하소서. 만약 걱정할 것이 없다면 변경을 지키기 바랍니다. 승섬 등은 성지(聖旨)와 계율을 위반했고 거짓 상서(上書)를 한 허물도 있으니, 청컨대 소현(昭玄)에게 맡겨서 승가의 계율에 따라 처리하게 하십시오.

황제는 고조의 상서를 재가(裁可)했지만, 그러나 승섬 등에 대해서는 특별히 용서했다[144].

승려는 아무 일도 하지 않고 놀고먹으면서 의식(衣食)을 얻었고 또 삼보의 이름을 빌려 사사로운 이익을 도모했으니, 이는 출가의 동기가 순수하지 않았기 때문이다. 그리고 일단 승려가 되면 세금과 부역을 피할 수 있기 때문에 천하가 혼란할수록 출가하는 사람은 더 많아졌다. 또 세상이 혼란하면 미신을 통해서만 복전(福田)을 구하지는 않기 때문에

38) 중요한 소송을 한다는 의미.

정광(正光)(서기 520년~524년) 이후에 국가는 일이 많고 관청의 노역은 지극히 번잡해서 마침내 호적에 편입된 평민들로 하여금 서로 서로 출가하게 했다. 출가의 범람에 대해 사관(史官)은 미증유의 일이라고 탄식했다(『석로지』). 주(周)나라와 제(齊)나라가 대치하는 상태가 되자 북방은 해마다 전쟁을 해서 불교도가 또 크게 증가했다. 제나라 도읍 업성(鄴城)에는 사찰이 수천 개나 되었고, 주(周)나라 무제(武帝)가 불법을 훼손할 때 환속한 승려가 3백만 명이나 되었으니, 난세에 출가자가 더 많아진 것을 알 수 있다. 출가는 부역을 피하는 방법일 뿐만 아니라 승려는 사찰 내부의 계율을 지킬 뿐 국법에 전적으로 의존하지는 않았다[145]. 사찰은 그윽하고 깊어서 법을 어긴 간사한 사람을 숨길 수 있었다[146]. 게다가 승려의 방탕은 비적과도 견줄 수 있으니, 이 때문에 사찰의 기강은 심지어 도망자들이 거처로 삼을 정도로 파괴되었다. 간사한 짓으로 반란을 도모한 자들은 종교의 위력을 끼고서 사설(邪說)과 좌도(左道)로 우매한 백성을 미혹하니, 이 때문에 변란과 화(禍)가 겹겹이 일어났다. 이렇게 된 까닭은 정치의 부패와 경제의 붕괴 때문이긴 하지만, 그러나 종교 자체가 원래 건전하지 못한 까닭도 있다. 『위서』의 내용에 의하면, 사문으로서 반란을 일으킨 자는 다음과 같다.

효문제 연흥 3년 (서기 473년) 12월에 사문 혜은(慧隱)이 반란을 일으켰다가 처형을 당했다(본기에 보인다. 이하 동일).

효문제 태화 5년 (서기 481년) 2월에 사문 법수(法秀)가 반란을 일으켰다가 처형을 당했다. 3월에는 조서를 내려 "법수는 요망하고 간사해서 늘 자신이 상서로운 징조를 보았다고 멋대로 말했다[147]. 반란을 평정한 후에 아마 도인들을 죽이려고 했겠지만 풍태후의 말을 듣고 그만두었다.

효문제 태화 14년 (서기 490년) 5월에 사문 사마혜어(司馬惠御)는 자칭 성왕(聖王)이라 하면서 평원군을 공격하려고 모반했다가 잡혀서 처형되었다.

선무제 영평 2년 (서기 509년) 정월에 경주(涇州) 사문 유혜왕(劉惠汪)이 대중을 모아서 반란을 일으키자 화주(華州) 자사 해강생(奚康生)에게 조서를 내려 토벌하게 했다.

선무제 영평 3년 (서기 510년) 3월에 진주(秦州) 사문 유광수(劉光秀)가 반란을 일으켰다가 주군(州郡)에서 체포되어 참수를 당했다[148].

선무제 연창(延昌) 3년 (서기 514년) 11월에 유주(幽州) 사문 유승소(劉僧紹)가 사람들을 모아 반란을 일으켜서 자칭 정거국(淨居國) 명법왕(明法王)이라 했다가 주군(州郡)에서 체포되어 참수를 당했다.

효명제가 즉위한 해[149] 6월에 사문 법경(法慶)이 사람들을 모아서 기주(冀州)에서 반란을 일으켰다. 법경은 요망한 환술로 발해(渤海) 사람 이귀백(李歸伯)과 전 가족을 설득해 자신을 따르도록 했고 고향 사람들을 모집해 법경을 주인으로 추대하도록 했다. 법경은 이귀백을 십주보살 평마군사정후왕(十住菩薩 平魔軍司定後王)으로 삼고 스스로를 대승(大乘)이라 칭했다. 한 사람을 죽인 자는 일주(一住) 보살, 열 사람을 죽인 자는 십주보살이 되었고, 또 미치게 하는 약을 만들어 사람들에게 복용하도록 했다. 부자와 형제 사이에도 서로 알아보지 못하고 오직 살해만을 일삼았다. 그리하여 대중을 모아 부성(阜城)의 영(令)을 살해하고 발해군(渤海郡)을 공략하고 관리들을 살해했다(『위서』 19). 원요(元遙)에게 조서를 내려서 토벌하도록 했다.

선무제(宣武帝) 희평 2년 (서기 517년) 정월에 대승의 나머지 도둑들이 다시 모여서 영주(瀛州)를 공격하자 자사(刺史) 우문복(宇文福)이 평정했다[150].

사십여 년 사이에 사문의 신분으로 반란을 일으킨 것이 여덟 번이다[151]. 대체로 불교의 이름을 빌려서 실제로는 사술(邪術)을 행했다[152]. 이는 불법이 해롭다고 말한 것은 아니지만, 그러나 승려의 방자함은 극에 이르렀다고 할 수 있다.

북조 시대의 황후 중에는 불법을 신봉하는 자가 많았지만, 그러나 승가(僧伽)의 부패 때문에 제한을 가하지 않을 수 없었다. 효문제는 정진을 격려하여 마음의 다스림을 도모했기 때문에 승가의 기강을 정돈하는 것에 극히 주의를 기울였다. 그는 즉위한 다음 해(서기 472년) 4월에 사문은 민간에 떠돌아다니지 못한다는 조서를 내렸다(본기 및 『석로지』). 조서의 내용은 대략 다음과 같다.

> 비구가 절에 거주하지 않고 촌락을 돌아다니면서 간사하고 교활한 자와 왕래하면서 세월을 보내고 있다. 그래서 민간에서는 다섯 가구끼리 서로 보호하면서 이 황당무계한 승려를 용납하지 않도록 명을 내렸다. 숨은 곳을 정밀히 심사하여 발견하면 주진(州鎭)으로 압송하며, 만약에 그런 승려가 기군(畿郡)에 있다면 본조(本曹)로 압송한다. 만약에 삼보를 위해 민간을 돌면서 교화하는 자라면, 밖에 있을 때는 주진(州鎭)의 유나(維那)의 문이(文移; 여행 문서)를 주어야 하고, 대(臺; 절)에 있는 자에겐 도유나(都維那) 등의 인첩(印牒; 승려 인가증명서)을 준 후에야 밖으로 다니게 해야 한다. 위반하는 자는 죄를 묻는다.

태화 10년(서기 486년) 겨울에 담당 관리가 성지(聖旨)를 받고서는 '우매한 백성이 요행을 바라고 거짓으로 도에 입문했다'고 하면서 세금을 피하려 한다는 글을 올렸다. 그래서 승적이 없는 승려와 비구니는 환속(還俗)을 시켜야 했고, 도행(道行)이 거친 자는 승적이 있든 없든 일제히 제나라 백성으로 환원시켰으니, 돌려보낸 각 주(州)의 승려와 비구니가 모두 1천3백27명이었다. 위나라 조정에서는 이미 승려의 금기를 수립했고, 태화 17년이 되자 황제는 금지령이 상세하지 못했기 때문에 사문통 승현(僧顯) 등과 함께 정전(正典)에 의거하여 승려 제도 47조항을 수립했다[153]. 그 후 선무제의 호태후도 출가와 사찰 건립에 대해 제한했지만, 그러나 위나라가 끝날 때까지 실천하는 것을 보지 못했다.

위나라 초기에 경성 안에다 도인통(道人統)이란 직위를 만들었는데, 문성제 시대에 이를 사문통(沙門統)으로 고쳤고 또한 도유나(都維那)도 있었다. 여러 주(州)에도 역시 승통과 유나를 임명한 것으로 보인다. 『석로지』에서 말하기를 "위나라에서 먼저 건복조(建福曹)를 세웠다가 효문제 시대에 소현사(昭玄寺)로 고쳐서 관직에 속해 승가의 사무를 결정하게 했다. 관직에 속하는 것은 사문통[154] 등이라 했다. 그래서 승려와 비구니도 전문적인 관직이 있게 되었다. 선무제 영평 원년(서기 508년) 가을에 조서에서는 이렇게 말했다.

> 승려와 재가자가 이미 다르므로 법과 계율도 다르다. 따라서 도(道)와 가르침[敎]은 서로를 분명히 드러내주고 금지와 권고도 각자 적당한 바가 있다. 지금 이후부터 승려가 살인 이상의 죄를 범했을 때는 바로 속세의 법으로 단죄하고 나머지 범죄는 모두 소현통에 부촉해 내부 계율로 다스린다.

그다음 해에 사문통 혜심은 글을 올려서 승려와 비구니에게 스스로 계율을 닦으면서 모두 내부 금기를 지키도록 했고, 또 외국 승려가 도행(道行)이 없는데도 본국으로 돌아가지 않는다면 역시 승가 제도에 의해 죄를 다스린다고 했다. 그 후 고조는 도유나 승섬에게 청하여 소현통에 부촉해서 승가의 계율에 따라 처리하도록 했다. 임성왕 징은 글을 올려서 제멋대로 사찰을 짓는 자는 승가 제도에 따라 법으로 다스려야 한다고 했다. 이에 근거할 때 승려가 죄를 범하면 저절로 승려의 계율을 전문적으로 적용했지[155]: 국법의 징치(懲治)를 받아들이지는 않았다. 승려에게 최대의 형벌은 승가 밖으로 배척하는 것이었다[156]:. 성정(性情)이 순박하고 선량한 사람은 승가의 계율로도 이미 충분했지만, 반면에 사납고 포악한 자는 승가의 법으로 징치해서 선행을 권하기가 힘들었다. 사문통 혜심의 상소문에 의하면, 승려와 비구니의 법은 속인들에게 적용되지 말아야 한다고 했다. 만약 승가의 법을 어기면 본래 소속된 곳으로 돌려보냈다. 이에 따르면 속인들은 승가의 법이 국법보다 비교적 가벼웠기 때문에 승가의 계율로 처벌받기를 원했고 국가의 법률을 피해갔다.

북조 시대에는 공덕을 다투어 숭상했고 또한 출가하면 세금과 관청의 부역을 면할 수 있었기 때문에 사악하고 교활한 사람은 승가의 법 아래서 몸을 숨겼다. 그리하여 출가하는 사람이 나날이 많아지고 사찰의 건립도 역시 늘어났다. 영태후(靈太后) 때 백성은 온 가족이 출가하여 사문이 된 자가 많았고(『위서』 53), 서너 명 밖에 되지 않는 승려도 함께 사찰 하나를 세웠다[157]:. 효문제는 낙양으로 천도한 후에 제도를 정해서 내성(內城)에서는 오직 영녕사 하나만을 모방해 지었고 외성(外城) 안에서는 비구니 절 하나만을 모방하여 지었다. 경명 초기(서기 500년)가 되자 금기를 범하는 일이 약간 있었다. 선무제는 성안에 부도탑이나 승려 및 비구니 사찰을 짓지 못한다고 분명히 명령을 내렸지만 성안에서는 여전히 짓고 있었다. 정시 3년 (서기 506년) 사문통 혜심이 글을 올려서 '이미 지은 사찰은 훼손해 버리기 아까우니 사찰 건립은 지금부터 허락하지 않기를 바랍니다'라고 했다. 그래서 조서는 실제로 실행되지 않았고, 나중에는 사사로이 제왕의 허락을 받아서 경쟁적으로 절을 지었다. 영평 2년(서기 508년) 혜심 등은 다시 조례를 규정해서 '이제부터 사찰을 지으려고 하는 자는 승려가 50명 이상이어야 하며, 이를 위반하는 자는 주(州) 밖으로 내쫓는다'고 했다. 하지만 그 후 10년간 사사롭게 절을 짓는 일은 더욱 번성했고 죄를 물어 배척했다는 소식은 듣지 못했다. 신귀 원년(서기 518년)에 임성왕 징이 도성의 성곽 안에 있는 사찰을 조사해 세어보니 5백여 개가 되었다. 그는 상소문을 올려 그 폐단을 간곡히 지적했다.

"도읍을 낙양으로 이사한지 두 기(紀)[39]가 지났는데 사찰이 민가를 침탈한 것이 3분의 1이나 됩니다."

사찰과 승려의 혼잡한 상황은 변란(變亂)158:의 근원이라서 신중하지 않을 수 없었다. 그러나 승려는 자주 조서를 어기고 있어서 "어찌 조정의 격식이 명확한데도 불구하고 복을 믿고 훼손하는 것이 아니던가. 승가의 제도가 수립되었지만 이익만 돌아볼 뿐 지키는 자가 없다"고 하였다. 대체로 승려는 밖으로는 복의 숭상을 내세웠지만 안으로는 이익을 도모했기 때문에 절을 빈번히 짓는 일을 멈추지 않았다. 임성왕이 비록 상세한 규제를 정하고 조정에서도 그의 상주(上奏)를 인정했지만, 얼마 되지 않아 천하가 혼란스러워지면서 하음(河陰)이 잔혹하게 조정의 인사를 살해하자 그 죽은 자들의 집은 대부분 사찰로 전환되었고 낙양의 저택들도 대체로 절이 되었다. 결국 예전의 금지령도 다시는 실행되지 못했다.

## 9) 동방의 불법과 경학(經學)

위나라 말엽, 효장제(孝莊帝), 절제(節帝), 민제(閔帝), 효무제 등은 집정

---

39) 24년. 1기(紀)는 12년.

한 날이 얼마 되지 않아서 변란이 줄을 이었다. 효정제(孝靜帝)가 즉위하면서 위나라는 동서로 분리되었다(서기 534년~535년). 고환(高歡)은 효정제의 도읍을 업(鄴)으로 이주했는데, 낙양에 있던 여러 사찰과 승려들도 함께 이주했다(『가람기』). 대신과 백성들은 대부분 자택과 땅을 보시하여 임의로 새로운 사찰을 세웠다. 원상(元象) 원년(서기 538년) 가을에 특별히 조서를 내려 금지했고 아울러 천하에 새로운 절을 짓지 못하도록 했다. 하지만 그 후 원상 3년에 다시 조서를 내려 업성의 옛 궁전을 천평사로 만들었으니(『석로지』), 설사 변란을 겪는다 해도 절을 짓는 풍습은 여전히 성행했다. 북제(北齊)는 황위를 찬탈한 후(서기 550년) 여전히 도읍을 업으로 정했고, 북제의 여러 제왕들도 불법에 대해 여전히 이전의 규칙을 따랐다. 『수서・백관지(百官志)』에서는 이렇게 말했다.

"북제는 소현사(昭玄寺)를 설치해서 불교를 장악했으니, 대통(大統) 한 명, 통(統) 한 명, 도유나 세 명을 마련하고, 공조(功曹)[40]의 주부원(主薄員)을 설치하여 여러 주(州), 군(郡), 현(縣)의 사문조(沙門曹)를 관리하였다."

『속고승전・법상전(法上傳)』에서는 "소현(昭玄)이란 일조(一曹)는 승록(僧錄)만을 전문적으로 관리했고 영사원(令史員)을 50여 명 두었다"고 했으며, 또 제나라 천보 시기에는 나라에 10명의 통(統)을 두었다고 했다. 문선제는 손수 칙령을 내려서 법상(法上)을 대통으로 삼고 나머지는 통통(通統)으로 삼았으니, 그렇다면 소현사에는 9명의 통이 있었고 대통은 한 명이었다. 동위(東魏) 효정제[159:], 북제 문선제[160:], 무성제(武成帝)(『혜장전(慧藏傳)』), 후주(後主)(『언종전(彥琮傳)』)는 모두 승려를 존경했고[161:] 경전 번역을 장려하며 사찰과 탑을 지었다[162:]. 도읍 아래의 큰 절은 약 4천

40) 조(曹)는 관청이란 뜻이다.

개가 되었고 거주하는 승려와 비구니는 8만 명에 이르렀으며, 강의하는 법석(法席)은 서로 거절해서 2백여 개이고 청중은 늘 1만 명을 넘었다(『속고승전·정숭전(靖嵩傳)』). 천하의 승려와 비구니는 2백여만 명이고 사찰은 4만여 개였다(『속고승전·법상전』). 문선제와 그 후의 여러 황제는 늘 진양(晉陽)에 행차했고 또한 그 땅에다 사찰을 짓고 불상을 만들었다. 유제(幼帝) 승광(承光) 원년에 진양의 서산(西山)을 파서 대불상을 조성했는데 하루 밤 사이에 기름을 만 그릇 사용해서 빛이 궁궐 안까지 비추었다(『북사』 8권). 하지만 북제의 불상 제작과 경전을 새긴 일은 원위(元魏)보다 더 유명하다.

원위(元魏) 시대는 효문제 이후부터 불교의 의학이 점차 흥성하기 시작했다. 당시 서주(徐州)에는 유명한 승려들이 모여 있었다. 이전에는 승연, 승숭이 있고 이후로는 도등(道登), 혜기(慧紀), 담도(曇度)가 있었는데 모두 『성실론』, 『열반경』의 학설을 전했고, 거의 동시대에 속하는 승려 지유(智游)는 『비담』, 『성실론』을 겸하여 잘했다. 위나라 말엽부터 제나라 초기에 걸쳐서 발해(渤海)의 명언(明彦)은 『성실론』의 대가로 불렸고, 팽성의 혜숭(慧嵩)은 『비담』의 공자로 불렸으며, 합수(合水)출신인 법상과 정영사(淨影寺)의 혜원은 모두 『열반경』에 능했다. 그래서 『열반경』, 『성실론』, 『비담』의 학설은 연(燕), 제(齊), 조(趙), 위(魏)의 여러 지역에 보급되었다. 선무제 시대에 낙양에서 『십지경론』을 역출하자 학자들이 분분이 일어나서 도총, 혜광이 명성을 날렸고 학자들은 구름처럼 모여들었다. 효정제가 업으로 천도하자 승려들도 함께 이주했다. 그래서 『십지경론』의 학설도 업성을 중심으로 상주(相州)의 남북 두 갈래로 나눠지면서 4종(宗)이나 5종(宗)의 구별이 있게 되었다. 혜광은 『화엄경』도 겸하여 수행했고 『계율』의 학문에도 정통했으며 문하의 학자들도 역시 동방에 많았다.

선학(禪學)의 흥성에 대해서는 원래 숭락(嵩洛; 숭산과 낙양)이라 불렸지만, 하지만 후에 불타(佛陀)와 달마와 같은 선사들의 학설은 황하 남북에서 크게 유행했다. 제나라 문선제는 말년에 요양(遼陽)의 감로사(甘露寺)에 행차하여 선관(禪觀)에 깊이 머물면서 정무(政務)를 돌보지 않았다. 북제에서 선법(禪法)이 갖는 영향은 역시 깊고 돈독했다.

동방의 의학(義學)이 빛을 발한 것은 명승(名僧)들의 전수(傳授)에 기인할 뿐만 아니라 제왕(帝王)의 제창 및 남방과의 교통 때문이기도 하다. 팽성은 본래 남북 교통의 요충지로서 역시 북방 의학의 원천이었다. 효문제 시대에 조정의 신하 중에서 불교의 의학을 아는 자, 예컨대 최광(崔光), 왕숙(王肅) 등은 원래 모두 강남 출신이다. 위나라와 제나라 시대에 사대부가 학문을 할 때 담론을 상당히 중시한 것은 남방의 풍습과 같았다. 효정제는 유명한 승려를 불러서 현덕전(顯德殿)에서 불교의 이치를 강의하도록 했으며, 두필(杜弼), 양음(楊愔), 형소(邢卲), 위수(魏收)는 모두 법연(法筵; 불법을 강설하는 자리)을 시봉(侍奉)했다. 두필은 사자좌(師子座)에 올라 많은 사람들 앞에서 연설했고, 소현도(昭玄都)인 승달(僧達)과 승려 도순(道順) 등은 모두 승려들 중의 영재(英材)로서 질문이 지극히 예리하여 문답을 수십 번 주고받았어도 능히 굴복시키지 못했다. 두필은 현리(玄理)를 너무나 좋아해서 효정제와 불성과 법성에 대해 담론한 적이 있고, 또 제나라 문선제 때 형소와 함께 동산으로부터 와서 명리(名理)를 논했고 신형(神形; 정신과 육체)의 생멸에 대해 변론했다. 효정제는 『장자』를 읽었고, 두필은 『장자』, 『주역』을 주석했으며 아울러 『노자』도 주석해서 황제에게 올렸다. 효정제는 답장에서 이렇게 말했다.

"경(卿)은 유교[儒門]에 자리 잡고 현리[玄肆]에 치달려서 이미 전문가의 학설을 열었고 또한 석가모니와 노자의 말씀을 창달하였다."

대체로 당시 북조 시대의 제왕과 대신은 이미 강남의 격조(格調)를 어느 정도 갖추고 있었고, 『속고승전』에서는 위나라 말엽의 불교를 서술하면서 "산동과 강남[江表]은 학문의 바다로 불린다"(『보리류지전』)고 했다. 대체로 산동 지방에서 의학의 흥성은 강남과 유사했으니, 두 지방의 학풍은 남북조 말엽이 되자 이미 서로 같아졌기 때문에 나란히 일컬어진 것이다.

하지만 개괄적으로 논하면 남조와 북조는 궁극적으로는 다르다. 남조의 학풍은 불교의 이치와 현학의 이치가 실제로 서로 합류한 것이며, 북조의 학풍은 경학과 불학이 함께 일어난 것으로 보인다. '합류'란 상호 영향을 미치고 서로 이득을 얻는 것이며, '함께 일어났다'는 국가의 학술이 발달했기 때문이다. 현학과 불교가 각자 동시에 성행하면서 상호 교섭했다. 대체로 위나라 제왕이 불교를 신봉한 것은 도무제(道武帝)로부터 시작했고 도무제는 경학을 중시했다. 북방에서 불교 의학의 흥기는 효문제로부터 시작되며 효문제는 유교를 더욱 숭상했다. 북방 불교의 신앙은 남방과는 확연히 다르고 경학(經學)에 대한 숭상도 역시 남방과는 같지 않았다[163]. 남방 학술의 주류는 현학이고, 북방의 경학도 역시 비교적 강남에서 성행했다[164]. 선무제 시대가 되자 천하는 태평해지면서 학업이 크게 번성했으며, 이 때문에 연(燕), 제(齊), 조(趙), 위(魏) 시기에 경전의 저록(著錄)은 이루 헤아릴 수 없을 정도였다[165].

유교의 풍습이 지극히 성대한 지역은 또한 불교의 의학이 유행한 지역이며, 북조의 문치(文治)는 이로 인해 크게 흥성했다. 유교 경전과 불교의 의리는 동시에 산동에서 흥성했다. 남방의 불리(佛理)는 현학과 완전히 계합했기 때문에 거의 하나의 흐름으로 볼 수 있다. 북방의 경학은 불교에 대해 상호 영향은 적지만, 그러나 경술(經術)은 불교와 함께 흥기하고 함께 퍼져서 유교의 스승이 승려들과 학문적인 인연이 발생하는 것은 피할 수 없었다. 경사(經師)로서 가장 처음 이름이 알려진 자는 고윤(高允)으로 이미 불법을 상당히 믿었다고 한다. 유헌지(劉獻之)는 『열반경』을 주석했다(『위서』 본전). 손혜위(孫惠蔚)는 정시 시기에 궁궐 안의 강설을 시봉했고 밤에는 불교 경전을 논했는데 황제의 뜻과 맞았다. 그래서 황제는 조서를 내려 그에게 법사의 칭호를 주었다. 노경유(盧景裕)는 업(鄴)에서 승려의 사찰에 머물면서 끊임없이 강설을 들었다. 이동궤(李同軌)는 불교 경전도 겸하여 읽고 또 의술을 좋아했는데, 그가 낙양의 평등사(平等寺)에서 승려들과 논란을 벌였을 때 주고받는 문답이 볼만했다[166:]. 최섬(崔暹)은 불교 경전을 상당히 좋아했다[167:]. 유학자 권회(權會)가 그의 집에 묵었는데(『북사 · 섬전 및 유림전 · 회전(會傳)』), 유명한 승려 담천(曇遷)은 권회의 조카로서 권회 밑에서 『주역』, 『예기』, 『시경』, 『서경』, 『노자』, 『장자』 등을 공부했다. 두필은 명리(名理)를 좋아했고 불교의 의리를 알았으며 경술(經術)에도 통했다(본전에 보인다). 석도총(釋道寵)의 속가 성은 장(張)씨이고 이름은 빈(賓)이며, 석승범(釋僧範)의 속가 성은 이(李)씨이고 이름은 홍범(洪範)인데, 원래 함께 유학의 거장 웅안생(熊安生)의 문하에 유학(遊學)했다[168:]. 당시 사람들은 "상주(相州)의 이홍범(李洪範)은 심오한 의리를 철저히 이해했고, 업하(鄴下)의 장빈생(張賓生)은 여지 없이 깨달았다"고 했으니, 두 사람은 후에 모두 유교를 버리고 불교에 입문해서 다 『지론(地論)』의 대사(大師)가 되었다. 『속고승전』에서는 이렇게 말하고 있다.

"승범이 업(鄴)에 발을 들여놓았으니 당시의 눈 밝은 종장(宗匠)이라고 할 수 있다. 마침내 최근(崔覲)에게 『주역』을 주해하도록 했고 그에게 자문하여 장점을 취했다[169:]. 송경(宋景)은 천보력을 만들 때 이를 구해서 단점을 버렸다[170:]."

그렇다면 이홍범은 출가한 후에도 여전히 유교를 강의한 것으로 보인다.

『속고승전』에서는 또 “유가(儒家)의 대가 서준명, 이보정(李寶頂) 등[171]은 한 번 승범을 보자 말하기도 전에 신뢰해서 보살계법(菩薩戒法)을 수여했다”고 했으니, 생각건대 웅안생은 이현에게 예경(禮經)을 받았고, 이현은 서준명의 업(業)을 전했다. 만약 승범이 웅안생의 제자라면 서준명과 이현이 계법을 받은 설은 믿을 수 없는 것으로 보인다. 하지만 도총, 승범이 경술(經術)에 능통한 것은 분명한 사실이지 거짓이 아니다. 이 밖에 연주(兗州)의 사문 담연(曇衍), 정주(定州)의 사문 영유(靈裕) 역시 일찍이 유교의 서적을 공부했고 나중에 출가했다. 대사 혜광(慧光)의 문하에 열 명의 철인(哲人)이 있다고 하는데 유생인 풍연(馮兗)도 이 열 명에 속한다[172]. 풍연은 본래 기주(冀州) 사람으로 경전과 역사를 통달했다. 생원으로 경성에 갔을 때 혜광 법사를 찾아가 문의한 후 스승으로 모셨고 돈독히 신뢰하게 되었다[173]. 위나라와 제나라 시대에 유가와 불가는 늘 관계가 있었으며 실제로도 뚜렷한 현상으로 나타났다.

북조의 경학은 위로 한(漢)나라 시대를 이어 받았기 때문에 본래 참위설(讖緯說)이 섞여 있었다. 그래서 원위(元魏)의 승려는 술수(術數)도 겸하여 잘했으니, 이는 한나라 시대의 불도(佛道)와 음양 역수(歷數)가 섞인 결과이다. 한(漢)과 위(魏) 이후 북방에서 불교의 거장은 후조(後趙)의 불도징, 요진(姚秦) 시대의 구마라집, 북량(北涼)의 담무참으로 모두 방술에도 능했으며, 불도징의 제자 도안 역시 칠요(七曜)에 특히 정통해서 『소녀경(素女經)』 4질을 주석했다고 한다(『속고승전 · 도변전』). 위나라 시대의 은소(殷紹)는 스스로 말하기를 “요진 시대에 『구장(九章)』의 술수를 은둔한 대유(大儒) 성공(成公) 흥(興)에게서 받았다”[174]고 말했으며, 훗날 다시 양적(陽翟) 구애암(九崖岩)의 사문 석담영[175]과 도인 법목(法穆)에게 술수를 물었다.

문성제 시대에는 사문 담정(曇靖)이 『제위경(提謂經)』을 역출하면서 음양(陰陽), 오행(五行), 오방(五方), 오상(五常), 오장(五臟), 12월(月)과 오계(五戒) 등을 섞어 넣었다176:. 또 이수(李修)는 사문 승탄(僧坦)에게 의술을 배워서 간략하나마 그 기술을 이해했고, 최욱(崔彧)은 청주에서 은거하고 있는 사문을 만나 『소문(素問)』 9권 및 『갑을(甲乙)』의 가르침을 받고서 의술을 잘했다177:. 승화(僧化)는 별자리를 식별하고 하늘에 나타난 길흉을 점쳐서 재난을 예언했고, 사문 영원(靈遠)은 도술이 있어서 성공과 실패를 예언할 수 있었다. 기모회문(綦母懷文)은 도술이 있었는데 어떤 호인(胡人) 사문과 연연객(蠕蠕客)[41] 한 명을 만났는데 객(客)에게는 기이한 산술(算術)이 있었다178:. 호태후는 사문 혜련(惠憐)에게 주문을 건 물[呪水]로 백성의 병을 치료하라고 했고, 청하왕 역(懌)은 표(表)를 올려서 장각(張角)의 법이라고 했다179:. 석승범은 원래 유교를 공부했고 또한 『칠요』, 『구장』, 천문, 서술(筮術)에도 능했으며, 최근(崔瑾)은 『주역』을 주석했고 송경업은 달력을 만들었는데 모두 자문을 한 결과가 있었다180:.

원위 시대에는 심지어 수많은 간사한 사람들이 불법의 이름을 빌리는 한편 방술도 겸하여 사용해서 반란을 도모했다. 『속고승전 · 초달전(超達傳)』에서는 이렇게 말하고 있다.

“위씨가 천하를 다스리면서 매번 사문을 도둑으로 의심하는구나.”

“위나라 황제(어느 황제인지 모른다)는 도참의 금지를 급선무로 여겨서 수색을 했는데, 어떤 사람이 초달에게 도참이 있다고 모함했다.”

---

41) 연연(蠕蠕)은 즉 유연(柔然) 민족이다. 유연은 기원 4세기 말부터 6세기 중엽까지 흉노와 선비 이후에 중국 대막 남북과 서북의 넓은 지역에서 활동한 고대 민족중의 하나이다. 당시 중국 역사는 16국과 남북조 분쟁 대립 시대였다.

이 내용에 따르면 사문도 분명히 도참을 숨기고 술수도 잘했다. 북주(北周)에 와서는 경술(經術)을 매우 중시했고 음양 술수의 학문도 역시 유행했다. 소길(蕭吉)은 박식하고 능통했는데 특히 음양술수에 정통했다. 그는 사나굴다가 경전을 번역할 때 필사를 담당했으며 『오명론(五明論)』[181], 『바라문천문(婆羅門天文)』도 역시 관중에서 역출했다. 또 주(周)나라 승려 위원숭(衛元嵩)은 술수를 잘했고 예언에 능했는데 원래는 불교를 신봉했다가 나중에 파계승이 되었다. 그는 『원포(元包)』를 저술해서 『주역』의 학문을 그윽이 찬탄했으니, 그렇다면 그 역시 일신(一身)에 불교와 도참의 학설을 겸비해 익힌 것이다. 이렇게 볼 때 음양과 참위는 북조의 경사(經師) 및 사문 불자들이 똑같이 익힌 것이니, 양자의 관계가 늘 발생하는 것도 그 이유가 바로 여기에 있다.

총체적으로 중국은 한나라가 흥기한 이래로 학술은 유가를 대종(大宗)으로 삼고 문화는 중원 지역을 근간으로 삼았다. 그리고 소위 외지에서 온 불교의 교화는 도참설과 음양설을 부속으로 삼아서 도술(道術)의 숲에 지위를 쟁취했다. 한나라 말기부터 세상의 풍습이 점차 변하면서 공자의 유교가 쇠퇴하고 『장자』와 『노자』가 흥기했다. 중국 조정의 문물은 병란을 겪으면서 거의 폐기되고 잔해만 남았다. 북방의 사족(仕族)은 거듭거듭 장강을 건넜고, 위진(魏晉) 시대의 불자(佛子)는 명사(名士)의 취미를 이어받아서 유(有)와 무(無)의 현묘한 이치를 담론했다. 맨 처음엔 정시(正始)의 기풍을 숭상해서 황하와 낙수 지역에 흔적을 남겼으며, 나중에는 대부분 영가의 변란을 따라 강남으로 이주해 머물렀다. 이로 말미암아 현학과 불교의 의리는 서로 화합하고 함께 유행하면서 남조의 주요한 사상으로 빛을 발했다.

북방을 되돌아 살펴보면, 왕필과 하안, 혜강과 완적은 본래 중주(中州)에 있었고, 도안과 승조는 계속 관내(關內)에 거주했다. 하지만 변란을 거듭거듭 겪으면서 교화는 쇠퇴하고 세력은 점차 미약해졌으니, 이것이 첫째이다. 환제와 영제 때의 변란으로 오호(五胡)까지 침입하자 명사들이 남쪽으로 도강하면서 현학(玄學)의 골간은 황하와 낙수 지역에는 있지 않았으니, 이것이 둘째이다. 호인(胡人)이 들어와 주인이 되면서 점차 중화의 풍습에 물들었고, 그들의 치세(治世)에는 오히려 경술(經術)이 필요했으니, 이것이 셋째이다. 이상의 세 가지 원인으로 구마라집이 세상을 떠난 후부터 북방의 현담은 더욱 사라져 갔다. 후에 위나라 초기에 사족(仕族)은 대부분 유주(幽州)와 연주(燕州)에 몸을 의탁했고, 유교의 스승은 한나라 경학의 잔결(殘缺)을 갖고 농서(隴西) 지역에 있었다. 그리고 연주와 농 지역은 당시 불법이 비교적 흥성한 곳이니, 그렇다면 불교와 경학은 북조의 시작부터 이미 인연이 있었다. 후에 북방이 통일되고 천하가 거칠게나마 안정되자 문치를 장려하면서 경술(經術)이 제창되었다. 경술을 제창한 제왕은 또한 불학의 제창에도 가장 힘을 기울인 사람이다. 그래서 연(燕), 제(齊), 조(趙), 위(魏) 시대는 유생이 배출되고 유명한 승려가 계속 나와서 모두 소박하고 돈독한 학풍을 갖추고 있었으니, 이는 남조에서 자유롭게 행해진 현담의 관습과는 크게 다르다.

당시의 소위 유학은 여전히 염한(炎漢)[42] 시대의 통경치용(通經致用)[43]의 뜻을 계승해서 최종적으로는 북주의 정치를 이루었다. 따라서 치용(致用)을 힘써 실천하는 것은 또한 북방의 불자가 받드는 법도였다. 원위(元魏)

---

42) 유방이 세운 한나라를 말한다. 유방이 불의 덕(德)으로 천자가 되었으므로 '염한'이라 불렀다.

43) 경전을 통달하고 실용에 힘쓰는 한나라 시대의 학풍을 말한다.

때의 경학은 위로 동도(東都; 낙양)에 접해 있어서 천도(天道)를 담론하길 좋아했고 참위(讖緯)가 섞여 있다. 그리고 '음양의 술수'는 북방의 불자들이 늘 익힌 것이니, 이는 한나라 시대의 "불도(佛道)"의 여세(餘勢)를 연장하는 것처럼 보인다. 수나라 황제가 중국을 통일하고 나서 그의 정치와 문물은 위로 위(魏)나라와 주(周)나라를 이어받았다. 하지만 수나라와 당나라의 불리(佛理)가 강남의 학설을 많이 채취하긴 했지만 그 주류는 분명히 북방을 계승한 것이다. 그래서 현학은 점차 사라지고 중국의 교화와 불학은 따로 하나의 새로운 시대를 열었다. 무릇 북방에서 불학과 경학과의 관계는 진실로 남방의 현학과의 관계만큼 밀접하지 않았다. 하지만 함께 일어나고 함께 흥성하면서 그 사이에 전이(轉移)하고 추진한 것이 가장 똑같았기 때문에 전체 문화의 차원에서는 깊이 주목할 만한 일대 사건이다.

### 10) 관서(關西)의 불법

서위(西魏)가 장안으로 도읍을 옮기자 모든 일이 새롭게 시작되었고 승려들도 줄을 이을 정도로 모여들었다. 하지만 문제(文帝)와 우문태(宇文泰)는 모두 불법을 신봉해서 대중흥사(大中興寺)를 짓고는 도진(道臻)을 위나라의 대통(大統)으로 추존(推尊)해서 과(科)와 조례를 크게 수립했다. 또 사문 담현에게 명을 내려서 대승경에 의존하여 『보살장중경요(菩薩藏衆經要)』 및 『백이십법문(百二十法門)』을 편찬하도록 했고, 그 후 강연(講筵)을 열어서 항상 널리 서술하고 향을 올리고 범패를 하고 예배를 드리고 영창(詠唱)을 했는데 모두 규칙을 따랐다[182]. 주나라의 제왕들도 늘 사찰을 세웠는데 대척호사(大陟岵寺)와 대척기사(大陟屺寺) 두 사찰은 명제가 칙령을 내려서 지었다[183]. 국가는 연도별로 승려와 비구니를 많이 출가시켰고[184], 당시의 사문 담연과 도안은 세상에서 두 호걸이라고 불렀으며[185],

역경을 하는 승려는 대부분 우문호[44]의 찬조(贊助)를 받았다186:.

또 서위(西魏)[45]에서는 소작(蘇綽)의 제안을 받아들여 관리 제도를 개정했다. 대종백(大宗伯)은 사문과 도사의 법을 관장했으며, 그에게 속한 관리 유사적자(有司寂者)[46]가 법문(法門)의 정무를 관장했고 유사현자(有司玄者)가 도문(道門)의 정무를 관장했다. 사적(司寂)의 지위는 정삼명(正三命)[47]이다. 소작은 경술(經術)을 너무나 좋아해서 그의 관리 제도는 다 『주례(周禮)』에 의거했고, 아울러 불법도 알고 있어서 『불성론』을 저술했다187:. 또 언종(彦宗)은 주나라와 수나라의 역경 거장으로 불교의 의리를 깊이 이해했고, 조정의 인사인 설도형(薛道衡)188:, 신덕원(辛德源)189: 등은 대부분 그와 벗이 되었고 이들은 모두 경사(經師)였다. 대체로 주나라 시대에는 경학을 중시했고 불교와 도교도 흥성했다. 주무제(周武帝) 시대에는 본래 도교를 믿으면서 불법도 겸하여 신봉했지만, 그러나 최종적으로 나라를 다스리는 것은 명교(名敎)이기 때문에 유학을 제창했다. 또 불교와 도교가 투쟁한 결과는 결국 두 교(敎)를 모두 훼손하고 말았다.

---

44) 우문호(서기 515년~572년)은 선비족으로 남북조 때 북주(北周)의 권신(權臣)이다. 우문태를 따르면서 동위(東魏)와의 교전에서 여러 번 전공을 세웠고, 우문태가 죽은 뒤에는 국정을 장악해서 우문각(宇文覺)을 옹립하여 북주(北周)를 세웠다. 나중에 주무제(周武帝) 우문옹(宇文邕)에게 죽임을 당했다.

45) 소작(서기 498년~546년)은 남북조 때 서위(西魏)의 대신(大臣)이다.

46) 적(寂)은 적멸(寂滅)로 불교를 뜻하고 유사(有司)는 담당 관리이므로 불교를 담당한 관리라는 뜻이다. 또 현(玄)은 현학으로 도교를 뜻하므로 유사현자(有司玄者)는 도교를 담당한 관리라는 뜻이다.

47) 북조 시대에 주례(周禮)를 복구하여 관직의 품(品)을 명(命)으로 고쳤다. 정삼명은 정삼품을 말하는데 즉 상사인 것이다. 하사(下士)는 정일명(正一命)이고 중사(中士)는 정이명(正二命)이고 상사(上士)는 정삼명(正三命)이고 정구명인 구품까지 있다.

위나라 말기와 주나라 초기에 남북의 교통은 점차 복잡해졌다. 남방의 학술은 북방에 많이 전해졌다. 그리고 주나라 때 파주(巴州)와 촉주(蜀州) 지역을 평정하고 아울러 강릉도 병탄했으므로 강남의 승려는 더 많이 관외로 왔다[190]. 『속고승전』에 보이는 자를 다음과 같이 열거한다.

석망명(釋亡名), 제작(製作)을 잘했고 항상 완적의 인품을 흠모했다. 양나라 원제(元帝)는 그를 깊이 예의를 갖춰 대접했다. 강릉에서 병란이 일어나자 서쪽 민촉(岷蜀) 지역으로 들어왔으며, 후에 주나라 사람이 촉(蜀)을 취하자 곧 장안으로 왔는데 제왕과 공경(公卿)들이 모두 예의를 갖추어 공경했다[191].

『석승실전(釋僧實傳)』에서 이렇게 말했다.

"주나라 태조(太祖)[192] 때 양주와 형주를 평정한 후 익주(益州)의 대덕(大德) 50여 명은 각기 경전과 불상을 가지고 경성으로 왔다. 진제(眞諦)의 오묘한 종지로 조목조목 승실에게 질문했는데, 이윽고 지혜로운 마음이 잠잠히 움직여서 남과 북이 소통하면서 숨겨진 것을 끄집어내 정식(情識)을 활짝 빠져나오니 모두 신령하다고 하면서 탄복했다."

석지현(釋智炫)은 익주(益州)의 성도(成都) 사람으로 후에 장안으로 들어갔다가 주나라 무제가 불법을 훼손할 때 죽음을 무릅쓰고 투쟁했다.

수나라 문제(文帝)가 우문(宇文)씨의 판도(版圖)를 빼앗고 남진(南陣)을 멸망시켰다. 수문제는 불법을 지극히 숭상했기 때문에 천하의 대덕들은 관중(關中)에 운집했으며, 그 결과 불학(佛學)의 남북 조류는 서로를 흡수하면서 점차 하나로 통일되어 수나라와 당나라 시대의 불학을 이루었다. 주나라가 파촉(巴蜀)과 형양(荊襄)을 차지했으므로 실제로 먼저 관중의 승려들에게 남방의 교화에 접근할 기연(機緣)을 제공했다. 이처럼 국토의 변천은 사실상 학술의 변화 발전과 커다란 관계가 있다.

### 11) 북조 시대에 불교를 배척한 사람

북조 때 불교에 대한 배척이 지극히 격렬한 것은 여러 행사에서 볼 수 있다. 그러나 필설(筆舌)로 싸우는 자는 아주 적어서 불교를 배척한 문자들은 대부분 치도(治道)에 입각해 설을 수립했다. 남조 시대에는 현리에 대해 논쟁을 끊임없이 주고받는 자가 아주 드물었다. 고겸지(高謙之)의 자(字)는 도양(道讓)이고 부친의 외삼촌은 저거몽손으로 양주 땅에 할거했는데, 그는 국서(國書)가 누락되고 빠져있어서 『양서(涼書)』 10권을 만들었다. 양국(涼國)에서는 불도를 성대하게 섬겼기 때문에 고겸지는 이를 논하면서 깎아내렸다. 『광홍명집』에 그의 문장이 실려 있다193:.

> 석가모니의 교화에 대해 그 기풍을 듣고서 기뻐하였다. 그 의취[義]는 하늘과 땅을 초월해 있고 언사[詞]는 귀와 눈의 지각(知覺)을 벗어나 있으니, 이는 불학을 장려하는 것이 범람하여 구류(九流)[48]의 일가(一家)가 되었다. (불법의 기풍을) 좋아하는 정도가 깊을수록 그 술법(術法)도 더욱 높아서 사찰의 지극한 장엄을 도모하고 나라의 재물을 다 소모하는데, 절을 짓는 자가 금과 벽옥을 아끼지 않고 백성의 힘을 소진했으니 어찌 대각(大覺; 부처)의 뜻이겠는가. 하지만 지극한 공경은 문식(文飾)이 없고 지극한 신령함은 장식하지 않으니, 천하의 희생물을 소진할 수 없기 때문에 곡물로써 천지에 제사를 지내고 천하의 예의를 극진히 다할 수 없기 때문에 마른 짚으로써 신(神)을 빙자했다.

---

48) 구류(九流)는 『한서, 예문지』에서 분류하고 있다 : 유가, 도가, 음양가, 법가, 명가(名家), 묵가, 종횡가, 잡가(雜家), 농가(農家)이다.

> 진실로 정성이 있다면 사과만으로도 백 가지 좋은 과일과 같고 밝은 덕(德)이 향기롭지 않으면 소를 삶는다 해도 제사를 지내는 것이 아닌데, 하물며 영취산의 술법이나 피안(彼岸)의 기이함을 어찌 허망하게 구할 수 있겠는가. 하지만 도시와 촌락을 떠도는 백성들은 고난을 피하느라 원래의 그 정성스런 마음이 백 분의 일만 남고, 고위직의 대신들은 일단 혼란에 빠지면 도성(都城)과 사직이 여우와 쥐들의 세상이 되어서 대법(大法)의 정수를 더럽히고 농사와 양잠과 같은 중요한 일에 손해를 끼친다. 계기(契機)를 잡은 자는 우환으로 여기지 않고 평가를 해야 할 자는 말하지 않으니, 나라를 다스리는 자는 마땅히 본보기로 삼아 절제해야 한다.

이 논(論)에서는 불교를 구류의 하나로 칭하고 있는데, 당시의 명사는 불교의 이치로 비난했다. 고겸지가 불교의 의리로 대응했지만 끝내 굴복시키지 못했다(『위서』 77).

선무제 시대의 양고(陽固)는 문학적 재능이 있었다. 그는 조정에서 널리 득실(得失)을 상의했기 때문에 제왕에게 다음과 같은 참언(讒言)을 올렸다.

> 허현(虛玄)과 은미(隱微:은밀하고 미묘함)를 탐구하는 담론을 끊고 사문의 필요 없는 비용을 줄여서 근본이 되는 백성을 보존하여 굶주림과 추위의 고통에서 구제해야 합니다.

그 당시 선무제는 대신들에게 할 일을 맡긴 채 별로 직접 정사를 살피지 않았고 사문[桑門]의 법을 좋아했기(『위서』 72) 때문에 양고가 언급한 것이다. 동시에 배연준(裴延儁)은 제왕이 불교 경전에만 골몰하고 중국의 고대 경전을 보지 않자 상소문을 올려서 간했다(『위서』 69).

> 폐하께서는 도를 깨우친 것이 저절로 그러해서[自然] 깊은 지혜를 홀로 터득했습니다. 그래서 궁궐에 법좌를 마련하여 매일 부처님의 깨달음을 설하니, 모든 청중들이 티끌에 가려진 눈을 함께 열었습니다. 하지만 오경(五經)은 세상을 다스리는 틀이고 육적(六籍[49])은 속세를 규범하는 근본입니다. 대체로 사물의 훈육은 점진적이라서 때[時]에 감응해 묘하지 않으면 반드시 가까운데서 시작하여 멀리까지 가는 이후의 정밀함이 필요하니, 엎드려 바라건대 불경과 경서를 상호 열람해 공자와 석가모니를 겸하여 간직함으로서 내전과 외서를 함께 두루하고 진제(眞諦)와 속제(俗諦)를 모두 창달하소서.

원위(元魏) 시대, 불법이 지극히 흥성했을 때 불교의 반대로 가장 유명한 자는 장보혜(張普惠)이다194:. 장보혜는 유학으로 칭송을 받았고 삼례(三禮[50])에 정통했으며 『춘추』도 능했을 뿐 아니라 백가(百家)의 설도 대부분 열람했다. 위나라 효명제는 즉위하자 정사를 직접 돌보지 않고 불법을 지나치게 숭상하였다. 천지나 사당에 제사지내는 국사(國事)를 대부분 담당 부서에 맡기고 끊임없이 사찰을 짓고 불상을 제작했다. 장보혜는 상소문을 올려서 이렇게 간했다.

> 생각이 미치지 못하는 명업(冥業; 죽음 후의 업)만 심으면서 민생에 거대한 낭비만 가져오며, 봉록을 줄이고 힘을 삭감해서 하는 일 없는 승려만 가까이서 공양합니다. 높은 대전[雲殿]을 장식하는 걸 숭상해서 멀리 미연(未然)의 과보를 바라며, 새벽에 나와야 할 대신들은 조정 밖에서 절을

---

49) 시(詩)・서(書)・예(禮)・역(易)・악(樂)・춘추(春秋)의 육경(六經)을 의미한다.
50) 고대의 예법을 기록한 세 가지 책으로 의례(儀禮), 주례(周禮), 예기(禮記)를 말한다.

하고 있고 현적(玄寂:현묘한 적멸)을 구하는 무리들은 조정 안에서 노닐고 있으니, 이는 예의에 어긋나고 시대를 거스르는 것이라서 사람의 영혼이 화평하지 않습니다. 저는 '매일 매일의 인(因)으로부터 지겁(祇劫)의 과보를 구하는 것은 먼저 모든 나라[萬國]의 기뻐하는 마음으로 친족을 섬겨서 천하를 화평하게 하고 재해(災害)가 발생하지 않도록 하는 것보다 못하다'고 생각합니다.

『위서・보혜전』을 살펴보면, 임성왕 징이 사공(司空)일 때 표(表)를 올리고 논의한 글의 기록은 대부분 장보혜의 손에서 나왔다. 임성왕이 불법 숭상에 대해 간한 것으로 두 개의 표(表)가 있다. 첫째는 영태후(靈太后)가 지나치게 불교 사찰을 짓고 재회(齋會)를 마련했기 때문에 국고가 많이 낭비되어서 억지로 측근에게 재물을 거둬들이자 임성왕 징이 표를 올려 간한 것이다. 둘째는 신귀 원년에 사사롭게 승려의 사찰을 짓는 것에 대해 표를 올린 것이다. 두 개의 표는 아마 모두 장보혜의 손에서 나왔을 터인데, 둘 다 백성의 생계를 중시했을 뿐이지 감히 불법의 훼멸을 청하지는 못했다.

최광(崔光)은 영태후가 영녕사(永寧寺)와 숭고사(崇高寺)에 행차하자 두 차례 표를 올려서 간했는데, 하나는 황후로서 경거망동하지 말아야 한다고 했고 또 하나는 백성을 혼란스럽게 하는 것이 우려스럽다고 했다. 하지만 최광은 실제로는 불법을 신봉하는 사람이다. 유교와 불교, 중화와 오랑캐에 대해 변론한 자는 이숭(李崇)과 이창(李瑒)이다. 이숭은 영태후에게 상소문을 올려서 불교 사찰의 자재를 줄여 학교를 수리하자고 청했는데, 그는 유향지(劉向之)의 말을 인용해서 "왕은 응당 학교(辟雍[51])를 일으키고

51) 고대의 학교. 주(周)나라 때 천자의 도성(都城)에 설립한 대학. 주위의 형상이

예악(禮樂)을 보여주어서 그 기풍으로 천하를 교화해야 한다"(『위서』 66)고 하였다. 이창은 영태후에게 상소문을 올려서 "집안을 단절해서 사문이 되는 것을 마땅히 금지해야 한다"고 했는데, 그 상소문엔 다음과 같은 내용이 있다.

> 홀몸으로 노인을 모시는 자가 가족을 포기하고 부양을 끊는 것은 사람의 도리가 아닐 뿐만 아니라 예의와 정서에도 어긋납니다. 이들은 큰 윤리를 없애버리고 또 왕의 관습도 빠트려서 현세의 예의를 지키지 않고 내세의 이익을 구합니다. 공자가 말하기를 '생(生)도 알지 못하는데 어찌 죽음을 알겠는가'라고 했는데, 이는 지극히 맞는 말씀입니다. 어찌 당당한 나라를 다스리는 정무를 저버리고 귀신의 종교를 따르겠습니까.

사문도통(沙門都統) 승섬 등은 이창이 말한 '귀신의 종교[鬼教]'란 말에 분노해서 이창이 불법을 비방, 훼손했다고 영태후에게 눈물을 흘리면서 호소했다. 영태후가 이창을 질책하자 이창은 불경 자체의 이치를 인용해서 '불도(佛道)는 그윽하고 은밀해서 귀(鬼)라고 명명했다'고 했다. 하지만 영태후는 승섬 등의 뜻을 거부하지 못하고 이창에게 금 한 냥의 벌금을 내도록 했다[195].

양현(楊衒)도 역시 불법을 반대했다. 그가 말한 내용 역시 지극히 솔직하고 질박했다. 원위(元魏) 말기에 사찰의 건물이 장엄, 화려해지면서 금과 옥을 많이 낭비하자 왕공(王公)들은 경쟁적으로 백성을 침탈하고 괴롭혔으니, 이 때문에 『낙양가람기』를 지어서 수많은 백성을 구휼(救恤)하지 않는다고 했다. 후에 상소문을 올려서 불교는 허망한 거짓이라서 쓸데없이

---

벽처럼 둥글고 물이 들어 있음.

낭비만 하고, 무기를 들고 나라를 지키지도 못하고, 몸엔 굶주림과 추위의 기색이 있으니, 부역을 피하는 부류와 노비 같은 자들은 고생을 피하고 즐거움을 구하는 것이라서 수도자가 아니라고 했다. 또 불교는 유위(有爲)의 허망함을 말하는데 모두 거짓이다. 오히려 도인(道人)은 불교의 이치를 깊이 알기 때문에 자신의 죄를 회개하지 않는데, 이로 인해 재물에 관한 일을 널리 끌어대서 고리대를 놓으며 싫증 내지 않고 탐욕스럽게 축적한다. 또 이렇게도 말했다.

"불경을 읽는 자는 제왕과 똑같이 존경을 받았고, 불화(佛畵)를 그리는 장인(匠人)은 전혀 제왕을 공경하지 않았다. 사문 등에게 공자와 노자처럼 세속의 예의를 갖추어서 나라의 사관의 반열에 들기를 청했다. 행위가 경박하고 위험한 자에 대해서는 엄격한 칙령을 세워 그 참과 거짓을 알기를 바랐으니, 그런 후에야 불법을 준수할 수 있어서 스승과 제자가 넘치지 않았다. 그 결과 병역을 도피하는 무리들이 본래의 역할로 돌아가서 나라가 부유해지고 병사는 많아졌으니 천하에는 참으로 다행이었다."[196]

북제 시대엔 불법이 매우 흥성했다. 하지만 유주(劉晝), 장구자타(章仇子陀), 번손(樊遜)과 같은 사람들은 중국 고유의 문화를 인용하여 불교를 비난했다. 유주는 이렇게 말했다[197].

> 비구니와 우바이는 실제로 승려의 아내와 첩으로서 태아와 자식을 죽이는데 그 상황은 말로 하기 어렵습니다. 지금 승려와 비구니는 2백여만 명이고 속가(俗家)의 여자를 합하면 거의 4백여만 명이 되는데, 이들이 6개월에 한 번 낙태하는 식으로 가면 1년에 2백만 호(戶)가 됩니다. 이는 부처가 낙태의 귀신이지 전혀 성인이 아니란 말씀입니다. 도사(道士)는

『노자』, 『장자』의 근본이 아니고 부처의 사악한 설을 빌려서 자신의 자리에 배당했을 뿐입니다.

장구자타는 무평(武平) 시기에 승려와 비구니를 금지하거나 억제하길 청하는 상소문을 올렸는데 그 글이 모두 십여 장이 되었다. 제나라 제왕은 진노하여 그의 벼슬길을 여러 해에 걸쳐 막았다. 주나라 무제가 제나라를 평정한 후 그 상소문이 나왔는데 이런 내용이 있다[198].

제왕은 위로는 하늘을 섬기고 아래로는 백성을 사랑하며, 임금과 신하, 남편과 아내는 근본적인 기강(紀綱)이 있습니다. 그러나 위진 시대 이래로 오랑캐[胡]가 요망하게도 중화를 혼란스럽게 하고 있으니, 군주와 부친을 배신하고 시집도 장가도 가지 않습니다. 그러면서도 방탕해서 사치를 누리고 제왕을 통제해서 위세와 복을 누리며, 또 앉아서 상대의 공경을 받고 문사와 속인을 가볍게 기만하며, 비(妃)는 아침에 승방(僧房)에 들어가고 자제(子弟)는 밤에 비구니 방에서 숙박합니다. 신(臣)은 당황함이나 두려움 없이 가마솥에 삶아 죽이는 형벌도 피하지 않은 채 목욕재계하고 죽을 각오로 표(表)를 올립니다.

북제 문선제 천보 5년에 번손[199]은 수재(秀才)를 천거하는 대책에서 불교와 도교를 논의했는데[200] 그 말미에서 이렇게 말했다.

두 명의 반씨(班氏)가 역사서를 편찬할 때나 두 명의 마씨(馬氏)가 경서를 제작할 때 삼세(三世)에 대한 언사를 보지 못했고 일승(一乘)에 대한 지취(旨趣)를 듣지 못했습니다. 제왕이 즐기는 것과 왕이 예로 공경하는 것도 오히려 시대에 따라 변혁하는데, 좌도(左道)의 괴이한 백성이 어찌 사태(沙汰)에 대해 의심하겠습니까.

또 북제의 이공서(李公緖)201:도 논(論)을 지어서 불교를 믿는 자들을 배척하며 "육친(六親)을 손상하고 예의를 저버린다", "중화를 포기하면 바로 오랑캐이다"202:라고 하였다. 이공서는 경전과 전기를 널리 통달해서 『상복장구(喪服章句)』등을 지었고, 번손은 대유학자 서준명(徐遵明)의 제자로서 많은 경전에 능통했으며, 유주(劉晝)는 이보정, 마경덕(馬敬德)에게 배워서 『예기』 및 『춘추』를 통달했다203:. 원위(元魏) 시대 효문제 이후부터 북제까지 중화의 기풍이 떨쳐 일어나면서 경술(經術)이 번창했다. 불교를 반대하는 자들도 점차 일어났는데 대부분 유학의 문중에서 나왔다. 그들의 언론은 역시 예교(禮敎)를 숭상하고 문치(文治)를 중시하였으며, 그들이 변론한 불교의 뜻과 담론한 현리는 남조의 인사들이 한 것과 같은 내용은 보이지 않는다.

## 12) 북조 때 불교와 도교의 논쟁

원위의 태무제 때 구겸지가 도교를 크게 행했기 때문에 불법은 훼멸되기에 이르렀다. 그 후 불교와 도교가 함께 유행하면서 제왕들은 대대로 불법과 비기(秘記)를 받아들였다. 효문제는 숭허사(崇虛寺)를 세우면서 50호(戶)를 주고 도사(道士)를 공양했으며 후대에도 이를 따랐다. 도사들은 도의 정수와 지극함을 거의 갖추지 못했고 재능과 술법도 높지 않았지만(『석로지』), 그러나 그 사회에서 갖는 세력은 적지 않았다. 효문제와 선무제와 같은 제왕들은 불법을 아주 중시했기 때문에 도교는 조정에서 직접 불법과 투쟁할 수 없었고, 효명제 시대에도 불교와 도교가 궁전에서 논쟁하는 일이 있으면 도교가 거의 패배했다. 『속고승전』에서는 "정광(正光) 원년(서기 520년) 효명제는 성인식인 원복(元服)52)을 하면서 대사면을 했는데 불교와 도교의 종사(宗師)들에게 궁전에 올라 재를 마치도록 청했다. 시중랑 유등(劉騰)204:은 칙령을 선포하면서 여러 법사와 도사들에게 논의를 청했는데, 당시 청통관(淸通觀)의 도사 강빈(姜斌)과 담무최(曇無最)205:가 서로 논의했다. 강빈은 『노자개천경(老子開天經)』을 인용하여 부처가 노자의 시자(侍者)라고 말했고, 담무최는 『주서이기』, 『한법본내전』 등을 인용하여 부처가 노자 이전에 태어났다고 하면서 강빈의 설을 반박했다. 효명제는 상서령 원차(元叉)에게 칙령을 선포하도록 했고 도사 강빈이 무(無)의 종지를 논하자 법석(法席)에서 내려가게 했다. 또 『노자개천경』의 진위를 논의하도록 조서를 내리자, 위수(魏收)[53] 등 1백70인이 다 읽고서 다음과 같은 글을 올렸다.

"노자는 단지 5천 단어만 지었고 나머지는 언설(言說)한 것이 없었으니, 신(臣)들은 강빈이 중생을 미혹한 죄를 지었다고 논의했습니다."

효명제가 강빈에게 극형을 가하려 하자 서쪽 국가의 삼장법사인 보리류지가 간곡히 간하다가 그만두었다. 결국 강빈은 마읍(馬邑)으로 유배를 갔다. 담무최는 무안(武安) 사람으로 하북에서 먼저 교화를 하다가 후에 어명을 받고 낙양의 융각사(融覺寺)에 거주했다. 『열반경』, 『화엄경』을 잘했는데 따르는 신도가 천 명이 되었다. 보리류지는 그가 지은 『대승의장(大乘義章)』을 산스크리트로 번역했다206:.

『위서, 본기』에 의하면, 효명제가 즉위한지 얼마 되지 않아서 호태후(胡太后)가 조정에 임해서 섭정을 했다. 신귀 3년(서기 520년) 7월 병자일(丙子日)에 시중랑 원차와 유등(劉騰)이 효명제를 시봉하며 전전(前殿)[54]에

52) 고대에 남자가 성년이 되면서 치르는 대관식(戴冠式).

53) 위수(서기 507년~572년)의 자(字)는 백기(伯起)이고 거록(巨鹿) 출신이다. 북제(北齊)의 역사학자이자 문학가.

54) 왕이 일을 보는 앞의 대전을 말함.

행차했을 때 호태후의 조서를 고쳐서 효명제가 직접 정무를 보도록 했다. 당시 유태후(幽太后)는 북궁(北宮)에 있었다. 신묘년에 효명제는 성인식[元服]을 한 후 대사면을 하고 원년(元年)을 정광(正光)으로 고쳤다. 『속고승전』에 실린 사적은 바로 이 시기이다. 『낙양가람기』에 근거하면 유등은 장추사(長秋寺)를 세웠다고 하고, 『석로지』에서는 유등이 세종(世宗)을 위하여 석굴을 조성했다고 상주했다고 하는데, 그렇다면 유등은 진실로 불교 신봉자이다. 정광(正光)의 변란은 유등이 주모했다(『낙양가람기』). 유등은 원차와 함께 궁중의 호위군[禁旅][55]를 총괄하고 궁내의 일을 결정했는데 권세가 왕을 능가했다. 그의 명으로 불교도와 도사가 논의했으므로 두 사람이 주관하도록 한 것이 분명하다. 더욱이 효명제도 불법을 신봉했으니 두 종교의 승부는 변론을 기다릴 필요도 없이 이미 결정되었다고 할 수 있다. 여러 대신들은 조서를 받들기 위해 부득이 『노자개천경』이 위작(僞作)이라고 솔직히 진술하지 않을 수 없었으며, 그 결과로 강빈에게 대중을 미혹한 죄를 묻도록 청했다. 담무최가 인용한 책도 마찬가지로 위서인데도 지적을 당하지 않은 것은 바로 추세의 필연이었다. 다행히도 당시 가장 명망이 높은 보리류지는 찬동하지 않았다. 그렇지 않았다면 유등 등의 힘에 의지해 도교를 훼멸하는 것도 불가능하지는 않았을 것이다.

원위 때 불교와 도교의 논쟁은 태무제 이후에 더 극렬해졌다. 소위 『노자개천경』은 위로 구겸지가 말한 '부처는 42천(天) 연진궁(延眞宮)의 주인'이란 설을 이어받은 것이다. 그리고 불교도는 『주서이기』와 『한법본내전』을 가짜로 만들어서 도교을 설을 반박했는데, 이 책들 역시 북위 중엽에 지어진 것이다. 당시 두 종교가 암투를 벌인 상세한 상황은 지금은

---

55) 금려(禁旅)는 금군(禁軍)으로 궁궐의 호위군을 말한다.

이미 알 수가 없다. 북제 때 『속고승전』에는 석담현(釋曇顯)과 도사 육수정(陸修靜)이 도술을 비교한 사적이 기록되어 있는데, 그 기록에서는 '남방의 도사 육수정은 양무제가 도교를 포기하고 불교에 귀의했기 때문에 모반을 일으켜 북제로 들어갔다'고 간략히 말하고 있다[207]. 육수정은 문선제를 미혹해서 제왕의 궁전에서 승려와 논쟁을 했는데, 결국 마지막엔 담현에게 패배를 당해서 도교 신도는 모두 삿됨[邪]을 버리고 올바름[正]에 귀의했으며 불복하는 자는 죽임을 당했다[208]. 그러나 이 사건은 의문점이 아주 많다[209]. 가령 북주 천화(天和) 시기에 견란(甄鸞)이 지은 『소도론(笑道論)』에서는 송나라 사람 육수정이 편찬한 『도경목록(道經目錄)』을 언급했고 아울러 육수정이 송나라 명제 때 사람이란 걸 명확히 말했다(『광홍명집』). 육수정은 확실히 유송(劉宋) 시대의 사람이다. 그런데도 그가 북제 문선제 때 북쪽에서 와서 불교도와 논쟁을 벌였다면, 견란은 그 후 10여 년 밖에 되지 않으므로 반드시 송명제 시대의 사람이라고는 말할 수 없을 것이다. 『북사·유림전』에서는 이렇게 말하고 있다.

"종도휘(宗道暉)는 높은 모자를 쓰고 큰 신발 신기를 좋아했는데, 당시 사람들은 '현공(顯公)의 종(鐘), 송공(宋公)의 북, 종도휘의 신발, 송락희(宋洛姬)의 배를 네 가지 큰 것[四大]이라고 했다'고 하였다. 현공은 사문이다."

『속고승전』에서는 담현에 대해 "남루한 의복을 걸치고 항상 취해서 길가에 누워 있는데 세상 사람은 알지 못했다"고 했으며, 어떤 사람은 담현이 이상한 승려로 늘 기이한 행적을 행했다고 했으니, 소위 "현공의 종"이란 것도 역시 담현에 관한 이야기다. 그러나 육수정과 법에 대해 논쟁을 벌인 것은 후세 사람들이 만든 이 기이한 인물에 대한 신화라서 믿을 바가 못 된다.

북제 천보 5년 수재(秀才)의 대책(對策)에서 문선제는 조서를 내려 불교와 도교의 시비를 가리는 문제에 대해 언급했는데210:, 그 문장에서 이렇게 말했다.

한나라 고조(高祖)의 잠자리에서 있었던 이적(異蹟)[56]과 한나라 명제 유장(劉莊)의 감몽(感夢)[57]이 있던 이때부터 사람들이 귀의해서 여기저기로 불법이 널리 퍼져나갔고, 급기야 친족을 타인에게 맡기고 짊어진 책무를 저버린 채 출가하여 나라를 버리고 가문을 잊는다. 그래서 산과 호수 옆에는 도관(道觀)이 즐비하고 주(州)와 군(郡)에는 가람(伽藍)이 즐비하다.

만약 황금을 연금술로 만들 수 있었다면 회남왕(淮南王)은 살육 당하지 않았을 것이며, 신위(神威)를 자유롭게 할 수 있었다면 앙굴(央掘)[58]이 어찌 경(黥)[59]의 형벌을 받을 수 있겠는가. 만약 어룡(御龍)[60]이 사실이 아니라면 형산(荊山)에서 용의 수염을 잡은 이야기[61]가 어찌 있겠는가. 사치공상(四值控象)[62]이 허망해서 전락(瀍洛)[63]은 야광(夜光)의 속임수에

56) 유방의 어머니 유오가 어느 날 커다란 연못 제방에서 쉬다가 깜빡 잠이 들었다. 유오의 남편이 연못 제방에 갔다가 유오의 몸 위에서 교룡(蛟龍)이 꿈틀거리고 있는 모습을 보았다. 얼마 후 유오는 임신해서 유방을 낳았고 이때부터 유방을 용의 아들이라 불렀다.

57) 동한 영평 10년(서기 67년)에 명제(明帝) 유장이 꿈을 꾼 후에 불법을 구했다는 사적을 말한다.

58) 부처님의 제자 앙굴마라이다.

59) 죄인의 얼굴에 먹으로 글씨를 새겨 넣는 것.

60) 한고조 유방의 일화. 앞의 주석에서 언급했다.

61) 황제(黃帝)는 형산(荊山)에서 큰솥을 만들었는데, 큰솥이 완성되자 용이 내려와 영접했다. 황제는 용을 타고 승천했는데, 신하들은 용을 타지 못하자 용의 수염을 붙잡고 올라가다가 그만 용의 수염이 뽑히면서 떨어지고 말았다. 이 사적은 『사기, 봉선서』에 보인다.

62) 열월일시(年月日時)를 '사치(四值)'라고 부른다. 인생의 길흉화복이 연, 월, 일, 시에 나타나는 걸 뜻한다.

서 깨어나니, 옳고 그름에 대한 증명은 짐에게는 실제로 미혹일 뿐이다. 하지만 승려의 무리가 일반 평민 백성의 절반을 차지하고 도교의 신도가 정상적인 호구(戶口)보다 많았다. 그래서 국가의 세금은 충당되지 않았고, 이 때문에 왕이 사용할 수 있는 것도 모자랐다.

올바른 도(道)를 선택하고 잘못된 술수[左術]를 없애기 위해서는 첫째는 나라를 윤택하게 해야 하고 둘째는 중생을 미혹하지 않아야 한다. 두 종교가 적극적으로 경쟁한 것은 이미 오래되었기 때문에 갑자기 중도에서 멈추어 시비를 가리기란 사실상 힘들다. 두 종교의 오르내림과 두 가지 길의 길고 짧은 점을 우열을 가리켜 말할 수는 있으나 어느 말이 우세하다는 점은 없다.

이 내용에 근거하면, 불교와 도교는 주나라와 제나라 시대에 이미 그 문도(門徒)들이 천하의 절반을 차지해서 나라의 살림과 민생(民生)에 독이 되었다. 문선제는 불교를 상당히 믿었지만[211] 또한 기존의 관습에 얽매어 가볍게 시비를 가려내겠다고 감히 말하지 못했다. 허나 주무제는 영민하고 용맹한데다 치도(治道)에 힘썼기 때문에 마침내 불교와 도교를 모두 훼멸하는 행동을 하였다.

### 13) 주무제(周武帝) 시대의 법난(法難)

주명제(周明帝) 시대에는 불교와 도교의 논쟁이 치열했다[212]. 무제 시대에 와서 두 종교의 투쟁은 양쪽 모두 피해를 입는 결과를 초래했다. 무제는 처음엔 부처를 섬기는 관습을 따르면서 공덕을 지었다[213]. 하지만 열심히 나라를 다스리려면 유교가 가장 중요할 뿐 아니라 무엇보다도

63) 전수(瀍水)와 낙수(洛水)로 낙양을 의미한다.

오랑캐[戎狄]를 자처하면서 호교(胡敎)를 제창하지 말아야 했다. 또 사문이 나라를 병들게 하는 것도 깊이 알고 있어서 그 폐단을 고치려고 했다. 그가 불법을 훼멸하고 그 영향이 도교까지 미친 까닭은 주된 원인이 바로 여기에 있다. 게다가 위원숭(衛元嵩), 장빈지(張賓之)의 부추김에 미혹되어서 법난(法難)이 끝내 실현되었다. 위원숭은 익주(益州)의 성도(成都) 사람이다. 처음엔 출가하여 망명(亡名) 법사의 제자가 되었다. 음양과 역술에 밝았고 스승의 뜻이 "미친 척해야 명성을 얻을 수 있다"고 했기에 미친 척하고 떠돌아다니면서 사물의 경계에 부딪치면 아름다운 글을 지어 읊었다[214]. 나중에는 촉(蜀) 땅이 협소해 충분히 포부를 펼칠 수 없다고 생각해서 세속의 복장으로 바꾸어 입고 관외로 들어가 세도가들과 교유했고, 또 글을 올려 불법을 폐하라고 청했으며 아울러 자신도 환속했다. 그는 『불도이론(佛道二論)』을 지어서 불교와 도교의 주객(主客)을 세우고 대소(大小)를 논했다. 무제는 존경의 예로 대할 뿐 감히 신하로 삼지 못하고 촉군공(蜀郡公)으로 작위를 봉했다. 위원숭이 도사 장빈과 결탁하여 무제를 선동하고 미혹하자, 무제는 결국 불법을 훼손하고 말았다.

위원숭은 천화(天和) 2년(서기 567년)에 절과 승려를 죽이라고 청했는데 그의 말을 간략히 소개하면 다음과 같다.

"나라를 다스리는 것은 부도(浮圖; 여기서는 사찰을 말함)에 있는 것이 아니다. 요임금과 순임금 시대에는 사찰이 없어도 나라가 태평했고, 제나라와 양나라는 사찰이 있는데도 나라를 잃었다. 대주(大周)의 운을 열려면 멀리 요임금과 순임금의 교화를 흠모하고 제나라와 양나라의 말법(末法)을 버려야 한다."

불교는 대자비를 근본으로 삼아 중생을 안락케 하기 때문에 위원숭은 연평대사(延平大寺)를 짓자고 청하면서 "사해(四海)의 만백성을 용납하는 것이지 가람 조성에만 치우치지 않고 이승(二乘) 오부(五部)만을 편벽되게 안치하지 않는다"고 하였다. 무릇 '연평사'란 다음과 같다.

"출가자와 재가자를 구분하지 않고, 친한 이와 소원한 이를 가리지 않는다. 성황(城隍)을 절이나 탑으로 삼으므로 주(周)나라 임금은 여래이고 성읍은 승방(僧坊)으로 사용한다. 부부의 화합은 성스러운 중생이니, 덕망 있는 자로 하여금 삼강(三綱)을 짓도록 추대하고, 어르신이 상좌가 되도록 추대해 모신다. 인자하고 지혜로운 자를 선발하여 직책을 담당하도록 하고, 용감하고 지략이 있는 자를 구하여 법사(法師)로 삼는다. 열 가지 선(善)을 행하여 불평을 조복(調伏)하고, 탐욕 없음을 보여주어서 도적의 업(業)을 끊는다. 이렇게 하면 육합(六合; 천하, 우주)에 주왕(紂王)을 원망하는 소리가 없고 팔황(八荒)(역시 천하라는 뜻, 모든 곳)에 주나라를 칭송하는 노래를 부를 것이니, 새들은 둥지에서 안락하고 물고기는 소굴에서 편안할 터라서 물과 육지에서 그대로 장생하는 것이다."

위원숭의 뜻은 불교의 자비를 확충하여 백성들에게 혜택을 주는데 있었으니, 그래서 승려에 편중하지 말고 가람만 치우치게 세우지 말자고 했다[215]. 그가 올린 글은 모두 15조목인데 본질적으로 모두 이런 뜻이었다. 그는 특별히 치도(治道)를 중시해서 제왕에게 고대의 성왕(聖王)을 따르라고 청했고, 이는 무제의 마음과 깊이 부합했기[216] 때문에 그의 말은 채용되었다.

『광홍명집·서열대왕신체혹해』에서는 "당시 어떤 참기(讖記)에서는 검은 옷(黑衣; 승려를 나타냄)을 꺼리면서 사문이 다음번에 운(運)을 받아서 천자가 된다고 하였다"고 했는데, 무제는 이를 믿은 나머지 끝내 사찰을 폐기하고 사문을 소탕했다. 소위 승려의 참언(讖言)은 북제 시대부터 시작되었다. 『북제서·상당왕환전(上黨王渙傳)』에서는 이렇게 말하고 있다.

"처음에 술사(術士)는 사망한 고왕(高王)이 승려였다고 말했다. 이 때문에 신무(神武) 이후에 매번 행차를 나갈 때마다 사문을 만나고 싶어 하지 않았는데 바로 검은 옷 때문이다. 당시 문선제가 진양(晉陽)에 행차할 때도 이를 꺼려서 좌우의 측근에게 물었다.

'무엇이 가장 검은가?'

측근이 대답했다.

'옻이 가장 검습니다.'

문선제는 일곱째 아들 왕환64)이 해당된다고 여겼다. 그래서 그를 지하 감방에 가두고 1년이 지나자 살해했다."

> 북주 시대에는 이런 설이 아마 매우 유행했을 것이다. 『광홍명집』에서는 "장빈(張賓)이 정한 패업(覇業)과 위원숭이 지은 시는 도교를 중시하고 불교를 의심하는 것으로서 장차 불교를 폐하고 도교를 세우려고 했다"고 했다.

위원숭은 사물을 접하면 시를 읊었는데, 그가 읊은 시가 바로 참기(讖記)였다. 그리고 장빈도 역시 대체하는 일을 많이 말했다217:. 두 사람은 불법을 훼손할 때 아마 검은 옷을 원용(援用)하여 참언(讖言)을 일으켜야 했을 것이다218:. 비록 도선의 『광홍명집』과 『고승전』에 기록된 내용과 역사서의 내용은 서로 많이 충돌해서 그 사적에 의심이 없을 수 없지만, 그러나 위원숭과 장빈 두 사람은 모두 술수에 능해서 똑같이 참위(讖緯)로

---

64) 옻이 제일 검다고 대답했는데 중국어 발음상으로는 옻의 발음이 일곱과 같다. 즉 말의 뜻은 일곱째 아들이 가장 검을 수 있다는 것은 암시한다. 그래서 일곱째 아들을 핑계로 살해한 것이다.

군주를 미혹하여 신임을 크게 얻었으니, 그렇다면 불법을 훼손한 논의야말로 실제 훼멸의 실행을 돕게 된 원인이다[219].

위원숭은 천화 2년 (서기 567년)에 글을 올렸지만 무제는 곧바로 결정하지 않고 천화 시기부터 건덕(建德)까지 일곱 번이나 삼교(三敎)의 선후를 논쟁하고 변론하게 했다. 천화 3년(서기 568년) 8월 무제는 대덕전(大德殿)에 왕림하여 모든 관료와 사문, 도사 등을 모아놓고 『예기』를 직접 강의했다. 이때 이미 무제에겐 유교의 술법을 중시하는 의도가 뚜렷이 드러났다. 천화 4년(서기 569년) 2월 무진일(戊辰日)에 무제는 대덕전에 왕림하여 모든 관료와 도사, 사문 등을 모아놓고 불교와 노자의 뜻에 대해 토론했는데[220], 이것이 두 종교의 크고 작은 차이를 논한 시초이다[221]. 천화 4년 3월 15일에 칙령을 내려 승려와 도사 및 유명한 유가와 문무백관 2천여 명을 정전(正殿)에 모아놓고 무제가 어좌(御座)에 올라서 직접 삼교의 우열을 평가하도록 해서[222] 온갖 논의가 분분했지만 결정이 나지 않았다. 동월 20일에 다시 이들을 모아놓고 토론을 했는데 서로 의견이 엇갈리면서 시비가 더욱 충돌했다. 4월 초에 또다시 출가자와 재가자를 널리 불러서 지극한 말로 도리를 진술하도록 하는 칙령을 내렸다[223]. 무제는 본래 유교를 앞세우고 불교를 잇게 하며 도교를 최상으로 정하려고 했는데, 까닭인즉 도(道)는 무명(無名) 이전에 나왔고 천지의 표상(表象)을 초월했기 때문이다. 그래서 자주 모여서 의논했지만 의견이 서로 달라 결정을 하지 못했다[224]. 그리하여 많은 대신들에게 두 종교를 상세히 논의해서 시기의 선후, 교리의 깊고 얕음, 같은 점과 다른 점을 정하라고 했다. 천화 5년(서기 570년) 2월 15일에 견란이 『소도론』 3권을 바쳤다. 5월 10일에 무제는 대신들을 모아놓고 견란의 『소도론』을 상세히 토의한 후 도(道)와 법(法)을 좀먹었다고 여겨서 즉시 대전 앞마당에서 태워버렸다.

그 당시 도안 법사가 다시 『이교론』을 올려서 도교를 극렬하게 배척했다[225:].

『광홍명집』에 실린 주무제의 『이교종명(二敎鐘銘)』은 천화 5년 5월 병인일(丙寅日)인 14일에 지어졌다. 그 글에서는 불교와 도교를 모두 중시했으니[226:], 당시 무제가 양자에 대하여 드러내놓고 우열을 평가하지 않았음을 알 수 있다. 또 『북사·유림전』에 의하면, 천화 시기에 자극전(紫極殿)에서 다시 삼교의 뜻을 강의했는데 조정의 인사와 유생, 사문, 도사 모두 2천여 명이 모였다. 심중(沈重)은 언사의 뜻이 뛰어나고 적절해서 핵심을 명백히 밝혔는데, 그의 해석은 모두 유가의 인사들이 추종하는 것이었다. 이때가 아마 천화 4년 3월 15일일 것이다. 심중은 원래 양나라의 오경박사(五經博士)로서 양무제가 후한 예의로 장안에 모셔왔으며, 그가 궁전에서 강의하면 반드시 양무제의 칭송을 받았다[227:]. 대체로 유교로 천하를 다스리려 했던 것은 무제의 일관된 정책이기 때문에 천화 5년 불교와 도교의 논쟁 이후부터는 칙령으로 두 종교의 우열을 정하는 논의는 잠시 방치해두었다. 하지만 건덕 2년(서기 573년) 12월 계사일(癸巳日)에 다시 대신과 사문 및 도사 등을 모아놓은 뒤 무제가 높은 자리에 올라가 삼교의 선후를 변론하고 해석했는데 유교가 우선이고 도교가 다음이고 불교가 나중이었다[228:]. 유교를 우선시하는 것은 무제가 내내 갖고 있었던 종지이고, 도교가 먼저이고 불교를 나중으로 한 것은 도사 장빈과 불교에 반역한 사문 위원숭 등이 선동하고 미혹한 결과가 아닐까 한다.

이때는 이미 무제가 불교를 확실히 배척한 것으로 보인다. 그 결과 불교와 도교의 투쟁은 더욱 심해졌다. 승면(僧勔)은 『십팔조난도장(十八條難道章)』 1권을 지었고 또 『석로자화호전(釋老子化胡傳)』 1권을 지어서 도교의 갖가지 설이 거짓 망언임을 설명했다[229:]. 또 승맹 법사는 몸소 무제의 성지(聖旨)에 대항했는데 언사가 격렬하고 절실했다. 정애(靜藹)와 도적(道積)은 궁궐로 찾아가 직접 간했는데[230:], 그들의 말은 모두 불교와 도교의 삿됨[邪]과 올바름[正]을 밝히는데 있었다. 무제는 도참과 관계가 있고 또 장빈, 위원숭과 각별히 밀접했기 때문에 도교 편을 드는 것은 필연적인 추세였으며[231:], 이 때문에 불교를 수호하는 자는 필연적으로 도교를 배척했다. 불법을 훼멸하는 행동은 더욱 심해졌고, 불교도가 도교를 공격하는 언론도 더욱 많아졌다.

건덕 3년(서기 574년) 5월에 처음으로 불교를 훼멸하려고 논의했다. 조서를 내려 승려과 도사를 경성에 모아놓고 태극전에 고좌(高座)를 설치한 후 황제가 친히 왕림했다. 도사 장빈이 승려 지현(智炫)과 변론해서 이기지 못하자, 황제가 직접 법좌에 올라 불교가 청정치 못하다고 배척했다. 지현은 도교가 훨씬 더 청정치 못하다고 하면서 곧바로 무제의 단점을 공격했고 무제는 불쾌하여 퇴장했다[232:]. 다음날 아침인 5월 15일 병자일(丙子日)에 무제는 칙령을 내려 불교와 도교를 단절하고 경전과 불상을 모두 훼손하게 했고 사문과 도사는 자격을 박탈해서 백성으로 환속케 했다(『주서 본기』). 또 삼보의 재산은 신하에게 나누어 주도록 했고, 사찰과 도관, 탑과 사당은 왕공에게 하사했다(『광홍명집』).

대체로 도교는 불법의 찌꺼기를 절취(竊取)하여 중국의 방술을 첨가했기 때문에 도교의 경전은 모두 위조한 것이고 백성을 해치고 재물을 낭비한 것도 불교에 뒤지지 않았다. 비록 『노자』, 『장자』의 현리(玄理)에 견강부회했지만 전적으로 미신과 방술을 사용했기 때문에 견란이나 도안과 같은 승려들은 그들의 잘못과 위선을 들추어내서 남김없이 폭로했다. 무제는 편벽되게 보호하려고 했지만 그렇게 할 수 없자 함께 훼멸하였다. 그러나 마음속으로는 여전히 대도와 현리는 길은 달라도 똑같은 곳으로 돌아간다고 생각했기 때문에 비록 그 가지와 잎은 잘라냈지만 근본은 더욱더 보존했다. 그래서 통도관(通道觀)을 세워서 불교와 도교의 명인(名人) 120명을 뽑아 두루 관직을 주어 학사(學士)로 삼았는데 감독과 보호[監護], 관리(官吏)의 능력에서 저마다 차이가 있었다233:. 무제는 이들에게 『노자』, 『장자』, 『주역』을 강의하도록 하면서234: 불교와 도교 경전의 뜻도 함께 천명해야 한다고 했다. 6월 무오일(戊午日) 29일에 조서를 내려서 이렇게 말했다.

지극한 도는 광대하고 깊어서 혼연일체를 이루어 끝이 없으니, 그 체(體)는 공(空)과 유(有)를 포괄하고 이(理)는 지극해서 그윽하고 현묘하다. 그러나 갈림길이 나뉘어 파생한 가지가 근원에서 더욱 멀어지면, 순박함을 여의고 소박함이 흩어져서 형기(形氣)가 이에 어긋난다. 마침내 묵자 뒤에 세 갈래로 나뉘고 공자 뒤에 여덟 파로 나뉘어서 붉은색과 자주색이 서로 경쟁을 하고[65], 구류(九流)[66]와 칠략(七略)[67]과 같은 이설(異說)이 서로 비등했다. 도가 작은 성취[小成]에 은폐된 지 오래되었고, 회귀(會歸)[68]가 있지 않자 서로 다투면서 쉬는 날이 없다.

이제 통도관을 세워서 성인과 철인(哲人)의 미묘한 말씀, 선현(先賢)의 전범이 되는 교훈, 금이나 옥처럼 귀중한 법칙, 비밀 사적과 현묘한 문장으로

---

65) 자주색은 붉은색에서 나왔지만 서로 붉음을 다툰다는 뜻이다.

66) 한나라 때의 아홉 학파. 유가, 도가, 음양가, 법가, 명가, 묵가, 종횡가, 잡가, 농가이다.

67) 전한 때의 유향이 아들 유흠과 함께 작성한 일곱 종류의 서적 목록. 집략(輯略), 육예략(六藝略), 제자략(諸子略), 시부략(詩賦略), 병서략(兵書略), 술수략(術數略), 방기략(方伎略)이다.

68) 『서경, 홍범(洪範)』에서 "군왕(君王)이 제후와 신민(臣民)을 취합하는데도 그 준칙이 있고, 제후와 신민이 군왕에게 귀순하는 것에도 그 준칙이 있다"고 했다. 그러므로 '회귀'는 공동으로 귀순하는 극칙(極則)이 된다.

> 백성을 제도(濟度)하고 양육해서 교의(敎義)의 성취를 도울 수 있고 아울러 널리 천양해서 하나로 관통할 수 있다. 그래서 작은 언덕에서 장난하는 자에게 숭산과 태산의 거대함을 알게 하고, 개울의 자갈밭을 지키던 자에게 발해의 넓고 맑음을 깨우치게 하는 것 또한 옳지 않겠는가.

이 내용에 따르면 통도관의 설립은 대도의 귀일(歸一)을 도모하여 분쟁이 번갈아 일어나는 일을 종식시키기 위한 것이다. 무제는 두 종교가 서로 헐뜯는 것에 크게 싫증을 내고 있었다. 이 때문에 주나라 말엽에 승려가 죽음을 무릅쓰고 항쟁하면서 도교를 공격했는데, 이 공격으로 법을 수호하려는 승려들의 진지함이 충분히 표현되었을 뿐 아니라 도교도 함께 훼멸시키게 된 것이다[235].

건덕 6년(서기 577년)에 주나라는 제나라를 멸했다. 정월에 무제는 업성에 진입해서 승려를 궁전으로 불러들였다. 무제가 어좌(御座)에 올라서 폐기와 존립의 뜻을 발표했다. 즉 육경과 유교가 펼친 정치의 술수와 예의, 충효는 세상에 적합하기 때문에 반드시 존립해야 하며, 불교는 재물을 낭비하고 예법을 거스르고 불효를 저지르므로 마땅히 배척해야 한다는 것이다. 그때 승려 5백 명이 묵묵히 아무 말 없이 고개를 숙이고 눈물을 흘렸다. 명승(名僧) 혜원은 홀로 나서서 무제와 논쟁을 여러 번 주고받았지만, 무제는 여전히 아비지옥에 떨어지는 것을 마다하지 않고 제나라 경내의 불교를 훼멸하라고 했다[236]. 11월 4일에 무제는 업궁(鄴宮)의 새로운 궁전에 왕림했다[237]. 임도림(任道林)[238]은 표문을 올려 불법의 훼멸에 대해 간하면서 무제와 여러 번 논쟁을 벌였지만 무제의 뜻을 돌릴 수는 없었다.

대체로 무제가 불교를 폐기한 것은 바로 나라의 안정과 백성의 안락을 추구했기 때문이다. 스스로 깊이 생각해서 비교해보고 (승려들이) 행하는 일로 검증하고 득실로 계산해 보니 의심할 바가 없었다. 아울러 '부처는 서역에서 태어났고 짐은 오호(五胡) 사람이 아니다. 마음으로 존경할 일도 없는데다 올바른 종교도 아니기 때문에 폐기하는 것이다239:'라고 하였다. 무제는 자신의 견해가 올바르다고 여겨서 스스로 확신했기 때문에 행동이 특별했다. 여러 차례 승려를 불러 변론할 때도 모두 직접 그 자리에 왕림했을 뿐 아니라 그의 고찰도 주도면밀해서 소홀히 일을 처리하지 않았으니, 이 때문에 불법의 훼멸도 지극히 가혹하고 강렬했다. 『장방록』 11권에서는 이렇게 말하고 있다.

> 건덕 돈완(敦椀)(3년 갑오) 작악(作噩)[69] 240:에서 이전 시대의 관산(關山)[70] 서쪽과 동쪽에 있는, 관청과 개인이 지은 수백 년 이래의 모든 불탑을 완전히 다 없애버렸다. 신성한 모습을 녹여버리고 경전도 불살랐다. 팔주(八州)241:의 사찰과 묘(廟)에서 4만 개가 나왔는데 모두 왕공(王公)에게 하사하여 자택으로 충당하도록 했다. 삼방(三方)[71]의 불자도 3백만 명 줄여서 모두 군대나 백성으로 복귀하여 호적에 편입토록 했다.

주무제는 평제(平齊) 다음 해 6월에 붕어했다. 선제(宣帝)와 정제(靜帝) 두 황제가 이어서 즉위하여 다시 불법을 일으켰다242:. 업성에 연고가 있는 승려 왕광명(王廣明)은 상소문을 올려서 위원숭의 불법을 훼손하는

---

69) '악'은 12지(支) 중 '유(酉)'의 별칭이며 기년(紀年)으로 쓰인다.

70) 감숙성 천수시(天水市) 장가천(張家川) 회족(回族) 자치현 경계이다. 고대 실크로드의 요충지이다.

71) 동쪽, 서쪽, 남쪽을 말한다.

표문을 반박했는데[243:], 당시 인사들이 위원숭이 올린 글을 불법 훼멸의 주요 동력으로 인정했음을 알 수 있다. 선제와 정제 두 황제의 불교 부흥은 실제로 승상 양견(楊堅)의 의중(意中)에서 나온 것으로 의심되기 때문에 불법의 부흥은 사실상 수나라 왕부터이다.

건덕 시대의 법난은 비록 짧은 기간이었지만 칙령은 지극히 엄하고 혹독했다. 북방의 사찰과 불상은 완전히 파괴되었고, 승려들은 이곳저곳 떠돌며 걸식해서 어려움은 이루 말할 수가 없었다. 어떤 사람은 불법에 목숨을 바쳤고[244:], 어떤 사람은 속세의 홍진(紅塵)에 은둔했고[245:], 어떤 사람은 산림 속에 은둔했고[246:], 어떤 사람은 통도관에 들어갔다[247:]. 이윽고 대법이 부흥하자 그들은 경전과 불상을 보존하고 탑과 절도 보수했다. 종남산과 태백산은 특히 주나라 말기의 승려들이 모이는 장소로서 수나라와 당나라 때는 더욱 번창해서 불교의 중심지가 되었는데 화엄종이 여기서부터 시작되었다. 이 밖에 많은 불자가 남쪽으로 가서 진(陳)나라 조정에 의탁했다[248:]. 가장 중요한 사람으로 북제의 학승 담천(曇遷)과 정숭(靖嵩)은 강남으로 도피해서 『섭론』을 익혔고[249:], 지자(智者) 대사는 '역시 불법의 훼멸 때문에 남쪽으로 갔다'고 했다[250:]. 전자는 법상종의 원조이고 후자는 천태종의 기초를 다졌다. 그리고 『능가경』의 선법도 역시 이때 남쪽으로 간 것으로 의심된다. 선종(禪宗)의 흥기는 원래 숭산이지만 이조(二祖) 이후 강북으로 옮겨갔다. 위나라 효문제 이후부터 남방의 승려가 북방으로 왔으며[251:], 주무제가 불법을 훼멸하자 북방의 승려는 다시 남방으로 몰려갔다. 그래서 학술이 교류되고 문학과 종교가 소통되면서 수나라와 당나라 때 하나로 통일되는 국면을 개척했으니, 중국 불교의 갖가지 큰 종파는 이런 과정을 거쳐 숙성되었다[252:].

# 미주

## 제14장

1) 송나라 승려 혜보(慧寶)는 주석에서 "진(晋)나라와 송나라의 고승은 기예로 광명을 이해할 때 교법을 널리 천양했기 때문에 '화려하다'고 했으며, 원위(元魏)의 고승은 선관(禪觀)의 수행으로 도에 안주했기 때문에 '순박하다'고 하였다.

2) 생(生) 자 이하는 글자가 빠진 것 같다.

3) 『위서・석로지』에 상세함.

4) 『고승전, 담서전(曇恕傳)』, 『고승전, 승도전(僧導傳)』을 참고하라.

5) 한역하면 법용(法勇)이다.

6) 강남에서는 연(燕) 땅을 황룡국이라 칭한다.

7) 『석로지』에서는 '성은 장씨이고 청하(淸河) 사람'이라고 했다.

8) 『고승전』에 보인다.

9) 이는 『석로지』에 근거한 것이다. 『고승전』에서는 태무제에게 살해되었다고 하고 아울러 신이(神異)를 저술했다고 하는데, 이 내용은 『석로지』에서 말한 내용과 모두 부합하지 않으므로 분명히 와전된 것이다.

10) 북연(北燕)의 풍(馮)[1]씨는 위나라 조정에서 불교 신앙을 금지한 것과 관련이 있다. 앞으로 상세히 서술함.

   1) 원문의 마(馬)는 풍(馮)의 오기이다.

11) 혹은 10만 호라고도 하는데 『통감고이(通鑑考異)』에 보인다.

12) 중남산(中南山)의 오기로 의심되는데, 중남(中南)은 바로 종남(終南))으로 만년현의 남쪽에 있다.

13) 이토 키겐의 『지나불교정사(支那佛教正史)』 487페이지를 참고하라.

14) 의희 8년[서기 412년]에서 원가 4년[서기 427년]까지 16년간

15) 의희 10년의 일이다.

16) 즉 가이국(迦夷國)

17) 즉 걸복치반의 아들 걸복모말(乞伏慕末)

18) 선법의 여섯 가지 묘한 문[禪法六妙門]

19) 『운급칠첨(雲笈七簽)』 28을 참고하라.

20) 『고승전』에는 번회승인(樊會僧印)으로 되어 있는데, 『법원주림』 84에 근거하면 회(會)자는 쓸데없는 글자이다.

21) 『명승전초』에 전기가 있고, 승인은 원래 성이 번(樊)씨였다.

22) 『남제서 · 위로전(魏虜傳)』에서는 대신(大臣)인 최(崔)씨와 구(寇)씨가 참언했다고 하였다.

23) 원가 20년의 일이다. 『송서 · 색로전(宋書 · 索虜傳)』에 이 조서가 있다. 하지만 참언을 믿고 꿈에 감응했다는 사적은 말하지 않았으니, 이는 『남제서』 및 『승전』의 기록과는 다르다.

24) 전기에는 원래 호(皓)로 되어 있다.

25) 전기에는 원래 찬(讚)으로 되어 있다.

26) 『광홍명집』에 실린 『석로지』에서는 이때 태자가 감금되어 죽었다고 했다. 하지만 태자 황은 7년 뒤에 죽었으니 이 말은 거짓이다. 도선은 『석로지』의 원문에다 늘 내용의 증감을 가했기 때문에 근거로 삼을 수 없다. 『송서』, 『남제서』에도 태자가 피살되었다는 설이 있지만, 그러나 모두 불교와 관련 있다고 말하진 않았다.

27) 홍시 4년에 태어났다.

28) 현고는 죽을 때 43세였다.

29) 이상은 『위서・호전(魏書 浩傳)』에 보인다.

30) 『석로지』에는 '이 조서는 태평진군 7년 장안에 들어온 후'라고 실려 있다. 태무제는 태평진군 7년 2월에 장안에 진입했고, 동년 정월에는 무신일이 없다. 지금은 『위서』 본기와 『북사』 2권, 그리고 『통감』의 기록에 의한다.

31) 불법을 훼멸한 것은 다음 해이다. 『고승전』은 조금 잘못되었다.

32) 『북산록』 5에서도 구겸지가 최호에게 사문을 죽이지 말라고 간했다고 했다.

33) 최호가 올린 글 『오원인력표(五元寅歷表)』에서는 '오늘 폐하의 태평시대를 만나서 거짓을 없애고 진실을 따릅니다…….'라고 했으며, 또 세상에서는 태안(太安) 2년 중악(中嶽)의 숭산(嵩山)에 고령묘비(高靈廟碑)를 세웠다고 전하는데, 이 묘(廟)는 구천사가 조문을 올려 세운 것이다. 비문에는 '거짓을 없애고 진실에 안주한다' 및 '『하도』는 복희에게 주고 『낙서』는 신농에게 주었다'는 구절들이 있다.

34) 유원진은 진(晉)나라 축법심의 스승이고 여백강은 누구인지 분명하지 않다. 호적(胡適) 선생은 『고승전, 강법랑전(康法朗傳)』에 나오는 여소(呂韶)가 아닐까 의심한다.

35) 이상은 『석노지』 및 『통감』에 보인다.

36) 『윤전(允傳)』에 보인다.

37) 『석로지』에 의하면, 구겸지는 본래 부처가 득도(得道)하여 42번째 하늘에 있다고 인정했다.[1] 『집고금불도논형(集古今佛道論衡)』에 도사 곽행진(郭行眞)이 실려 있는데, 그 글에서는 "도정백(陶貞白)과 구겸지 두 호걸은 석가모니의 종교를 존경했는데 양(梁)나라와 위(魏)나라 서적에 자세하다……."고 하였다.

1) 부처가 옛날에 서역에서 득도하여 42번째 하늘에서 연진궁주(延眞宮主)가 되었다고 했다.

38) 후세에 불교도들이 최호를 미워하는 것은 이 때문이다.

39) 본전(本傳)을 보라.

40) 『수경주』에서는 같은 해에 구겸지가 조서를 올려서 지은 정륜궁(靜輪宮)도 역시 훼멸되었다고 한다.

41) 『고승전 · 담시전(曇始傳)』, 『속고승전 · 담요전』에 모두 태무제가 백족(白足) 선사 일 때문에 후회하는 마음이 일어났다고 하는 설이 있다. 하지만 『석로지』를 증거로 보면 이 일은 확실하지 않다.

42) 『석로지』에서 '담요는 불법을 부흥한 다음 해에 명(命)을 받고 중산(中山)에서 경성으로 갔다'고 했다. 이는 담요가 문성제에게 일찍부터 알려졌다는 증거이다.

43) 『석로지』에서는 당시 도진(道進), 승초(僧超), 법존(法存) 등이 모두 유명하다고 했다. 세 사람에 대해선 상세하지 않다. 『고승전 · 담무참전』에서는 도진이 선법(禪法)을 잘한다고 했고, 또 『법랑전』에서는 법진(法進)이라는 법사가 역시 선을 닦았다고 했는데 아마 도진일지도 모른다. 또 『고승전』에 있는 『법진전』에서는 "법진은 도진이라고도 한다"고 했으니 모두 동일한 사람일 것이다.

44) 급(級)자는 원래 단(緞)자였다.

45) 아울러 군(郡)을 세웠다.

46) 중죄를 범한 자가 불도호로 충당되면 그 죄가 저절로 사면된다.

47) 『석로지』에 나오는 고조(高肇)의 상소문에서는 "내부 규율에 따르면, 승기호는 개별적으로 사찰에 속할 수 없다"고 하였다.

48) 『동양사연구』 제2권 2호 츠카모토 요시타카(塚本善隆)의 논문을 참고하라.

49) 이 사람이 누구인지 상세하지 않다.

50) 화평 3년에 석굴사(石窟寺)에서 번역했다고 한다. 따라서 석굴사는 화평

3년 전에 이미 완공된 것이다.

51) 효문제 연흥(延興) 2년 담요가 북대(北臺)에서 번역했다.

52) 『석로지』에는 문성제 태안 말엽이라고 되어 있는데 잘못된 것이다.

53) 『고승전 · 도온전(道溫傳)』, 『송서, 천축전』, 『법원주림』 권17에 상세하다.

54) 원래는 6년으로 되어 있는데 잘못이다.

55) 이상은 『석로지』에 보인다.

56) 『수경주 · 누수편(㶟水篇)』에서는 "그 솜씨가 천하에 둘도 없다"고 했다.

57) 『수경주』에서는 "삼층으로 된 석탑의 불상[眞容]과 불좌(佛座)는 모두 석재를 사용했는데 장식의 제작이 화려해서 극치의 아름다움을 다했다.

58) 『수경주』에서는 "숭광궁은 헌문제가 태상황(太上皇)으로 거처하였던 고궁이다"라고 했다.

59) 『통감』에서는 "태평진군 이후에 위나라 황제는 모두 도록을 받았다"고 하였다.

60) 『광홍명집』에 실려 있음.

61) 앞으로 상세히 서술함.

62) 『석로지』와 본기(本紀)에 보인다.

63) 『문명황후전』에 보이고 『석로지』를 참고하라.

64) 『위서 · 위찬전(韋纘傳)』에서는 "고조(高祖)가 매번 명망과 덕이 있는 고승과 담론을 주고받을 때마다 위찬이 기록을 담당했는데 하나도 빠뜨리지 않았다"고 했다.

65) 『위서』 24에서는 "고조는 최승연(崔僧淵)이 불경을 잘 알고 담론에 능하다는 걸 듣자 재가자[白衣]의 신분으로도 영락 경무전(永樂 經武殿)에 들어와서 듣도록 칙령을 내렸다"고 하였다.

66) 『현우경』을 출간한 사람 중에 혜각이 있는데 아마 이 사람일 것이다.

67) 『광홍명집』에 효문제의 『도인 응통에게 비단을 해마다 보시한 조서(歲施道人應統帛詔)』가 실려 있는데, 응통이란 제왕이 임명한 사문통을 말한다.

68) 사찰은 『수경주』에 보인다.

69) 이상은 『광홍명집』에 있는 효문제의 조서(詔書)에 보인다.

70) 『속고승전』에 상세함.

71) 혜기(慧記)라고도 함.

72) 즉 앞의 문장에서 인용한 혜도이다. 『속고승전 · 도등전』에서는 법도라고 했음.

73) 『중론소』에 실린 내용을 근거로 함.

74) 바로 헌문제가 거주하는 곳이다.

75) 이상은 『광홍명집』에 실린 효문제의 조서에 상세함.

76) 『석로지』 및 『영미지(靈徵志)』. 『남제서』 45의 『요창전(遙昌傳)』

77) 『고승전』 본전. 승숭, 승연, 혜기, 도등, 혜도는 모두 팽성의 승려이다. 또한 『광홍명집』에 효문제가 서주 승통 승령(僧逞)에게 비단을 하사한 조문이 실려 있다. 서주에는 유명한 승려가 아주 많았는데 당시 불법의 중심지였다.

78) 『성실론』, 『열반경』이 이 북방에서 발전한 일에 관해서는 따로 상세히 서술하겠다.

79) 『석로지』에는 발타(跋陀)로 되어 있음.

80) 『도재장석기(陶齋藏石記)』 9 비문 및 발문

81) 『석로지』에 보인다. 그리고 『본기』에서는 "영평 2년 11월에 황제는 식건전(式乾殿)에서 여러 승려와 많은 대신들에게 『유마경』을 강설했다"고 했으며, 또 "황제는 특히 불법의 의리에 능했는데 매번 강론할 때마다 밤까지 하는데도 피곤함을 몰랐다"고 하였다. 또 권72에서는 "세종은 많은 대신들

에게 위임하고 친히 열람하지 않았으며 사문의 법을 좋아했다.

82) 이미 앞에서 살펴보았다.

83) 역사에서는 북연(北燕)이라 불렀다.

84) 『수경주』에서는 평성에 황구사(皇舅寺)가 있다고 했는데 바로 풍희가 지은 것이다.

85) 『위서』 본전에 상세함.

86) 정(正)은 원래는 입(入)으로 되어 있다.

87) 모두 본전에 보인다.

88) 그녀의 부친 호국진(胡國珍)은 불사(佛事)를 봉행했는데 『위서』 본전에 보인다.

89) 본전에 보인다.

90) 『개원록』에 보인다.

91) 호태후가 건립

92) 『위서, 석로지』에는 희평 원년으로 되어 있고, 『서역전』에는 희평 중엽으로 되어 있는데, 이는 『가람기』를 따른 것이다.

93) 『서역전』에는 왕복(王伏), 자통(子統)과 사문 법력(法力)도 있다.

94) 『석로지』에서는 3년 겨울이라고 했다.

95) 도영(道榮)으로 된 곳도 있다.

96) 이상은 『가람기』에 보인다.

97) 자택을 선충사(宣忠寺)로 보시했다.

98) 즉 전폐제(前廢帝)로 용화사에 거주한 적이 있다.

99) 『속고승전・법건전』에서 옹은 옹(邕)이라고 했다.

100) 명현니사(明懸尼寺)를 세움.

101) 추성사(追聖寺)를 세움.

102) 경락사(景樂寺), 충각사(沖覺寺), 융각(融覺寺) 등 여러 사찰을 지었다.

103) 역과 함께 법정(法貞)을 공경하고 섬겼는데 『속고승전』에 보인다.

104) 평등사(平等寺)와 대각사(大覺寺) 두 사찰을 지었다.

105) 『가람기』에 보인다. 또 호태후 때 유등(劉騰)은 『위서』에서 '다섯 개의 사찰을 지었는데 모두 자신이 주지(住持)했다'고 하였다. 유등은 글을 읽지 못하고 겨우 이름만 적을 수 있었으니, 그가 불교를 신봉한 동기를 상상해 볼 수 있다. 당나라 법림의 『변정론』에서 북조의 대신과 그 아래 사람들을 상세히 열거하며 그들이 불교를 신봉했다고 하면서 아울러 문학과 덕행과 지조를 크게 칭송했는데, 다 믿을 수는 없기 때문에 여기서는 채록하지 않았다.

106) 『가람기』에서는 '상경(常景)이 어명을 받아 영녕사 비문을 지었고 형자재(邢子才)는 경명사 비문을 지었다고 하는데, 두 사람은 문장으로 유명하지만 불교를 신봉했는지 여부는 명확하지 않다.

107) 『가람기』에서는 정시사(正始寺)에 돈 사십만 전(錢)을 보시했다고 하였다.

108) 최광은 출가한 동생이 있는데 이름은 혜순(惠順)으로 『속고승전』에 보인다. 최광의 동생은 친구를 존경하고 열심히 불도에 정진했으며 밤낮으로 경전을 독송했다. 사촌 동생 장문(長文)도 역시 불교 경전을 읽었는데 모두 『위서 · 광전(光傳)』에 보인다.

109) 『위서』 90에 상세함.

110) 모두 『위서』 본전에 상세함.

111) 『위서 · 은행전(恩幸傳)』

112) 이상은 모두 본전에 보인다.

113) 『석로지』에서는 이 사찰의 부도(浮圖)가 영녕사(永寧寺) 다음으로 크다고

했다.

114) 이상은 모두 『가람기』에 보인다.

115) 이 사찰은 평성의 영녕사에 준거해서 건축했다. 『석로지』에 따르면 임성왕 징(澄)이 조서를 올려 효문제의 도성(都城)의 제도를 인용해서 "성 안은 오직 하나의 영녕사 땅으로 추정했다"고 했으니, 그렇다면 효문제에겐 이미 이런 계획이 있었다.

116) 『가람기』에 상세함.

117) 유등도 역시 장추경을 지냈는데 『가람기』에 보인다.

118) 승조의 『유유민에게 보내는 서신[致劉遺民書]』

119) 『진지사 이마후의 불상 조성 기록[鎭池寺李磨侯造像記]』

120) 『변정정(邊定定)의 조상(造像) 제자(題字)』

121) 『북해왕원상제기(北海王元祥題記)』, 『니법광제기(尼法光題記)』 등

122) 엽창치(葉昌熾)의 『어석(語石)』을 참고하라.

123) 예를 들면 미륵(彌勒)과 미타(彌陀) 등에 대한 숭배, 연대상 분포 및 지역상 분포 등등이다.

124) 혹은 감(龕)이나 감(礷)이라 하기도 한다.

125) 혹은 구(塸)라거나 구(軀)라 하기도 한다.

126) 기(記)의 뒤에는 아마 송명(頌銘)이 있을 것이다.

127) 등(燈)자와 같음.

128) 상세하지 않음.

129) 서(胥)자로 의심된다.

130) 서(胥)나 서(諝)와 똑같다고 의심된다.

131) 서(胥)나 서(諝)와 똑같다고 의심된다.

132) 정(正)자로 의심된다.

133) 자세하지 않다.

134) 역시 상세하지 않다.

135) 주(州)의 사문통(沙門統)

136) 『위서』 19에 상세하다.

137) 예를 들면 승기속을 강제로 빼앗는 것.

138) 『가람기』에서 서술한 요광사(瑤光寺)의 사적을 참고하라.

139) 나는 천신(天神)이고, 너는 숭배자를 가리킨다.

140) 예를 들면 『석로지』에 실린 낙양 사원(寺院)의 상황.

141) 앞에서 이미 살폈다.

142) 계율에 따르면 여덟 가지 부정물이란 1. 전답, 정원 2. 농사 3. 곡식과 비단 4. 가축과 노비 5. 금수(禽獸)를 기르는 것 6. 돈 7. 이부자리 8. 상아나 금으로 장식된 침대와 갖가지 귀중품이다.

143) 이로서 승려들이 승기속을 취하여 자신이 직접 사용한 걸 알 수 있다.

144) 이상은 모두 『석로지』에 보인다.

145) 앞으로 상세히 밝힘.

146) 예를 들면 태무제는 장안의 사찰에서 병기를 찾아냈다.

147) 9년 정월에 도참(圖讖)을 금지하면서 '이는 요망함에 근거하는 것이니, 이 요망함에 머무는 자는 사형에 처한다'고 했다.

148) 동년 12월 왕창(王敞)이 반란을 도모했다가 처형을 당했는데, 이 사건은 숭산의 사문들과 연루되었다. 『위서』 90에 보인다. 또 다음 해 5월에 천문(天文)의 학설을 금지하는 조서를 내렸다.

149) 연창(延昌) 4년, 서기 515년.

150) 5월에 다시 천문을 금지하는 법을 거듭 발표했다.

151) 희평 이후에는 사문으로 반란을 일으킨 자가 보이지 않는데, 천하의 변란 때문에 간사한 자들이 따로 돌아갈 곳이 있지 않았나 의심된다.

152) 북위 시대에 도참과 천문을 금지한 것도 이런 이유 때문일지 모른다.

153) 『초학기(初學記)』 23에 조서가 실려 있다. 『석로지』를 참고하라.

154) 그래서 『고승전』에서는 늘 소현통(昭玄統)이라고 했다), 도유나(조현도유나(照玄都維那)가 있는데 『혜맹법사비(惠猛法師碑)』에 있다. 조(照)는 소(昭)와 동일하다.

155) 앞서 말한 소위 승가 제도란 아마 효문제의 승가 제도일 것이다. 하지만 효문제도 역시 불교 경전에 의거하여 제도를 수립했다.

156) 즉 환속시키는 것이다.

157) 임성왕 징의 주소(奏疏)

158) 예를 들면 법수(法秀), 법경(法慶)

159) 『북제서・두필전(杜弼傳)』

160) 『속고승전・나련제려야사전(那連提黎耶舍傳)』, 정옥, 혜승, 법상, 도신(道愼), 영유(靈裕), 승조(僧稠)의 전기

161) 황후 이씨(李氏), 곡률(斛律)씨는 모두 비구니가 되었다. 하지만 무성(武成)과 호황후의 일을 근거로 말한다면 궁궐의 비구니는 아주 부정(不淨)했다.

162) 문선제가 절을 지은 것은 『북사』 7과 『속고승전・법상전』에 보인다. 하지만 전기(傳記)에서는 그가 보덕사(報德寺)를 지었다고 했는데, 이는 위나라 효문제의 오기(誤記)이다. 또 무성제와 후주는 흥성사(興聖寺)를 지어서 운영했는데 『북제서』와 『북사』에 보인다. 그러나 연도는 서로 차이가 있다.

163) 『북사・유림전서(儒林傳序)』를 참고하라.

164) 조구북(趙甌北)의 『이십이사찰기(二十二史札記)』 권15, 북조 경학 조항을 참고하라.

165) 수나라 초기가 되자 제(齊), 노(魯), 조(趙), 위(魏)때 유학의 서적은 더욱 많았다. 그 언어가 모두 『북사 · 유림전서』에 보인다.

166) 이상은 모두 『북사 · 유림전』에 보인다.

167) 사문 명장(明藏)으로 하여금 『불성론』을 짓도록 했다.

168) 『속고승전』에서는 웅(熊)자가 웅(雄)으로 되어 있다. 『북사 · 웅안생전』에서는 "웅안생은 서지재(徐之才)와 화사개(和士開)에게 통성명을 했는데, 서지재는 웅(雄)자를 기피했고(그의 아버지의 이름이다) 화사개는 안(安)자를 기피해서(역시 아버지의 이름이다) 자칭 촉촉생(觸觸生)이라고 했다……."고 하였다. 그렇다면 웅(熊)과 웅(雄) 두 글자는 동일한 발음이면서 서로 기피한[諱] 것이므로 『속고승전』의 웅안생(雄安生)은 바로 웅안생(熊安生)이다.

169) 최근은 서준명(徐遵明)에게 『주역』을 배웠는데 『북사 · 유림전서』에 보인다. 근(覲)자는 바로 근(瑾)이다.

170) 송경은 바로 『북사 · 예술전』의 송경업(宋景業)이고 『천보력(天保歷)』을 만들었다.

171) 이현(李鉉)의 자(字)는 보정(寶鼎)이고 서준명의 제자이다.

172) 정흥현(定興縣)에 있는 북제(北齊)의 석주송(石柱頌)과 담준(曇遵)과 동문수학한 거사 풍곤(馮昆; 자는 숙평(叔平))이 바로 풍연이다. 담준은 본래 혜광의 제자이다.

173) 혜광은 본래 율학의 원로 거장이었다. 승범과 풍연은 모두 유생이었다가 나중에 그를 따라 출가했다. 그리고 당시 유가의 삼례(三禮)[1]와 석가모니의 계율이 모두 세상에서 성행했는데, 이 역시 서로 관계가 있는 것으로 의심되지만 증거가 모자라서 함부로 억측할 수 없다. 이상은 모두 『속고승

전』에 보인다.

1) 유가에서 『예기(禮記)와《주례(周禮)》와《의례(儀禮)》를 삼례(三禮)라고 한다.

174) 즉 구겸지의 스승으로 『석로지』에 보인다.

175) 즉 구마라집의 제자

176) 앞으로 상세히 밝힘.

177) 의술은 본래 음양의 학문이다.

178) 이상은 모두 『북사 · 예술전(藝術傳)』에 보인다. 또 호인(胡人) 사문은 바로 근나만제(勤那漫提)로 『속고승전』에 보인다. 이 밖에 단특사(檀特師)도 법술을 잘했고, 술수에 정통한 육법화(陸法華)는 강남에서 왔고 그 행적도 사문과 흡사했다.

179) 『위서』 22에 보인다.

180) 앞에서 이미 인용했다.

181) 1.성명(聲明), 2.의방명(醫方明) 3.공교명(工巧明) 4.주술명(呪術明) 5.부인명(符印明).

182) 『속고승전, 도진전』 및 『속고승전, 보리류지전』

183) 조서는 『광홍명집』에 보이며, 법림의 『변정론』 권3을 참고하라.

184) 『속고승전 · 영장전(靈藏傳)』

185) 『정갈전(靜葛傳)』에 말이 나온다.

186) 『개원록』을 참고하라.

187) 『북사』 본전에 보인다.

188) 삼례(三禮)를 수정했다.

189) 『춘추』를 주석했다.

190) 왕포(王褒), 경신(庚信)은 모두 강릉에서 촉(蜀)으로 왔다. 두 사람은 모두

불교 문자와 관련이 있지만 불교를 신앙했는지 여부는 상세하지 않다.

191) 그의 제자인 촉(蜀) 지역 출신 위원숭(衛元嵩)도 역시 촉에서 관외로 들어왔다.

192) 자(字)는 문태(文泰)이다.

193) 『서열대왕신체혹해(敍列代王臣滯惑解)』

194) 『위서』 78에 전기가 있으며, 『광홍명집』에서는 혜(惠)가 제(濟)로 되어 있다.

195) 『위서』 53에 상세하다.

196) 『서열대왕신체혹해(敍列代王臣滯惑解)』

197) 『광홍명집 · 서열대왕신체혹해』

198) 『광홍명집 · 서열대왕신체혹해』

199) 자는 효겸(孝兼)

200) 조서와 대책은 『광홍명집 · 승행편(僧行篇)』에 보인다. 『북제서』 본전을 참고하라.

201) 『북제서』에 전기가 있다.

202) 『광홍명집 · 서열대왕신체혹해』

203) 장구자타의 사적은 상세하지 않은데 일찍이 유림의 학사였다.

204) 원래는 등(滕)으로 되어 있다.

205) 『광홍명집』과 『낙양가람기』에서는 무(無)가 모(謨)로 되어 있다.

206) 『속고승전 · 담무최전』

207) 북제의 첫 해는 양무제가 도교를 포기한지 40여년 뒤이다.

208) 이상은 모두 『담현전』에 보인다.

209) 상반대정의 『유불도 삼교관계(儒佛道三教關係)』란 저서에서 논한 내용

을 참고하라.

210) 『광홍명집』에 보인다.

211) 그의 형 문양왕(文襄王) 고징(高澄)은 도사 장원유(張遠游)와 조정통(趙靜通) 등에게 공경의 예를 표했는데, 이 내용은 『석로지』에 보인다.

212) 『속고승전・승맹전(僧猛傳)』

213) 『변정론』 권3을 참고하라. 『속고승전』에는 무제가 담숭을 주나라의 삼장(三藏)으로 삼는 조서가 실려 있으니, 이 역시 무제가 처음엔 불자(佛子)와 절연하지 않았다는 증거이다.

214) 『주서・예술전』에서는 위원숭이 강남의 보지(寶誌)와 같은 부류라고 했다. 『고승전』에서는 '보지는 늘 맨발로 거리와 골목을 다니면서 때때로 부(賦)와 시를 지었는데 그 말이 마치 참기(讖記)와 같았다'고 하였다. 또 망명 법사는 완적의 사람됨을 찬미했는데, 완적(阮籍) 역시 미친 척하는 것으로 유명했다.

215) 소위 연평사를 짓자는 것은 비유였다.

216) 무제는 즉위한 원년에 조서를 내려서 "말세의 잘못된 기풍을 버리고 번영된 주나라의 지혜로운 경전을 실천하라"고 하였다.

217) 『수서・율력지(律歷志)』에 보인다. 소위 정패란 즉 정왕패(定王覇)가 번갈아 흥기한 것이다.

218) 주나라의 우문호(宇文護)는 『치승망명서(致僧亡名書; 망명 법사에게 보낸 서신)』에서 "어찌 검게 물들임[緇染; 검게 물든 옷으로 승려를 뜻함]을 헛되게 하는가"라고 했는데, 주나라 때 승려는 검정 옷을 입고 있었다.

219) 『보인학지(輔仁學志)』 2권(卷) 2기(期) 여가석(余嘉錫)의 『북주훼불주모자위원숭』에 상세하다.

220) 이상은 모두 『주서본기』에 보인다.

221) 위원숭은 논(論)을 지어서 두 종교의 크고 작음을 변론했다.

222) 원래는 폐립(廢立) 두 글자가 있었다. 하지만 이해에 무제는 아직 불교를 폐하려고 하지 않은 것으로 보인다.

223) 『속고승전・도안전』

224) 이는 『광홍명집』에 주무제가 불법을 멸한 사건에 대한 기록에 근거한다.

225) 도안의 글은 모두 『광홍명집』에 실려 있다.

226) "불교와 도교가 나란히 흥기해서 똑같이 방울을 울리며 교세를 떨쳤다"는 구절이 있다.

227) 천화 6년에 중표기대장군(重驃騎大將軍) 개부의(開府儀) 동삼사(同三司)[1]와 노문박사(露門博士)를 수여했고, 황태자를 위해 강론하게 했다.

1) '개의부 동삼사'는 위진남북조 시대의 고급 관직이다.

228) 본기에 보인다.

229) 『속고승전』 본전

230) 『속고승전・정애전』

231) 『광홍명집』, 『속고승전』에 모두 무제가 도교를 신봉했다고 하는 사적은 기록되어 있지 않으며, 『정애전』에는 무제가 불교도에게 궁전에 들어와 도교의 일을 하라고 했다고 하는데 믿을 바가 못된다.

232) 『속고승전・현전(炫傳)』에 상세하다.

233) 『광홍명집』에서는 주무제가 다시 도법(道法)의 일을 일으킨 걸 서술했다.

234) 『속고승전・언종전(彦琮傳)』에 보인다. 『광홍명집』에서는 임도림(任道林)의 사적을 서술하면서 "통도관에서 배우는 것은 오직 『노자』와 『장자』로 허망한 담론을 잘 마련해서 삼교를 모두 펼치는 것이다"라고 하였다.

235) 도선은 『광홍명집』에서 주무제가 통도관을 세워 도교를 부흥하려고 했다고 말했는데 사실이 아니다.

236) 『광홍명집』에서는 혜원이 무제의 폐교에 저항한 사적을 서술했다.

237) 이해 10월 무제는 업성에 왔다.

238) 원래 승려였다.

239) 이상은 『광홍명집・서도림변무제제불법조(叙道林辯武帝除佛法詔)』에 상세하다.

240) 6년 정유(丁酉) 평제(平齊)

241) 『속고승전・정애전』에는 팔주 위에 우공(禹貢) 두 글자가 있다.

242) 『광홍명집』에 서술된 임도림의 사적과 『주서본기』를 참고하라.

243) 『광홍명집』에 상세하다.

244) 『속고승전』에는 정애가 불법을 수호할 수 없자 손으로 직접 자신의 살을 저며서 뼈를 드러내고 심장을 쪼개어 죽었다는 내용이 실려 있다.

245) 『속고승전』에는 북주의 비장방, 담숭, 법순, 정단(靜端), 도종, 법상, 승연, 지장, 그리고 북제의 법상, 영우, 담영은 모두 겉으로는 환속했지만 속으로는 불도를 고수했다는 내용이 실려 있다.

246) 북주의 담상, 정연, 보안, 법응, 법장, 정애, 도판, 북제의 혜장, 혜진(慧瑱), 승옹(僧邕)은 모두 산림 속으로 피난하여 숨었다. 또 지념은 바다가로 도망가서 숨었다.

247) 예를 들면 언종, 임도림, 보광 등은 모두 통도관의 학사였다.

248) 북주의 혜해, 법언

249) 법간(法侃), 혜천(慧遷)도 역시 북방의 『십지론』 학자로서 남방에 와서 『섭론』을 배웠다.

250) 수나라의 유고언(柳顧言) 선사의 비문에 근거함.

251) 앞에서 보았다.

252) 이토 키겐의 『지나불교정사(支那佛教正史)』 779페이지 이하를 참고하라.

# 15

# 남북조 시대 불교 서적의 찬술

중국 불교의 근거를 연구할 때는 번역본을 가장 중시해야 하고, 중국 불교의 사상을 탐색할 때는 반드시 과거 현자(賢者)들의 찬술을 연구해야 한다. 인도에는 인도 불교가 있고 중국에는 중국 불교가 있는데, 그 차이점은 오로지 경전의 차이에만 있는 것이 아니라 대부분 전래된 학설에 대한 중국 인사(人士)들의 서로 다른 반응에 있다. 불법의 교세가 확장되면서 중국 사상계를 점유하자, 이를 말미암아 저술이 점점 많아지면서 남북조 시대에는 중요한 지위를 차지하였다. 양(梁)나라 때 승우는 당시의 상황을 이렇게 서술하고 있다.

"존귀한 경전(불교 경전을 말함)이 신령하게 움직여서 (중국에 도착한 이래로) 빼어난 세속의 전적(典籍)이 나왔고, 한(漢)나라부터 양나라 시대까지 명철한 사람이 대대로 나왔으니, 비록 승려와 재가자가 가는 길은 달랐지만 귀의하는 곳은 같았다. 강연에 대한 찬(讚)과 분석은 대대로 내려오면서 더욱 정밀해졌고, 주석과 논술을 사람마다 경쟁적으로 도야하고 연마했다. 그리하여 풍부한 기(記)와 논(論)은 서각(書閣)과 방에 가득 찼고 번다한 글과 서문은 수레를 채우고 남을 지경이었다."(『우록』 12)

중국 불교의 성숙과 학설의 분파는 다 이 풍부한 저작에서 살필 수 있지만, 애석하게도 유실(遺失)된 것이 너무 많아 백 분의 일도 남아있지 않기 때문에 중국 문화의 변천을 연구하는 사람에겐 지극히 유감이다. 이제 남북조 시대 불교 저술의 상황을 분류해 서술하고 양진(兩晉) 시대의 것도 덧붙여서 그 전모를 살필 수 있도록 하겠다.

### 1) 주소(注疏)

불교 경전의 번역본은 권질(卷帙)이 너무 많아 연구하기 쉽지 않은 경우가 있기도 하고, 의의(意義)가 깊고 오묘한 경우가 있기도 하고, 번역 문장이 애매해서 완전히 이해하기 어려운 경우도 있으니, 주소(注疏)에 의지하지 않는다면 일반 사람들이 어찌 통달할 수 있겠는가? 도안 이전에 주석된 경전[註經]이 있긴 하지만, 그러나 주소(注疏)를 창시해 심혈을 기울인 노력으로 크나큰 영향을 끼친 사람은 바로 진(晉)나라의 도안이다. 『고승전』에서는 이렇게 말한다.

"조리(條理)가 서문[序]이 되고 문장의 이치를 회통(會通)해서 경전의 뜻을 환히 밝힌 것은 도안으로부터 시작한다."

도안 이후로 주소는 더욱 많아져서 마침내 중국 불교 전적의 중요한 항목이 되었다. 대체로 중국 불법의 지역과 시대에 따른 변천은 주로 불교의 찬술에서 살펴야 하는데, 주소가 세상에 출현한 시기의 선후(先後)와 지역의 차이를 연구하면 전승과 변화의 상황을 더욱 확실히 이해할 수 있다. 지역적으로 말한다면, 남조(南朝)에서는 문장[文]을 숭상해서 사상을 중시했기 때문에 주소가 비교적 많고, 북조(北朝)에서는 본질[質]을 숭상해서 행위를 중시했기 때문에 주소가 비교적 적다. 시기로 말한다면, 비록 번역에 근원을 두긴 했지만 역시 중국 학자(學者)의 흥취와 노력이 보이며, 이 때문에 위(魏), 진(晉) 두 시대 에는 『노자』, 『장자』의 가르침이 유행하고 『반야경』의 사상도 크게 흥기했다. 구마라집 시대에는 또 『삼론(三論)』을 숭상했고, 『성실(成實)』[1]의 경우는 구마라집이 만년에 번역해서 소승을 밝힌 것이다. 그래서 『성실』은 도리어 제(齊)나라와 양(梁)나라에서 번창했으며, 『삼론』은 진(陳)나라와 수(隋)나라 때에야 비로소 부흥하게 되었다. 학자들이 만약 온갖 경전에 대한 주소의 내용과 그 많고 적음을 고증해서 변천하게 된 까닭을 밝힐 수 있다면 중국 불교사의 전모를 엿볼 수 있을 것이다.

주소(注疏)의 내용은 번잡함과 간소함의 차이가 있고 종지의 취지도 저마다 다르다.

(1) 문장을 따르면서 뜻[義]을 해석한 것을 주(注)라 하니, 이것이 바로 일반적으로 말하는 장구(章句)이다**1:**. 강승회의 『안반경서(安般經序)』에서는 “진혜(陳慧)가 경전의 뜻에 주석을 하면 나는 재삼 확인하는 것을 돕되 스승이 전하지 않은 것은 배척함으로서 감히 멋대로 하지 않았다”고 했으며, 승예의 『사익경서(思益經序)』에서는 “나와 도항(道恒)은 과분하게도 말씀을 전해 받아 필사하는 임무를 맡아서 그의 말씀에 소(疏)를 짓고 그의 사적을 기록하여**2:** 후세의 현자들에게 남겨주노라”라고 했으며, 작자 미상(未詳)의 『잡심서(雜心序)』에서는 “저는 재능은 부족하지만 이집(二集)**3:**의 말미에 제가 들은 것을 기록함으로써 장구(章句)에 훈(訓)을 지었다”고 하였다. 이는 모두 스승이 구전(口傳)한 뜻을 받아서 경문을 따라 해석한 것으로 주소(注疏)의 가장 중요한 종류 중 하나이다. 주소는 대사(大師)**4:**의

1) 인도의 하리발마가 지었으며 요진(姚秦) 때 구마라집이 번역했다. 총 16권(혹은 20권)으로 성실종의 기본 경전이다. 양나라의 법운, 지장, 혜민은 대승의 논서라 하고, 지의와 길장은 소승의 논서라 했다.

종지를 많이 간직하고 있기 때문에 그 설명도 원래 서역 일대에서 나온 것이다. 도안은 『인본욕생경서(人本欲生經序)』에서 "감히 여가를 내어 주(注)를 모았으나, 그 뜻[義]은 동일해도 문장이 다른 것에 대해서는 훈(訓; 말의 해석)을 가하지 않았다"5:고 했으며, 『안반경서』에서는 "위(魏)나라 초기에 강승회가 뜻에 주석을 붙였는데, 뜻이 감춰져서 분명하지 않으면 도안은 독단적으로 헤아리지 않고 그 아래에 주해(註解)를 달았다"고 했으며, 『도지경서(道地經序)』에서는 "장(章)과 구(句)를 살피고 훈(訓; 장구의 뜻)을 지어서 전했다"고 했으며, 또 "그래서 장구(章句)를 지어 자신의 절실한 마음을 폈다"고 했다. 그렇다면 개인의 연구로 터득한 내용을 취하여 주(注)를 지은 것이니, 주소의 대부분은 이와 같았다고 생각한다.

(2) 경전의 대의(大義)를 밝힐 때 반드시 한 마디 한 마디씩 문장을 해석할 필요는 없다.

도랑(道朗)의 『열반서(涅槃序)』에서는 "애오라지 표위(標位)[2]를 시도해 그 종지의 격(格)을 서술할 뿐이지 어찌 전하려고 하는 뜻의 요점을 필연적으로 엿보았다고 할 수 있겠는가?"라고 했으며, 승예의 『중론서』에서는 "내가 음미하고 즐기다 보니 손에서 놓을 수 없었다. 마침내 그 비루한 것을 잊고 깨우친 회포를 하나의 서문에 의탁했고, 아울러 목록과 품(品)의 뜻도 첫머리에서 기술했다"라고 했으며, 또 『십이문론서(十二門論序)』에서는 "감히 아둔한 언사와 짧은 생각으로 서문을 지어 서술했고 아울러 목록과 품(品)의 뜻도 앞머리에서 기술했다"라고 하였다.

축도생(竺道生)의 『법화소(法華疏)』를 살펴보면, 먼저 경전의 명칭을 말하고 다음엔 경문을 세 단락으로 나누었다. 첫머리의 십삼 품(十三品)에

---

2) 전체 문장을 몇 부분으로 나누어 표시한 것.

서는 세 가지 인[三因]이 한 가지 인(因)이 됨을 밝혔고, 다음 팔품(八品)에서는 세 가지 과(果)를 변별했고, 마지막 육품(六品)에서는 모두 세 사람[三人]이 한 사람[一人]이 되었다. '분단(分段; 단락을 나눔)'은 도랑이 말한 '표위(標位)'와 같다. 도생(道生)의 『법화소』는 겨우 경문을 발췌해 그 대강의 이치를 밝혔을 뿐이니, 그렇다면 도랑이 말한 "종지의 격(格)을 서술(敍述)하는" 것과 같다. 후대 승려의 저술에서 경전의 대의(大意)를 서술한 것은6: 모두 여기서 나왔다. 도생의 『법화소』를 보면, 각 품(品)의 첫머리에서 그 품의 종지와 명칭을 얻게 된 이유를 유비(類比)로 설명하고 있으니, 가령 『약초유품(藥草喩品)』에서는 "성스러운 가르침이 정신[神]을 적시면 번뇌의 병이 낫기 때문에 약초에 기탁해 품목(品目)을 삼았다"고 했으며, 『수량품(壽量品)』에서는 "이제 막힌 곳을 쳐버리는데 장수(長壽)를 빌려 버리기 때문에 이 품의 명목(名目)을 수량(壽量)이라 한다"고 했으며, 『촉루품(屬累品)』에서는 "이(理)가 깊고 사(事)가 커서 ○○을 이 뜻[義]으로 삼기 때문에 품(品)을 수립했다"고 하였다. 그렇다면 승예의 소위 '목품의(目品義)'는 바로 온갖 품(品)의 뜻[義]에 제목을 붙이고 차례로 해석을 가한 것이니, 이것과 전체 경전의 서(序)는 뜻[意]을 수립한 것이 서로 같다.

대체로 경서(經序)는 전체 내용의 종지를 설명한 것이고, 품목은 바로 일품(一品)의 대의(大意)를 설명한 것이다. 이 두 종류 외에 경전의 음의(音義)가 있는데, 남북조 시대에는 이에 대한 서적이 존재하지 않았다. 또 진(晉)나라의 도자(道慈)는 『중아함』의 전후 번역 명칭이 똑같지 않기 때문에 그 근본을 어길까 걱정해서 "그래서 갖가지 명칭을 고친 자들은 모두 추려내 그 밑에다 주(注)를 붙이자 새로운 것과 옛것이 둘 다 존재하게 되었다. 그래서 따로 한 권(卷)을 만들어 목록과 서로 연계하였다"7:고 했으니, 이 역시 별개의 한 종류에 편입될 수 있다.

대체로 장구(章句)를 해석한 주소(注疏)8:는 그 문장이 비교적 복잡하고, 대의(大意)를 서술한 주소9:는 그 문장이 비교적 간략하다. 그래서 『인본욕생경』은 단지 한 권에 불과한데도 『인본욕생경주』는 한 권이나 되고, 구마라집이 번역한 『법화경』은 원래 일곱 권이나 도생의 『법화소』는 단지 두 권에 불과하니, 전자는 문장을 해석해서 복잡하고 후자는 뜻[義]을 이야기해서 간략하기 때문이다. 또 위(魏), 진(晉) 시대의 주소는 비교적 간략한데, 어떤 경우는 단지 사수(事數)를 밝힐 뿐이고(문소(文疏)) 어떤 경우는 대의(大義)를 간략히 해석하기도 한다(의소(義疏)). 가령 육징의 『법론』에 들어있는 지도림의 『본업약례(本業略例)』와 『도행지귀(道行旨歸)』 등은 모두 권수(卷數)가 많지 않아서 다만 의지(義旨)를 서술했을 뿐 후대에 나온 상세한 주소나 주해와 같지는 않다. 당시 현학은 주로 말을 간략히 하고 뜻을 요약하는 것이 성행(盛行)했기 때문에 저술한 글의 종류나 권질(卷帙)이 많지 않고 아울러 그 후 번역의 품(品)이 날로 많아지면서 구의(口義)는 더욱 번성했다. 그래서 사수(事數)의 경우는 부문을 나누고 종류를 구별해서 그 같고 다른 점을 상세히 했으며, 의지(義旨)의 경우는 온갖 훌륭한 사람을 널리 선택해서 집해(集解)를 지었으니, 그 결과 주소(注疏)는 순수하게 경사(經師)의 학문이 되었다. 그리고 이를 통해 수나라와 당나라 때 나온 장소(章疏)의 광박(廣博)함을 열었다. 『수서(隋書), 유림전(儒林傳)』에서는 "무릇 남쪽과 북쪽에서는 장구(章句)에 대한 숭상이 서로 같지 않았으니, 남쪽 사람은 간략히 요약해서 그 정수[英華]를 얻었고 북쪽의 학문은 깊이 파고들어 그 지엽(枝葉)을 궁구했다"고 하였다. 불경의 주소를 살펴보면, 오늘날에는 남쪽과 북쪽을 상세히 비교할 수 없다10:. 그러나 내가 위진 남북조 시대에 나온 주소의 전(前)과 후(後), 복잡함과 간소함을 비교해 분별한다면 아마 근접할 수는 있을 것이다.

그리고 유가의 경전도 남북이 다른 것은 진실로 남조는 위진 시대의 현학을 계승하고 북조는 한나라 때의 학술을 이었기 때문이다.

주소(注疏)는 원래 반드시 과분(科分)을 사용해야 할 필요는 없었다. 길장의 『법화의소(法華義疏)』에서는 이렇게 말한다.

> 가령 천친(天親)이 풀이한 『열반』에는 『칠분(七分)』이 있고[11:], 용수가 해석한 『반야』에는 장(章)이나 문(門)이 없으니, 이 천축의 논사(論師)는 과분(科分)을 연 사람과 열지 않는 사람 두 종류가 있다. 하서(河西) 지방에서 만든 『열반』의 소(疏)는 다섯 가지 문(門)으로 나누었고[12:], 도융(道融)의 『신법화(新法華)』의 종류는 구철(九轍)[3]을 이룬다[13:]. 『정명(淨名)[4]』의 설(說)[14:]을 집해(集解)하고 『법화』의 경문을 찬주(撰注)한 경우에는 다만 그 현묘하고 미묘함을 분석할 뿐 미리 과(科)의 처음과 끝[起盡]을 마련하지는 않았다. 대체로 이것이 진단(震旦; 중국)의 여러 법사 중에서 과분을 여는 종류의 법사와 열지 않는 종류의 법사이다.

진단(震旦)의 여러 스승들이 과(科)와 문(門)으로 분류하기 시작한 것은 실제로 도안부터인데, 도안은 '과분(科分)'을 '기진(起盡; 처음과 끝)'이라 하였다. 지자(智者) 대사의 『인왕소(仁王疏)』에서는 이렇게 말한다.

> 도안은 서문[序], 정문[正], 유통(流通)을 별도로 마련했다.

---

3) 아홉 가지 궤철(軌轍)이란 뜻. 승예가 법화경을 판석할 때 수립한 아홉 가지 과목이다. 구마라집이 승예에게 법화경을 강의하게 하자 승예는 경전 전체를 구철(九轍)로 나누었다.

4) 『정명』은 정명경(淨名經)으로 『유마경』 또는 『유마힐소설경(維摩詰所說經)』이라고도 하며, 현장(玄奘)이 번역에서는 『설무구칭경(說無垢稱經)』이라고 한다.

양분(良賁)의 『인왕소』에서는 이렇게 말한다.

옛날 진(晉)나라 왕조의 도안 법사는 여러 경전들을 과(科)로 판석(判釋)해서 서분(序分), 정종분(正宗分), 유통분(流通分)의 세 가지로 나누었다. 그래서 오늘날 거당(巨唐)[5]의 자은 삼장(慈恩 三藏)이 번역한 『불지론(佛地論)』, 친광(親光) 보살[6]이 해석한 『불지경(佛地經)』에서는 경전을 과(科)로 판석하여 세 가지로 나누었으니, 그렇다면 동하(東夏)와 서천(西天)은 장소는 비록 멀리 떨어져있긴 해도 성스러운 마음이 잠잠히 계합하고 묘한 종지가 그윽이 부합한 것이다.

종밀(宗密)의 『우란분경소(盂蘭盆經疏)』에서는 이렇게 말한다.

본문을 해석하여 세 가지로 나누니, 첫째는 서분이고 둘째는 정종분이고 셋째는 유통분이다. 이 세 가지 구분은 미천(彌天; 도안)이 빼어나게 판석해서 서역과 그윽이 부합한 것으로 예나 지금이나 똑같이 준수하고 있다.

길장의 『인왕소』에서는 이렇게 말한다.

그러나 모든 부처가 경전을 설했을 때는 본래 장(章)과 단락이 없다. 처음에 도안 법사부터 시작해서 경전을 세 단락으로 나누었으니, 첫째는 서설(序說)이고 둘째는 정설(正說)이고 셋째는 유통설(流通說)이다. '서설'은 유서(由序)의 뜻으로 경전의 유서(由序)를 설하는 것이다. '정설'은 치우치

5) 위대한 당나라. 당나라가 스스로를 높이 칭하는 말이다.
6) 친광(Bandhu - prabha 혹은 Prabhā - mitra)은 6세기 중엽의 인도 승려이다. 그는 청변과 호법이 서로 공(空)과 유(有)에 대한 논쟁을 벌였다고 했다.

> 지 않는다는 뜻으로 한결같은 가르침의 종지이다. '유통'에서 유(流)는 선포한다는 뜻이고 통(通)은 막히지 않는다는 뜻이다. 불법의 음성이 멀리까지 막힘없이 퍼져나가게 하려는 것이다.

도안의 원래 뜻이 반드시 길장이 전한 내용과 동일하지는 않을지라도 과(科)로 나누는 일은 실제로 도안으로부터 시작하고 있다. 도안은 이를 세 가지로 나누고 있다. 도안의 주소 중에 『방광반야기진해(放光般若起盡解)』 1권이 있고 『법화문구기(法華文句記)』에는 "기진(起盡)이란 장(章)의 시작과 마지막이다"라는 말이 있으니, 여기서 '기진'이 후세 사람들이 말하는 과의 단락[科段]이란 걸 알 수 있다. 『방광반야기진해』는 이미 실전되어서 장의 나눔[章分]을 상세히 알 수 없다. 다만 『방광경』은 원래 20권이 있으나 『기진해(起盡解)』는 단지 1권뿐이라서 그 과의 나눔[科分]이 별로 번잡하지 않음을 알 수 있다. 아마 그 내용을 과로 나눈 큰 단락은 삼분법(三分法)을 사용했을 것이다15:.

> 경문을 과(科)로 나누는 것은 유송(劉宋) 시기에 더욱 성행했지만 그 상세한 정황(情況)은 알 수 없다. 그러나 가장 유명한 사람은 석법요(釋法瑤)[7]이다. 북송(北宋)의 석악정(釋岳淨)의 『과금강비서(科金剛錍序)』에서는 "『대경(大經)』의 장단(章段)을 과(科)로 나누는 것은 관내(關內)의 빙(憑), 소산요(小山瑤; 소산 법요)로부터 시작되었고 그 이전에는 전대미문(前代未聞)의 일이다. 나의 조사(祖師) 장안(章安)[8]이 지은 소(疏)에 더욱 상세하

---

7) 서진(西晉) 시대 때 인물로 성(姓)은 양씨(楊氏)이고 하동(河東) 사람이다. 오흥(吳興)의 심연지(沈演之)가 그를 초청해서 오흥(吳興) 무강(武康)의 소산사(小山寺)로 돌아와서 해마다 강론을 열었고 계율을 철저히 지켰다. 76세로 임종.

8) 천태종의 오조(五祖) 관정(灌頂)(서기 561년~632년)이 바로 장안 대사로 자(字)

다…….”고 하였다. 『대경(大經)』이란 『열반경』을 가리키며 장안 관정(章安灌頂)은 『열반경소』 33권을 지었다. 또 당나라 담연(湛然)의 『재치장안열반소(再治章安涅槃疏)』 권1에서는 “장단(章段)의 나눔은 소산 법요, 관내의 빙에서 시작되었고 이로 인해 법도를 이루었다…….”고 했으니, 이로 말미암아 법요(法瑤)가 『열반경』의 과와 단락을 나눈 적이 있음을 알 수 있다. 또 『법화문구(法華文句)』 상권에서는 “천친(天親)이 지은 논서에서 7공덕분(功德分)은 『서품(序品)』이고 5시현분(示現分)은 『방편품』이고 그 나머지 품(品)도 각기 해당되는 분(分)이 있다16:. 예전에 하서(河西)의 빙(憑(즉 관내빙), 강동(江東)의 법요가 이 뜻을 취하여 경전의 문장을 절(節)과 목록[目]으로 나누었는데, 말대(末代)에 는 더 복잡해졌고 광택(光宅)[9]에 이르자 더욱 미세해졌다”고 했으며, 또 “제(齊)나라의 중흥 인(中興 印), 소산 법요는 여산의 용사(龍師)로부터 경전을 받았는데 경문을 나눈 것이 동일하다”고 하였다. 담연(湛然)의 『문구기(文句記)』에서는 “강동의 요(瑤)는 바로 오흥(吳興)의 소산사(小山寺)”라고 했으니, 그렇다면 법요는 『법화경』에 대해 과(科)를 나누고 장(章)을 분단(分段)한 적이 있다(또 길장의 『백론소』에 근거하면, 법요는 빙(憑) 법사의 번역을 채용했다고 한다. 그렇다면 법요와 빙(憑)은 『열반경』과 『법화경』과 『백론』에 보이는 것이 모두 동일하니 두 사람의 관계가 밀접함을 알 수 있다. 또 법요의 『열반경』, 『법화경』 장소(章疏)를 살펴보면 대체로 후대에 서술한 것이고, 『승만보굴』 상권에서는 “말세에 이어지면서 장문(章門)을 많이 열었으니, 그 장문으로 경전의 기진(起盡)을 제시했기 때문이다”라고 하였다. 법요 역시 『승만소

---

는 법운(法雲)이고 속가의 성(姓)은 오(吳)씨이다. 부친인 오비(吳備)는 남조(南朝)의 진(陳)나라 때 장안령(章安令)을 지냈다.

9) 남북조시대 양(梁)나라의 승려 법운(法雲)을 말한다. 467년에 태어나 529년에 입종을 맞았다. 『열반경』과 『법화경』에 능통했으며, 광택사(光宅寺)는 그가 머문 사찰로 『법화의기(法華義記)』를 지어 유명한 곳이다.

(勝鬘疏)』를 지었으니 아마 장문(章門)을 나눈 적이 있을 것이다). 또 『고승전, 승인전(僧印傳)10)』에서는 "후에 여산으로 나아가 혜룡(慧龍)으로부터 『법화경』을 자문 받았다. 혜룡은 당시 저명한 인물로 『법화경』의 종지를 전파했으며, 승인은 열렬히 공부하고 철저히 구축해서 홀로 새롭고 특이함을 나타냈다……."고 했으니, 소산 법요는 혜룡과 동시에 『법화경』을 접하고 받아들인 사람이다. 지의(智顗)의 『문구(文句)』 권1과 길장의 『의소(義疏)』 권1이 모두 승인의 설을 언급하고 있으니, 그렇다면 법요의 과분(科分)도 대체로 이를 통해 추정할 수 있을 것이다. 또 길장의 『법화현론(法華玄論)』 1에서는 "광택(光宅)은 중흥(中興)의 승인 법사에게 경전을 받았고 여산의 혜룡으로부터 『법화경』을 배웠다"고 했으며, 또 담연의 『문구기(文句記)』에서는 "광택 법운(光宅 法雲)의 소(疏)를 읽으면 오직 문구가 복잡하고 장단(章段)이 중첩된 것만 볼 뿐이다"라고 했으니, 이것이 소위 광택의 전세(轉細; 더욱 번거로움)이다.

양(梁)나라 광택사(光宅寺)의 법운(法雲) 법사가 지은 『법화경소』는 현존하고 있다. 그러나 『법화경소』는 실제로 그의 문하(門下)에서 기록한 것이지 광택 자신이 지은 것은 아니며 총 8권이다. 그 해석이 매우 상세하여 도생의 2권짜리 『법화경소』와 비교하면 복잡함과 간략함이 현격히 차이가 나서 주소(注疏)의 이전 시대와 이후 시대의 차이를 다 볼 수 있다. 과판(科判)의 경우도 역시 시기가 뒤로 갈수록 구분이 더 세밀해진다. 『금강반야경

---

10) 서기 434년에 태어나 499년에 세상을 떠났다. 남제(南齊)의 승려로 안휘성 수현(壽縣) 사람이다. 속성(俗姓)은 주(朱)이다. 처음엔 팽성(彭城)의 담도(曇度)에게서 삼론을 배웠으나 나중에 여산의 혜룡으로부터 『법화경』을 배웠다. 당시 저명한 인사로 법화의 종지(華宗旨)를 전파했고 경사(京師)로 가서 중흥사(中興寺)에 머물렀다.

(金剛般若經)』의 글은 본래 적지만, 양(梁)나라 소명태자(昭明太子)는 32분(分)으로 나누었고[17], 위(魏)나라의 보리류지(菩提流支) 역시 12분(分)으로 나누었다[18]. 그러나 진(晉) 왕조의 도안은 『방광반야경』 20권에 대해 『기진해(起盡解)』 1권만을 지었을 뿐이라서 역시 후대로 갈수록 경전 주석이 세밀해졌음을 알 수 있으며, 불교의 의학(義學)이 더 퍼지면서 경사(經師)의 학문이 되었다[19].

### 2) 논저(論著)

주소(注疏)는 불경 원전에 제한되기 때문에 개인 사상의 발휘는 비교적 직접 지은 논문에서 드러날 수 있다. 육조(六朝) 시대에는 논저(論著)의 글이 지극히 많은데 그 이유로 네 가지가 있다.

첫째, 당시 경전의 역출이 지극히 많고 또 경서(經序)를 아주 중시했기 때문이다. 구마라집은 장안에서 『대지도론』의 번역을 마친 후에 여산의 혜원에게 서신을 보내서 서문[序]을 써달라고 부탁했다. 그 서신을 보면 "이곳의 도사들은 모두 서로 미루고 사양해서 감히 쓰려고 하는 사람이 없습니다."라는 말이 있는데, 서문을 중시한 것이 이와 같았다. 무릇 경문을 연구할 때 그 대의(大意)를 통달하기가 가장 어렵기 때문에 경문 전체를 살펴 서문을 짓는 사람은 경전의 지위와 그 목적을 설해서 전체 내용을 총체적으로 제시해야 후학(後學)에게 도움을 줄 수 있다. 도안, 혜원, 승예, 승조가 지은 경서(經序)는 지극히 유명한데, 그 저술이 하나의 경전에 관한 것일지라도 실제로 저자 자신이 관찰한 심득(心得)을 대표하고 있다.

둘째, 불법이 오랜 시기에 걸쳐 유행하자 종의(宗義:종지의 이치)의 귀결점을 밝혀서 자기 사상을 서술하는 것이 당시 사람들에게 필요했기 때문이다. 그래서 계통 있는 저술이 육조 시대에는 적지 않았으니, 예컨대 도안의 『성공론(性空論)』, 구마라집의 『실상론(實相論)』, 그리고 가장 저명한 것은 승조의 여러 논문이다. 승조는 구마라집을 따르며 몇 년간 유학(遊學)했는데, 재능과 이해력이 한 시대의 경탄을 자아낼 만큼 뛰어났다. 그가 저술한 논문은 중국 불교에서 늘 언급되고 있다.

셋째, 불경의 역출이 매우 많고 사수(事數)가 번잡하고 의지(義旨)가 저마다 다르기 때문이다. 그 같고 다른 점을 구별하고 우열(優劣)도 정하려고 의장(義章)의 저술이 있는 것이다.

넷째, 위진남북조 시대는 사상이 가장 자유로워서 담론과 답변을 더 좋아하는 풍조였다. 하나는 전적으로 특수한 문제를 논한 것으로서 글을 저술해 토론하거나 혹은 서신을 통해 문답을 했으니, 예를 들면 법신(法身)의 문제나 신멸(神滅)의 문제이다. 이 토론과 문답에서 누구의 주장이 옳고 그른지를 살피다 보면, 당시 학문을 향한 진정성을 알 수 있을 뿐 아니라 그 시대의 토론이 갖는 초점의 차이를 인식할 수 있다. 또 하나는 논쟁을 하는 것이니, 다른 가르침을 공격하거나 혹은 불교를 옹호하는 것이다. 양진(兩晉)과 남북조 시대에는 이런 종류의 저작이 지극히 많았다.

이 네 가지 이유 때문에 이 기간의 논저가 가장 풍부했으며, 이런 뜻에 따라 논저를 분류하고 아울러 잡문(雜文)을 덧붙여서 다음과 같이 열거한다.

(1) 경서(經序)

이 기간의 경서는 지극히 많으며, 승우의 『출삼장기집』에 수록된 것도 매우 풍부하다[20]. 그러나 실려 있지 않거나 유실된 것도 적지 않다. 최근에 남경(南京)에 있는 지나내학원(支那內學院)에서 승우의 저서에 있는 경서를 취해서 정밀히 교감해 간행했다. 나중에 또 『대장경』에 현존하는 서(序)를 모아 다섯 권으로 간행했으며, 아울러 유실된 서(序)를 찾아 목록으로 편찬했다. 그러나 위작(僞作)의 서(序)는 대체로 수록하지 않았다. 우리가 역대 경서의 내용과 그 존재 여부를 알고 싶다면 지나내학원에서 간행된 책자에 상세한 목록이 있어서 다시 조사할 수 있으므로 여기서는 수록하지 않겠다.

(2) 통론(通論) 혹은 전론(專論)

유송(劉宋)의 육징은 칙령을 받들어 『법론(法論)』을 편찬했는데 『우록』 12에 그 『목록』이 실려 있다. 그 『목록』의 주체는 바로 유송 이전의 불교 논저(論著)를 취해 16질(帙) 총 103권으로 편집한 것인데, 그 중에 경서 및 잡문이 덧붙여졌다. 육징의 『법론』은 진실로 위(魏), 진(晉) 시대 불교 찬술의 보고(寶庫)이다. 양나라 시대가 되자 보창(寶唱)이 칙령을 받들어 『속법론(續法論)』을 편찬했는데, 이는 바로 육징의 『법론』을 계승한 것이다. 두 저서는 모두 실전되었다. 그러나 『우록』에 있는 『법론』의 목록을 가려 뽑고 통론(通論)이나 전론(專論)에 관련된 다른 저서를 덧붙여 목록을 열거하면 다음과 같다. 저서 이름 아래에 '육(陸)' 자를 주석한 것은 육징의 『법론』을 본 것을 말하며, '방(房)' 자나 '내(內)' 자를 주석한 것은 비장방이나 『내전록(內典錄)』에 수록된 것을 말한다. '전(傳)'은 『고승전』을 말한다.

『즉색유현론(卽色遊玄論)』 지도림

왕경화(王敬和)(흡(洽))가 질문하고 지도림이 답했다. (육(陸))(방(房)의 저작 1권)(전(傳)) 왕경화의 질문은 『광홍명집』에 실려 있다.

『변저론(辯著論)』 지도림 (육)

『석즉색본무의(釋卽色本無義)』 (왕유공(王幼恭)이 질문하고 지도림이 답했다.(육))

『성불변지론(聖不辯知論)』 지도림 (전)

『부진공론(佛眞空論)』 승조 ((육) (전) 현존하고 있다)

『본무난문(本無難問)』 극초 (축법태가 난문(難問)을 묻고 극초가 답하며 네 번 주고받았다) (육) (전))

『극여법준서(郄與法濬書)』 ((육))

『극여개법사서(郄與開法師書)』 ((육) 『고승전』에서는 지도림과 우법개는 항상 즉색공(卽色空)의 뜻에 대해 논쟁했는데, 여강(廬江) 출신인 하묵(何默)이 우법개의 질문을 밝혔고 고평(高平)의 극초가 지도림의 해석을 서술했다.)

『극여지법사서(郄與支法師書)』 ((육))

『심무의(心無義)』 환경도(桓敬道) (왕치원(王稚遠)(시(謚))가 난문을 묻고 환현이 답했다. (육))

『석심무의(釋心無義)』 유정지(劉程之) ((유민(遺民) (육))

『법성론(法性論)』 상하 혜원 ((육) (방(房)의 저작 2권) 『고승전』과 혜달의 『조론소』는 모두 그 문장을 인용했다)

『실상의(實相義)』 도안 ((육))

『성공론(性空論)』 도안 (원강의 『조론소』를 보라. 그러나 앞의 『실상의』의 별명(別名)인지 아닌지는 모르겠다)

『실상론(實相論)』 구마라집 ((전))

『실상론(實相論)』 담무성(曇無成) ((육) (전) 『조론소』에서 인용했다)

『실상통색론(實相通塞論)』 도함(道含) ((육) 『고승전』에서는 송(宋)나라의 도함이 『석이십론(釋異十論)』을 저술했다고 하였다)

『실상론(實相論)』 지법상(支法祥)이 묻고 석혜의(釋慧儀)가 답했다. ((원강의 『조론소』) 송나라 효월(曉月)이 주석한 『조론서(肇論序)』에서는 지법상이 지도림의 제자라고 했다)

『회통론(會通論)』 지담제(支曇諦) ((육))

『지서여극가빈(支書與郄嘉賓)』(초(超)) ((육))

『회통론(會通論)』 상하 혜의(慧義) ((육))

『시원론(始元論)』 승종(僧宗) ((육) 『고승전』에서는 승종이 『법성론』과 『각성론(覺性論)』을 저술했다고 하였는데, 이는 응당 『법성론』이 되어야 한다)

『약론제경(略論諸經)』 ((육(陸)에 이름이 빠져있다)

『불성론(佛性論)』 상하 승종 ((육) 이것은 응당 『고승전』에서 말한 『각성론』이다)

『열반무명론(涅槃無名論)』 승조 ((육) 현존하고 있다)

『열반삼십육문(涅槃三十六問)』 축도생 ((육) 문(問)이 문(門)으로 되어있기도 하다)

『석팔주초심욕취니원의(釋八住初心欲取泥洹義)』 축도생 ((육) 도생의 저작은 제16장에 상세하다)

『여제도인론대반니원의(與諸道人論大般泥洹義)』 범백륜(范伯倫) ((진(秦)) ((육))

『변불성의(辯佛性義)』 축도생 (왕(王)이 묻고 축도생이 답했다. (육) 『내전록』에 근거하면 이 왕(王)은 바로 왕밀(王謐)이다)

『불성의(佛性義)』 혜정(慧靜) ((육))

『불성론(佛性論)』 ((육(陸)에는 이름이 빠져있다)

『불성론(佛性論)』 명장(明藏) (『북사(北史), 최지전(崔遲傳)』)

『불성론(佛性論)』 소작(蘇綽) (『북사(北史)』)

『반야무지론(般若無知論)』 승조 (유유민(劉遺民)이 난문을 묻고 승조가 대답했다. (육) (전)은 현존한다)

『여석혜원론진인지극(與釋慧遠論眞人至極)』 석혜원이 답함 ((육))

『여제도인론반야의(與諸道人論般若義)』 범백륜(范伯倫) (진(秦)) ((육))

『문축도생제도인불의(問竺道生諸道人佛義)』 범백륜 ((육))

『중승술범문(衆僧述范問)』 ((육))

『범중문도생왕반(范重問道生往反)』 3수(首) ((육))

부계우(傅季友)(량(亮))의 『답범백륜서(答范伯倫書)』 ((육))

사령운(謝靈運)의 『변종론(辯宗論)』과 법훈(法勛) 등에게 보낸 『답변(答辯)』 ((육) 상세한 목록은 제16장에 보인다)

혜관(慧觀)의 『점오론(漸悟論)』 등 ((육) 상세히는 제16장에 보인다)

『명점론(明漸論)』 담무성(曇無成) ((육) (전))

『논십주(論十住)』 상하 부숙옥(傅叔玉) ((육))

『서여사경서(書與謝慶緖)』 (부(敷)) 4수(首)를 주고받음 ((육))

『부숙옥중서여사답(傅叔玉重書與謝答)』 ((육))

『삼십이자십주의(三十二字十住義)』 담우(曇遇) ((육))

『실상표격론(實相標格論)』 (육(陸)에는 이름이 빠져있다)

『물불천론(物不遷論)』 승조 ((육) 현존하고 있다)

『신무생론(申無生論)』 담무성 ((육))

『무생멸론(無生滅論)』 혜엄(慧嚴) ((육))

『혜원나습문답(慧遠羅什問答)』 ((육) 상세한 목록은 제16장에 있다)

『왕치원(王稚遠)(밀(謐))의 나습문답(羅什問答)』 ((육) 상세한 목록은 제16장에 있다)

『성지원감론(聖智圓鑑論)』 승함(僧含) ((전))

『무생론(無生論)』 승함 ((전))

『공유이제론(空有二諦論) 공유이제론(空有二諦論)』 승도(僧導) ((전))

『문훈의서(門訓義序)』 33과(科) 혜기(慧基) (『고승전』에 상세하다)

『현통론(玄通論)』 혜량(慧亮) ((전))

『법성론(法性論)』 혜통(慧通) ((전))

『이제론(二諦論)』 지림(智林) ((전))

『칠현론(七玄論)』 승발(僧拔) ((전))

『정주자(淨住子)』 20권 소자량(蕭子良) (『우록』의 『광홍명집』에 그 간략한 글이 실려 있다)

『현종론(玄宗論)』 혜광(慧光) (『속고승전』)

『지도론(至道論)』 이름 없음 (『속고승전』)

『순덕론(淳德論)』 이름 없음

『견집론(遣執論)』 이름 없음 (『속고승전』)

『거시비론(去是非論)』 이름 없음(『속고승전』)

『수공론(修空論)』 이름 없음(『속고승전』)

『영유론(影喩論)』 이름 없음(『속고승전』)

『답법태난(答法汰難)』 도안 (『우록』 5권에 보인다. 그러나 육징의 『목록』에는 단지 다음에 열거하는 세 항목만 있다;

『법태문석도안삼승병서(法汰問釋道安三乘竝書)』

『법태문석도안육통(法汰問釋道安六通)』

『법태문석도안신(法汰問釋道安神)』

(이 세 편 외에 법태는 도안과 황하의 근원을 논한 적이 있다)

『답법장난(答法將難)』 도안 (『우록』 5)

『문석혜엄법신이의(問釋慧嚴法身二義)』 축승필(竺僧弼) ((육))

『장육즉진론(丈六卽眞論)』 승조 ((육))

『통불영적(通佛影迹)』, 『통불정치조(通佛頂齒爪)』, 『통불의발(通佛衣

鉢)』, 『통불이첩불연(通佛二疊不燃)』 전부 안연지(顔延之)의 작품이다 ((육))

『법신론(法身論)』 승함 ((전))

『변삼승론(辯三乘論)』 지도림 ((육) (방(房)에는 1권으로 되어 있다)

『무삼승통요(無三乘統要)』 혜원 ((육))

『석신족(釋神足)』 혜원 ((육))

『망서선혜선제홍신(妄書禪慧宣諸弘信)』 안연지 ((육))

『문혜은수선정의재가습정법(聞慧恩修禪定義在家習定法)』 (육(陸)에는 이름이 빠져있다)

『술축도생선불수보의(述竺道生善不受報義)』 석승거(釋僧璩) (석경(釋鏡)이 난문을 묻고 석승거가 답을 했다. (육))

『식삼본론(識三本論)』 사부(謝敷) ((육))

『지(支)(또는 우(友)로 되어 있다)도인서여사론삼식병답(道人書與謝論三識竝答)』 ((육))

『대안도(戴安道)(규(逵)서여사론삼식병답(書與謝論三識竝答)』 3수(首)를 주고받았다.

『사집론(四執論)』 (육(陸)에는 이름이 유실되었다)

『변심의식(辯心意識)』 혜원 ((육) 방(房)에는 『변심식론(辯心識論)』 1권으로 되어 있다)

『석신명(釋神名)』 혜원 ((육))

『험기명(驗寄名)』 혜원 ((육))

『문논신(問論神)』 혜원 ((육))

『오음삼위석(五陰三違釋)』 극초 ((육))

『입본론(立本論)』 담휘(曇徽) ((전) 방(房)에는 1권으로 되어 있다)

『생사본무원론(生死本無源論)』 도성(道盛) ((전))

『잡식관(雜識觀)』 안연지 ((육) (전))

『계요론(戒要論)』 승거(僧璩) ((전))

『승니요사(僧尼要事)』 승거 ((전))

『결정사부비니론(決定四部毘尼論)』 도엄(道儼) ((전) (방(房)에는 2권으로 되어 있다)

『율례(律例)』 초도(超度) ((전) (방))

『승제(僧制)』 1권 소자량(蕭子良) ((우(祐))

『청신사녀법제(淸信士女法制)』 3권 소자량 ((우(祐))

『교계비구니법(敎戒比丘尼法)』 1권 승성(僧盛) ((방))

『승제(僧制)』 47조(條) 위(魏)의 효문제가 승현(僧顯)에게 칙령을 내려 만듦

『승제(僧制)』 18조 혜광(慧光) (『속고승전』)

『승가서의(僧家書儀)』 4권 담원(曇瑗) (『속고승전』)

『우바새오학적략론(優婆塞五學跡略論)』 상하 삼장(三藏) 법사 ((육) 즉 구나발마(求那跋摩)가 지은 것이다. 『고승전』에는 『오계약론(五戒略論)』으로 되어 있고, 『장방록』에서는 "도한 『오계상(五戒相)』이라 한다"고 하였다)

『법사절도서(法社節度序)』 『외사승절도서(外寺僧節度序)』 『절도서(節度序)』 혜원 ((육))

『반야대중승집의절도서(般若臺衆僧集議節度序)』 지도림 ((육))

『비구니절도서(比丘尼節度序)』 혜원 ((육))

『경률분이기(經律分異記)』 1권 구나발마 ((전))

『중경반공성승법(衆經飯供聖僧法)』 5권 보창(寶唱) 등이 칙령을 받들어 편찬 ((방))

『중경참회멸중방법(衆經懺悔滅衆方法)』 보창 등이 칙령을 받들어 편찬 ((방))

『논삼행(論三行)』 상 극초 ((욱) 『문선(文選), 천태부(天台賦)』 주석에서 인용함)

『서통삼행(敍通三行)』 극초 ((욱))

『극여사경서서(郄與謝慶緖書)』 5수(首)를 주고받음 ((욱))

『논삼행(論三行)』 하 극초 ((욱))

『극여부숙옥서(郄與傅叔玉書)』 3수(首)를 주고받음 ((욱))

『답영랑서(答英郞書)』 1수(首) ((욱))

『왕계염(王季琰)민(珉))서(書)』 4수(首)를 주고받음 ((욱))

『여앙법사서(與仰法師書)』 아울러 2수(首)를 답함 ((욱))

『장경윤여종제경현서(張景胤與從弟景玄書)』 서방(西方을 논하고 아울러 답함

((욱) 장부(張敷)의 자(字)가 경윤(景胤)이다)

『지도림답사장하서(支道林答謝長遐書)』 ((욱))

『조기론(調氣論)』 담란(曇鸞) 지음, 왕소(王邵) 주석. 담란의 저작은 제19장에 상세하므로 여기서는 상세히 열거하지 않겠다.

『통신주(通神呪)』 극초

『명멸론(明滅論)』 극초

『산화론(散華論)』 혜선(慧善)이 『대지도론』 속에서 『비담(毘曇)』의 처소를 인용해 기록하고 해석을 가했다. 상세히는 『장방록』에 있다.

『육가칠종론(六家七宗論)』 담제(曇濟) ((전) 제9장에 상세하다)

『실상육가론(實相六家論)』 승경(僧鏡) ((원강의 『조론소』), 제9장에 상세하다)

『삼종론(三宗論)』 주옹(周顒) ((전) 第18장에 상세하다)

『물유현기론(物有玄幾論)』 지도림 (혜달의 『조론소』)

『통삼세론(通三世論)』 등 요숭(姚嵩) (상세한 목록은『광홍명집』에 보인다)

(3) 의장(義章)

의장(義章)은 여러 경전의 명상(名相)을 모아서 만든 것이다. 의지(義旨)는 문(門)을 나누어 개별적으로 해석하는데, 그 종류에 두 가지가 있다.

첫째는 한 종류의 사수(事數)를 취해 오로지 해석만을 가하는데, 비록 뜻[義]이 여러 경전들에 관련된다 해도 논하는 것은 매우 적다. 한나라 때 엄부조가 지은『사미십혜장구』에서 그 단초(端初)가 시작되었다. 위(魏), 진(晉) 이후에 계승된 저술이 많았는데[21], 그 목록을 열거하면 다음과 같다.

『육도요목(六度要目)』 강승회 ((전))

『십법구의련잡해(十法句義連雜解)』 1권 도안 (『우록』 5와 10에 서문이 실려 있다. 『장방록』에는 『중경십법련잡해(衆經十法連雜解)』로 되어 있다)

『의지주(義指注)』『우록』 5에서 인용한 도안의 글에서 "의지(義指)란 외국의 사문이 이 땅에 전한 뜻[義]이다"고 하였고, "여러 부(部)의 훈(訓)이 달라서 널리 배우러 와서 보고 들으려 하였다"고 하였다.

이를 늘려서 주(注) 1권을 만들었다.

『구십팔결해련약통해(九十八結解連約通解)』 1권 도안 (『우록』 5)

『삼십이상해(三十二相解)』 1권 도안 (『우록』 5)

『삼십칠품(三十七品)』 축담무란(竺曇無蘭) (『우록』 10에 서문이 있다)

『아비담오법행의(阿毘曇五法行義)』 사경서(謝慶緒)(부(敷)) ((육))

『아비담심략해수(阿毘曇心略解數)』 (육(陸)에는 이름이 빠져있다)

『아비담심잡수(阿毘曇心雜數)』 (육(陸)에는 이름이 빠져있다)

『약해삼십칠품차제(略解三十七品次第)』 구마라집 법사 (《육》)
『십보법통략(十報法統略)』 (육(陸)에는 이름이 빠져있다)
『육식지귀(六識指歸)』 12수(首) 담휘(曇徽) (《전》 《방》에는 1권으로 되어 있다)

둘째는 각 경전의 문의(文義)와 각 파(派)의 이론을 자세히 편집하여 불법에 대해 종합적인 해석을 함으로서 실제로 일종의 불학(佛學) 강요(綱要)가 된다. 이 종류를 이름하여 의장(義章)이라 하는데, 그 자료의 채취는 앞서 말한 종류보다 더 자세하다. 하지만 그 원천은 사류(事類)를 표현하고 해석한 글에서 나왔고 그것을 더 확충한 것으로 보인다. 그 목록은 다음과 같다;

『소승의장(小乘義章)』 6권 도변(道辨) (『속고승전』)
『대승의(大乘義)』 50장(章) 도변(道辨) (『속고승전』)
『대승의장(大乘義章)』 담무최(曇無最) (『속고승전』)
『대승의장(大乘義章)』 6권 법상(法上) (『속고승전』)
『대승의률장(大乘義律章)』 혜광(慧光) (『속고승전』)
『대승의(大乘義)』 10권 보경(寶瓊) (『속고승전』)
『대승의장(大乘義章)』 26권 혜원 (『속고승전』)

이상 열거한 항목 중에서 오직 수(隋)나라의 정영(淨影)과 혜원의 서적만이 아직 존재할 뿐이다. 혜원의 『의장(義章)』은 5취(聚)로 나누어 총 249과(科)인데 현존하는 것은 4취(聚) 20권(卷) 222문(門)이다. 불교의 뜻[義)과 명상(名相)을 조술(條述)하는데 먼저 『비담』과 『성실』의 설을 서술하고 마지막에 대승의 『지론』, 『열반』의 종지를 서술하고 있으며, 강목(綱目)도

질서 정연하고 상당히 아름답게 지었다. 남조(南朝)에서는 겨우 말년에 보경(寶瓊)이 지은『대승의』10권이 있는데 의장(義章)의 체제(體裁) 여부는 분명하지 않다. 그 나머지 의장을 지은 사람은 모두 북방 사람이니, 이 때문에 "북쪽의 학문은 깊이 파고들어 그 지엽(枝葉)을 궁구했다"고 말한 것이리라.

(4) 쟁론(爭論)

혹은 교단 내에서 논쟁을 벌이기도 하고 혹은 외부 사람의 저작을 논박하기도 한다.『홍명집』과『광홍명집』에 실린 내용은 지극히 많다. 그러나 여기서는『홍명집』과『광홍명집』에 실리지 않은 것을 다음과 같이 수록하겠다.

『신무형론(神無形論)』 축승부(竺僧敷) (《전》)

『습착치난(習鑿齒難)』(《육》 원래 목록의 순서에 근거하면 응당『난나함갱생론(難羅含更生論)』이다.『홍명집』에는 실려 있지 않다)

『서여하언덕론감과생멸(書與何彦德論感果生滅)』 5번 주고받음 안연지(顔延之) (《육》)

『산거원문(山巨源問)』(거(巨)는 백(伯)으로 되어 있기도 하다)『지원례자(摯元禮諮)』, 안연지의『답산지이난(答山摯二難)』(《육》)

『난범진신멸론(難范縝神滅論)』 왕염(王琰) (『남사(南史) 57』)

『전생론(全生論)』 극초 (《육》)

『살생문(殺生問)』(문(問)은 문(門)으로 되어 있기도 하다) 환경도(桓敬道) (은백도(殷伯道)(혹은 통(通) 자이니, 즉 은의(殷顗)이다)가 답하고 환현이 난문을 물었다. (《육》)

『보응론(報應論)』 변담(卞湛) (범백륜이 난문을 묻고 변담이 답했다. (육))

『업보론(業報論)』 (육(陸)에는 이름이 빠져있다. 『고승전』에 승함이 지은 『업보론』이 있는데 바로 이것이다)

『궁통론(窮通論)』 담선(曇先) ((전) (방)에는 1권으로 되어 있다)

『현험론(顯驗論)』 법민(法愍)이 사회(謝誨)가 절을 파괴한 일 때문에 지었다 ((전))

『거안론(遽顔論)』 원찬(袁粲)과 혜통(慧通)이 질문과 대답을 주고받았다 ((전))

『불살론(不殺論)』 이름 없음 (『속고승전』)

『신본론(神本論)』 지담제(支曇諦) ((육))

『명원론(命源論)』 혜정(慧靜) ((육) 『고승전』에서는 혜정이 『달명론(達命論)』을 지었다고 하는데 바로 이것이다)

『박이하론(駁夷夏論)』 원찬(袁粲) 통공(通公)이란 이름을 가명으로 사용(『송서(宋書), 고환전(顧歡傳)』)

『십팔조난도장(十八條難道章)』 승면(僧勉) ((방))

『석노자화호전(釋老子化胡傳)』 승면(僧勉) ((방))

『답사선명난불리(答謝宣明(회(晦))難佛理』 범진(范秦)이 지은 『고승전』 8의 『법민전(法愍傳)』에 사회가 절을 파괴하고 불상을 쪼갠 사적이 실려 있다.

『현종론(顯宗論)』 백법조(帛法祚) ((전))

『석몽론(釋矇論)』 지도림 지음. 당시 지도림이 세상을 제도할 경륜은 있으나 세속을 벗어나 자기만을 깨끗이 할 뿐 서로 돕는 도(道)는 어기고 있다고 논했기 때문에 지도림이 이 『석몽론』을 지었다. ((전))

『현증론(顯證論)』 혜통(慧通) ((전))

『무쟁론(無諍論)』 호법사(悁法師) (『진서(陳書)』)

『명도론(明道論)』 부재(傅縡) (『진서(陳書)』)

(5) 잡론(雜論)

『좌우명(坐右銘)』 지도림 ((육))

『도학계(道學誡)』 지도림 ((육))

『절오장(切悟章)』 지도림이 서거할 때의 저작 ((전) (육))

『인물시의론(人物始義論)』 강법창(康法暢) ((전))

『인물시의론(人物始義論)』 지승돈(支僧敦) ((전))

『효상기(爻象記)』 혜통(慧通) ((전))

『술교기(述交記)』 도성(道盛) ((전))

『법사찬(法事讚)』『수계홍법사등론(受戒弘法寺等論)』 지순(智順) ((전))

소자량(蕭子良)의 여러 기서(記序)는 『우록』 12에 보이므로 상세히 수록하지 않는다.

소소주(蕭昭胄)의 여러 기서(記序)는 『우록』 12에 보이므로 수록하지 않는다.

승우의 『법원집(法苑集)』에 있는 여러 글은 수록하지 않는다.

『옥자논의법(屋子論議法)』 명침(明琛) (동일)

『사세법(蛇勢法)』 명침(明琛) (동일)

『기원정사도게(祇洹精舍圖偈)』 농서(隴西) 왕원하(王源賀) 편찬, 조유(趙柔) 주(注) (『위서(魏書) 52』)

『금장론(金藏論)』 7권 도기(道紀) 지음. 종류별에 따라 절, 탑, 깃발, 등(燈)의 유래와 경전, 불상이 귀착하는 근본을 서술하고 있다.

『명덕사문찬(名德沙門贊)』 손작 편찬. 『세설신어』의 주석과 『고승전』에서 모두 인용하고 있다

『명덕사문제목(名德沙門題目)』 손작 편찬. 『세설신어, 문학편주(文學篇注)』, 『고승전, 도안전』의 '제(題)'는 '논(論)'의 오기(誤記)이다. 『우법개전』에는 "손작이 이를 목록[目]으로 만들어서 말하길……."이라는 구절이 있다.

『도현론(道賢論)』 손작 편찬. 일곱 명의 도인(道人)과 일곱 명의 현자(賢者)를 비교한 것을 『고승전』과 『세설신어』 주석에서 모두 인용하고 있다.

『제천록(諸天錄)』 1권 도안(《우(祐)》 『내전록(內典錄)』에는 이 저술이 없고 『삼계혼연제잡위록(三界混然諸雜僞錄)』에 있다.)

『중경호국귀신명록(衆經護國鬼神名錄)』 보창 등이 칙령을 받들어 편찬했다. (《방》)

『중경제불명(衆經諸佛名)』 보창 등이 칙령을 받들어 편찬했다. (《방》)

『중경옹호국토제용왕명록(衆經擁護國土諸龍王名錄)』 보창 등이 칙령을 받들어 편찬했다. (《방》)

『십사음훈서(十四音訓敍)』 사령운이 자문하고 혜예(慧叡)가 지었다. 산스크리트와 한어를 조목별로 나열하여 분명히 알 수 있다. (《전》)

『번외국어(翻外國語)』 7권 진제(眞諦) 지음. 일명 『잡사(雜事)』라 하기도 하고 일명 『구사론인연사(俱舍論因緣事)』라 하기도 한다. (『속고승전』)

### 3) 역자(譯者)의 찬집(撰集)

산스크리트본이나 호본(胡本)의 번역본과 중국 자체의 저술이 나날이 쌓여 지극히 많고 복잡해졌기 때문에 늘 찬집(纂集)이 있게 되었다.

첫째, 단일한 경전의 초록(鈔錄)이다.

승우의 기록에 따르면 양나라 이전에 이미 수백 부(部)가 있었다. 예컨대 『대지도론』은 본래 백 권(卷)인데 혜원은 간략히 초록해서 20권으로 만들면서 스스로 "쉽게 들어가는 길을 개척하면 단계적인 연유(緣由)가 있을 것이며, 그리하여 점점 깨닫는 방식을 깨우치면 최초의 진출이 쉬워지리라"라고 하였다. 혜원의 작업은 원문을 간추렸을 뿐 아니라 물음과 논의를 통해서 경전에 의거해 근본을 세웠으니, 그 위분(位分;위치의 구분)을 바로잡고 비슷한 종류는 각기 소속이 있게 하였다[22]. 제(齊)나라의 경릉왕(竟陵王)은 계롱산(鷄籠山)에서 오경(五經)과 백가(百家)의 서적을 초록하여 『사부요략(四部要略)』 천 권을 만들었으며, 그가 초록한 불경도 36부(部)에 이를 정도로 많았다[23]. 또 승유(僧柔), 혜차(慧次)에게 청해서 『성실론』을 초록해 아홉 권으로 만들었으니(원래는 24권이다), 그렇다면 경전을 초록하는 일에도 최고의 능력을 발휘한 사람이다.

둘째, 온갖 경전을 찬집(纂集)한 것이다.

이 일은 양나라 시대 때 가장 번성했다. 천감(天監) 7년에 양무제는 법계(法界)는 광대하고 막막하나 식견은 얕아서 찾기 어렵기 때문에 승민(僧旻)에게 칙령을 내려 정림상사(定林上寺)에서 『중경요초(衆經要鈔)』 88권을 편찬하게 했으며, 또 지장(智藏)에게 칙령을 내려 많은 경전의 이의(理義)를 편찬하게 했으니 그 이름은 『의림(義林)』이고 총 80권이다. 천감 15년에는 다시 보창에게 칙령을 내려 경전과 율장(律藏)의 요체를 추리고 비슷한 것끼리 묶어서 『경률이상(經律異相)』 55권을 만들게 했으며, 황제도 율부(律部)가 번잡해서 사안마다 구체적으로 궁구하기 어렵기 때문에 『출요율의(出要律儀)』 14권을 편찬했다[24]. 승우의 기록 중엔 『법원(法苑)』 189권이 있는데 역시 불경의 유서(類書)로서 제나라와 양나라 사이에 찬집(纂集)된 것이다. 간문제는 『법보연벽(法寶聯璧)』 220권을 편찬했으며, 원제(元帝) 때 우효경(虞孝敬)은 『내전박요(內典博要)』 30권을 지었다[25]. 서위(西魏)의 문제(文帝)도 양나라 풍습에 물들어서 담현(曇顯) 등에게 대승경전에 의거해 『보살장중경요(菩薩藏衆經要)』 22권과 『백이십법문(百二十法門)』 1권을 편찬하게 했다[26]. 북제(北齊)의 법상(法上)이 편찬한 『증일법수(增一法數)』 40권은 일종의 사전을 창작한 것이라서 아마 온갖 경전을 찬집(纂集)한 부류에 덧붙일 수 있을 것이다[27].

셋째, 회역(會譯)이다.

한 종류의 경전은 늘 몇 사람의 전역(傳譯)을 거친 것이라서 다양한 종류의 서로 다른 번역본이 존재한다. 만약 그 장구(章句)를 대조해서 그 같고 다름을 비교하면, 난해한 부분은 쉽게 드러나고 빠지고 생략된 부분은 보충하기 쉽다. 동진(東晋)의 지민도는 세 종류의 『수능엄경』 번역본을 종합해서 8권으로 만들었고, 또 세 종류의 『유마경』을 5권으로 만들었다. 장(章)과 구(句)를 나누어 각 번역본이 서로 대응하는 곳에다 차이와 순서를 덧붙여 열거했으니, 그 의도인즉 독자로 하여금 "저것을 읽고 이것을 고찰하게" 함으로서 세 가지 판본을 번역해 읽는 수고로움을 생략하고 줄이는데 있다. 서로 참고해 차이점을 교열하면 상호 발명(發明)하는 뜻을 드러낼 터이니[28], 이런 종류의 편제(編制) 방법을 후대 사람이 본받아 규범을 형성했다[29].

넷째, 중국인이 편찬하고 서술한 편집이다.

이 항목은 총간(叢刊)으로 이름하여 법집(法集)이라 한다. 유송(劉宋)의 명제는 중서시랑(中書侍郞) 육징에게 칙령을 내려 『법집(法集)』을 편찬하게 했다. 육징은 박학다식한 사람이라 온갖 자료집을 모은 뒤에 품(品)을 가려내고 예(例)를 이름 지어 뜻(義)에 따라 구분하니 총 16질(帙) 113권이다. 도안과 여러 사람들의 저작이 모두 포함되어 있으며, 그가 교열한 내용에 고금의 호칭이 이미 갖춰져 있다. 그 후 승우도 『법집』을 편찬해서 8질로 나누었는데, 『출삼장기집』이나 『홍명집』이 모두 그 중의 한 질(帙)이다. 또 경릉왕이 서술한 내용을 찬집(纂集)해서 『법집』 16질 116권을 만들었고 파릉왕(巴陵王)(경릉왕의 아들)의 『법집』 10부를 찬집했다[30]. 양무제는 이미 칙령을 내려 경전을 찬집했고, 또 보창(寶唱)에게도 칙령을 내렸다. "위대한 가르침이 동쪽으로 전파된 이래로 도인들과 세속의 선비들이 불법의 이치를 서술하고 크나큰 뜻을 저술해서 하나로 통틀어 모아 『속법륜론(續法輪論)』[31]이라 칭했으니 총 70여 권이나 되었다."

이 외에도 보창은 또 『법집』 130권을 편찬했고[32], 양무제는 직접 열람한 뒤에 내외(內外)에 유통하였다[33]. 그래서 찬집(纂集)을 제작한 것은 불교에서는 양나라 시대가 최고였으니, 이때 출간한 서적이 매우 많아서 사람들은 『황람(皇覽)』에 견주어 칭송했다[34]. 이 외에 『장방록』 등 진제(眞諦)의 기록 중에 『중경통서(衆經通序)』가 있는데, 아마 진제가 번역한 여러 경전들의 서(序)를 찬집한 것일 수 있다. 승려들의 시(詩)나 문집(文集) 경우에도 역시 늘 목록에 기재되어 있었으니, 예컨대 『지둔집』, 『혜원집』, 『혜휴시집(慧休詩集)』은 모두 유명한 저술이지만 현존하는 것은 지극히 적다.

### 4) 사지(史地)의 편저(編著)

시대사상(時代思想)의 차이를 알고 싶다면 응당 그 변천의 자취를 찾아야 하는데, 이를 위해서는 사지(史地)의 저술을 찾는 것이 바람직하다. 즉 그 시대 사람이 지은 승사(僧史)나 사찰 및 탑의 기록을 찾아야 하는데, 이런 것들은 아마 다분히 불법을 전파하는데 뜻을 두었을 것이다. 그리고 후대 사람의 관점에서 볼 때 그 진위(眞僞)를 가려내고 인과를 고증하는 것이야말로 역사학자가 근거로 삼는 크나큰 보배이다.

무릇 논자(論者)는 인도는 늘 종교를 중시해서 출세간(出世間)에만 치우쳤기 때문에 세상사(世上事)에 대해서는 간략히 기록하고 있다고 하였다. 인도의 모든 역사는 신화가 섞여 있거나 아니면 빠지거나 모자란 부분이 있어서 완전치가 않다. 그래서 서구의 역사학자는 이를 크게 유감으로 여기고 있다. 하지만 중국 불교가 흥성했을 때의 역사서는 인도의 영향을 받지 않았다. 중국에서는 불교 사료(史料)를 지극히 잘 보존하고 있으며, 서역에 대한 것은 항상 그 실체를 밝히는데 애를 쓰고 있으니, 인도와 비교하면 어찌 기이하지 않으랴! 이 역시 종류를 나누어 말하겠다.

첫째, 석가모니의 전기(傳記)이다. 예컨대 승우의 『석가보(釋迦譜)』가 이에 해당한다. 『석가보』는 다섯 권으로 되어있으며 석가모니불 일생의 사적을 싣고 있다. "많은 경전을 총체적으로 초록하고 세상의 말을 덧붙였는데, 그 의도는 성인의 말과 세속의 말을 조목(條目)으로 나누어 과거의 정보와 현재의 사적이 함께 증명하도록 하는데 있다." 또 양나라의 중서시랑 우천(虞闡), 태자세마(太子洗馬) 유개(劉漑)[35], 후군기실(後軍記室) 주사(周捨)는 칙령을 받들어서 경장(經藏)을 자세히 뒤져 주설(註說)을 수집한 후에 『불기(佛記)』 30편(篇)을 편찬했는데, 여래의 성스러운 자취 및 불법의 감응을 기록하고 심약(沈約)이 『서(序)』를 지었다[36]. 수록 내용이 석가모니에 한정되지는 않았지만, 그러나 석가를 주체(主體)로 삼고 있기 때문에 역시 석가모니 전기의 종류에 속한다.

둘째, 인도 성자와 현자의 전기이다. 인도 성자와 현자의 전기로 중국인이 직접 지은 것으로는 현창(玄暢)의 『가리발마전(訶梨跋摩傳)』이 있으며, 구마라집이 지은 마명(馬鳴), 용수(龍樹), 제바(提婆)의 전기들은 그 목록이 전역(傳譯)에 열거되어 있다. 진제(眞諦)의 『바소반두전(婆蘇槃豆傳)』의 경우는 전형적인 역출(譯出)이긴 하지만, 그 문체들을 살펴보건대 진제가 구두(口頭)로 전수하고 그의 조수가 붓으로 기록한 것으로 보인다.

셋째, 중국의 승전(僧傳)이다. 동진과 서진, 그리고 남북조에서 가장 발달한 역사서이다. 그 명칭은 『고승전』, 『수지(隋志)』 및 여러 목록과 유서(類書[11])에 지극히 많이 보인다. 현재 알려진 한 사람의 전기를 다음과 같이 열거한다;

『불도징전(佛圖澄傳)』; 『예문유취(藝文類聚)』 81에서 인용하고 있으며, 『세설신어, 언어편주(言語篇注)』에서 인용해 『징별전(澄別傳)』을 지었다.

『불도징별전(佛圖澄別傳)』; 『태평어람』에서 인용했다. 아마 앞서 말한 『징별전』과 동일할 것이다.

『지법사전(支法師傳)』; 『세설신어, 문학편주』에서 인용했고, 『고승전』에서는 극초가 『서전(序傳)』을 지었다고 하는데 이것인지 여부는 알지 못하겠다.

『지둔전』; 『태평어람』에서 인용했다.

『안법사전(安法師傳)』; 『세설신어, 문학편주』에 보인다.

『안화상전(安和尙傳)』; 『세설신어, 아량편주(雅量篇注)』에 보인다.

『석도안전』; 『태평어람』에서 인용했다.

『고좌도인별전(高座道人別傳)』; 『세설신어, 상예편주(賞譽篇注)』, 『세설신어, 언어편주(言語篇注)』에 보인다. 『고승전』에 실린 왕만영(王曼頴)의 글에서 "왕수(王秀)는 단지 고좌(高座)를 칭송했다"고 했는데 아마 이 『고좌도인별전』인 것 같다.

---

11) 경전이나 역사 등의 여러 책을 내용이나 항목별로 분류 편찬하여 알아보기 쉽도록 엮은 책의 총칭.

『우법란별전(于法蘭別傳)』; 『고승전』에서 인용했다.

『도인선도개전(道人善道開傳)』 1권; 강홍(康泓) 편찬. 『수지(隋志)』에 보인다. 『진서(晉書), 예술전(藝術傳)』 및 『고승전』에는 '선(善)'이 모두 '단(單)'으로 되어 있고, 『태평어람』에는 '선(善)'으로 되어 있다. 왕만영의 글에는 "강홍은 오로지 도개(道開)를 기록했다"고 했는데 바로 이 『도인선도개전』을 가리킨다.

『축법광전(竺法曠傳)』; 고개지(顧愷之) 편찬, 『고승전』에 보인다.

『원법사명(遠法師銘)』; 장야(張野) 편찬, 『세설신어, 문학편주』에 보인다.

『축도생전』; 왕미(王微) 편찬, 『고승전』에 보인다

『승유전찬(僧瑜傳贊)』; 장변(張辯) 편찬, 『고승전』에 보인다. 왕만영(王曼穎)의 글에서는 "승유는 탁월해서 단독으로 게재했다"고 했는데 바로 이 『승유전찬』을 가리킨다고 생각한다.

『담감전찬(曇鑑傳贊)』; 장병 편찬, 『고승전』에 보인다.

『양고초당법사전(梁故草堂法師傳)』 1권; 도굉경(陶宏景) 편찬, 『당지(唐志)』에 보인다. 법사는 혜약(慧約)을 말한다.

『초당법사전(草堂法師傳)』 1권; 소회리(蕭回理) 편찬, 『당지』에 보인다.

『조선사전(稠禪師傳)』 1권; 『당지』에 보인다.

『승애보살전(僧崖菩薩傳)』; 무명(無名)씨 편찬, 『장방록』에 보인다.

『소법사전(韶法師傳)』; 무명(無名)씨 편찬, 『장방록』에 보인다.

『혜달별전(慧達別傳)』; 『속고승전, 감통편(感通篇), 혜달전』에 보인다.

『진제전(眞諦傳)』; 조비(曹毘) 편찬, 『속고승전』에 보인다.

또 다른 종류의 승려 전기가 있는데 이름이 알려진 자로 네 사람이 있다;

* 『고일사문전』 1권; 『축법제』 편찬. 축법제는 축도잠의 제자로 아마 도안의 벗인 대양(大陽)의 축법제일 것이다. 섬현 동쪽에 있는 앙산에 거주했다. 이 책은 『고승전』에서 언급하고 있으며, 『내전록』, 『법원주림』에 모두 수록되어 있으며, 『세설신어, 문학편주』, 『세설신어, 방정편주(方正篇注)』, 『세설신어, 아량편주』에서 인용하고 있다.
* 『지절전(志節傳)』 5권; 석법안(釋法安) 편찬. 법안은 동평(東平) 사람으로 건업에 있는 중사(中寺)에 머물렀다. 『고승전』에서는 그가 『정명경(淨名經)』, 『십지론소(十地論疏)』, 『승전』 5권을 저술한 적이 있다고 하였다. 혜교(慧皎)의 자서(自序)에서는 "법안은 단지 지절 일행을 서(序)했을 뿐이다"라고 했는데, 이는 바로 5권의 『승전』을 가리킨다. 승우의 『법원집』에서는 그 한 단락을 인용하고 있으며, 『우록』 12에도 보인다.
* 『유방사문전(遊方沙門傳)』; 석승보(釋僧寶) 편찬. 혜교의 서문에서는 "승보는 겨우 유방의 일과(一科)를 서술했을 뿐이다"라고 했으니, 이 책을 응당 『유방사문전』이라 이름 붙여야 한다. 『고승전』에는 세 명의 승보가 있어서 『승종전(僧鐘傳)』, 『혜차전(慧次傳)』, 『보량전(寶亮傳)』에 부속되어 보이는데, 그러나 『유방사문전』을 편찬한 승보가 누굴 가리키는지는 알지 못한다. 천축으로 가는 것을 유방(遊方)이라 했기 때문에 혜교는 『지맹전(智猛傳)』에서 "나는 유방의 승려를 계속 찾아서 길을 물어 기록했는데 가끔은 가리켜 준 길이 달랐다"고 했는데, 그렇다면 이 책은 실제로 의정(義淨)의 『구법고승전(求法高僧傳)』과 같은 종류이다.
* 『사바다부상승전(沙婆多部相承傳)』 5권; 승우 편찬. 이 책에선 오로지 유부(有部)의 율사(律師)만을 기록하고 있다. 상세한 목록은 『우록』에

보이며, 『수지』, 『당지』에도 모두 수록되어 있다. 『장방록』과 『내전록』에는 『사바다사자전(沙婆多師資傳)』으로 되어 있다.

동일한 시기, 동일한 지역의 승려 전기가 있는데, 혜교의 서문에서는 이렇게 말하고 있다.

"중서시랑 극경흥(郄景興; 극초)의 『동산승전(東山僧傳)』, 치중(治中) 장효수(張孝秀)의 『여산승전(廬山僧傳)』, 중서시랑 육명하(陸明霞)의 『사문전(沙門傳)』은 저마다 한쪽을 경쟁적으로 들었지만 고금(古今)을 통하지는 못했고 하나의 선(善)을 힘써 간직했지만 나머지 행실은 미치지 못했다."

이 세 가지 서적은 모두 이 종류에 속한다.

* 『동산승전』; 극초 편찬. 『승전, 지둔전』에 따르면, 동산은 섬현의 산들을 가리킨다.
* 『여산승전』; 장효수 편찬. 장효수는 온갖 서적에 해박하고 불교 경전에도 정통했다. 양나라 때 유혜비(劉慧斐)와 함께 여산 동림사(東林寺)에 은거했다.
* 『사문전』 30권; 육고(陸杲) 편찬. 육고의 자(字)는 명하(明霞)이다. 양나라 무제 때 어사중승(御史中丞), 의흥(義興)의 태수, 임천(臨川)의 내사(內史) 등을 지낸 적이 있다. 평소에 불교를 신앙해서 계율을 아주 세심히 지켰으며, 집을 보시하여 용광사(龍光寺)를 지은 적도 있다[37]. 『남사(南史)』에서는 육고가 『사문전』 30권을 편찬했다고 말한다.

비구니 전기인 니전(尼傳)이 있다. 예컨대 양나라의 석보창(釋寶唱)이 지은 『비구니전』 4권(현존한다)으로 진(晉), 송(宋), 양(梁), 제(齊)에 걸친 비구니들을 서술하고 있다[38].

『감응전(感應傳)』이 있다. 육조 시대의 사람들은 귀신에 관해 기술한 작품도 많았는데 역시 불교의 영향을 많이 받았기 때문이다. 그러나 이런 종류의 저작이 너무 많아서 상세히 열거할 수는 없으며, 다만 불교와 관련된 작품만 열거하면 다음과 같다;

* 『수신기(搜神記)』; 간보(干寶) 편찬. 『수지』, 『당지』에 기록되어 있으며, 『법원주림』에서도 인용하고 있다.
* 『수신후기(搜神後記)』; 도잠(陶潛) 편찬. 『수지』에 수록되어 있다. 『고승전』 서문에선 『수신록(搜神錄)』이라 칭하면서 여러 승려들이 많이 나왔다고 했다.
* 『선험기(宣驗記)』 30권; 유의경(劉義慶) 편찬. 『고승전』 서문에서 이 책을 언급하고 있고, 『안청전(安淸傳)』에서 인용하고 있다. 『법원주림』, 『태평어람』, 『태평광기』, 『초학기(初學記)』, 『예문유취(藝文類聚)』에서 모두 인용하고 있다.
* 『유명록(幽明錄)』 30권; 유의경 편찬. 『수지』에는 20권으로 되어 있고, 『당지』에는 30권으로 되어 있다. 『고승전』 서문에서도 언급하면서 늘 인용하는 것이 보인다[39].
* 『명상기(冥祥記)』 10권; 왕염(王琰) 편찬. 『고승전』 서문에서 이 책을 언급하고 있다. 『법원주림』에서도 지극히 많이 인용하고 있는데, 이에 근거해 『고승전』과 대조해 교감해보면 『고승전, 신이부(神異部), 담곽전(曇霍傳)』 등은 전부 이 책을 인용하고 있다. 『법원주림』도 그의 자서(自序)를 싣고 있다. 왕염은 태원(太原) 사람이다. 남제(南齊) 건원(建元) 초기에 『명상기』를 편찬했고, 이 『명상기』는 『수지』, 『당지』에

모두 수록되어 있으며 『태평광기』와 『태평어람』에서도 인용하고 있다.

* 『징응전(徵應傳)』; 주군태(朱君台) 편찬으로 역시 혜교의 서문에 보인다. 『당지』에 『징응집(徵應集)』 2권이 있는데 편찬한 자의 성명(姓名)이 없다. 『파사론(破邪論)』에서는 "오흥(吳興)의 주군태"라 말하고 있다.
* 『감응전(感應傳)』 8권; 왕연수(王延秀) 편찬. 『고승전』 서문에서 언급하고 있으며, 『수지』, 『당지』에도 모두 수록되어 있다. 왕연수는 태원 사람으로 『송서(宋書), 예지(禮志)』에 따르면 진시(秦始) 때 사부랑(祠部郞)을 역임했다.
* 『구씨영귀지(苟氏靈鬼志)』 3권; 『당지』에 수록되었고, 『법원주림』에서도 인용하고 있다.
* 『관음응험기(觀音應驗記)』; 육고 편찬. 『속고승전, 법력전(法力傳)』에도 『관음응험전』이 있는데 별개의 다른 책이다. 아마 다음 항목에 나오는 무명(無名)씨의 책일 것이다. 『당지』에는 육고의 『계응험기(繫應驗記)』 1권이 있다.
* 『험선지식(驗善知識)』; 무명씨가 육고의 『관음응험기』를 모방해서 지은 것으로 『속고승전』에 보인다.
* 『속명상기(續 冥祥記)』 11권; 왕만영 편찬.
* 『수신기(搜神記)』; 담영(曇永) 지음. 『속고승전』에 보인다.
* 『원혼지(冤魂志)』 3권; 안지추 편찬으로 『당지』에 보인다. 『법원주림』에 수록되어 있는 것은 2권으로 되어 있다.
* 『인과기(因果記)』 10권; 유영(劉永) 편찬. 『당지』에 수록되어 있다.

승려의 전기를 통틀어 편찬한 사람이 있는데, 이 전기는 시기나 지역의 성질에 제한을 받지 않았다.

하나는 다른 서적에 부속되어 있는 것이다. 가령 제(齊)나라 경릉왕이 초록한 『삼보기(三寶記)』 10권인데[40], 이 책은 첫째, 불교의 역사, 둘째, 불법의 전수, 셋째, 승려의 기록이란 3부(部)로 나뉘어져 있다. 또 승우의 『출삼장기집』 15권은 본래 목록이지만 나중의 세 권에는 승려의 전기가 부속되어 있다.

또 하나는 역대의 승려들을 열거하면서 따로 전문적인 글을 피력했는데, 그 내용이 아주 광범위하기 때문에 매우 중요하다. 수나라 이전에 이 항목을 찬술한 유명 인사를 열거하면 다음과 같다[41].

* 송(宋) 법진(法進) 『강동명덕전(江東名德傳)』[42]
* 제(齊) 왕중(王中) 『승사(僧史)』[43]
* 양(梁) 보창(寶唱) 『명승전(名僧傳)』[44]
* 양(梁) 혜교(慧皎) 『고승전』[45]
* 양(梁) 배자야(裵子野) 『중승전(衆僧傳)』[46]
* 양(梁) 우효경(虞孝敬) 『고승전』[47]
* 북제(北齊) 명극양(明克讓) 『속명승전기(續名僧傳記)』[48]

이 중에서 가장 중요한 것은 혜교의 『고승전』이다. 한나라 명제 영평 원년에 시작해 양나라 천감(天監) 18년을 마지막으로 총 453명을 싣고 있다. 남방과 북방의 257명을 포함하고 있고 여기에 또 다른 승려의 이름이 첨부된 사람이 239명인데 지극히 폭넓게 뒤져서 자료를 채집했고 적극적으로 진실과 신뢰를 추구했다. 혜교는 동시에 『승전』을 지은 자(보창이다)를 평가하면서 그들은 '포상(褒賞)과 칭찬이 너무 과분했거나 혹은 일을 서술할 때 쓸데없는 인용으로 언사가 낭비되었다'고 하였다. 혜교의 저술은 뜻[義]과 사례가 명확히 드러나고 문장의 언사가 완곡해서 당나라의 석지승(釋智昇)은 영원히 전해줄 만한 것이라고 했다(『석교록(釋敎錄)』 6). 후대에 지어진 『고승전』은 모두 혜교가 이룩한 전범을 계승했다.

보창의 저술은 지금은 현존하지 않는다. 다만 일본의 사문 소오쇼[宗性][12]가 문력(文曆) 2년49: 동대사(東大寺)에 간직된 30권 중에서 1권을 초록했다. 대부분 미륵이 감응한 글이지만 앞에서는 원서의 목록을 온전히 초록했고 뒤에서는 설명한 곳을 덧붙였는데50:, 그 명칭을 『명승전초(名僧傳抄)』라 하며 일본의 『속장경(續藏經)』에 실려 있다. 소오쇼가 초록한 내용을 살펴보면 보창의 원서를 갖추고 있어서 매우 풍부하게 수집을 했지만 사적의 서술은 혜교의 근엄함에 미치지 못한 것으로 보인다. 다만 그 재료의 풍부함은 실제로 혜교의 저술을 보완하고 바로잡을 수 있었다. 소오쇼가 초록한 내용 중에 훌륭한 곳을 다음과 같이 서술한다.

(1) 혜교의 승려의 작품에 대한 기록이 매우 적으며, 또 승려의 학설을 상세히 서술한 것도 드물다. 그러나 보창의 저작엔 많이 있는 듯하다. 다음에 여섯 개의 항목을 열거하겠다.

* 권13 삼승(三乘)의 점진적인 실상(實相)의 이해에 대해 질문했다. 또 신아(神我)가 없다는 질문은 혜관(慧觀)의 점오론(漸悟論)에서 나온 것으로 보인다.
* 권16 담제(曇濟)의 『칠종론서(七宗論序)』.

---

12) 1214년에 동대사(東大寺)에 들어가 도성(道性)을 스승으로 득도(得度)했다. 승강(僧綱) · 권대승도(權大僧都)를 역임했다. 옛 불교를 부흥시키는데 노력을 기울였고, 1230년에 축치산(笠置山)의 정경(貞慶)의 감화를 받아 미륵(彌勒) 신앙에 경도되었으며, 1235년에는 『미륵여래감응초(彌勒如來感應抄)』를 저술했다.

* 권10 혜원이 종문(宗門)의 일을 익힌다.
* 권10 축도생이 불성(佛性)의 뜻, 공(空)을 관찰하는 뜻, 선(善)은 과보를 받지 않는다는 뜻을 수립했다.
* 권12 유마힐의 사적 두 조목을 서술했다.
* 권13 석가여래의 사적 두 조목을 서술했다.

(2) 혜교의 저술에 전기가 실려 있지 않은 승려는 보창의 저술에 항상 전기가 있다. 이제 소오쇼가 초록한 내용에 입각해 혜교의 저술에서 전기가 없는 사람을 열거하면 다음과 같다.

* 승행(僧行), 담제(曇濟), 도소(道韶), 승인(僧印), 도해(道海), 승업(僧業)(자씨사(慈氏寺)』), 승표(僧表), 법성(法盛), 도교(道矯), 담부(曇副), 법상(法祥)(?)

넷째는 불교통사(佛敎通史)이다. 정사(正史)에는 북제(北齊)의 위수(魏收)가 지은 『위서(魏書), 석로지(釋老志)』가 보이는데, 이 『위서, 석로지』에서는 위나라의 불교와 도교의 역사적 사실을 전문적으로 기록하고 아울러 한나라와 진(晉)나라까지 언급하고 있다. 이 밖에 남제(南齊) 경릉왕의 『삼보기전(三寶記傳)』, 북주(北周) 정애(淨藹)의 『삼보집(三寶集)』은 모두 부처님의 일생을 서술하는 한편 교화가 동쪽으로 전파된 이후의 상황을 곧바로 언급하고 있다. 이상 열거한 세 가지 저술은 모두 기사본말체(紀事本末體)이다. 그리고 편년체(編年體)로 지은 저술은 당시에는 아직 없었다.

다섯째는 명산사탑기(名山寺塔記)이다. 승려는 세속을 초월해서 깊은 산에 오두막을 짓고 사는 걸 대체로 좋아하기 때문에 명산에 대한 기록과

약술(略述)은 항상 불교사(佛敎史)와 관련이 있다. 혜원의 『여산기략(廬山記略)』51:, 지둔의 『천태산명서(天台山銘序)』(『수지』)가 모두 유명하고, 사탑을 기록한 것으로는 송나라 담종(曇宗)의 『경사사탑기(京師寺塔記)』52: 가 있으며, 또 유전(劉悛)의 『익부사기(益部寺記)』53:, 유구(劉璆)의 『경사사탑기』54:, 『진남경사기(晉南京寺記)』55: 등이 이에 해당한다. 가장 유명한 것으로는 동위(東魏)의 양현지(楊衒之)가 저술한 『낙양가람기(洛陽伽藍記)』 5권이다. 『낙양가람기』에 실린 낙양의 여러 사찰들은 직접 눈으로 본 것이 많고 또 당시의 사적을 지극히 상세하게 서술하고 있어서 적지 않은 역사적 사실을 보존하고 있다. 송운(宋雲)의 『서역유기(西域遊記)』 1부(部)는 바로 『낙양가람기』에 수록되었기에 보존할 수 있었다.

여섯째, 외국의 전(傳)과 지(志)이다. 서쪽으로 유행(遊行)한 중국의 사문이 많아지자 외국의 전(傳)과 지(志)가 발달하게 되었다. 여기서는 양진(兩晉)과 남북조의 승려들을 열거했는데, 이 항목의 저작은 다음과 같다56:.

* 진(晉) 불도조(佛圖調) 『불도조전(佛圖調傳)』; 『수경주(水經注)』에 보이는데, 단지 『불도조전(佛圖調傳)』이라고만 해서 책 이름인지 여부는 알 수 없다. 동일한 글에 근거해 『서역지(西域志)』를 지은 석씨(釋氏)가 인용한 적이 있다. 조사해 보면 석씨는 도안을 가리키고 불도조는 진나라 시대의 사람일 것이다. 『고승전, 불도징전』에 나오는 불조(佛調)란 사람은 천축에서 와서 불도징을 따르며 수학(受學)했으며 도안과 동문이다. 또 『승전』에도 따로 이 『축불조전(竺佛調傳)』이 있다.
* 진(晉) 석도안 『서역지』 1권; 『수지』와 『우록』 5에 보인다. 또 『수경주』에는 석씨(釋氏) 『서역지』의 많은 조목이 기록되어 있고 또 석씨와

법태의 글을 인용하고 있다. 진(晉)나라 사람은 도안이 처음으로 성(姓)을 석(釋)으로 고쳤기 때문에 석법사(釋法師) 혹은 석화상(釋和尙)이라 불렀고, 법태 또한 그와 동문수학했으니, 그렇다면 석씨는 응당 도안을 가리킨다. 그는 외국에 가지 않았으므로 이 『서역지』는 서역에서 온 사람들이 전해준 얘기에 근거해 지은 것이다.

* 진(晉) 석도안 『사해백천수원기(四海百川水源記)』 1권; 『수지』에 수록되어 있다. 또 『수경주』에서는 석씨와 법태가 황하의 근원에 대해 논쟁을 벌인 내용을 인용하고 있고 또 『서역도(西域圖)』를 만들어 법태에게 보였다고 말하는데 바로 이걸 가리킨다. 이 『사해백천수원기』에도 역시 도(圖; 서역도)가 있다.

* 진(晉) 법현(法顯) 『역유천축기전(歷遊天竺記傳)』 1권; 현존하고 있다. 『수지』의 잡전(雜傳) 종류에 수록되어 있는 것으로는 (1) 『법현전』 2권과 (2) 『법현행전(法顯行傳)』 1권이 있다. 또 지리(地理) 종류에 수록되어 있는 것으로는 (3) 사문 석법현이 편찬한 『불국기(佛國記)』 1권이 있다. 뒤의 두 권은 같은 책인데도 거듭 출간한 탓에 별개로 보일 뿐 모두 법현의 여행기를 가리킨 것이다. 그리고 『수경주』, 『수법경목록(隋法經目錄)』에 따르면, 이 유기(遊記)를 『법현전』이라고도 칭했고 『법원주림』 100, 『장방록』, 『내전록』, 『개원록』에서는 『역유천축기전』이라 칭했다[57]. 『개원록』의 주석에서 "『법현전』이라고도 한다"고 했다면, 법현의 유기(遊記)에는 원래 네 가지 명칭이 있으니, (가) 『법현행전』, (나) 『불국기』, (다) 『법현전』[58], (라) 『역유천축기전』[59]이다. 다만 『우록』 2에 있는 법현의 기록에는 『불유천축기(佛遊天竺記)』 1권이 수록되어 있는데, 많은 사람들이 '불(佛)' 자를 '역(歷)' 자의 와전으로 의심하고 있다. 그러나 당나라 도선(道宣)의 『삼보감통록(三

寶感通錄)』 4와 『예문유취(藝文類聚)』 7에서는 이 책에 나오는 '부처님이 어머니를 위해 설법한 조목'을 인용하면서 모두 『불유천축기』에서 나왔다고 했다. 『초학기(初學記)』 23에서는 『불유천축기』를 인용해 달친국(達嚫國)의 사적을 기록했으며, 그 문장 또한 현존하는 책에 보이기 때문에 이 책의 원래 명칭은 역시 (마) 『불유천축기』이다. 다만 법현을 불(佛)이라 칭한 것은 특히 이해하기 힘들다.

통상 많은 사람이 법현의 유기(遊記)에는 본래 두 가지가 있다고 의심한다. 그 이유에는 믿을 만한 것도 있고 믿을 수 없는 것도 있다. (1) 현존하는 책 말미의 발문(跋文)에서 "그전에 간략히 서술한 내용을 상세히 기술하도록 권하자, 법현은 다시 처음부터 끝까지 충실히 서술했다"고 했으니, 그렇다면 법현의 전기는 본래 자세한 판본과 간략한 판본 두 종류가 있음을 알 수 있다. (2) 『백첩(白帖)』에 인용된 법현의 유기(遊記)에 있는 승니라국(僧尼羅國) 불상의 사적, 부처가 은(殷)나라 말엽에 태어나고 주(周)나라 초기에 성도(成道)한 사적, 그리고 주평왕(周平王) 때 불상을 세운 사적의 세 가지 조목은 모두 현재의 판본에는 없으며, 또 『우록』 및 『고승전』에 실린 흑사자(黑師子)의 사적도 『불국기』에는 없다. 이런 것들은 모두 또 다른 『법현전』을 인용한 증거이다. 그러나 현존하는 책에는 승니라국이 없고 흑사자 사적을 기록한 한 단락도 현존하는 판본과는 크게 차이가 나서 후세 사람이 부회(附會)하고 와전한 것이 분명하다. 『우록』, 『고승전』, 『백첩』에 인용된 내용은 본래 일종의 소설(小說)에서 나온 것이다[60]. 그 속에다 부처가 처음 성도(成道)한 사적과 주평왕 때 불상을 세운 갖가지 설(說)을 끼워 넣었는데, 모두 법현의 유기(遊記)로부터 인용한 것이 아니므로 실제로 이 내용에 근거해 두 가지 『법현전』이 있다고 할 수는 없다.

(3) 『우록, 법현전』에는 "그 보고 들은 내용에 대한 별개의 전기(傳記)가 있다"고 했지만, 『고승전』에 초록된 『우록』 원문에는 이 구절이 "여러 나라를 편력한 별개의 대전(大傳)이 있다"로 고쳐졌는데, 이 '대전(大傳)'은 바로 『불국기』를 가리킨다.'대전'은 『우록』이나 『고승전』의 간략한 전기와 대비해서 말한 것이지만, 실제로 혜교는 유기(遊記)에 두 종류가 있다는 걸 끝내 알지 못했다. (4) 『수지』에 수록된 2권의 『법현전』은 어쩌면 앞의 글에서 말한 소설이지 유기(遊記)는 아닐 것이다. 세상 사람들이 왕왕 이에 근거해 유기에 두 가지가 있다고 말하는 것도 잘못이다. 총체적으로 법현의 유기는 원래 상세한 것과 간략한 것 두 종류가 있었고, 아울러 상세한 것은 세상에 퍼져 나갔지만 간략한 것은 일찍부터 유행되지 않았다. 따라서 『우록』 등에 인용된 내용과 『수지』에서 칭한 2권본(卷本)은 모두 법현이 직접 행로의 과정을 서술한 작품이 아니다.

이 『법현전』을 연구한 중국과 외국 학자들의 저술은 아주 많다. 가장 최근에 출간된 것으로는 잠중면(岑仲勉)의 『불유천축기고석(佛遊天竺記考釋)』과 일본 사람 아다치 키로쿠[13]의 『고증법현전(考證法顯傳)』이다. 지금까지 논한 내용은 모두 이 두 책을 참고하였다.

* 진(晉) 지승재(支僧載) 『외국사(外國事)』; 『수경주』에 보인다. 외국에 갔는지 여부는 확실하지 않다.
* 진(晉) 축지(竺支) 『부남기(扶南記)』; 『수경주』에 보인다. 스스로 부남에 간 적이 있고 아울러 임양국(林楊國)의 썩지 않는 육신을 목격한

---

13) 1871년~1949년. 토목기술자. 수학 전문가. 중국 왕조의 유적을 실제로 조사해서 귀중한 기록을 남겼다. 『장안사적(長安史跡)의 연구』 외에 많은 전문적인 학술서를 집필했다.

적이 있다고 말했다. 축지(竺支)는 또 축지(竺芝)로 된 곳도 있다.

* 진(晉) 담경(曇景) 『외국전(外國傳)』 5권; 『수지』에 보인다. 진(晉)나라 때 사람으로 의심된다.
* 북량(北涼) 지맹(智猛) 『유행외국전(遊行外國傳)』 1권; 『수지』에 보이며, 『출삼장기집』에서 한 단락을 인용하고 있다.
* 북량(北涼) 축법아(竺法雅) 책 이름은 실전됨; 『수경주』와 『석가방지(釋迦方志)』에 보인다.
* 북량(北涼) 승표(僧表) 책 이름은 실전됨; 『석가방지』에 따르면 승표는 전기를 지은 적이 있는 듯하다.
* 송(宋) 담무갈(曇無竭) 『역국전기(歷國傳記)』; 『고승전』 권3
* 송(宋) 법헌(法獻)(별기(別記)); 『승전』에 보인다. 책 이름과 권수(卷數)는 상세하지 않다.
* 송(宋) 보운(寶雲) 『외국전기(外國傳記)』; 『우록』 15 및 『고승전』 3
* 송(宋) 도보(道普) 『유리이역전(遊履異域傳)』 4권; 『석가방지』와 『승전』 2에 보인다.
* 북위(北魏) 도약(道藥) 『도약전』 1권; 『수지』에 보인다.
* 북위(北魏) 송운(宋雲) 『가기(家記)』; 『수지』에 보인다. 『낙양가람기』에 그 대부분이 수록되어 있으며, 『당지』에 별도로 송운의 『위국이서십국사(魏國以西十國事)』가 있는데 동일한 서적인지 여부는 알지 못하겠다.
* 북위(北魏) 혜생(慧生) 『행전(行傳)』 1권; 『수지』에 보인다. 『낙양가람기』에 그 일단(一段)을 인용하고 있다.

도안은 외국에 가지 않았기 때문에 그의 저술에는 유기(遊記)가 없다.

지승재의 저술은 『수경주』에 인용되고 있으므로 필경 진(晉)나라 때의 책이지만, 그가 외국에 나갔는지 여부는 알지 못하겠다. 송운은 승려가 아니다. 이 밖에는 모두 승려의 기행문이다. 이상 열거한 각각의 저술 중에서 법현의 『불국기』만 온전히 현존할 뿐 나머지는 모두 실전되었다.

일곱째, 사료(史料)의 보존이다. 첫 번째는 여러 종류의 법집(法集)에 실린 것처럼 중국 전례(典例)의 사상을 적지 않게 보존하고 있다. 두 번째, 특별히 주의할 만한 것으로는 양나라 승우가 수집한 『제사비문(諸寺碑文)』 46권[61]과 양나라 원제(元帝)의 『내전비명집림(內典碑銘集林)』 30권이 있다. 역사의 근본 자료는 동시대 사람의 저술인데 비문 자체도 근본 자료의 일종이다. 원제의 『내전비명집림』은 실제로 불교 사료의 보고(寶庫)이지만 유감스럽게도 전해지지 않는다. 『금루자(金樓子)』에 실린 그 서문에서는 "아미산과 여산의 현자와 업중(鄴中)과 완등(宛鄧)의 철인(哲人)이 분명하게도 역사책에 상세히 실려 있구나"라고 하였다. 이 중에 아미산과 완등은 무얼 가리키는지 나는 모르겠다[62].

### 5) 목록(目錄)

번역과 저술이 번잡해지자 목록을 만드는 일이 지극히 중요해졌다. 첫 번째, 전초(傳鈔; 전하고 베끼는 일)할 때 소홀히 하고 생략해서 번역자의 성명을 잃어버렸다면(이를 실역(失譯)이라 한다; 원주) 마땅히 그 시대를 고증해야 한다. 두 번째, 번역자의 연원(淵源), 번역자의 짧은 전기, 시대의 지점(地點)이 모두 중요한 관건이다. 세 번째, 연대(年代)가 오래되면 쉽게 위경(僞經)이 생기므로 마땅히 연대를 표시해야 한다. 네 번째, 하나의 책이라도 동시(同時)이거나 혹은 선후(先後)의 두 종류가 있으니[63], 여러 판본의 번역(이를 이역(異譯)이라 한다;원주)은 반드시 그 같고 다른 점을 고증해야 한다. 다섯 번째, 번역자는 왕왕 총서(叢書)에서 한두 종류를 추출해 번역하는데(이를 별생(別生)이라 한다;원주) 마땅히 어느 책에서 추출했는지 고증해야 한다. 여섯 번째, 이미 실전된 서적은 응당 그 목록을 보존해서 후세 사람이 참고할 수 있도록 해야 했기 때문에 불교 경전의 목록 작성은 중국에서 전문적인 학문이 되었다. 『개원록』 권 10에서는 고금 제가(諸家)의 목록을 열거했는데, 수나라 이전엔 27부(部)가 있고64: 이 밖에 진(陳)나라 지교(智敫)의 『번역력(翻譯歷)』65:을 덧붙여 총 28부가 있다. 이 중에서 양나라 승우의 『출삼장기집』이 현존하며 나머지는 모두 실전되었다.

『개원록』에 실린 내용은 대체로 수나라 비장방의 『역대삼보기』에 근거를 두고 있다(권15 말미). 『방록(房錄; 장방록)』에는 송나라 때의 『별록(別錄)』 등 육가(六家)가 실려 있는데 당시 비장방이 보았던 것이며66:, 그리고 따로 『고록(古錄)』, 『한시목록(漢時目錄)』, 『구록(舊錄)』, 『주사행한록(朱士行漢錄)』 등 24가(家)를 열거하고 있지만 소위 "전기에 목록은 있으나 본 적은 없다"67:는 것이다. 이 중에서 소위 『고록』은 진시황 때 실리방(室利防)[14]의 역경록(譯經錄)이라 말하고 『한시목록』은 명제 때 역경록이라 말하고, 『구록』은 유향(劉向)이 서적을 뒤지다 보게 된 경록(經錄)이라 하는데, 이는 모두 터무니없는 말이라서 전거(典據)로 삼을 수 없다. 그런데도 소위 『주사행한록』, 『방록』에서는 많이 인용하고 있다68:. 하지만 분명히 위서(僞書)이다. 『장방록』 권4를 보면 가섭마등(2번 인용), 안세고(13번 인용), 지루가참(4번 인용), 불삭(佛朔)(1번 인용), 지요(支曜)(1번 인용), 강거(康

14) 진시황 때 사문 실리방이 경전을 갖고 왔다는 전설을 말한다.

巨)(1번 인용), 강맹상(康孟祥)(1번 인용)에 대한 기록은 모두 『주사행한록』을 인용하고 있는데, 여기에 세 가지 이상한 점이 있다. (1) 안세고 등이 번역한 경전과 『우록』[69]은 그 연대를 모르는 것이 많다. 그러나 『장방록』은 항상 그 연대를 싣고 있으니, 예컨대 『오십교계경(五十校計經)』은 원가(元嘉) 원년에 출간, 『인본욕생경(人本欲生經)』은 원가 2년에 출간, 『내장경(內藏經)』은 원가 3년 10월에 출간 등등이다. 이런 것들은 모두 소위 『주사행록』에 근거하고 있다. 생각건대 이 경전들에 대해 『안록』과 『우록』에서는 모두 연대를 알지 못하고 도안의 『인본욕생경서(人本欲生經序)』에서는 "안세고의 역출인 듯하다"고 했는데, 이는 모두 번역자를 단정하지 못한 것이다. 그러므로 소위 『주사행록』에 연대가 실린 것은 이상하다고 하지 않을 수 없다. (2) 『내장경』은 도안이 지루가참의 번역이라 단정하고 있지만 『주사행록』은 안세고의 번역이라 말하고 있다. (3) 지루가참과 축삭불[70]은 『도행경』 1부(部)를 공역(共譯)했는데, 『우록』에서는 각자 1부를 번역했다고 잘못되어 있다[71]. 그리고 『주사행한록』에서는 축삭불이 『도행경』을 가평(嘉平) 원년에 번역했다고 하여 『우록』, 『경서(經序)』에 기재된 연월(年月)과 일치하지 않으니[72], 이는 승우의 잘못을 따르다 선후(先後)로 두 번 역출된 탓에 멋대로 '가평 원년에 역출되었다…….'고 덧붙인 것이다. 『주사행한록』은 현존하는 수나라 이전의 서적에는 실리지 않았고 『고승전』에서도 『주사행한록』을 언급하지 않고 있어서 위서라고 단언할 수 있다. 『장방록』에서는 『주사행한록』에 가섭마등의 사적이 자세히 실려 있다고 말하며, 당나라 법림(法琳)의 상소(上疏)에서는 진시황 때 실리방의 사적을 언급하면서 『주사행한록』에서 나왔다고 했으니, 그렇다면 이 『주사행한록』은 진(秦), 한(漢) 시기에 불법이 중국에 전래되었다는 증거로 삼기 위해 불교도가 위조(僞造)한 것이다. 그래서 옛날의 전설을 바탕으로 연월(年月)

등을 덧붙여서 마치 근거로 삼을 수 있는 진짜인 것처럼 선염(渲染)[15]하였으니, 그 의도가 『한법본내전』과 동일해서 북조(北朝) 말엽 불교도의 위작(僞作)으로 의심되는 것이다.

최초로 목록을 만들었다고 확실히 믿을 수 있는 사람은 진(晉)나라의 지민도이고, 이를 계승한 사람이 석도안이다. 도안은 번역에 뜻을 둔 후에 다시 박식한 견문(見聞)과 경문에 대한 날카로운 비판으로 번역 서적을 미리 조사하여 인물과 시대를 고증해 정했다. 이는 정말로 위대한 사업이었다[73]. 그가 만든 저서는 동진 효무제(孝武帝) 영강(寧康) 2년(서기 374년)에 완성되어서 그 이름을 『종리중경목록(綜理衆經目錄)』이라 하고 줄여서 『안록(安錄)』이라 했다. 원본은 오래 전에 실전되었다. 다만 『출삼장기집』에 인용된 『안록』의 문장을 통해 그 대강의 면모를 추측해 볼 수 있다. 초기 원고의 내용은 완전하질 못해서 때로 경서(經書)를 열거했지만 제목이 빠져있거나 혹은 권수(卷數)가 없거나 중복되는 경우가 있기도 하다(『출삼장기집』 권3). 그러나 정해진 체제와 예시의 몇 가지 단서는 후세 사람들이 근거로 삼는 정칙(定則)이 되어서 오랜 세월이 지나도 바뀌질 못했다.

제1. 명목(名目)을 총체적으로 수집해서 시대와 사람을 표시하고 새것과 낡은 것을 품평했다. 이는 바로 번역자를 경전으로 삼아서 그가 번역한 작품을 열거해 선후로 차례를 매기는 것이다. 후에 출현한 목록은 대부분 이것을 주요부분으로 삼았으니, 소위 각 시대의 목록이다.

제2. 별생(別生)의 경전을 고증해 대부(大部)에 귀속시킴으로써 복잡한

15) 색칠을 할 때 한쪽을 진하게 하고 다른 쪽으로 갈수록 차츰 엷게 하는 일.

혼란을 벗어났다. '별생'은 바로 대부(大部)로부터 뽑아낸 단행본[單行]이기 때문에 반드시 대부와 연계해야 한다.

제3. 옛날 이경(異經) 등의 결본(缺本)이나 잔편(殘篇)을 편집해 열거했다.

제4. 실역(失譯)의 경전, 의심스런 경전, 주경(注經) 및 잡경지록(雜經志錄)을 모아 출간했으니, 중국의 저술이 불교 경전에 편입된 것은 이때부터이다.

이때 이후로 목록을 계속 출간했는데 엄밀한 고증으로 위서를 제거하고 진짜를 보존했다. 목록의 저술은 마침내 불교 경전을 편집하는 공용(功用)을 갖추게 되었고, 아울러 번역도 관가(官家)의 사업이 되자 제왕이 불법 수호를 자기 임무로 여기면서 흠정(欽定)16) 목록이 있게 되었다. 제왕이 번역자와 학자에게 목록을 편집해 올려서 심사 판정을 하도록 하고 국내외에 널리 선포하여 이에 따라 유행하도록 칙령을 내렸다. 불교 경전의 편집은 이때부터 점차 실제적인 모습들을 보였다. 다만 한편으로 위경(僞經)의 범람을 모두 제한했으나 또 한편으로 제왕이 존중하지 않는 것은 왕왕 티끌처럼 없어져서 드러나지 않았으니, 그렇다면 이로움과 폐단이 반반이라 하겠다. 흠정 목록은 천감(天監) 14년(서기 515년) 양무제가 승소(僧紹)에게 명하여 『화림전중경목록(華林殿衆經目錄)』을 편찬케 한 것이 시초이며, 2년 후에 다시 보창(寶唱)에게 칙령을 내려 개정했다. 원위(元魏)의 효무제도 이곽(李廓)에게 칙령을 내려서 『중경목록』을 편찬하게 했다. 이 세 가지 저술은 모두 실전되었다.

---

16) 황제가 직접 만들거나 명령을 내려 제정하는 것.

이 시기에 출간한 목록은 아주 많지만 방법은 자못 일치하지 않았다. 다만 양나라 승우가 천감 연간에 지은 『출삼장기집』은 비교적 완전하다[74]. 현존하는 각 경록(經錄) 중에서도 『출삼장기집』이 가장 오래된 것인데 그 편집 체제는 4부(部)로 나뉜다. 첫 번째, 연기(緣起)의 편찬이니, 경전 출간의 역사를 간략하게 기록하는 것이다. 두 번째, 명록(名錄)의 표명이니, 번역 서적의 명목(名目), 인세(人世), 및 이역(異譯), 실역(失譯), 의문점이나 허위 등을 기록하는 것이다. 고증한 내용은 『안록』에서 많이 취재하여 증보(增補)하였다. 세 번째, 경서(經序)의 기록이니, 번역 서적의 시대 및 그 연기(緣起)를 나타낸 것이다. 네 번째, 열전(列傳)의 서술이니, 번역자의 기풍과 품격을 보는 것이다. 이 뒤의 두 부분은 후세 사람에게 무수한 연구 자료를 제공하기 때문에 지극히 귀중하다. 그러나 목록의 체제로부터 말한다면 주객(主客)이 뒤바뀐 걸 면하지 못한 것이다. 승우의 편집은 또 대승과 소승의 삼장(三藏)을 구별 없이 섞어 놓았고[75] 중역(重譯)의 개정에도 다분히 소홀한[76] 것이 결점이다[77].

중국의 경적총목(經籍總目)에서 불서(佛書)를 실은 것은 위(魏)나라의 『중경부(中經簿)』에서 시작한다. 진(晉)나라 순욱(荀勖)의 『중경부』에도 불경을 실었고[78], 이를 계승한 사람으로는 유송(劉宋)의 왕검(王儉)이 있다. 왕검은 유향(劉向)의 뒤를 이어받아 『칠지(七志)』를 편찬해서 도가와 불가를 편입했다. 그러나 둘 다 『칠지』 안에는 존재하지 않는다. 그 후 양나라의 완효서(阮孝緖)는 『칠록(七錄)』을 편찬해서 총 4만4천5백2십6권을 실었다. 『칠록』은 내편(內編)과 외편(外編)으로 나뉘는데, 내편은 경전(經傳), 기전(記傳), 자병(子兵), 문집(文集), 술기(術技)의 다섯 가지 목록이고, 외편(外編)은 불법(佛法)과 선도(仙道)의 두 가지 목록이다. 불법의 목록을 편집한 것은 다음과 같다;

계율부(戒律部); 71종(種) 88질(帙) 329권

선정부(禪定部); 104종 108질 176권

지혜부(智慧部); 2077종 2190질 3677권

의사부(疑似部); 46종 46질 60권

논기부(論記部); 112종 164질 1158권

우오부(右五部); 2410종 2595질 5400권

불교 경전의 편집은 바로 목록의 제작에 의거했다. 이 기간에 출간한 목록이 아주 많은 까닭은 역시 책을 모으는 습관이 매우 치성했기 때문이다. 이제 현재 알고 있는 경장(經藏)을 열거하면 다음과 같다;

유송(劉宋) 불굴사(佛窟寺)의 경장[79]:.

소제(蕭齊) 대운읍(大雲邑)의 경장[80]:

양(梁) 화림원(華林園)의 경장[81]:

양(梁) 정림사(定林寺)의 경장[82]:

양(梁) 건초사(建初寺) 파약대(波若臺)의 경장[83]:

양(梁) 장사사(長沙寺)의 경장[84]:

북제(北齊) 경장[85]:

북주(北周) 경장[86]:

북주(北周) 오장사(五張寺)의 경장[87]:

그 나머지 이름을 알지 못한 채 파묻힌 경장도 적지 않다. 당시에는 경장을 베껴 쓰는 풍습이 매우 번성했다. 『남사(南史)』에서는 유혜비(劉慧斐)가 능숙한 전서(篆書)와 예서(隸書)로 여산에서 직접 불경 2천여 권을 베껴 쓴 일을 칭송하고 있다(『남사』 76). 양나라 원제(元帝)는 경적(經籍)을 추려 모아서 스스로 "초제(招提) 염(琰) 법사의 온갖 의소(義疏) 및 온갖 경서(經序)를 얻었고, 또 두타사(頭陀寺) 담지(曇智) 법사의 음양(陰陽), 복축(卜祝)[17], 총택(冢宅)[18] 등의 서적을 얻었다"고 했으며, 승정(僧正)인 법지(法持)가 갖고 있는 서적도 초록하였다. 또 항상 "회계의 굉보(宏普), 혜교(慧皎) 도인은 찾아 모았다"고 했은면, 그렇다면 당시의 사문은 장서(藏書)를 갖고 있는 자가 적지 않았다. 이 혜교란 사람이 바로 『고승전』의 저자이다. 『승전서(僧傳序)』에서는 이렇게 말하고 있다.

"그리하여 잡록(雜錄) 수십여 가(家)를 찾아내 검증하고 아울러 진(晉), 송(宋), 제(齊), 양(梁)의 역사를 기록한 책, 진(秦), 조(趙), 양(涼)과 같은 황폐한 왕조와 위조된 역사, 지리(地理)와 잡편(雜篇), 단편(斷片)적인 문장과 기록을 노인들에게 광범위하게 자문하고 선대의 현인들을 널리 방문해서 그 사실의 있고 없음을 교정하여 같은 점과 다른 점을 취했다."

『승전』에 지극히 많은 내용이 망라된 까닭은 역시 수집한 장서가 아주 풍부했기 때문이다.

### 6) 위서(僞書)

육조(六朝) 시대엔 위서를 만드는 풍습이 성행해서 불교 경전의 위조도 많았다. 도안은 목록을 만들 때 바로 위경으로 의심되는 것들을 찾아냈다. 도안의 『의경록서(疑經錄序)』에서는 이렇게 말한다(『우록』 5).

---

17) 점을 치고 축원하는 일.
18) 무덤과 저택의 풍수를 보는 일.

외국의 승법(僧法)은 모두 무릎을 꿇고서 말로 전수를 받는다. 같은 스승 밑에서 배우는 자가 약 10명이나 20명이 되고 다시 후학들에게 전수해 준다. 만약 한 글자라도 다른 것이 있으면 서로 함께 추론하여 맞추어보다가 답을 얻으면 바로 버리므로 승법은 방임하는 것이 없다. 경전이 진(晉)나라 땅에 온지는 오래되지 않았다. 하지만 일을 좋아하는 자들이[19] 모래를 금에 섞어서 사실과 사실 아닌 것이 뒤섞여 있다. 그래서 올바른 것들만 모을 수 없으니 무엇으로 참과 거짓을 분별하겠는가? 농사짓는 땅에 벼와 잡초가 함께 존재하는 걸 보고 후직(后稷)은 탄식했으며, 박옥(璞玉)에 옥과 돌이 함께 담겨져 있는 걸 변화(卞和)는 수치스럽게 여겼으며, 도안은 불학의 차제(次第)를 미리 마련하려고 할 때 경수(涇水)와 위수(渭水)가 서로 섞이고 용과 뱀이 함께 나아가는 걸 보았으니 어찌 부끄럽지 않았겠는가.

『안록』에 실린 위경은 25부 28권이다. 그러나 약 130년 후에 승우가 『목록』을 만들었을 때 위경은 45부**88:** 257권으로 늘어났다. 그리고 수나라 초기에 법경(法經) 등이 『목록』을 지었을 때 의혹(疑惑)과 위망(僞妄)의 두 종류로 나누었는데, 그 숫자를 열거하면 다음과 같다.

대승경(大乘經) 의혹 21부 30권, 위망 80부 196권**89:**
소승경(小乘經) 의혹 29부 31권, 위망 53부 93권
대승률(大乘律) 의혹 1부 2권, 위망 2부 11권
소승률(小乘律) 의혹 2부 3권, 위망 3부 3권
대승론(大乘論) 의혹 1부 1권, 위망 1부 1권
소승론(小乘論) 의혹 1부 1권, 위망 2부 10권

---

19) 도교의 인사를 가리키는 것으로 보인다.

총체적으로 계산하면, 의혹이 55부 68권이고 위망이 141부 314권이다[90]. 『법경록(法經錄)』에서는 위경을 논하면서 이렇게 말했다.

“아울러 명호(名號)가 참[眞]에 어긋나기도 하고, 혹은 처음엔 금언(金言)을 노략질했지만 마지막엔 참언(讖言)을 말하기도 하고, 혹은 처음엔 세상의 술법을 논하다가 나중엔 불법의 언사에 기탁하기도 하고, 혹은 음양과 길흉(吉凶)을 인용하기도 하고, 혹은 신(神), 귀(鬼),화복(禍福)을 밝히기도 하는데, 이런 것들은 위망(僞妄)이 분명하다. 이제는 응당 비밀리에 잠재워서 세상의 우환을 구해야 한다.”

법경이 『법경록』을 지을 때는 진(陳)나라가 망한지 6년밖에 되지 않았기 때문에 그 안에 실린 의혹이나 위망은 모두 한나라부터 진(陳)나라 말엽 사이에 나온 것이다.

위경을 만든 승려로 이름이 알려진 사람으로는 혜달(慧達) 도인이 가장 먼저이다. 『우록』 권5에서 “안공(安公; 도안)께서는 혜달 도인을 깊이 경계하라고 지시했다”고 한 것은 그가 위서를 만들었기 때문이다. 도안의 『안록』에서는 멱력(覓歷)이 전한 『대비구니계(大比丘尼戒)』 1권을 들면서 위경에 편입시켰다. 멱력은 백시리밀다라의 제자이다. 『우록』 11에서는 『니수대계법후기(尼受大戒法後記)』를 인용하며 이렇게 말한다.

> 이 땅에서는 오래도록 이 『대비구니계문(大比丘尼戒文)』 1부의 승법(僧法)이 없었다. 오(吳)나라 지역에 『오백계비구니(五百戒比丘尼)』가 있긴 하지만 『대비구니계(戒)』는 멱력이 전한 것이고 이를 탐구해도 전혀 성인이 제정한 것 같지는 않다. 법태(法太)와 도림(道林)은 이를 성토해 바로잡았으니 진정 ‘법을 바로 잡은 대들보’라고 할 수 있다.

이 내용에 따르면, 멱력이 계(戒)를 역출하자 법태와 도림은 이를 공격했고 도안은 위경으로 열거했으니, 실로 당시 하나의 중대한 공안(公案)이라 하겠다[91].

하늘이 내려주어서 위조를 했다는 내용은 항상 역사서에 보인다. 『우록』 5에는 옛날 한나라 건안(建安) 말엽, 제음(濟陰) 정씨(丁氏)의 아내가 홀연히 병에 걸리면서부터 문득 호어(胡語)에 능통할 뿐 아니라 종이와 붓을 구해 직접 호서(胡書)를 지었는데, 서역의 어떤 호인(胡人)이 이 책을 보고서 "이는 경전의 글이다"라고 한 내용이 실려 있다. 남제(南齊) 말엽에 태학박사(太學博士) 강비(江泌)[92]에게 딸 니자(尼子)가 있었는데 9살 때부터 16살까지 늘 눈을 감고 정좌(靜坐)하면서 경전 21종(種)을 역출했다. 이 경전을 하늘로부터 받았다고 하거나 혹은 신(神)에게 받았다고 하는데, 그 발언이 막힘없이 통하는 것이 과거와 다르지 않았다. 남에게 받아 적도록 하다가 갑자기 멈추었는데 열흘이 지나서는 예전처럼 다시 이어갔다. 외삼촌 손질(孫質)은 진짜 경전으로 여겼고[93], 호사가들은 이를 전하면서 필사(筆寫)했다. 양무제(梁武帝)는 직접 만나 자문을 구했다. 이 여인은 출가해서 이름을 승법(僧法)이라 했다. 북위(北魏) 천평(天平) 연간에 손경덕(孫敬德)이란 사람은 죄를 범해 죽임을 당할 처지였다. 그는 꿈에 한 사문을 보았는데, 그 사문은 그에게 『구생관세음경(救生觀世音經)』을 가르쳐주면서 천 번을 독송(讀誦)하게 했다. 손경덕이 천 번을 독송하자 형벌을 내릴 때 칼로 내리쳤는데도 다치지 않았다. 이 일이 승상 고환(高歡)에게도 전해져서 고환은 손경덕의 죽음을 사면해 달라는 청원을 올렸다. 이 경전의 이름이 『고왕관세음경(高王觀世音經)』인 것은 이 때문이다[94]. 그리고 수나라 때 어떤 사람이 『관음무외론(觀音無畏論)』 1권을 지었는데, 이 저서는 『고왕관세음경』을 해석한 것이다[95].

불경을 위조해서 세상을 속이고 재물을 사취(詐取)하는 일 따위는 그렇게 하는 사람이 있기 마련이다. 양나라 때 영주(郢州)의 두타도인(頭陀道人) 묘광(妙光)이 법랍(法臘) 7년일 때 수승한 모습[勝相]을 가장해서 사람들을 속이자 여러 비구니들이 모두 성스러운 도인이라 칭송했다. 영주의 승정(僧正)이 자신을 배척하려고 하자, 그녀는 건강(健康)에 가서 『살바야타권속장엄경(薩婆若陀眷屬莊嚴經)』 1권을 만들었다. 그 내용을 보면 살바야타는 자기 부모의 이름이고, 동생의 이름은 금강덕체(金剛德體)이고, 제자의 이름은 사자(師子)라 하고 있으며, 아울러 사사로운 의도로 여러 경전을 간략히 간추려서 멋대로 지어내는 한편 노염(路琰)이란 사람은 윤색을 가했다. 또 이 경전을 필사해 병풍을 세운 뒤 붉은 망사로 비치도록 덮고는 향(香)과 꽃을 공양했다. 사방에서 사람들이 구름처럼 몰려오자 공양을 베풀고 시야가 가리도록 향을 피웠는데 일이 탄로 나서 체포되었다. 양무제는 승정 혜초(慧超)와 덕이 높은 승우, 담준(曇准), 법총(法寵), 혜령(慧令), 지장(智藏), 승민(僧旻), 법운(法雲) 등 20여 명에게 칙령을 내려서 의문을 밝혀내도록 했다. 묘광이 엎드려 죄를 청하자 율법에 의거해 다스렸으니, 황제의 은총으로 사형에 처하지 않도록 사면한 뒤 장기 구금하였다. 그래서 묘광이 다시 나와 대중을 미혹하는 걸 막고 그녀가 만든 경전도 태워버렸다[96].

위경은 항상 도참과 방술에서 재료를 취한다. 법경(法經)이 "처음엔 금언(金言)을 노략질하다가 마지막엔 참언(讖言)을 말하기도 하고, 혹은 처음엔 세상의 술법을 논하다가 나중엔 불법의 언사에 기탁하기도 했다"고 한 말이 이에 해당한다. 사문 담정(曇靖)은 『제위파리경(提謂波利經)』에 가탁(假託)해서 오행(五行)과 오방(五方) 등을 오계(五戒)에 배당했다. 또 『수라비구경(首羅比丘經)』[97]은 바로 『법경록』의 대승 위망경(僞妄經)

에서 말한 『수라비구견월광동자경(首羅比丘見月光童子經)』이다. 이 『수라비구견월광동자경』에서 "3천 명의 대중이 봉래산(蓬萊山) 아래에 있다"고 말했고, 또 "신유년(申酉年) 때 공(公)은 아들을 알아채지 못했고 어머니는 딸을 알아채지 못했다"고 말했으며, 또 월광동자의 "미래에 반드시 물의 재앙이 있어서 평지보다 40여 리나 높을 것이다"라고 한 말도 실려 있다. 『법경록』의 위망경(僞妄經)에는 또 『발기경(鉢記經)』 1권이 수록되어 있는데, 그 주석에서 "경전에는 갑신년(甲申年)의 홍수와 월광동자의 출세간(出世間) 사적이 기록되어 있는데, 이 경전을 간략히 살펴보면 요망(妖妄)하기 짝이 없다……."고 했으니, 그렇다면 월광동자의 참언은 수나라 이전에 성행한 것이다.

불교도는 늘 도교와 선후(先後)를 다투고 정사(正邪)를 다투었기 때문에 위경을 지었다. 왕부(王浮)가 『화호경』을 지은 후부터 불자(佛子)는 노자가 부처님의 제자라는 설을 매우 굳건히 견지했다. 가장 유명한 것으로는 『청정법행경(淸淨法行經)』인데, 이 경전은 『법경록』의 대승 의혹경(疑惑經)에 들어가 있다. 『개원록』에도 똑같은데 그 주석에서는 "공자와 노자와 안회(顔回)의 사적을 기록하고 설명했다"고 하였다. 남제(南齊)의 승순(僧順)은 『석삼파론(釋三破論)』에서 이렇게 말했다.

> 그러므로 법행(法行)은 '먼저 세 현자(賢者)를 보내 세속의 가르침으로 점점 유인한 뒤에 부처님의 가르침으로 사도(邪道)를 혁파하고 정도(正道)를 숭상했다. 이로(李老; 노자)의 문(門)은 석씨(釋氏; 불교)의 편비(偏裨[20])이다'라고 하였다. 『경(經)』에서는 '곳곳에서 스스로 설하지만 그 명자(名字)

---

20) 편장(偏將). 대장(大將)을 돕는 한 방면의 장수. 부장(副將), 장좌(將佐)라고도 한다.

는 똑같지 않으니, 혹은 유림(儒林)의 종주(宗主)나 국학(國學)의 도사(道士)가 되기도 하고, 혹은 적막(寂漠)의 무위(無爲)로 불사(佛事)를 짓기도 한다[98]"고 하였다.

북주(北周) 도안(道安)의 『이교론(二教論)』에는 다음과 같은 『청정법행경』의 글이 실려 있다.

> 부처님께서 세 제자를 진단(震旦)으로 보내 교화하게 했다. 유동(儒童) 보살을 공구(孔丘)라 칭하고, 광정(光淨) 보살을 안연(顔淵)이라 칭하고, 마하가섭(摩訶迦葉)을 노자라 칭했다.

이 외에도 『주서이기』, 『한법본내전』 등도 선후를 다투며 저술되었다. 진(晉)나라 때 이래로 수많은 북방의 백성들이 항상 환란을 만나 이리저리 떠돌면서 편안한 삶을 살지 못했다. 그래서 신(神)을 신앙하고 복을 구하는 일이 많았다. 인간 세상의 죄악을 절실히 받아들이고 국가의 병란(兵亂)을 절실히 느꼈기 때문에 참회를 통한 죄의 소멸을 아주 중시했고 정법(正法)이 소멸해 말일(末日)에 가까웠다는 느낌을 갖고 있었다[99]. 『불설결죄복경(佛說決罪福經)』은 승우와 법경이 모두 의혹경(疑惑經)에 편입시켰는데[100], 이런 글이 있다.

> 세존(世尊)께서 열반에 든 후에 다섯 가지 난세(亂世)가 있다(원래 유(有)자가 빠져 있다). 첫째, 백성의 난세이고, 둘째, 왕도(王道)의 난세이고, 셋째, 귀신의 난세이고, 넷째, 인심이 걱정하고 두려워하는 난세이고, 다섯째, 도법(道法)의 난세이다.

이 경전은 여러 호족(胡族)들이 중국을 어지럽혔을 때 만든 경전으로 의심되는데 양나라 시대의 남쪽과 북쪽에서 모두 유행했다. 또 『상법결의경(像法決疑經)』도 『법경록』 속 의경(疑經) 중 하나인데, 그 속에 이런 말이 있다.

> 미래 세상에서는 모든 세상의 관리가 죄와 복을 믿지 않는다. 그래서 승려들의 물건을 세금으로 빼앗는데, 축생과 곡식, 나아가 한 터럭의 물건까지 세금을 매기기도 하고, 혹은 삼보(三寶)의 노비를 마구 부리기도 하고 혹은 삼보의 소나 말을 타기도 한다.

또 『소법멸진경(小法滅盡經)』[101]은 어쩌면 『법경록』의 위경 중 『법멸진경(法滅盡經)』일지도 모르는데 그 속에 이런 글이 있다.

> 그 이후로[102] 도덕을 닦지 않았고, 사묘(寺廟)는 텅 비고 황폐한데다 수리하는 사람이 없어서 더욱 훼손되었다. 그러나 돈과 재물을 탐내서 쌓아둔 재산을 나누지도 않고 공덕을 짓지도 않았으니, 노비를 팔고 경전(耕田)을 개간하고 산림을 불태우고 중생을 해치면서도 자비와 연민이 없었다. 천박한 노비 같은 사람이 비구가 되고 비구니가 되어서 도덕도 없이 음란하고 혼탁해서 남녀의 구별도 없었다. 도(道)를 천박하게 만든 것은 모두 이런 무리들 때문이었으니, 고을의 관리를 피하기 위해 나의 도(道)에 의지해 사문이 되길 구하였으나 계율을 닦지는 않았다.

이상 두 경전은 『우록』에는 보이지 않으므로 북방 지역에서 만들어진 것이다. 그러나 『법멸진경』에서 말한 내용은 특히 위나라 말엽의 난세에 불법이 처한 상황으로 보인다. 세상의 혼란이 극심해지고 백성이 도탄에 빠지자 과거에 지은 죄악의 위중함을 깊이 느껴서 불법을 믿는 생각이 더욱 치성해졌고, 이로 인해 작게는 특별히 참회를 행하고 공덕을 세웠으며, 크게는 몸을 숲 속에 버려 새나 짐승에게 공양했다. 『법경록』에는 『위법사신경(爲法捨身經)』 6권이 있고 돈황의 잔권(殘卷) 중에도 『법요사신경(法要捨身經)』 1권(영국박물관 소장)이 있어서 목숨을 버리는 '시다림(屍陀林)[21)]'의 공덕을 찬양하고 있다. 그리고 수나라 시대가 되자 위주(魏州)의 신행(信行) 선사가 삼계위법(三階僞法)[22)]을 창립했다. 불교도가 죽은 후에 그들을 모두 시다림에 버림으로써 죄의 소멸을 도모하였다. 앞서 서술한 몇 가지 경전이 비록 거짓으로 진짜를 혼란케 했을지라도 이는 혼탁한 세상에서는 필연적인 산물이다.

---

21) 시타벌나(屍陀伐那)의 음역(音譯). 한림(寒林)이라 번역한다. 중인도 마갈다국 왕사성 북문의 북쪽에 있는 숲. 본래 성안에 사는 사람들의 시체를 버리는 묘지인데 나중에 죄인들을 살게 했다. 우리나라에서는 새로 죽은 이를 위해 설법하고 염불하는 것을 시다림 법문을 한다고 함.

22) 삼계불법(三階佛法)을 말함. 불교의 한 종파로 신행이 세운 삼계교(三階敎)의 교의를 담고 있다. 총 4권이며 3대단(大段)으로 구성된다. 3대단은 삼계교의 교의를 3장으로 나누어 설명한 것이다. 신행 선사는 40여 권의 서적을 찬술한 후에 하나의 종파로서 삼계교를 창립했다. 서기 594년 55세의 나이로 임종을 맞았다.

# 미주

## 第15장

1) 본문의 아래에 분산해 삽입하는 것을 자주(子注)라 한다. 자주가 생긴 이유는 앞에서 설명했다.

2) 구마라집의 말을 가리킨다.

3) 송나라 원가 3년과 8년에 『잡심』을 전후 두 번 번역했다.

4) 예컨대 구마라집

5) 이 주(注)는 현존한다. 고주(古註)의 체재를 알고 싶다면 참고할 수 있다.

6) 예컨대 길장의 『대품유의(大品遊意)』 등.

7) 경서(經序)를 보라.

8) 이는 문소(文疏)의 시작이 된다.

9) 이는 의소(義疏)의 시작이 된다.

10) 전하는 바에 따르면, 위나라의 유겸지(劉謙之)는 『화엄소(華嚴疏)』 6백 권을 지었는데, 이는 남쪽 지방에서는 절대로 없는 것이다.

11) 상세히는 세친(世親) 보살의 『열반론』을 보라. 이는 또 『장수게론(長壽偈論)』이라고도 하는데, 위나라 사문 달마보리(達磨菩提)의 번역이다.

12) 앞의 문장에서 인용한 하서 도랑의 『열반서(涅槃序)』에서 일컫는 '표위(標位)'는 바로 이 오문을 가리킨다.

13) 도융의 호(號)가 그래서 구철(九轍) 법사로 불렸다. 상세히는 『법화문구기(法華文句記)』를 보라. 그러나 도융을 승예로 오인하고 있다.

14) 즉 현존하는 『유마소(維摩疏)』

15) 양(梁)나라의 『법화의기(法華義記)』에서는 경전에는 크고 작음이 없다고 하면서 서(序), 정(正), 유통(流通)의 세 단락으로 예시해 나누고, 아울러 이 경전의 세 단락 '문구(文句)의 기진(起盡)'을 상세히 서술했으므로 '기진'이 '과분(科分)'의 별칭이란 걸 알 수 있다. 수(隋)나라 혜원의 『열반의기(涅槃義記)』에서는 '기진'을 '시작과 마지막[終始]'이라 칭해서 역시 사람들이 삼분법을 많이 사용한 걸 말하고 있다. 『승만보굴(勝鬘寶窟)』에서는 과(科)의 단락을 분제(分齊)라 칭했다.

16) 상세히는 북위(北魏) 때 번역된 『법화경우바제사(法華經優婆提舍)』를 보라.

17) 상세히는 북위(北魏) 때 번역된 『법화경우바제사(法華經優婆提舍)』를 보라.

18) 길장의 소(疏)에서는 보리류지의 구분이 억지로 해석한 것이라고 했다.

19) 주소와 목록이 이토 키겐의 『지나불교정사(支那佛教正史)』에 산발적으로 보이지만 여기서 상세히 예를 들지는 않겠다.

20) 그 중에도 경전을 역출한 기(記)가 많으므로 본 항목에는 포함되지 않았다.

21) 제5장 말미를 참고하라.

22) 『우록』의 『대지도론 초서(大智道論鈔序)』

23) 『화엄경』 등을 초록한 것이 『출삼장기집』 5에 보인다. 『석교록(釋教錄)』 18에는 43부(部)로 되어 있다.

24) 『속고승전, 법초전(法超傳)』

25) 『역대삼보기』 권11과 『당지(唐志)』에 보인다. 『남사(南史)』에서는 원제가 직접 『내전박요』 백 권을 지었다고 하였다.

26) 『역대삼보기』 권11. 『속고승전』 권1.

27) 『고승전』에서는 담종이 『수림(數林)』을 지었다고 하는데, 바로 『장방록』

에 실린 왕종(王宗)의 『불제명수경(佛制名數經)』이 아마 이런 종류의 서적일 것이다.

28) 지민도가 편찬한 『합수능엄경기』와 『합유마힐경서』는 모두 『출삼장기집』에 보인다.

29) 『삼보기』 12, 『보귀록(寶貴錄)』

30) 『출삼장기집』 권12

31) 윤(輪) 자는 연(衍) 자로 의심된다.

32) 『수지(隋志)』에서는 107권으로 되어 있다.

33) 이상은 대부분 『속고승전』에 근거했다.

34) 『남사(南史), 육고전(陸杲傳)』

35) 유(劉)는 아마 도(到)의 오기일 것이다.

36) 『광홍명집』에 실려 있다.

37) 육광미(陸廣微)의 『오지기(吳地記)』에 보인다.

38) 『수지』에는 혜교 법사가 편찬한 『니전(尼傳)』 2권이 실려 있다.

39) 예컨대 『법원주림』, 『세설신어』 주석 등이다. 명(明)이 명(冥)으로 되어 있는 것도 있다.

40) 『내전록』에 수록되어 있다.

41) 다음에 열거한 것 외에 법론(法論)이 지은 『명승전』이 있지만 완성되지 않았다. 『속고승전』에 보인다.

42) 3권(혜교의 『고승전』 서문에서 인용하고 있으며 송나라 때의 서적으로 보는 것 같다) (『수지』).

43) 10권(혜교의 서문에 보인다. 『수지』에서는 『법사전(法師傳)』이라 칭하고 있다.

44) 서록(序錄)을 포함해 31권이다. (현존하는 것은 절초(節鈔) 1권이다)

45) 고본(古本) 14권, 근간(近刊) 16권. (현존하고 있다)

46) 20권 (『수지』) 『내전록』 10에 배자야의 『사문전』 30권이 수록되어 있고, 아울러 그 주석에서는 "그중 10권은 유구(劉璆)의 편찬이다"라고 했다.

47) 6권 (『수지』) 또 『군재독서지(郡齋讀書志)』에 수록된 『고승전』 6권은 양나라 석혜민(釋惠敏)의 편찬으로 경전을 나누어 번역하고 두 문(門)으로 의해(義解)했다……. 『법원주림』 마지막 권에서는 우효경이 출가해서 혜명(慧命)으로 불렸다고 하였는데, 『군재독서지』에 보이는 것이 바로 이 책이다.

48) 1권. 『북사(北史)』에 보인다.

49) 송나라 이종(理宗) 단평(端平) 2년 1235년

50) 이것이 바로 권(卷)을 좇아가며 중요한 사적을 끄집어내는 것이다.

51) 1권, 『당지』에 보인다.

52) 2권. 『고승전』 16에 보인다. 『수지』에는 담경(曇景)의 『경사사탑기』 2권이 있는데 경(景) 자는 종(宗) 자이다.

53) 『고승전서』에 나옴. 유전은 유면(劉湎)의 아들로 남제(南齊) 사람이다. 『남사(南史)』에 보인다.

54) 『수지』에 보인다. 『법원주림』에 따르면 20권이 있다고 하면서 양나라 상서병부랑중겸사학사(尙書兵部郎中兼史學士) 유구가 칙령을 받들어 편찬했다고 한다. 『수지』에 10권이 저록(著錄)되었으며 1권을 기록했다. 성 외곽을 설명하면서 양나라의 『경사기(京寺記)』를 인용하고 있는데 유구의 저작인지는 알지 못하겠다. 또 『내전록』 5에 실린 『당경사록전서(唐京寺錄傳序)』에서는 "강표(江表)1)의 양나라 황실에서 10권을 저술해 기록했고, 동도(東都; 낙양)의 후위(後魏)에서 역시 오축(五軸)이 유행했다"고 하였다. '오축'은 『가람기(伽藍記)』를 가리키며, '10권'은 응당 유구의

저술이다.

1) '강표'는 양자강 동쪽 지역으로 강좌(江左)와 같은 뜻이다.

55) 『법원주림』 31에 보이는데 누가 편찬했는지는 모르겠다.

56) 이 밖에도 실려 있는 사람이 보이지만, 그러나 승려의 저술이 아니거나 지은이의 성명이 실전되었다면 모두 편입시키지 않았다.

57) 모두 1권으로 되어 있다.

58) 『법현행전』을 줄인 것으로 의심된다.

59) 『통전(通典)』도 줄여서 『유천축기(遊天竺記)』로 되어 있다.

60) 예컨대 소설 『서유기』는 바로 현장유기(玄奘遊記)를 가탁(假託)한 것이다.

61) 『수지』에 수록되었다. 별도로 뭇 승려들의 행장(行狀) 40권이 있는데 역시 승우가 편찬했다.

62) 승우의 『법집잡기명(法集雜記銘)』이 있는데, 그 안에도 비명(碑銘) 네 편이 들어 있다.

63) 혹은 두 종류 이상

64) 사문 영유(靈裕)의 『목록』은 수나라 시대에 속해 있다.

65) 진제(眞諦)의 역경 목록이라 함.

66) 안에 수나라 시대의 목록 두 종류가 있다.

67) 안에 수나라 시대 한 종류만 전후로 총 30가(家)가 있는데, 수나라 때의 3부를 제외하면 총 27부이다.

68) 비장방은 이 목록을 보지 못했으니 응당 다른 서적에 근거해 전재(轉載)한 것이다.

69) 아울러 승우가 인용한 『도안록』

70) 비장방은 불삭(佛朔)으로 잘못 기재하고 있다.

71) 앞의 제4장에서 설명했다.

72) 광화(光和) 2년 10월 8일

73) 앞서 제8장에 상세히 보인다.

74) 『법경목록(法經目錄)』 제7권

75) 『법경목록』 제7권

76) 『개원록』 권 10

77) 앞의 단락에선 여징(呂澂)의 『불전범론(佛典汎論)』을 인용했다. 『도서관학계간(圖書館學季刊)』 제1권 제1기(期) 량렌공의 『불가경록재중국목록학상지위치(佛家經錄在中國目錄學上之位置)』를 참고하라.

78) 『진서각주(晉書斠注)』 39 『순욱전(荀勖傳)』 주석을 참고하라.

79) 『속고승전, 법융전(法融傳)』에서 말한다; "송나라 초기의 유사공(劉司空)(유목지(劉穆之) 혹은 유수지(劉秀之)가 아닐까 한다)은 단양(丹陽)의 남쪽 우두산(牛頭山)에서 불굴사를 조성했다. 그의 집안은 거부(巨富)라서 장경의 서적을 찾아내 필사해서 우두산의 사찰을 영원히 보호하려고[1] 했다. 첫째. 불경, 둘째. 도서(道書), 셋째. 불경사(佛經史), 넷째. 속경사(續經史), 다섯째, 의학, 방술, 도참, 부적이다. 다만 정관(貞觀) 19년에 전부 화재로 소실되었다……." 또 『강남통지(江南通志)』에서는 "양나라 천감 사이에 사공(司空) 서도(徐度)가 석굴사(石窟寺)를 지었다"고 하였다. 서도는 바로 진(陳)나라 때의 사람이다. 양나라 때 서면(徐勉)이란 사람은 불교를 신봉했지만 사공은 아니었다.

1) 원문의 진(鎭)은 사람들이 부적 따위로 가옥 등을 보호하는 의미로 쓰이는데, 여기서는 사찰을 보호하는 의미이다.

80) 『우록』 12 『법원집목록(法苑集目錄)』에 보이는데 응당 제나라 시대에 존재했다.

81) 완씨(阮氏)의 『칠록서(七錄序)』에서는 『화림총목(華林總目)』의 내용을 언급하고 수정했다. 『수지』로 입증하건대, 『완록(阮錄)』에 실린 5400권은

화림원 장서(藏書)의 몇 가지 목록에 근거한 것이다. 화림원의 내용은 육운(陸雲)의 『어강반야경서(御講般若經序)』에 보이며, 서문은 『광홍명집』에 실려 있다.

82) 사찰은 남경(南京)의 종산(鐘山)에 있고 경장은 임천왕(臨川王)이 조성했는데 『우록』에 보인다. 또 유협(劉勰)이 세웠다는 말이 있는데 『양서(梁書)』 본전(本傳)에 보인다.

83) 『우록』 12에 보인다.

84) 『금루자(金樓子, 취서편(聚書篇)』에 보인다. 사찰은 형주에 있다.

85) 『광홍명집』에 위수(魏收)의 『삼부일체경원문(三部一切經願文)』이 실려 있는데, 이 삼부(三部)가 어느 곳에 갈무리되어 있는지는 모르겠다.

86) 『광홍명집』에 왕포(王褒)의 『주경장원문(周經藏願文)』이 실려 있는데, 어느 곳에 갈무리되어 있는지는 모르겠다.

87) 『문원영화(文苑英華)』에 주유신(周庾信)의 『섬주홍농군오장사경장비(陝州弘農郡五張寺經藏碑)』가 실려 있는데 장서(藏書)가 3백여 부(部)이다.

88) 안에 경초(經鈔)의 종류 7부가 있다.

89) 원래의 권수를 살펴보면 오류가 있다.

90) 안에도 경초(經鈔)가 있다.

91) 송나라 원가(元嘉) 시기에 축법도(竺法度)가 『이위의(異威儀)』 1권을 만들어서 세상에 유행했다. 수나라 때에 양주(揚州)에서도 이를 행하는 사람이 있었다(『중경록(衆經錄)』에 보인다). 제(齊)나라 때 축법도는 『비발률(毘跋律)』 1권을 지었는데 모두 위조한 계율이다.

92) 바로 『남사(南史), 효의전(孝義傳)』에 나오는 강비이다.

93) 그때 강비는 이미 죽었다.

94) 이 경전은 『개원록』의 위망록(僞妄錄)에 들어있다. 또 『정토우란분경(淨

土盂蘭盆經)』이 있는데 『개원록』에서 위서로 지목했다. 두 책은 현재 세속에서 아주 잘 통용되고 있다.

95) 『개원록』 18에 보인다.

96) 이상 『우록』 권5에 보인다.

97) 영국 박물관 돈황의 잔권(殘卷)

98) 이 경전은 지루가참이 번역한 『서응본기경(瑞應本起經)』을 가리킨다.

99) 말일(末日)의 설은 북방에서 불법을 가혹하게 파괴시킨 일 때문에 생겼다.

100) 원래는 1권이다. 그러나 오늘날의 돈황본은 2권이다.

101) 영국박물관 돈황 잔권(殘卷)

102) 공(共) 자는 잘못이다.

# 16

# 축도생(竺道生)

진(晉)나라와 송나라 사이에 불교학의 3대 사건이 있었다. 첫째는 『반야경』으로 구마라집이 크게 천양하였고, 둘째는 『비담』으로 승가제바가 『비담』의 대사(大師)이고, 셋째는 『열반경』으로 담무참(曇無讖)이 번역한 것이 기본 경전이다. 축도생의 학문은 이 세 가지를 집대성한 것이다. 축도생은 구마라집과 승가제바에게 직접 수학(受學)했다. 그리고 『열반경』은 더욱 잘 이해해서 대경(大經)이 전래되기 이전에도 암암리에 능히 계합함으로서 후세에 『열반경』의 성인으로 추대되었다[1]. 이 장(章)은 크게 두 단락으로 나누어서 첫 단락에선 『열반경』이 처음 전래되었을 때의 사실을 서술하고 다음 단락에선 도생의 학설을 간략히 살피겠다.

## 1) 열반부 경전의 번역

불교 장경에는 『열반경』 종류의 경전이 아주 번다(繁多)하다. 석가세존의 열반에 관한 정경(正經)은 대략 세 가지 종류로 나눌 수 있다[2].

(갑) 소승의 『대반열반경(大般涅槃經)』.

이 경전은 『장아함경』에서 나왔다. 번역해서 『유행경(遊行經)』이라 칭했는데 『장아함경』의 두 번째 경전이다. 이 밖에 『대장경』에 현존하는 이역(異譯)으로 세 가지가 있다.

(1) 『불반니원경(佛般泥洹經)』 상권과 하권으로 서진(西晉)의 백법조가 번역했다. 『우록』에는 수록되지 않고 『장방록』에 처음 실려 있어서 의심스러운 점이 있다. 그러나 책의 말미에 영흥(永興) 7년 후와 또 28년 병술년(丙戌年) 비구 강일(康日)의 후기(後記)가 있다. 생각건대 각 시대의 연호에서 영흥을 살펴보면 모두 '7년'이 없고, 영흥으로 연호를 고친 후의 35년[3:]은 모두 병술년이 아니다. 허나 진(晉)나라의 백법조는 실제로 진혜제(晉惠帝) 영흥 원년에 죽었고 그 후 23년이 병술년이다. 비록 후기와 합치하지는 않지만 크게 혼란한 세상인지라 후기의 연대가 뒤섞이는 일은 아마 늘 있었을 터이니, 그렇다면 이 경전은 아마 실제로 백법조의 번역일 것이다.

(2) 『대반열반경』 3권으로 법현(法顯)이 번역했다고 제(題)했는데, 이는 바로 지승(智昇)이 정한 것이다. 많은 『목록』에서 법현이 번역한 두 가지 『니원경(泥洹經)』이 있다고 했으니, 하나는 6권의 『대반니원경』이고 또 하나는 2권의 『방등니원경(方等泥洹經)』이다. 지승은 『방등니원경』을 바로 6권의 별명으로 여겼는데, 이 소승 경전이 법현의 번역인 듯하기 때문에 그렇게 여긴 것이다. 다만 『방등니원경』은 별개의 경전이 따로 있다[4:]. 그리고 법현이 6권 이외에 따로 하나의 『니원경』을 역출했는지 여부는 더욱 의심스럽다[5:]. 또 『장경(藏經)』에선 이 소승 경전을 『대반열반경』이라 부르는데 역시 법현의 번역 같지는 않다[6:]. 그러므로 지승의 말은 틀렸고 이 판본은 실제로 실역(失譯)이다.

(3) 『반니원경』 상권과 하권이다. 『대장경』에서는 『개원록』에 근거해 동진(東晋)의 실역(失譯)에 귀속시켰다. 이 경전은 원래 1권으로[7:] 구나발타라(求那跋陀羅)의 번역이며 도혜(道慧)의 『송제록(宋齊錄)』에도 보이는

데 바로 『유행경』의 이역(異譯)이다. 수나라의 『중경록(衆經錄)』 및 『법경록(法經錄)』에는 모두 구나발타라가 번역한 1권본이 소승 경전에 들어가 있지만, 지승에 이르러서는 구나발타라의 번역 같지 않다고 하면서 동진의 실역록(失譯錄)에 귀속시키고 있는데 어떤 근거에서 그러는지 모르겠다. 또 『내전록』[8] 에서는 구나발타라가 역출한 것과 축법호의 『방등니원경』이 동일하다고 하는데 실제로는 거짓된 설(說)이다. 『우록』에서는 또 구나발타라의 『니원경』이 1권이고 그 주석에서 "1권의 『니원경』인 듯하다"[9] 고 했는데, 그렇다면 "1권의 『니원경』"은 바로 당시 소승 『열반경』의 명칭이다[10].

(을) 『방등니원경』에서는 네 명의 동자(童子)가 부처를 예배하는 사적을 서술하고 있다. 이 때문에 수나라의 자나굴다(闍那崛多)가 번역한 판본의 명칭은 『사동자삼매경(四童子三昧經)』이다. 『우록』에서는 "축법호가 번역한 『방등니원경』 2권이 있다"고 하면서 그 주석에서 "혹은 『대반니원경』이라 한다"고 했다. 『대장경』에 이 경전이 현존하는데 상하 두 권으로 나뉘어 있으며, 그 내용을 살펴보면 『사동자삼매경』과 동본이역(同本異譯)이다. 또 『우록』에 실린 지겸의 목록에 이런 말이 있다.

『대반니원경』 2권[11]

이 경전은 현재 실전되었다. 그러나 『출삼장기집』에서는 이 경전이 빠졌다고 말하지 않았으므로 양나라 때는 여전히 존재한 것이다. 승우도 "지겸이 번역한 것과 『방등니원』은 거의 똑같다"고 했다. 지겸과 축법호의 번역은 모두 2권이라서 후세에 방등(方等)을 쌍권(雙卷)의 『니원』이라 칭했다. 또 『장방록』에서 "지겸의 번역은 바로 담무참의 대본(大本)에 있는 『서분(序分)』, 『애환품(哀歡品)』을 간략히 해서 2권으로 만들었고 뒤의 세 장이 약간 다를 뿐이다"라고 하였다. 그러나 승우는 지겸의 번역과 축법호의 역출은 거의 같다고 분명히 말했는데, 현재 축법호의 번역을 살펴보면 『서분』과 『애환품』을 간략히 하지 않았으므로 비장방의 말은 잘못이다. 또 법현은 6권의 『니원』을 제외했고, 『우록』에서는 별개의 『방등니원경』 2권을 말하면서 그 주석에서 궐본(闕本)이라 하여 그 내용이 명확치 않은 듯하니, 『방등니원경』은 실제로 6권본이 잘못 전해진 것이다.

(병) 대승의 『대반열반경(大般涅槃經)』이다. 북량(北凉) 담무참이 번역한 40권이 이에 해당한다. 『대반열반경』은 중국의 소위 열반종(涅槃宗)의 근본 경전으로 현시(玄始) 10년(서기 421년)에 출간되었음은 앞에서 이미 상세히 설명했다.

별개의 6권본이 하나 있다. 『대본』의 초분(初分)인 전오품(前五品)을 말하는데 불타발타라가 건업에서 번역한 것으로 법현이 서역에 유행하여 얻은 것이다. 『우록』에 실린 『출경후기(出經後記)』에서는 이렇게 말한다.

> 마갈제국(摩竭提國) 파련불읍(巴連弗邑) 아육왕탑(阿育王塔) 천왕정사(天王精舍)의 우바새 가라선(伽羅先)은 진(晉)나라 도인 법현이 멀리 이 땅(즉 인도)에 와서 불법을 구하려는 걸 보자 깊이 감동하였다. 그래서 즉시 여래의 비장(秘藏)인 이 『대반니원경』을 필사해서 이 경전이 진나라에 유포되어 모든 중생이 다 평등하게 여래의 법신(法身)을 성취하길 기원했다.
>
> 의희(義熙) 13년 10월 1일 사사공석(謝司空石)이 세운 도량사(道場寺)에서 이 『방등대반니원경(方等大般泥洹經)』을 역출했으며, 의희 14년 정월 2일(1일로 되어 있는 곳도 있다)에 교정을 마쳤다. 선사 불대발타(佛大跋陀)(즉 불타발타라)가 직접 호본(胡本)을 잡고 보운(寶雲)이 전역(傳譯)했는데 당시 250명이 앉아 있었다.

법현은 진(晉)나라 의희 8년(서기 412년)에 청주(靑州)로 돌아왔고 다음 해에 남쪽으로 내려가 경사(京師)에 들어갔다. 불타발타라는 의희 11년(서기 415년) 이후에 강릉(江陵)을 거쳐 건업에 도착해서 도량사에 머물렀고, 의희 12년(서기 416년) 11월에 법현과 함께 『승지율(僧祇律)』을 번역했고, 의희 14년 2월 말에 번역을 마쳤다. 그러나 이 『승지율』의 번역을 마치기 전에 각현도 『대반니원경』 6권을 겸하여 번역했으니, 그 시기는 의희 13년 10월에서 14년 정월까지이다(서기 417년에서 서기 418년).

또 하나는 『20권본(卷本)』이니 바로 지맹이 화씨읍(華氏邑)(즉 파련불읍)에서 얻은 것이다. 지맹은 갑자년(甲子年)(서기 424년)에 천축으로부터 돌아온 후에 양주(涼州)에서 번역했다. 수나라 관정(灌頂)의 『열반현의(涅槃玄義)』에서는 이 20권이 지루가참이 번역한 전오품(前五品)이라 하는데 진짜 그런지는 알지 못하겠다. 그러나 지맹에게 별개의 번역본이 있고 『우록』에서는 궐본(闕本)이라고 말하니 일찍부터 유행하지 않았다는 걸 알 수 있다.

우선 지루가참이 번역한 『열반경』에서는 『후분(後分)』을 찾지 못했다. 원가(元嘉) 시기에 석혜관(釋慧觀)은 도보(道普)에게 서역으로 가서 구할 것을 청했지만, 도보는 배가 난파되면서 발을 다치는 바람에 병에 걸려 죽고 말았다. 도보는 임종할 때 "『열반후분(涅槃後分)』은 송나라와는 인연이 없구나" 하고 탄식했다. 그리고 2백 년 후에 당나라 고종(高宗) 때 승려 회녕(會寧)이 지현(智賢)과 함께 일남(日南)[1]에서 번역하여 중국으로 보냈다. 그러나 『개원록』에서는 이미 거짓으로 만든 것이라 대승의 『열반경』이 아님을 살펴 알았다.

---

1) 베트남의 한 지역.

앞서 서술한 세 가지 항목을 따져 보면, 남북조 시대에는 소승 경전을 '1권 『니원』'이라 칭했고, 방등경(方等經)[12:]은 '쌍권(雙卷) 『니원』'이라 칭했고, 법현이 얻은 경전은 '6권 『니원』'이라 칭했고, 담무참이 번역한 것은 '『대본(大本)』'이라 했다[13:]. 『열반현의』에 따르면 "어떤 사람은 '니왈(泥曰)'은 쌍권을 지목하고, 『니원』은 6권을 지목하며, 『열반』은 『대본(大本)』을 지목한다"고 했으니, 이는 소승 경전 이외의 세 경전을 가리킨다[14:]. 앞서 열거한 것에 근거해 총체적으로 표시하면 다음과 같다[15:].

(1) 소승의 열반경 즉

『아함유행경』의 이역(異譯). 1권 『니원』.

『불반니원경(佛般泥洹經)』 2권 백법조 번역.

『대반열반경』 3권 실역(失譯)[16:]

『반니원경』 2권 구나발다라 번역[17:]

(2) 방등의

『열반경』 쌍권 『니원』.

『방등니원경』 축법호 번역[18:]

(3) 대승의

『열반경』 대본(大本).

『대반열반경』 40권 담무참 번역

『대반니원경』 6권 각현 번역[19:]

## 2) 열반경 대본(大本)의 수정(修訂)

북량(北涼) 담무참이 대본(大本)을 번역한 시기는 현시(玄始) 10년, 즉 유송(劉 宋)의 무제(武帝) 영초(永初) 2년이다(서기 421년). 훗날 송문제(宋文帝) 원가(元嘉) 시기에 이 대본이 건업에 전해졌다. 『삼론유의의』에서는 원가 7년(서기 430년)에 처음 양주(揚州)에 도착했다고 했는데 당시 강남에는 이미 6권의 번역본이 있었다. 의학(義學)의 명승 축도생 등과 같은 사람은 이미 불성(佛性)의 설(說)을 크게 천명했기 때문에 대본이 도착한 후에 불성의 학문은 더욱 번성했다. 『고승전, 혜엄전(慧嚴傳)』에서는 이렇게 말하고 있다.

> 『대열반경』이 처음 송나라에 도착했을 때 문언(文言)은 훌륭했어도 품수(品數)는 간소해서 초학자(初學者)는 관심을 두기 어려웠다. 혜엄은 혜관, 사령운 등과 함께 『니원』 판본에 의거하여 품목을 추가했는데 문장이 지나치게 투박해서 많이 수정했다.

『대반열반경』은 원래 40권으로 세상에선 북본(北本)이라 칭했으며, 경문을 수정한 후의 36권짜리에 대해서는 세상에서 남본(南本)이라 하였다. 남본과 북본은 문자상으로 약간 차별이 있는 것에 불과하지만, 그러나 품목을 앞에 나눈 것은 너무나 다르니, 그렇다면 법현이 얻은 6권본에 근거해 증보하고 수정한 것이다. 이제 세 가지 판본의 품목을 다음과 같이 표시하니, 이를 통해 증보하고 수정한 개요(槪要)를 볼 수 있다[20].

| 북본(北本) | 남본(南本) | 6권본 |
|---|---|---|
| (1)『수명품』의 1 | (1)『서품』 | (1)『서품』 |
| | | (2)『대신보살품(大身菩薩品)』 |
| 『수명품』의 2 | (2)『순타품(純陀品)』 | (3)『장자순타품(長者純陀品)』 |
| | (3)『애환품(哀歡品)』 | (4)『애환품(哀歡品)』 |
| 『수명품』의 3 | (4)『장수품(長壽品)』 | (5)『장수품(長壽品)』 |
| (2)『금강신품(金剛新品)』 | (5)『금강신품(金剛新品)』 | (6)『금강신품(金剛新品)』 |
| (3)『명자공덕품(名字功德品)』 | (6)『명자공덕품(名字功德品)』 | (7)『수지품(受持品)』 |
| (4)『여래성품(如來性品)』의 1 | (7)『사상품(四相品)』 | (8)『사상품(四相品)』 |
| 『여래성품(如來性品)』의 2 | 『사상품』의 나머지 | |
| 『여래성품(如來性品)』의 3 | (8)『사의품(四依品)』 | (9)『사의품(四依品)』 |
| 『여래성품(如來性品)』의 4 | (9)『사정품(邪正品)』 | (10)『분별사정품(分別邪正品)』 |
| | (10)『사제품(四諦品)』 | (11)『사제품(四諦品)』 |
| | (11)『사도품(四倒品)』 | (12)『사도품(四倒品)』 |
| | (12)『여래성품』 | (13)『여래성품』 |
| 『여래성품(如來性品)』의 5 | (13)『문자품(文字品)』 | (14)『문자품(文字品)』 |
| | (14)『조유품(鳥喩品)』 | (15)『조유품(鳥喩品)』 |
| 『여래성품(如來性品)』의 6 | (15)『월유품(月喩品)』 | (16)『월유품(月喩品)』 |
| 『여래성품(如來性品)』의 7 | (16)『보살품(菩薩品)』 | (17)『문보살품(問菩薩品)』 |
| (5)『대중소문품(大衆所問品)』 | (17)『대중소문품』 | (18)『수희품(隨喜品)』 |
| (6)『현병품(現病品)』 | (18)『현병품(現病品)』 | |
| (7)『성행품(聖行品)』 | (19)『성행품(聖行品)』 | |
| (8)『범행품(梵行品)』 | (20)『범행품(梵行品)』 | |
| (9)『영아품(嬰兒品)』 | (21)『영아품(嬰兒品)』 | |
| (10)『광명보조고귀덕왕보살품(光明普照高貴德王菩薩品)』 | (22)『광명보조고귀덕왕보살품(光明普照高貴德王菩薩品)』 | |
| (11)『사자후보살품(師子吼菩薩品)』 | (23)『사자후보살품(師子吼菩薩品)』 | |
| (12)『가섭보살품(迦葉菩薩品)』 | (24)『가섭보살품(迦葉菩薩品)』 | |
| (13)『교진여품(憍陳如品)』 | (25)『교진여품(憍陳如品)』 | |

남본(南本)은 6권 『니원』에 의거해 북본(北本)의 전오품을 17품으로 나누었다. 『니원』에는 『대신보살품』이 두 번째에 있다. 다만 『니원, 서품』을 보면 부처님께서 멸도(滅度)에 들려고 할 때 모든 대중이 다 와서 정례(頂禮)했는데, 대신보살도 와서 정례한 분 중 하나이다. 남본에는 『서품』과 『대신보살품』이 모두 『서품』에 들어있기 때문에 그다음의 17품은 6권본의 18품이다. 경문의 문자를 수정한 경우는 원문이 늘 지나치게 투박하기 때문이다. 예컨대 북본에서는 "마치 아들 하나 밖에 없는 자애로운 아버지와 같다. 아들이 갑자기 병에 걸려 죽자 그 시체를 장사지내 무덤 사이에 안치(安置)하고 돌아와서는 슬피 한탄하고 고뇌하고 근심하였다[猶如慈父 唯有一子 卒病喪亡 送其屍骸 置於塚間 歸還悵恨 愁憂苦惱]"고 했는데, 남본에서는 이를 수정해서 "마치 아들 하나 밖에 없는 자애로운 아버지와 같다. 아들이 갑자기 병에 걸려 죽자 장사를 지내고 돌아와서는 지극히 크게 근심하고 고뇌하였다[猶如慈父 唯有一子 卒病命終 殯送歸還 極大憂惱]"[21]고 하였다. 그러나 남본도 때때로 『니원』 본(本)에 근거해 수정한 것도 있는데, 예컨대 북본의 『수명품(壽命品)』 2에서는 "울어서 얼굴이 부었다"고 했는데, 6권 본에서는 "오래도록 근심하고 슬퍼해서 멍청하고 먹먹해졌다[久遠憂悲痴冥闇]"고 했고, 남본에서는 "연모와 그리움으로 더욱 비통해졌다[戀慕增悲痛]"고 하였다. 북본의 『수명품』 3에는 부처님이 설한 게송 중에 "그리고 나한 등과 더불어[而與羅漢等]"라는 구절이 있는데, 『니원』에서는 이것이 "양여나한등(量與羅漢等)"으로 되어 있고 남본도 마찬가지이니, 그렇다면 남본에서 경문의 문자를 고친 것도 약간은 『니원』에 의거한 것도 있다.

그러나 큰 단락의 문자가 『니원』에는 있으나 북본에는 없을 경우 남본에서는 증입(增入)하지 않았다. 가령 『니원, 서품』에 있는 6항하사(六恒河沙)

의 한 단락과 『문보살품(問菩薩品)』의 첫 단락에서 가섭이 "무엇이 보살입니까?" 하고 묻는 구절은 모두 북본에는 빠져 있어서 남본에서도 감히 늘리거나 덧붙이지 않았다. 남본 『문자품』의 경우엔 첫머리를 열 때 "부처님께서 다시 가섭에게 고하셨다[佛復告迦葉]"고 한 한 구절과 『월유품(月喩品)』 첫머리에 "부처님께서 가섭에게 고하셨다[佛告迦葉]"는 한 구절은 모두 북본에는 없고 『니원』에는 있으니, 이는 품목(品目)을 더 나누어 증입(增入)시켰기 때문이다. 총체적으로 남본과 북본의 차이는 첫째, 품목의 증가인데 이는 단지 북본의 전오품(前五品)에 미칠 뿐이며, 둘째, 경문의 문자를 수정한 것인데 이는 남본과 북본의 차이가 훨씬 더 미세하다.

### 3) 축도생의 사적(事蹟)

중국의 경전 번역은 도안 이후부터 크게 번성했다. 도안이 장안에서 역출한 것은 일체유부(一切有部)에 속하는 경전이 많다. 구마라집이 장안에 있을 때 역출한 것은 『반야경』의 삼론(三論)을 중시했고, 담무참이 양주(涼州)에서 번역한 경전은 『열반경』이 중심이었다. 축도생은 이 세 사람의 원천을 직접 접해서 온갖 흐름을 흡수하고 또 슬기로운 견해[慧解]를 더할 수 있었으니 진실로 중국 불교학사(佛敎學史)에서 빼어난 인재라고 하겠다. 유송(劉宋) 시대의 사람 왕미(王微)는 도생을 곽림종(郭林宗)[2]에 견주면서 그에 대한 전기를 써서 그가 남긴 덕을 밝혔다. 그리고 석혜림(釋

2) 곽태[郭泰]. 후한[後漢]의 유명한 학자. '임종(林宗)'은 자(字)이다. 산서성 태원(太原) 출생. 학문과 덕이 높아서 존경을 받았으며, 이응(李膺)과의 교류로 당시 명성을 떨쳤다. 향리(鄕里)에 은거해 수천 명의 제자를 가르쳤다. 외척과 환관이 날뛰던 시대에 절개를 굳게 지켰고 언행도 신중했기 때문에 '당고(黨錮)의 화(禍)'에도 재앙을 면할 수 있었다.

慧琳)은 『축도생 법사 추도문[竺道生法師誄文]』에서 도생을 지극히 추앙했는데(『광홍명집』), 그 추도문에 이런 내용이 있다.

> (도생이) 미혹을 해결하고 독특하게 행해서 부처님의 가르침을 간직하고 실천하자, 온갖 경전이 구름처럼 펼쳐지고 갖가지 의심이 얼음 녹듯이 풀렸다. 석가모니의 종지는 담박해서 찾을 수 있고 진기한 언사는 모두 통론(通論)을 이루니, 그 결과 노자와 장자의 명교(名敎)를 펼치고 향수(向秀)와 왕필(王弼)의 현심(玄心)을 깨닫는 것이 쉬워졌다.

축도생은 본래의 성(姓)이 위(魏)씨이다. 『고승전』에서 말한다.

"(축도생은) 거록(鉅鹿) 사람으로 팽성(彭城)에 거주했다[22:]. 집안은 대대로 사족(仕族)이었고 아버지는 광척(廣戚)의 현령이었다[23:]. 고향 마을에선 그를 착한 사람이라 칭했다. 도생은 어려서부터 영리해서 명철하고 총명한 영특스러움이 있었다. 그의 아버지도 도생이 비범한 그릇임을 알고서 그를 사랑하며 특별히 대했다. 나중에 사문 축법태[24:]를 만나자 세속을 버리고 불문(佛門)에 귀의해 수학(受學)했으며, 축법태를 따라 수시로 배우고 익혔기 때문에 성(姓)을 축(竺)이라고 했다. 이미 법문(法門)을 실천해서 사유가 영특하고 기발했으며 구의(句義)를 연구하고 음미해서 스스로 이해가 열렸다. 그래서 지학(志學)[3]의 나이[25:]에 문득 강좌(講座)를 열어서 불법에 관해 묻고 답했는데 그 언사가 주옥(珠玉)과 같이 맑았다."

『추도문』에서는 이렇게 말하고 있다.

---

3) 열다섯 살을 뜻한다. 『논어』에서 공자가 "나는 열다섯 살 때 학문에 뜻을 두었다"[吾十有五而志於學]는 말에서 유래되었다.

> 당시 도(道)를 지향하는 재능 있는 승려와 저명한 인사(人士)들은 언사가 막히고 생각이 꺾이지 않을 수 없을 정도로 도생의 정교하고 치밀한 논변(論辯)에 감복했다. 노중련(魯仲連)이 전파(田巴)[4]를 굴복시키고 항탁(項託)이 공수(孔叟)[5]를 물리친 일도 아마 (도생의 논변을) 넘어서지 못할 것이다.

축도생이 몇 살까지 살고 어느 해에 태어났는지는 모르겠다. 생각건대 남경의 와관사는 흥녕(興寧) 시기에 건립되었다[26]. 축법태는 흥녕 3년에 도안을 따라 양양에 도달한 후에 형주를 거쳐 동쪽으로 내려가서 경도(京都)에 도착해 와관사에 거주했다. 간문제(簡文帝)는 그를 공경하면서 『방광경』 강의를 요청했다. 간문제는 황제의 자리에 겨우 2년간 재위했다(371년에서 372년). 당시 와관사는 창립된 지 오래지 않았을 때인데, 축법태는 와관사에 거주하면서 방과 집을 짓는 등 갖가지 일을 하였으므로[27] 이 축법태가 경도에 온 시기는 흥녕 이후인 간문제 시대이다[28]. 축법태는 나중에 남경에서 죽었는데 태원(太元) 12년의 일이다. 흥녕 말엽부터 이때까지는 총 23년이며, 축도생의 출가는 바로 이 23년 사이에 있었다. 『고승전』에 따르면, 간문제가 축법태에게 『반야경』 강의를 요청했을 때 출가자와 재가자가 모두 와서 들었고 사족(士族)과 서민들이 무리를 이루어 삼오(三吳)에서 책을 짊어지고 온 자가 수천 명이었다. 도생의 출가는 아마 이때(371년에서 372년까지)일 것이다. 또 그 후 몇 년이 지나자 도생의 나이는 열다섯

---

4) 노중련은 춘추전국 시대 때 제(齊)나라 사람으로 평생 벼슬에 나가지 않고 절개를 지키며 살았다. 나이 열두 살 때 당시의 유명한 궤변가 전파를 찾아가 변론으로 그를 꺾었다. 전파는 노중련에게 한 번 혼쭐이 난 후로는 다시는 변론을 펼치지 않았다고 한다.

5) 공수(孔叟)는 공자이다. 공자가 7살 어린이인 항탁과의 문답에서 궁지에 몰린 일화를 말한다.

살이 되었고[29]; 또 그 후 5년이 지나 20살이 되었을 때 구족계(具足戒)를 받았다. 『우록』에서는 이렇게 말하고 있다.

"나이가 들어 구족계를 받고서 지혜가 나날이 발전하자 강연(講演)을 한 명성이 구하(區夏; 중국)에 두루 퍼졌다. 그러자 이를 훌륭하게 여긴 왕공(王公)과 풍문을 듣고 법석(法席)을 마련하길 희망하는 인사(人士)가 천 리를 멀다 않고 찾아왔다. 도생의 기풍은 고아(高雅)하고 조용해서 가까이서 직접 권유하길 잘했다. 그의 성품은 열렬하면서도 온화했으며, 그의 기운은 맑으면서도 화목했다. 그래서 대화에 참석한 자는 마음을 열지 않음이 없었다."

『고승전』에서는 도생과 예공(叡公)[30] 및 혜엄(慧嚴), 혜관(慧觀)은 동문수학을 했다고 했지만, 혜예 등 세 사람이 모두 축법태의 제자라는 말은 듣지 못했다. 이들이 동문수학했다고 하는 말은 구마라집에게 함께 배운 걸 말한다. 혜관은 혜원을 스승으로 섬긴 적이 있지만, 그러나 도생이 혜원의 제자라는 말은 듣지 못했다. 또 축법태와 도안은 동문수학했기 때문에 도생과 혜원은 비슷한 나이이다. 세상에서는 도생이 백련사(白蓮社)에 들어가 18명의 고현(高賢) 중 한 명이 되었다고 하는데 역시 믿을 수 없다.

『추도문』에서는 도생이 중년에 유학(遊學)하여 불법에 관한 다른 정보를 널리 탐색했다고 한다. 도생은 3,40살 때 양도(揚都)를 떠나 유학을 했는데 먼저 여산에 도착했다. 당시 그는 계빈국의 의학(義學) 사문 승가제바를 만났는데, 승가제바는 도안이 죽은(서기 385년) 후에 낙양에 도착했다가 수년 뒤에 여산에 이르렀다. 태원 16년에 그는 여산에서 『아비담심(阿毘曇心)』을 번역했고[31]; 융안(隆安) 원년(서기 397년)이 되자 그는 동쪽 경사(京師)로 내려갔다. 그렇다면 도생은 응당 태원 말엽의 몇 년 사이에 여산에 도착해서 승가제바를 만나고 그로부터 일체유부(一切有部)의 뜻을 익혔을 것이다. 『명승전초(名僧傳抄)』에 『명승전목록』이 실려 있는데, 그 권10은 다음과 같다.

『명승전』 제10[32]:
진(晉) 고장곤산(故章崑山) 지담제(支曇諦) 1
진(晉) 오호구(吳虎丘) 동쪽 축도보(竺道寶) 2
위촉군(僞蜀郡) 용연사(龍淵寺) 혜지(慧持) 3
(중략)
송(宋) 심양여산(尋陽廬山) 서사(西寺) 도생(道生) 10
(이하 생략)

그리고 『명승전초』의 『설처(說處)』 중 권10은 다음과 같다.

제10
담제가 『법화경』, 『대품』, 『유마경』을 각각 15번 강의한 사적.
혜지(惠持)가 아홉 살 때 형(兄)[33]을 따라 함께 서생이 되었는데, 둘 다 석도안에 의거해 비녀를 뽑고 삭발한 사적.
혜지가 혜원의 처소를 사직하고 촉(蜀)에 들어갔을 때 서방 세계의 기약에 부합한 사적
여산 서사(西寺) 축도생의 사적
혜원이 여산에서 유부(有部)의 종지를 익힌 사적
(이하 생략)

이 『명승전』 권10을 보면, 첫머리에선 담제를 서술하고 안의 내용에선 담제가 불경을 강의한 사적을 싣고 있다[34]. 다음엔 도보를 싣고 그다음엔 혜지를 싣고 있는데, 혜지가 형인 혜원과 함께 도안을 따라 출가한 일과 나중에 촉(蜀) 땅에 들어간 사적을 서술하고 제10의 전기에 이르면 축도생이 나오는 일을 서술하고 있다. 그 가운데 혜원이 여산에서 일체유부의 종지를 익힌 사적을 싣고 있는데, 이를 근거로 추정할 때 도생은 아마 혜원과 함께 승가제바를 따르면서 일체유부의 학문을 익혔을 것이다. 그래서 『명승전』에 나오는 도생의 전기에는 혜원이 유부의 종지를 익힌 사적을 싣고 있는 것이다. 『우록』에 근거해서 도생이 융안 시기[隆安中]에 여산에 유학했다면, 도생은 승가제바를 응당 건업에서 만나야 한다[35]. 그러나 이는 앞서 서술한 내용과 서로 어긋난다. 게다가 혜교는 『우록』의 전기를 초록하면서 '융안중(隆安中)'이란 세 글자를 없앴으니, 혜교 역시 의심했다는 걸 알 수 있다. 또 도생이 과연 융안 시기에 여산에 도착해서 7년을 거주했다면, 그가 관중에 도착한 것은 필경 구마라집이 관중으로 들어온 수년 후였을 것이다. 그러나 도생은 구마라집이 들어온 소식을 들었다면 응당 빨리 만나려고 했을 터이므로 절대로 그렇게 지체하지는 않았을 것이다.

『고승전』에서 "도생은 늘 도(道)에 들어가는 요체로 혜해(慧解; 지혜의 이해)를 근본으로 삼았다"고 하였다. 그래서 많은 경전을 깊이 연구하고 갖가지 논서를 살펴 헤아려서 만 리 길이라도 법을 따를 뿐 괴롭고 피곤하다고 해서 피하지 않았다. 후에 혜예, 혜엄과 함께 장안에 유학해서 구마라집에게 수학하였으며, 『우록』에서는 혜관 역시 동행(同行)했다고 한다. 『혜교전』에서는 "혜예와 혜관 두 사람이 먼저 여산에 유학해서 구마라집이 관중에 들어왔다는 소식을 듣자 남쪽에서 북쪽으로 갔다"고 하였다. 이에 따르면 두 사람은 혜원, 도생과 함께 승가제바에게 소승의 학문을 익힌 적이 있으며, 나중에는 다시 도생과 함께 관중에 들어갔다. 도생의 『추도문』에서는 도생의 견문(見聞)을 이렇게 서술하고 있다.

> 중년(中年)에 유학해서 불법에 관한 다른 정보를 널리 탐색했다. 양주(揚州)로부터 진(秦) 땅으로 가서 여산에 올라가고 곽산(霍山)[6]에 이르렀다. 구마라집이 전한 대승의 지취(旨趣)와 제바(提婆)가 전한 소도(小道; 소승)의 요체36:를 다 창달(暢達)해서 그 오묘한 곳까지 궁구하였으니, 그의 견문(見聞)은 나날이 빼어나고 더욱 깊어졌다.

도생이 관중에 있을 때 많은 승려들이 다 그의 빼어난 깨달음을 칭송했다. 『속고승전, 승민전(僧旻傳)』에서는 왕검(王儉)을 인용하면서 "옛날 축도생이 장안에 들어갔을 때 요흥은 소요원에서 그를 만나 도융(道融)과 불법에 관한 문답을 하게 하였다. 문답이 백 번이나 오고 가면서 모든 말이 다 절실하자, 대중들은 그의 신령한 풍모를 보고 그 빼어남에 감복했다"고 하였다. 『조론』에 실린 유유민과 승조의 서신에서는 이렇게 말하고 있다.

> 작년 여름 말미에 처음으로 도생 상인(上人)을 만났는데 『반야무지론』을 보여주었다.

승조가 답한 서신에서는 이렇게 말하고 있다.

6) 안휘성이 천주산(天柱山)를 가리킨다.

> 도생 상인(上人)[7]은 지난 날 여기에 계시면서 함께 여러 해 머물렀습니다. 그와 대화를 나눌 때는 항상 서로 칭송하고 읊었지만[8] 도중에 남쪽으로 돌아가셨습니다. 그대도 그를 만났겠지만 다시는 가까이서 문안을 드리지 못했으니, 울적하고 답답한 마음을 어찌 말로 다하겠습니까?

승조가 편지를 쓸 때는 응당 진(晉)나라 의희(義熙) 6년 8월 15일일 것이다. 유유민의 편지는 1년 전(서기 409년) 12월에 부친 것이다. 또 그 1년 전 여름 말미에 도생은 남쪽 여산으로 돌아가서 승조가 지은 『반야무지론』을 유유민에게 보여주었다. 이때가 의희 4년이다. 도생은 도읍으로 내려가는 길에 여산을 경과했고 오래지 않아 바로 동쪽으로 갔을 거라고 생각되니, 그래서 『우록』에서는 "의희 5년에 경도(京都)로 돌아와 경사(京師)에 머물렀다"(서기 409년)고 하였다. 도생이 경도에 돌아와 청원사(青園寺)에 머물자 송문제(宋文帝), 왕홍(王弘), 범태(范泰), 안연지(顔延之)가 모두 그를 존경했다(『승전』). 원가(元嘉) 중년(中年)에 범태는 거식(踞食)[9]에 대한 논쟁 때문에 문제에게 표문(表文)을 올렸고 문제는 조칙을 내려 답했다. 표문과 조서에서 모두 혜엄, 도생, 혜관 세 도인을 언급하고 있으므로 도생, 혜엄, 혜관이 조정의 상하 관리들에게 존중을 받았음을 알 수 있다.

도생이 경사로 돌아왔을 때 『고승전』에서는 청원사에 머물렀다고 했다. 유송(劉宋) 초에는 두 개의 청원사가 있었다. 하나는 『고승전』에 보이는

---

7) 화상(和尙)이나 대덕(大德).

8) 감산(憨山) 대사는 여산 백련사의 성대함을 칭송하고 읊조린 것이라고 했다.

9) 거(踞)는 무릎을 세워 웅크리고 앉는 자세를 말한다. 이 자세로 식사하는 것은 승가의 법도인데 위진남북조 시대 이래로 도교의 인사들은 이를 비판하였다.

도생이 머문 곳이니, 이는 진(晉)나라의 공사황후(恭思皇后) 저씨(褚氏)가 세운 절이다. 본래 푸른 나무를 심은 곳이라서 이를 이름으로 삼았다. 도생은 이미 당시에 법장(法匠;법의 종장)이었으므로 초청을 받아 머물렀다37:. 또 하나는 『비구니전』에 보이는데 업수(業首)[10] 비구니가 거처하던 곳이다. 원가 3년에 왕경심(王景深)의 어머니 범씨(范氏)가 왕탄지(王坦之)[11]의 옛 사당 터에다 보시하여 처음 절을 일으켜 세우고는 이름을 청원(青園)이라 하였다. 이 절은 앞에 있던 절의 동쪽에 있었기 때문에 『비구니전』에서는 동청원(東青園)이라 했다. 두 절 중 하나는 진(晉)나라 때 세웠고 하나는 송나라 원가 3년에 세웠다. 도생이 머문 절은 나중에 용광사(龍光寺)로 이름을 고쳤다. 『우록』에서는 도생이 여산에 도착하기 전에 이미 용광사에 머물렀다고 하였다. 그러나 『고승전』에서는 이 구절을 삭제했으므로 혜교가 『우록』의 오류로 생각했다는 걸 알 수 있다. 이 절은 공제(恭帝) 때 세운 것으로 도생이 여산을 떠나기 훨씬 전에 있었다.

도생이 여산에서 승가제바에게 수학한 것은 그의 학문 여정의 제1막이며, 장안에서 구마라집에게 수업한 것은 그의 학문 여정의 제2막이다. 그리고 도생은 진(晉)나라 의희 5년(서기 409년)에 남쪽 건업으로 돌아왔고 송나라 원가 10년에 여산에서 임종을 맞았다(서기 434년). 그 사이 25년간의 사적은

---

10) 속세의 성(姓)은 장씨(張氏)이고 팽성 사람이다. 계율을 청정히 지녔고 대승을 깊이 이해했으며 좌선과 경전 독송을 게을리하지 않았다. 송나라 무제(武帝)의 공경을 받았고 문제도 그에게 귀의했다. 대명(大明) 6년(462년)에 90세의 나이로 임종을 맞았다.

11) 330년~375년, 자(字)는 문도(文度)이고 태원(太原) 진양(晋陽) 사람이다. 동진(東晋)의 명신(名臣)으로 젊은 시절 극초와 더불어 명성을 떨쳤다 환온이 죽은 뒤에 사안과 함께 국정을 보좌했다. 46세의 젊은 나이로 세상을 떠났다.

특히 기록이 별로 많지 않아서 그 연월(年月)을 확정할 수 없다. 그러나 『열반경』의 가르침을 크게 행하고 제창한 것은 바로 이 시기였으니, 그렇다면 이때가 그의 학문 여정의 제3막이 된다.

법현이 가져온 6권의 『니원』은 의희 13년 10월 1일에 역출되었다. 즉 도생이 건업으로 돌아온 8년 뒤의 일이다. 열반과 불성의 설(說)은 도생이 일찍부터 깨달은 것으로 보인다. 그가 돈오(頓悟) 불성의 여러 뜻을 어느 해에 수립했는지는 알지 못한다. 다만 『고승전』에서는 "도생이 '오래오래 고요한 사유[潛思]를 지속해 언외(言外)의 종지를 깨달아 사무쳤다'고 했기" 때문에 여러 뜻을 세운 것이 『니원』을 번역한 일과 반드시 관련이 있지는 않다. 『우록』에 실린 『출경후기』[38]에 "일체 중생이 다 평등한 여래의 법신을 성취하길 기원합니다"라는 구절이 있으니, 이 경전을 번역할 때 많은 사람들은 불성의 뜻이 이 경전의 특징임을 이미 알고 있었다. 그리고 그 『출경후기』에선 또 "당시 250명이 앉아 있었다"고 했으며 『유의론(喩疑論)』에서는 백여 명이 있다고 하였다. 양쪽의 숫자가 똑같지는 않지만, 그러나 당시 이 경전에 관심을 가진 자는 도생 한 사람만이 아니었다. 이 경전은 번역된 후에 학계에 커다란 파란을 야기했다. 혜예의 『유의론』에서는 이렇게 말한다.

> 지금의 『대반니원경』은 법현 도인이 멀리 진본(眞本)을 찾으러 갔다가 천축에서 얻었다. 경전을 갖고 양도(揚都)에 도착하자 경사(京師)에 있는 의학(義學) 승려 백여 명이 크게 몰려왔다. 선사(禪師)[39]가 참여해 상세히 번역해서 출간했다. 이 『대반니원경』에서 "니원은 불멸이며 부처에겐 진아(眞我)가 있다"고 하였다. 일체 중생은 모두 불성이 있고, 모두 불성이 있으면 불법을 배워 성불할 수 있다. 부처에게 진아가 있기 때문에 성스러운 거울[聖鏡]의 특별한 종지로 온갖 성스러움의 왕(王)이 된다. 니원(泥洹)은

> 영원히 존재하며 감응해 비추는[應照] 근본이라서 대화(大化;열반)해도 멸하지 않고 참 근본[眞本]이 존재한다.
>
> 그런데도 다시 의심을 해서 점조(漸照; 점진적인 비춤)에 안주해 참다운 가르침을 배척한다면, 그 편벽된 집착에 맡겨진 채 스스로 유폐(幽閉)하여 구원하지 못하니 어찌 그럴 수 있겠는가. 이것이 바로 『법화경』에서 부처의 지견[佛知見]을 여는 것이며, 부처의 지견을 열면 지금 처음으로 깨달을 수 있다. 금빛으로 환하게 밝은 것은 그냥 드러나서 아는 것이니 어찌 부정할 수 있겠는가. 대화(大化)할 수 있음은 이 마음이 있기 때문이니, 천제(闡提)12)에 관한 경전의 말씀은 진실로 헛되지 않다.

혜예는 당시 사람들이 『니원』을 의심하는 걸 안타까워했고 상(相)에 집착해 옳고 그름을 내내 다투기만 하는 것을 싫어했다. 혜예가 "모두 불성이 있다"고 말하면서 "점조(漸照)에 안주하는" 걸 배척했다면, 이는 전체적으로 도생의 말에 동조하는 것이다. 『유의론』에서 다시 말한다.

> 이 『대반니원경』이 역출된 후에 그 번역문을 싫어해 불편해하는 자가 있어서 다시 고쳐서 의혹하는 사람이 적어졌다. 그러나 사람들의 감정에 의혹이 남아있자, 혜우(慧祐) 도인이 사적으로 정본(正本)을 갖고 사람을 고용해서 필사를 하게 했다. 하지만 필사하는 집에 갑자기 불이 나서 30여 채가 일시에 타버렸다. 경전을 필사하던 사람은 잿더미 속에서 구리와 철로 된 기물(器物)을 찾다가 갑자기 필사한 경전이 불길에도 타지 않은

12) 일천제(一闡提)의 줄임말로 산스크리트어 icchantika의 음사. 단선근(斷善根)·신불구족(信不具足)이라 번역. 성불할 가능성이 없는 중생. 깨달음을 구하려는 마음은 없고 세속적인 쾌락만을 추구하는 중생.

걸 발견했다. 그리고 그가 필사한 종이 하나가 거리 밖에서 탔지만 글자는 손상을 입지 않았다. 허나 나머지 헝겊과 종이들, 사경(寫經)의 죽통(竹筒)은 다 타서 재가 되었다.

이 사건도 역시 혜교의 『법현전』에 보인다[40]. 이 경전은 필경 당시에도 이미 위작이라 의심했기 때문에 진짜라고 믿는 사람은 항상 이 사건을 인용해서 경전이 거짓이 아님을 증명해야 했다[41]. 『유의론』에서 "사람들의 감정에 의혹이 남아있자……"는 말은 바로 전체 경문이 위조로 의심된다고 말한 것이다. 『홍명집』에서 범태는 도생과 혜관 두 법사에게 보낸 서신에서 이렇게 말했다.

외국의 풍속과는 차이가 있으니, 승가제바가 처음 오자 의관(義觀)[42]의 문도들은 누구나 목욕재계하고 흠앙했다. 이는 대체로 소승법일 뿐인데, 이(理)의 극치를 말하면서 『무생경(無生經)』, 『방등경(方等經)』을 모두 마서(魔書)라고 했다. 승가제바는 마지막에 경전을 설했지만 고좌(高座)에 오르지는 못했다. 법현이 나중에 와서 처음으로 『니원』을 제창하며 문득 상주(常住)[13]라는 말과 온갖 이(理)의 제일의(第一義)를 일컬으니, 『반야경』 종지의 극치가 다 그 밑에서 나왔다. 이런 식으로 추론하면 내면에 주체가 없어서 서로 다른 불법의 높고 낮음을 변별할 수 없어서 외국으로부터 다른 소식을 들으면 바로 견해가 바뀌었는데, 마치 활을 쏠 때 나중에 발사한 화살이 앞의 화살을 쫓아가 타파한 것과 같다.

---

13) 산스크리트어 nitya - sthita. 상(常)이라고도 칭하며 '무상(無常)'의 대칭(對稱)이다. 과거, 현재, 미래에 걸쳐 항상 존재하고 영원히 생멸변화하지 않는다는 것을 의미한다.

이 짧고 간소한 몇 마디 말은 동진(東晋) 불교학의 전체 역사를 솔직히 개괄한 것이다. 중국의 의학 승려는 먼저 『반야경』을 이야기했으니, 예컨대 도안, 축법심, 축법태, 지도림 등이 모두 이에 해당한다. 그러나 승가제바가 오자 여산과 남경의 승려들[43]이 그를 따르며 다투어 수학했다. 심지어 『반야경』을 비방하는 자도 있었는데, 『유의론』에서는 이렇게 말한다.

혜도(慧道)는 『대품』을 거부하고 『삼장(三藏)』을 존중했다.

『삼장』은 소승을 가리킨다. 혜도는 바로 유부(有部)를 배웠기 때문에 『방등경』을 마서(魔書)라고 가리킨 자이다. 그리고 법현의 6권 『니원』이 도착하자 종지로 삼은 자도 많았다. 도생, 혜예, 혜엄, 혜관은 모두 새로운 설(說)을 믿었지만 새로운 설을 의심하는 자도 없지 않았다. 예를 들면 중흥사(中興寺)의 승숭(僧嵩)은 『대품』을 믿었으나 『열반경』은 비난했는데(『중론소』), 『고승전』에서는 그가 수론(數論)도 함께 잘했지만 말년에는 편벽된 집착으로 부처는 상주(常住)하지 않는다고 말하다가 임종을 맞는 날에 혀뿌리가 먼저 문드러졌다고 하였다[44]. 『우록』 권5에서는 "팽성의 승연(僧淵)은 『열반경』을 비방하다가 혀뿌리가 점점 문드러졌다"고 하였다[45].

『유의론』이 언제 저술되었는지는 알지 못한다. 그러나 법현의 『니원』만 겨우 언급한 걸 살펴보면 필경 담무참의 대본(大本)이 유행하기 이전이다. 범태의 서신은 걸터앉은 자세로 식사하는[踞食] 방식을 논하는 동시에 서신을 왕사도(王司徒)의 여러 공(公)들에게 보냈다. '왕사도'는 왕홍(王弘)으로 자(字)는 휴원(休元)이고 원가 3년(서기 426년) 정월에 사도가 되었으며, 원가 5년(서기 428년) 6월에 위장군(衛將軍)으로 강등되었고 원가 8월에는 범태가 죽었다. 범태가 도생과 혜관에게 보낸 서신에서도 단지 법현의 6권본만을 말했다면, 그 시기는 원가 5년 이전으로 대본 『열반경』이 아직 세상에 유행하기 전이다. 혜예가 지은 『유의론』에서 범태는 『니원』을 믿는 사람이 "내면에 주체[主]가 없다"라고 한 말을 비난했는데 새로운 불경을 가혹하게 비방했음을 알 수 있다. 새로운 경전의 영수(領袖)는 당연히 도생으로 그는 불성을 돈오(頓悟)한다는 뜻을 수립했지만, 그러나 성품이 강렬(剛烈)[46] 하고 예리한 면모가 너무 드러나 당시 사람들의 기피 대상이었기 때문에 『추도문』에서는 이렇게 말하고 있다.

> (도생의) 탁월한 재능을 꺼리고 고결한 인품을 헐뜯었으며, (도생은) 같은 승려들의 시기를 받아서 함께 잘 어울리지를 못했다.

여기서는 도생이 배척받은 일을 서술하고 있는데, 그가 배척받은 까닭을 『우록』과 『고승전』에서는 모두 일천제(一闡提)도 모두 성불할 수 있다는 뜻을 세웠기 때문이라고 했다. 『고승전』에서 말한다.

> 또한 6권 『니원』이 먼저 경도(京都)에 도착했다. 도생은 이 『니원경』의 이치를 분석해 유현(幽玄)하고 미묘함 속으로 훤하게 들어갔기에 일천제(一闡提)도 모두 성불할 수 있다고 설했다.
>
> 당시 대본(大本)은 아직 전래되지 않아서 홀로 광명을 먼저 발한 (도생의) 독자적 견해는 대중들의 마음을 거슬렸다. 그래서 구학(舊學)들은 도생의 주장을 사설(邪說)이라 하면서 더욱더 비난하고 분개했다. 마침내 대중들에게 모든 일을 밝히고 도생을 쫓아냈다[47]. 그러자 도생은 대중에게 얼굴빛을 바로하고 맹세했다.
>
> "만약 내가 설한 것이 경전의 뜻에 반(反)한다면, 청컨대 현재의 몸에

즉각 문둥병이 나타나게 하시고, 만약 실상과 서로 위배되지 않는다면 원컨대 목숨을 버릴 때 사자좌(師子座)에 앉게 하소서."

말을 마치자마자 옷을 털고 일어나 떠나갔다.

처음에는 오(吳) 땅의 호구산(虎丘山)에 들어갔는데 열흘 사이에 배우는 무리가 수백 명이 되었다[48]. 그해 여름에 청원사의 불전(佛殿)에 우레가 치면서 용이 하늘로 승천하고 빛 그림자가 서쪽 벽에 드리웠으니, 이로 인하여 절 이름을 용광사(龍光寺)로 고쳤다.

당시 사람들이 탄식하였다.

"용이 이미 날아갔으니, 도생도 반드시 떠날 것이다."

갑자기 여산으로 종적을 감추고 바위 동굴에 그림자를 숨기니, 산속의 많은 승려들이 다 공경하고 감복하였다.

그 후 『열반경』의 대본이 남경에 도착했다. 과연 "천제(闡提)에게도 모두 불성이 있다"고 한 것이 도생이 앞서 설한 주장과 그대로 부합하였다.

범태가 도생과 혜관 두 법사에게 서신을 보낸 시기는 원가 3년에서 5년 무렵으로 도생이 아직 청원사에 머물 때이다. 그러나 원가 5,6년에는 배척을 받아 쫓겨난 시기일 터인데, 어떤 근거로 이렇게 말하는가? 사령운은 혜엄, 혜관 두 법사와 함께 대본을 수정한 사람이었으니, 그가 수정한 장소는 응당 경도(京都) 안이어야 한다[49]. 원가 3년 이후에 강락(康樂; 사령운)은 경도에 단지 두 번 왔다. 첫 번은 원가 3년에 비서감(秘書監)으로 호출을 받았다가 원가 6년에 휴가를 청하여 동쪽으로 돌아왔다. 이때 대본은 아직 건업에 도착하지 않았다. 『우록, 도생전』에서는 "도생은 원가 7년에 종적을 여부(廬阜; 여산)에 감췄고, 얼마 있다가 『대열반경』이 경도에 도착했다"고 하였고, 수나라 석법사(碩法師)의 『삼론유의의』에서도 원가 7년에 『열반경』이 양주(揚州)에 도착했다고 하였다. 이해에 사령운은 맹의

(孟顗)가 다른 뜻[志]이 있다고 진술하자 바로 경사로 달려갔다가 마침 대본이 전래되었기 때문에 혜엄과 혜관 두 법사와 함께 바로잡아 수정하였다. 당시 도생은 이미 호구산에서 광산(匡山; 여산)으로 은거했기 때문에 도생이 쫓겨난 일은 응당 원가 5,6년 중의 일일 것이다(서기 428년에서 429년까지).

청원사에 우레가 쳐서 용이 하늘로 올라가고 도생이 경도를 떠난 일은 필경 한때의 아름다운 이야기일 것이다. 『우록』에는 이 단락이 없지만 어찌 의심을 하겠는가. 『송서(宋書), 오행지(五行志)』에 따르면, 원가 초년(初年)에는 항상 우레가 쳤고 원가 5년에는 특히 심해서 태묘(太廟)를 진동하고 동쪽의 치미(鴟尾)[14]를 파괴하고 벽의 기둥을 뚫었다고 한다. 그리고 『경정건강지(景定建康志)』에서는 용이 복주산(覆舟山)에 나타난 시기를 원가 5년으로 여기고 있으니[50], 어찌 도생이 원가 5년에 떠났겠는가. 그러나 『우록』 권2, 권4에서는 경평(景平) 원년에 『오분률(五分律)』을 용광사에서 번역하고 도생도 그 사업에 참여했다고 하였다. 청원사는 원가 시기에 명칭을 용광사로 고친 것으로 보이므로 경평 시기에는 용광사로 부르지 않았다. 용이 하늘로 올라갔다는 설은 당연히 후세에 나온 신화(神話)이다.

도생은 쫓겨나서 호구(虎丘)에 거주했다. 호구에는 법강(法綱) 법사가 있는데, 바로 사령운과 돈오(頓悟)의 뜻을 변론한 인물로 보인다. 법강은 원가 11년 11월에 죽고 도생은 그보다 한 달 전에 세상을 떠났다. 석혜림(釋慧琳)은 두 사람을 위해 각각 『추도문』을 지었는데, 그 중 『호구법강법사추

---

14) 오(吳) 땅의 사람은 사당의 제사[祠祀]를 치사(鴟祀)라 불렀기 때문에 사(祠) 대신 치(鴟) 자를 쓰기도 했다.

도문[虎丘法綱法師誄]에서는 "노닐며 거처하던 호구를 그리워하고, 그윽이 소멸한 여산의 산봉우리를 추도한다"고 해서 두 승려를 애도하고 있다. 아마 두 사람이 평소에도 서로 우의가 돈독했다면, 도생이 호구에 거처한 곳도 어쩌면 법강의 처소였을 것이다[51]. 『고승전』에 따르면, 도생은 얼마 뒤에 바로 여산에 은둔했다. 『우록』에서는 원가 7년에 여산에 도착했고 얼마 지나지 않아 『열반경』의 대본이 경사에 전래되었다고 하였다. 경전을 수정한 후에 여산에 보냈는데, 도생은 즉시 경전을 강의했다[52]. 대본에는 과연 일천제도 성불할 수 있다는 말이 있었다. 경사의 승려들은 도생의 탁월한 식견을 깨달았을 뿐 아니라 『열반경』의 뜻을 신봉하는 자도 부쩍 늘어났다. 도생의 『법화경소서(法華經疏序)』에서는 이렇게 말한다.

> 강의하는 날에 들은 것은 소(疏)로 기록했고 선배의 말을 그대로 받아 기술했는데, 그 기술한 말과 행(行)은 여전히 사람의 마음을 고무시켰다. 원가 9년 봄 3월 여산의 동림정사(東林精舍)에서 또 경전을 정비해 교정하고 여러 판본을 채집한 걸 덧붙여서 1권으로 만들었다[53].

원가 9년(서기 432년) 봄에 도생은 동림사에 거주하면서 다시 『법화소(法華疏)』를 수정했다. 『명승전초』에 따르면, 보창은 도생을 여산(廬山) 서사(西寺)의 석(釋)씨라고 했다. 그렇다면 도생이 늘 머문 곳은 서림사(西林寺)이다. 『우록』에서 말한다.

> 도생은 새로운 경전을 얻자 즉시 강의를 개설했다. 송나라 원가 11년 겨울 10월 경자(庚子)일에 여산의 정사에서 법좌에 올랐다. 신색(神色)이 환히 밝았고 덕음(德音)이 빼어나게 나와서 몇 번의 논의에도 이치를 궁구하여 오묘함을 다하니, 보고 듣는 대중들이 깨닫고 기뻐하지 않는 사람이

없었다.

법석이 막 끝날 즈음에 갑자기 털이개[塵尾]가 분분히 땅에 떨어졌다. 도생은 단정히 앉아서 얼굴을 바로 한 채 탁자에 기대어 임종했는데, 얼굴빛이 달라지지 않은 것이 마치 선정에 들어간 듯하였다. 이에 도인과 속인들은 놀라고 탄식하면서 멀리 있는 사람이든 가까이 있는 사람이든 모두 슬피 울었다.

그리고 경도에 있는 승려들은 마음속으로 자신들의 병폐를 부끄러워하면서 도생을 추모하고 감복하였다. 그의 신령한 지혜[神鑑]가 지극해서 상서로운 징조도 이와 같았다. 이에 여산의 언덕에다 그의 장례를 치렀다[54].

이렇게 해서 도생이 경도를 떠날 때 "사자좌에 앉게 하소서"라고 기원한 말이 완성되어서 실제로 그가 주장한 설(說)이 거짓이 아니란 걸 증명했다. 남제(南齊) 대명(大明) 4년, 자법사(慈法師)의 『승만경서』에서도 도생이 원가 11년에 강의하던 법좌에서 세상을 떠났다고 하였다(『우록』). 그러나 송나라 혜림의 추도문에서는 전혀 언급되지 않았다.

### 4) 축도생의 저작

도생의 저작은 현재는 산실(散失)되어서 완전치가 않다. 그 목록을 열거하면 다음과 같다.

『유마경의소(維摩經義疏)』; 『우록』 15에 보인다. 『동성록(東城錄)』에는 3권으로 되어 있다. 지금 현존하고 있는 『유마경주』와 『관중소(關中疏)』는 모두 도생의 의소(義疏)를 따서 초록한 것이다. 『우록』에서는 이렇게 말한다. "관중의 사문 승조가 처음 『유마경』을 주석해서 세상이 다 음미했으며, 아울러 도생이 더욱 깊은 종지를 발해서 새롭고 기이한 점을 분명히 창달하여 강학(講學)의 장인(匠人)들이 다 헌장(憲章; 법도)으로 삼았다……."

승조가 유유민에게 서신을 보냈을 때 『유마경주』를 덧붙여 증정한 적이 있는데 의희 6년 때의 일이다. 도생의 주석은 아마 이해가 지난 뒤에 있었을 것이다.

『묘법연화경소(妙法蓮華經疏)』 상권과 하권; 『우록』 15에 보이며, 『일본속장경』 1집(輯) 2편(篇)을(乙) 제23투(套) 제4책(冊)에 들어있다. 일본의 『천태장소록(天台章疏錄)』, 『동성록』에 모두 수록되어 있다. 『사론현의(四論玄義)』 권10에서 도생 법사가 해석한 백우거(白牛車) 1단락을 인용한 것은 이 『묘법연화경소』에서 나왔다.

『니원경의소(泥洹經義疏)』; 『우록』에 보이는데, 이것은 응당 6권본의 소(疏)이다. 『열반경집해(涅槃經集解)』에 기록된 도생의 말을 살펴보면 도생에겐 따로 대본(大本)의 주소(注疏)가 있다.

『소품경의소(小品經義疏)』; 『우록』 15에 보인다.

『선불수보의(善不受報義)』; 『우록』 15에 보이며, 『고승전』을 참고하라.

『돈오성불의(頓悟成佛義)』; 『우록』 15에 보이며, 『고승전』을 참고하라. 도생은 각각 문장을 지어서 이 두 가지 뜻[15]을 발휘한 것으로 보인다.

『이제론(二諦論)』; 『고승전, 본전(本傳)』에 보이며, 『우록』에는 수록되지 않았다. 도생이 논한 이제(二諦)를 『집해(集解)』 32에서 간략히 인용하고 있다.

『불성당유론(佛性當有論)』; 『고승전, 본전(本傳)』에 보이며, 『우록』에는 수록되지 않았다.

『법신무색론(法身無色論)』; 『고승전, 본전(本傳)』에 보이며, 『우록』에

15) 『선불수보의(善不受報義)』와 『돈오성불의(頓悟成佛義)』를 말한다.

는 수록되지 않았다.

『불무정토론(佛無淨土論)』; 『고승전, 본전(本傳)』에 보이며, 『우록』에는 수록되지 않았다.

『응유연론(應有緣論)』; 『고승전, 본전(本傳)』에 보이며, 『우록』에는 수록되지 않았다.

『열반삼십육문(涅槃三十六問)』; 문(問)이 문(門)으로 된 곳도 있다.

『석팔주초심욕취니원의(釋八住初心欲取泥洹義)』

『변불성의(辯佛性義)』; 이상 세 항목은 모두 『우록』에 실린 육징의 『법론목록』 제2질(帙) 『각성집(覺性集)』에 보인다. 마지막 항목에 있는 주석에서는 "축도생, 왕(王)이 묻고 축도생이 답했다"고 하였다. 이 문장에서 왕(王)은 왕밀(王謐[16])이고 그의 자(字)는 치원(稚遠)이다. 『내전록』에 실린 『법론목록』에는 왕치원의 질문으로 되어 있다.

『축도생답왕(휴원)문(竺道生答王(休元)問)』 1수(首); 도생이 왕홍(王弘[17])이 질문한 돈오의 뜻에 대답하고 있다. 『광홍명집』에 현존하고 있다.

『십사과원찬의기(十四科元贊義記)』; 『송사지(宋史志)』에 수록되어 있다55:. 후세 사람이 도생의 저작56:을 편집해서 만든 것으로 의심했기 때문에 당나라 이전에는 이런 저작이 있는지 알지 못했다.

---

16) 2서기 360년~407년. 자(字)는 치원(稚遠)으로 왕도(王導)의 손자이고 왕소(王劭)의 아들이다. 동진(東晋)의 낭야(琅邪) 임기(臨沂) 사람이다. 진(晋)나라 목제(穆帝) 승평(升平) 4년에 태어나 안제(安帝) 의희(義熙) 3년에 48세의 나이로 죽었다.

17) 서기379년~432년. 자(字)는 휴원(休元)이고 남조(南朝) 송(宋)나라 때 낭야(琅邪) 임기(臨臨沂) 사람이다. 그의 아버지는 왕순(王珣)이고 할아버지는 왕흡(王洽), 증조부는 유명한 승상 왕도(王導)이다. 원가(元嘉) 9년에 태보(太保)가 되고 54세에 임종을 맞았다.

또 육징의 『법론목록』 제9질(帙) 『혜장집(慧藏集)』에 다음과 같은 항목들이 열거되어 있다.

『문축도생제도인불의(問竺道生諸道人佛義)』; 범백륜(范伯倫)

『중승술범문(衆僧述范問)』

『범중문도생(范重問道生)』; 3수(首)를 주고 받다.

『부계우답범백륜서(傅季友答范伯倫書)』

이상 네 항목은 한 시기에 주고받은 문답으로 보인다. 부계우는 원가 3년에 죽었으니 논서의 저작은 원가 3년 전이다. 이미 부처의 뜻을 물었다면 아마 불성의 이치도 변론했을 것이다.

또 동일한 『법론목록』 제6질 『교문집(教門集)』에는 다음의 한 조항이 있다.

『여축도생서(與竺道生書)』 유유민(劉遺民)

이 서신은 이미 존재하지 않아서 어떤 일을 논했는지 모르겠고 또한 도생의 답신이 있는지 여부도 알지 못한다. 그러나 도생은 장안으로부터 승조의 『반야무지론』을 갖고 와서 유유민에게 보여주었으니 두 사람은 아주 우호적이었다.

### 5) 돈오(頓悟)와 점오(漸悟)의 논쟁

돈오와 점오의 논쟁은 송나라 초기에 매우 성행했다. 육조 시대의 장소(章疏)는 돈(頓)을 대(大)와 소(小)로 나눈다. 혜달의 『조론소』에서는 돈오에 두 가지 해석이 있으니, 축도생은 대돈오(大頓悟)를 잡고 있고 지도림, 도안, 혜원, 타법사(埵法師), 승조는 모두 소돈오(小頓悟)에 속한다고 하였다. 허나 그 글이 번잡해서 상세히 초록하지는 않겠다. 수나라 석법사(碩法

師)의 『삼론유의의』 역시 이렇게 말한다.

> 소돈오를 주장하고 있는 법사에 육가(六家)가 있다. 첫째, 승조 법사, 둘째, 지도림 법사, 셋째, 진안 타(眞安 埵) 법사, 넷째, 사통(邪通) 법사, 다섯째, 여산의 혜원 법사, 여섯째, 도안 법사이다. 이 법사들은 '칠지(七地) 이상에서 무생법인(無生法忍)을 깨닫는다'고 말한다[57]. 축도생[58] 법사는 대돈오의 뜻[59]을 주장하기 때문에 금강지(金剛地) 이전은 모두 대몽(大夢)이고 금강지 이후는 모두 대각(大覺)이라고 했다[60].

돈오를 두 가지 해석 및 몇 명의 가(家)로 나눈 시기는 응당 도생 이후일 것이다. 그러나 도생 전에도 돈오의 뜻이 있다고 말한 사람으로는 남제(南齊)의 유규(劉虯)가 있는데, 그는 『무량의경서(無量義經序)』에서 도안과 도림(道林)의 말이 돈(頓)의 뜻에 부합한다고 말했다. 세상에는 승조가 구마라집이 죽은 후에 『열반무명론』을 지었다고 전하는데, 『난차(難差)』 제8, 『변차(辯差)』 제9, 『책이(責異)』 제10, 『회이(會異)』 제11, 『힐점(詰漸)』 제12, 『명점(明漸)』 제13은 모두 실제로 돈(頓)과 점(漸)의 이치를 변론하고 있으므로 돈과 점의 논변이 매우 유행했음을 알 수 있다[61].

그러나 돈오의 뜻에 대한 연구는 축도생이 처음 시작했다. 그 나머지 지도림의 갖가지 설(說)은 도생의 시각에서는 응당 점오이지 참된 돈오가 아니다. 『고승전』에서는 도생이 진제(眞諦)와 속제(俗諦)를 교열하고 인과(因果)를 연구, 사유한 뒤에 비로소 선(善)은 과보를 받지 않고 돈오(頓悟)로 성불한다는 설을 수립했다고 하였고, 또 당시 사람에게 도생의 "일천제도 부처가 될 수 있다는 이 말에 근거가 있고, 돈오나 과보를 받지 않는다는 사상도 당시 헌장(憲章)이었다"고 말했다. 『송서(宋書)』 97에서는 도생의 사적을 "오랜 기간 다른 견해를 갖고 있어서 돈오의 뜻을 수립했는데,

당시 사람들이 추앙하고 감복하였다"고 서술했다. 도생은 다분히 독자적인 경지에 도달했기 때문에 그 명성이 널리 퍼졌는데, 독자적인 경지에 도달한 것으로 가장 유명한 사상이 '돈오해서 성불한다'는 뜻이다. 당시 이 문제는 크게 논쟁을 불러일으켰다. 『우록』에 실린 육징의 『법론』 제9질 『혜장집(慧藏集)』에 수록된 몇 가지 항목을 다음과 같이 열거한다.

『변종론(辯宗論)』; 사령운
『법조문(法勗問)』 6수(首)를 주고 받음; 사령운
『승유문(僧維問)』 6수를 주고 받음; 사령운
『혜린술승유문(慧驎述僧維問)』 6수를 주고 받음; 사령운
『인신[62]:문(驎新問)』 6수를 주고 받음; 사령운[63]:
『축법강석혜림문(竺法綱釋慧林問)』 11수를 주고 받음; 사령운[64]:
『왕휴원문(王休元問)』 14수를 주고 받음; 사령운[65]:
『축도생답왕문(竺道生答王問) 1수; 사령운[66]:
『점오론(漸悟論)』; 석혜림. 사문 축도생은 돈오를 주장하고, 사령운은 『변종론』에서 돈오를 서술하고, 사문 석혜관은 점오를 주장했다[67]:.
『명점론(明漸論)』; 석담무성(釋曇無成)

사령운의 『변종론』과 그 아래의 문답을 포함하여 모두 8항목은 다 『광홍명집』에 실려 있다. 사령운의 논문을 보면 '새롭게 논하는 도사(道士)'의 설(說)을 서술하고 있는데, 이 새롭게 논하는 도사는 응당 도생을 가리킨다. 그 증거로 두 가지가 있다.

(1) 왕홍(王弘)[68]:은 사령운과 돈(頓)의 뜻에 대한 변론을 몇 차례 주고받은 후에 즉시 그 문답을 도생에게 보냈다. 틀림없이 도생이 원래 돈(頓)의

뜻을 세운 사람이기 때문에 그를 통해 정론(正論)을 세우려는 뜻이었다.

⑵ 육징의 『법론목록』에선 "도생은 돈오를 주장하고, 사령운은 돈오를 서술했다"고 했는데, 이는 사령운이 도생의 뜻을 서술한 것이다. 혜달의 『조론소』에서도 "사령운은 『변종론』[69]에서 도생 법사의 돈오를 서술하였다"[70]라고 했다. 또 사령운이 왕휴원에게 보낸 서신에서 "바다와 산이 돌아가는 길을 막고 있어서 다시 만나 이야기하는 건 기약할 수 없다"고 했는데, 이것으로 사령운이 이 논문을 영가(永嘉) 태수였을 때, 즉 영초(永初) 3년 7월에서 경평(景平) 원년 가을 사이에 지었다는 걸 증명할 수 있다. 영초 원년 강주자사(江州刺史) 왕홍은 위장군개부의동삼사(衛將軍開府儀同三司)로 진급했고 경평 2년에 조서를 받고 경사에 들어갔으니, 이 논문을 지었을 때 사령운은 영가에 있었고 왕홍은 강주에 있었다. 또 『우록』에 따르면, 경평 원년 7월[71]에 사문 축도생과 석혜엄(釋慧嚴)은 계빈국의 율사 불타습(佛馱什)에게 경도의 용광사에서 『오분률(五分律)』의 역출을 요청했다. 이에 따르면 경평 원년에 도생은 남경(南京)에 있었으니, 사령운이 논문을 지을 때는 도생도 응당 도읍(都邑)에 있어야 할 것이다. 문답을 한 승려들 중에 법강은 바로 혜림이 『추도문』을 지은 호구의 법강이다. 그리고 애초에 여릉왕(廬陵王) 의진(義眞)과 사령운, 안연년(顔延年), 혜림 도인은 정서와 성의가 우호적이고 긴밀했다. 조정의 신하 서선지(徐羨之)는 여릉왕 의진을 미워해서 결국 사령운을 영가 태수로 축출했고, 혜림 역시 도읍을 떠난 것으로 생각된다. 사령운의 서신이 법강과 혜림 두 사람에게 보내졌다면, 두 사람은 아마 호구에 함께 있었을 것이다. 또 사령운의 『변종론』에 따르면 함께 노닐던[72] 여러 도인들이 있다고 했는데, 그 문답 속에 나오는 법훈(法勛), 승유(僧維), 혜린(慧驎) 등이 응당 영가에서 함께 노닌 사람들이다. 왕홍의 서신 내용에서도 이 시기의

도인을 칭했기 때문에 소소한 차이가 있지만 왕홍도 강주(江州)의 승려들과 돈오를 논의한 적이 있다. 따라서 돈오의 뜻에 대한 논쟁은 영가, 호구, 양도(揚都), 강주 등 여러 지역에 광범위하게 퍼져있어서 그야말로 장관이라고 할 수 있었다.

도생이 돈오의 뜻을 제창하고 사령운이 이를 서술했는데, 이 일은 영가 3년 7월에서 경평 원년 가을 사이에 있었다(서기 422년에서 423년까지). 이 시기는 대본『열반경』이 남쪽으로 전래되기 훨씬 전이다. 당시 이미 두 파(派)로 나뉜 것은 분명하다. 점오를 주장하는 사람 중에 으뜸은 혜관이라 할 수 있으며, 육징의『법론』에는 그의 점오론이 수록되어 있다[73]. 『고승전, 관전(觀傳)』에서는 이렇게 말한다.

『변종론』을 저술해서 돈오와 점오를 논했다.

이는『점오론』을 가리킨 것이다.『변종(辨宗)』을 논한 명칭이 사령운과 똑같은 것은 오기(誤記)이다. 담무성도『명점론(明漸論)』을 저술했는데[74], 그는 원가 시기에 죽었고 당시 논전을 벌인 사람 중 하나이다. 사령운과 변론을 벌인 법훈, 승유, 혜린, 법강, 혜림, 왕휴원 및 강주의 승려들은 모두 돈설(頓說)을 의심하는 자들이며, 이 밖에 점오를 주장하는 자로는 승필(僧弼)이 있다[75]. 돈(頓)을 주장하는 파(派)로는 도생, 사후(謝侯) 외에 혜예가 있다. 혜예의『유의론(喩疑論)』에서는 점오의 조명(漸照)에 안주해서 니원을 의심하는 자를 배척하고 있으므로 본래부터 돈오를 주장하고 있음을 알 수 있다. 그리고 돈(頓)을 주장하는 사람으로 또 송문제(宋文帝)가 있는데, 그는 도생이 죽은 후에 이 돈오의 뜻을 서술한 적이 있다. 사문 승필 등은 모두 크게 비난했다. 승필은 점오를 주장한 사람이다.

일본 사람 안초의 『중론소기』에서 인용한 그의 『장육즉진론(丈六卽眞論)』에 따르면, 불성을 천명하면 대체로 『열반경』을 신봉하는 자라고 하였다. 도생이 죽은 후에 벌어진 돈오와 점오의 논쟁은 나중에 상세히 밝히겠다.

### 6) 축도생의 불학상(佛學上) 지위

『열반』의 대경(大經)은 북량(北涼)의 담무참이 번역을 했지만 최초로 크게 빛낸 사람은 도리어 구마라집의 남방 제자들이 많다. 북방에서는 도랑(道朗), 혜숭(慧嵩) 외에 단지 동아 정(東阿 靜)[76], 관내 빙(關內 憑)[77]이 있을 뿐이지만, 그러나 강남 지역에는 혜예[78], 혜엄, 혜관[79], 승필[80], 도왕(道汪)[81], 사령운[82]이 있고, 특히 축도생은 이 열반학의 중심으로 구마라집의 출중한 제자이다.

축도생, 이 사람은 사의(四依) 보살이다! 사의(四依)란 법사의(法四依)를 말하는데, 법에 의지할 뿐 사람에 의지하지 않고, 요의경(了義經)에 의지할 뿐 불요의경(不了義經)에 의지하지 않고, 뜻[義]에 의거할 뿐 말[語]에 의지하지 않고, 지혜[智]에 의지할 뿐 식(識)에 의지하지 않는 것이다. 도생은 사유를 맑혀서 미묘한 경지에 들어가고 혜해(慧解)가 명민하고 예리했기 때문에 반야학을 깊이 터득했다. 그래서 실상을 철저히 깨달아 이(理)를 종지로 삼았다. 그는 이(理)는 변역(變易)할 수 없다는 걸 확실히 본 사람이기 때문에 명상(名相)에 집착하지 않고 경문에 걸리지 않았다. 도생은 곧바로 소견(所見)을 토로해서 세상을 놀라게 하는 논(論)이 많긴 하지만 의연히 돌아보지 않았으니, 이야말로 진정으로 사의(四依)의 진제(眞諦)에 계합한 것이다. 혜림의 『추도문』에서는 도생을 이렇게 서술하고 있다.

이미 깨닫고 나서 말했다.

"상(象)이란 이(理)가 가탁하는 바[所假]라서 상(象)에 집착하면 이(理)를 미혹하며, 교(敎)란 화(化)가 인하는 바[所因]라서 교(敎)를 속박하면 화(化)를 어리석게 한다. 그러므로 명칭[名]을 따져서 실제[實]를 다그치면 허망함[虛誕]에 미혹되고, 마음을 추구하면서 사물에 응하면 올바른 말[格言]을 애매모호하게 만든다.

『고승전』에서도 이렇게 말한다.

도생은 사유에 잠긴 날이 오래되자 언어 밖의 진리를 철저히 깨달았다. 이윽고 한숨을 쉬면서 탄식하였다.

"무릇 상(象)으로써 뜻[意]을 다하지만 뜻을 얻으면 상(象)은 잊으며, 말[言]로써 이(理)를 표현하지만 이(理)에 들어가면 말은 쉰다. 경전이 동쪽으로 전래되면서부터 번역하는 사람이 거듭 막히고 막힌 문구만을 고수하는 사람이 많아서 원만한 뜻[圓義]은 보기 드물다. 만약 그물을 잊어버리고 고기를 취할 수 있다면 비로소 더불어 도를 말할 수 있다."

그래서 진제(眞諦)와 속제(俗諦)를 교열하고 인과(因果)를 연구하고 사유했으며, 그 결과 선(善)은 과보를 받지 않고 돈오(頓悟)로 성불한다는 말을 했다. 또한 『이제론(二諦論)』, 『불성당유론(佛性當有論)』, 『법신무색론(法身無色論)』, 『불무정토론(佛無淨土論)』, 『응유연론(應有緣論)』 등을 저술하여 예전 학설을 그물 속에 가두어 버리면서 묘하게 깊은 지취(旨趣)가 있었다. 그러나 문구만을 고수하는 무리들은 질투심을 많이 일으켜서 주었다 빼앗았다 하는 소리가 다투어 일어났다.

도생이 불학상(佛學上)에서 갖는 지위는 왕보사(王輔嗣; 왕필)가 현학상(玄學上)에서 갖는 지위와 비슷하다. 한나라 시대 때 경방(京房)과 초연수

(焦延壽)의 역학(易學)[18]은 상수(象數)를 전문적으로 이야기했고, 황로(黃老)의 도가는 본래 방술을 중시했다. 허나 왕필은 대도(大道)의 충허무짐(沖虛無朕)[19]을 건립해서 이전 사람들이 오행의 기교를 추구하다 원래의 뜻을 심하게 잃은 것을 한탄했다**83:**. 그래서 정일(貞一)[20]을 주(主)로 삼고, 언어의 상(象)을 잊고, 현극(玄極; 현묘한 궁극)을 체현(體現)하고, 천도(天道)를 물리치니, 이로 인해 한나라 때 유가(儒家)의 기풍은 일변(一變)해서 현학이 되었다. 그 중의 관건은 『주역약례명상(周易略例明象)』 1장(章)에 있으니, 이 1장에서는 대상(大象)은 형태가 없고 대도(大道)는 명칭이 없기 때문에 뜻[意]을 얻으면 상(象)을 잊고 상(象)을 얻으면 말[言]을 잊는다는 설(說)을 치성하게 천명했다. 축도생 역시 반야의 실상을 깊이 이해해서 언어 밖의 진리를 철저히 깨달았다. 그래서 문구를 고수하는 자들의 비난을 신경 쓰지 않고 정견(情見)의 집착을 없애버렸으니, 그가 지닌 진기하고 괴이한 언사는 통발을 잊고 고기를 취하는 것으로서 희론(戱論)을 다 소멸해버렸다. 도생은 불교도들이 말에 의지하고 문구에 막혀서 이리저리 얽혀있는 것을 맑게 청소했는데, 이는 왕필이 상수(象數)를 주장하는 사람들의 말을 변변치 못하다고 한 것과 똑같은 경우다.

『반야경』과 『열반경』은 경전은 비록 다르지만 이(理)에는 별개의 이치[致]가 없다**84:**. 『반야경』에서는 상(相)에 대한 집착을 타파하고 배척하며, 『열반경』에서는 여덟 가지 전도(顚倒)[21]를 일소해 없애버린다. 『반야경』

---

18) 대체로 역학의 유파를 상수파(象數派)와 의리파(義理派)로 나누는데, 서한의 맹희(孟喜), 초연수(焦延壽), 경방(京房)이 살았던 선제(宣帝), 원제(元帝) 때 상대적으로 독립한 상수파의 역학이 출현했다.

19) 텅 비고 트여서 조짐이나 형상이 없다.

20) 오묘한 뜻[奧義]의 그윽하기가 무궁무진함.

의 차전(遮詮)[22]은 바로 『열반경』의 진제(眞際; 참 경계)를 표현한 것이다. 『반야경』의 실상의 뜻을 밝힌 사람이라야 비로소 그와 『열반경』의 불성의 뜻을 말할 수 있는데도 중국의 인사(人士)들은 매번 그렇지 못했다. 『열반경』에서 "아(我)85:와 무아(無我)86:에는 두 가지 상(相)이 없다"고 했는데도 중국의 인사들은 『반야』의 공(空)에 집착해서 『열반』의 유(有)를 의심하거나87: 혹은 신령(神靈)의 불멸(不滅)설을 가지고 불성의 설(說)과 서로 비교하였다88:.

(2) 『반야』에서는 미혹을 다 없앰으로써 실상의 법신을 드러냈으니, 법신은 형색(形色)을 끊고 결합과 분산[合散]을 여의고 아름다움과 추함을 벗어나고 죄와 복도 모두 버렸다. 그래서 도생이 법신에는 색(色)이 없고 부처는 정토(淨土)가 없고 선(善)은 과보를 받지 않는다고 주창하자 찬성하거나 반대하는 당시 인사들의 목소리가 다투어 일어났다.

(3) 『열반경』의 불성은 모든 생명의 참 성품[眞性]을 곧바로 가리킨다89:. 일천제는 생명을 가진 종류이니, 어찌 일천제만 불성이 없을 수 있겠는가. 일천제에 불성이 없다는 건 이치상으로 그럴 수 없는 것인데도 당시 옛 학설을 주장하는 사람들은 경문의 증거가 부족하기 때문에 사설(邪說)로 여겨서 도생을 쫓아낸 것이다.

---

21) 범부나 소승이 미혹에 집착하다 올바른 이치를 뒤바뀌게 아는 여덟 가지 그릇된 견해. 유위(有爲)로 생멸하는 법을 상(常), 낙(樂), 아(我), 정(淨)이라 집착하는 범부의 네 가지 전도와 무위열반(無爲涅槃)의 법을 무상(無常), 무락(無樂), 무아(無我), 부정(不淨)이라 집착하는 소승의 네 가지 전도를 말한다.

22) 언어로 설명할 수 없다는 뜻. 진여(眞如)는 도저히 말로 표현하거나 설명할 수 없기 때문에 경전에서는 불생불멸(不生不滅), 무인무과(無因無果) 등이라 하는데, 이것이 '차전'이다.

실상은 무상(無相)이기 때문에 상(象) 밖으로 초월했으며90:, 불성이 본래 있는 것은 모든 생명의 참 성품을 곧바로 가리킨 것이다91:. 무릇 성품이 본래 있다면 깨달음은 자발적으로 스스로 깨닫는 것이니, 어찌 믿고 수행하는92: 것과 구별이 없을 수 있겠는가. 그리고 이(理)가 상(象)을 초월해 나눌 수 없다면, 체(體)를 깨닫는 지혜[慧]가 어찌 차이가 있다고 할 수 있겠는가. 위계(位階)의 차이가 있는 깨달음이 저 나누지 못하는 이(理)에 부합한다는 건 정(情)에 근거하면 필경 그럴 수가 없다. 그렇다면 성품을 보아 부처를 이루는[見性成佛] 건 반드시 변역(變易)할 수 없는 이(理)를 스스로 단박에 깨달아야 한다. 그러나 지도림 등 소돈오(小頓悟)를 주장하는 사람들은 한편으론 이(理)의 묘일(妙一)을 알면서도 한편으론 또 깨달음이 점진적일 수 있다고 말하니, 이는 대오(大悟) 이전은 모두 믿고 수행하는[信修] 것일 뿐이고 체(體)를 증득한 깨달음은 반드시 자오(自悟;스스로 깨달음)의 지극한 지혜[極慧]임을 모르는 것이다.

생각건대 왕필은 현종(玄宗)의 우두머리로서 한 시기의 기풍을 열었지만, 축도생은 홀로 단독으로 빛을 발한 탓에 비방하는 자가 많았다. 도생의 학설은 식견(識見) 있는 사람의 찬탄을 받긴 했지만 보편적으로 받아들여지지는 않았으니, 그렇다면 학술적인 입장에서 두 사람이 옛 학설을 쓸어버린 공로에 대해서는 아마 서로 비교할 수 있겠지만 그들이 끼친 영향이라면 실로 같은 부류가 아니다. 그러나 도생이 죽은 후에 미언(微言)[23]이 끊어지지 않아서 당나라 때에는 돈오견성(頓悟見性)의 설(說)이 크게 유행하여 수백 년의 학풍을 조성했으니, 그 기원을 소급하면 진실로 도생에게서 나온 것이다93:.

---

23) 많은 뜻을 함축한 미묘한 말이란 뜻이다.

### 7) 혜원, 구마라집과 불성의 뜻

『반야경』의 실상과 『열반경』의 불성은 이(理)가 정말 다르지 않다. 그러나 경문의 말에 입각할 때 불성의 뜻은 진실로 『반야경』에서는 분명히 말하지 않았다. 중국은 한나라 시대 이래로 『반야』가 성행했으며, 그 중 지혜가 밝고 사유가 묘한 인사는 일찍부터 『열반』의 뜻을 깨닫는 것이 스스로 가능했다. 『고승전, 혜원전』에 따르면, 혜원은 이미 니원이 상주한다는 설(說)을 갖고 있었다. 그 문장은 이렇다.

> 이에 앞서 과거의 중국 땅에는 니원이 상주(常住)한다는 설은 없고 단지 수명의 장수를 말할 뿐이었다. 그래서 혜원은 탄식하였다.
>
> "부처는 극(極)에 이르면 변화가 없으니, 변화가 없는 이(理)에 어찌 궁(窮)함이 있겠는가?"
>
> 이로 인해 『법성론(法性論)』을 지으면서 말했다.
>
> "극(極)에 이름은 변화가 없음을 성품으로 삼으며, 성품을 얻음은 체(體)의 극(極)함을 종지로 삼는다."
>
> 구마라집이 『법성론』을 보고 찬탄하였다.
>
> "변방 나라 사람이라 아직 경전도 갖지 못했을 터인데, 문득 암암리에 이(理)와 계합했으니 어찌 묘하지 않은가!"

이 단락을 살펴보면 『우록』의 문장을 인용하고 있고, 또 승우는 혜원의 『비명(碑名)』에서 채집했는데, 『우록』과 『비문(碑文)』이 이 단락과 똑같지 않은 것은 모두 혜원의 말과 상주(常住)의 설을 나란히 비교하지 않았기 때문이다. 이에 따르면 『고승전』의 이 단락은 이미 증보(增補)와 수정을 거쳤으므로 아마 『열반경』이 전래된 후에 부가된 해석일 것이다. 또 혜예의 『유의론』에서도 구마라집은 이미 불성의 뜻을 갖고 있었지만 경문을 보지 못한 탓에 활발하게 말할 수 없었다고 하였다. 『유의론』에서 말한다.

구마라집 시기에는 비록 『대반니원경』의 경문은 없었지만 법신의 경전은 있었기 때문에 부처의 법신이 바로 니원임을 밝혔는데 요즘에 역출된 것과 마치 부합한 듯하였다. 구마라집이 만약 부처에겐 진아(眞我)가 있고 일체 중생에겐 모두 불성이 있다는 말을 들었다면 응당 찬란한 해가 흉금을 환히 밝히고 감로(甘露)가 사체(四體; 사지)를 적시는 것과 같아서 의심하지 않았을 것이다.

어떻게 알 수 있는가? 매번 끈질기게 질문하면 부처의 진정한 주체[眞主] 역시 허망하니, 그렇다면 공(功)을 축적하고 덕(德)을 쌓을 때 누가 미혹하지 않는 근본인가? 혹은 때때로 이렇게 말한다. 부처가 만약 허망하다면 누가 참[眞]인 자인가? 만약 허망하다면 무엇이 공덕의 주체가 되는가? 이렇게 탐색하여 오늘날엔 부처에겐 진짜 업[眞業]이 있고 중생에겐 참 성품[眞性]이 있다고 하는데, 이 말을 증명할 수 있는 경전은 볼 수 없지만 평가를 밝히고 뜻을 헤아려보면 문득 어긋나지 않는다. 그리고 또한 "이 땅에 앞서 있었던 경전에서 '일체 중생은 다 부처가 될 것이다'라고 하는데, 이는 무엇을 말하는가?" 하고 묻자, "『법화경』에서 부처 지견[佛知見]을 연 것도 모두가 부처가 될 수 있는 성품[佛性]이 있다고 한 것이다"라고 답했는데, 만약 불성이 있다면 어찌하여 모두가 부처가 되질 못하는가? 그러나 이 『법화경』에서 밝힌 것은 오직 불승(佛乘)이 있을 뿐 이승(二乘)이나 삼승(三乘)은 없다고 밝힌 것이지 일체 중생이 다 부처가 될 것임은 밝히지 않았다. 다 부처가 될 것이란 내용을 나는 아직 보지 못했지만 그렇다고 없다고 말하지도 못하겠다. 만약 이 올바른 말[正言]을 들을 수 있다면 진정으로 그 핵심[心府]을 이해하기 때문에 들었다면 반드시 깊이 믿고 받아들였음을 알 것이다.

이 글은 혜예가 장안에서 직접 구마라집의 답변을 듣고 서술한 것이다. 『열반경』에서 소위 일체 중생이 다 불성을 갖추고 있어서 모두 성불할 수 있다고 하는데, 비록 경문은 보지 못했지만 그렇다고 해서 없다고 말할 수도 없다. 『법화경, 방편품』 첫머리에서는 부처 지견[佛知見]을 열었다고 했는데, 중생에게 부처 지견이 있는 걸 도생 이후에는 매번 작위(作爲)하는 중생도 모두 불성이 있다고 해석하였다.

### 8) 축도생이 말한 불성의 뜻

축도생이 말한 불성의 뜻을 다섯 단락으로 밝히겠다. 첫째, 실상(實相)은 무상(無相)이고, 둘째, 열반과 생사는 둘이 아니고, 셋째, 불성은 본래 갖춰져 있고, 넷째, 불성은 신명(神明)이 아니고, 다섯째, 도생이 설명한 요의(要義)이다.

도생은 천진(天眞)을 깨달아 발(發)해서[94]: 『반야』 실상의 뜻을 깊이 체득해 이해할 수 있었다. 『반야』에서는 상(相)을 일소해서 상(相)은 얻을 수 없다[不可得]고 했으며, 『반야』에서는 말을 끊어서 말은 잡을 수 없다[不可執]고 했으니, 이 때문에 도생은 "뜻[意]을 얻으면 상(象)을 잊고 이(理)에 들어가면 말이 쉰다"고 했다. 그렇다면 상(象)은 비록 뜻을 다한다 해도 얻을 것이 있을 수 없고, 말은 비록 이(理)를 표현한다 해도 잡을 바가 있을 수 없다.

대체로 상(相)을 일소함은 바로 체(體)를 드러내는 것이고, 말을 끊음은 바로 성품을 표현하는 것이니, 언상(言象)이 분분히 얽혀도 체성(體性)과 둘이 아니라서 "만법이 설사 다르다 해도 일여(一如)함은 동일하고"(『법화소(法華疏)』) 진여(眞如)의 법성은 묘일(妙一)하여 상(相)이 없다. 우주에서 실상(實相)이라 말하는 것을 부처에게는 법신(法身)이라 말하니, 실상과 법신은 둘이 아니다. 도생은 법성(法性)을 이야기하면서 "법이란 다시 법 아님도 없다는 뜻이며, 성품[性]이란 진극(眞極)의 변함없음이란 뜻이다"(『집해』 권9)라고 했고, 실상을 이야기하면서 "지극한 상(像)은 형태가 없고 지극한 음(音)은 소리[聲]가 없어서 희미(希微)하여 조짐이 끊어진 경계이니95:, 어찌 말의 형태가 있겠는가?"(『법화소』)라고 했고, 법신을 이야기하면서 "법이란 법 아님도 없다는 뜻이며, 법 아님도 없다는 것은 무상(無相)의 실다움이다"(『유마주(維摩注)』)라고 했으니, 그렇다면 법신과 실상은 평등하여 상(相)을 두지 않기 때문에 다시 "무릇 법을 깨달은 자는 미혹이 영원히 소진(消盡)하고 유사한 조짐까지 없애서 그 묘함은 삼계의 표면을 끊고 그 이(理)는 무형의 경계에 그윽이 부합[冥合]한다. 형태가 이미 없기 때문에 능히 형태 아님이 없고, 삼계를 이미 초월하기 때문에 능히 계(界) 아님이 없다"(『유마주』)고 했다. 실상은 무상으로 상(象) 밖으로 초월했다.

"삼계에 생(生)을 받음은 오직 미혹의 과보일 뿐이다"96:라고 함은 온갖 미혹과 미망(迷妄)을 말미암아 멋대로 계교(計較)를 일으킨 것이다. 그래서 교만에 빠져서 "나[我]에 대해 멋대로 계교해서 스스로 잘 안다고 여긴다"(『집해』 19)고 하고, 생사에 빠져서 스스로 구조(構造)에 거처하고97:, 희구(希求)에 빠져서 아마 인천(人天)[24]을 받기만 해도 멋대로 복을 받았다고 계교하니98:, 여래 대성(大聖)께서는 미혹의 바다에 빠져있는 중생을 대비심(大悲心)으로 깊이 불쌍히 여겨서 언설을 방편으로 삼아 사람들로 하여금 집착하지 않도록 가르쳤고 교화로 이끄는[敎誘] 것을 훌륭한 권형(權衡)으

---

24) '희구'는 내세에 천국과 같은 좋은 세상을 가고 싶어하는 것을 말하며, '인천'은 인간계와 천상계를 뜻한다.

로 삼아 사람들 스스로 깨닫게 하였다. 교화가 훌륭한 방편이 되는 걸 알기 때문에 정토로 보응(報應)한다는 설은 모두 제접해 인도하는 말이며, 언어가 바로 방편임을 알면 실상은 말을 끊고 상(象)을 초월한다는 뜻이 더욱 드러난다. 중생이 능히 실상의 절로 그러함[自然]과 모든 법의 본분(本分)[99]을 요달할 수 있어서 "언어는 비록 만 가지로 다르더라도 그 의도는 '하나'를 표현하는데 있다"(『법화소』)는 경전의 가르침을 깨달을 수 있다면, 능히 "미혹을 돌이켜서 극(極)에 돌아가고, 극(極)에 돌아가서 근본을 얻는다"(『집해』 권1)고 한다. 근본을 얻는 것을 '반니원(般泥洹)'이라 말하니, 니원은 곧 실상에 돌아가 법신을 성취하는 것이다. 축도생은 "일체 중생은 부처 아님이 없고 또한 모두가 니원이다"(『법화소』)라고 했다. '니원'이란 무상의 실상을 스스로 증명해서 대상[物]과 나[我]를 동시에 잊고, 유(有)와 무(無)를 하나로 가지런히 정렬하고, 언어의 길을 끊고, 온갖 심행(心行)을 소멸하고, 미혹의 장애를 싹 없애서 인생의 진상(眞相)을 철저히 깨닫는 것이니, 이로 말미암아 진아(眞我)가 존재한다는 설이 생겨난 것이다[100].

법신진아(法身眞我)의 뜻은 반야에서 주장하는 무아(無我)의 뜻과 서로 어긋나는 것처럼 보이지만 실제로는 서로 성취시켜준다. 『유마경』에서는 "아(我)와 무아는 둘이 아니니, 이것이 무아의 뜻이다"라고 했는데, 구마라집은 주석에서 이렇게 말했다.

> 만약 나[我]를 없애고서 무(無)의 뜻이 있다면 여전히 나[我]를 벗어나지 못한 것이다. 어떻게 이를 아는가? 일반적으로 나[我]는 곧 주(主)를 말한다. 경전에서 22근(根)이 있다고 했는데, 22근은 또한 22주(主)이다. 비록 진정한 주재(主宰)는 없더라도 일에 작용하는[事用] 주(主)는 있으니, 이는 마치 주(主)를 폐하고서 주(主)를 세우는 것과 같다. 그러므로 아(我)와 무아는 둘이 아닌 것이 바로 무아의 뜻이다.

승조는 주석에서 이렇게 말한다.

> 소승은 나[我]를 봉(封)하는 걸 장애[累]로 여기기 때문에 무아를 존숭(尊崇)한다. 무아를 이미 존숭했다면 나[我]와는 둘이 된다. 그러나 대승에서는 옳고 그름[是非]이 지취(旨趣)를 가지런히 하니, (옳고 그름의) 둘이 다르지 않은 이것이 무아의 뜻이 된다.

이 글은 정견(情見)의 집착을 일소하는데 착안하고 있다. 모든 법은 필경 공적(空寂)하고, 옳고 그름은 지취를 가지런히 한다. 그러나 필경공(畢竟空)은 공(空)도 공(空)함을 일컬으니, 그 의도는 실상을 드러내는데 있지 완공(頑空)[25]을 말한 것이 아니다. 이미 완공이 아니라면 법신은 상주하고 뜻은 언어 밖에 있다. 그리고 이 경문에 대한 축도생의 주석은 그 변별이 아주 명백하다. 그는 이렇게 말하고 있다.

> 무아에는 본래 나고 죽음 가운데의 죽음이 없으니 불성의 나[我]가 있지 않음이 없기 때문이다.

'불성의 나[我]'란 바로 참 법신이다. 소위 미혹을 영원히 소진하고 명려(名慮)[26]가 영원히 끊겨서 나[我]를 폐하지 않고도 건립하는 바가 있고 삼계를 끊지 않고도 따로 경계를 수립하니, 『열반경』에서 여덟 가지 전도를 타파하는 것은 바로 아(我)와 무아를 나란히 타파하는 것을 말한다. 건립하고 수립하는 바가 있다면 모두 희론(戱論)이라서 마땅히 타파해야 한다.

---

25) 공(空)을 실체로 알아 집착하는 것.
26) 언어를 통한 사유.

모든 법이 필경 공적해서 능히 내[我]를 폐하지 않고 수립하는 바가 있다면, 생사(生死) 밖에서 따로 열반을 말하질 않고 번뇌 밖에서 따로 보리를 증득하질 않는다. 중생이 불성을 보지 못하면 보리는 번뇌가 되고, 중생이 불성을 보면 번뇌가 곧 보리이다. 도생의 『유마경』 주석에는 이런 훌륭한 말이 있다.

> 만약 약을 잘못된 곳에 사용하면 약이 도리어 독이 되고, 진실로 치유가 되면 독이 약이 된다. 따라서 대성(大聖)은 심병(心病)의 의왕(醫王)이라 하는 일마다 모두 법의 양약(良藥)이다.

또 『유마경』에서는 "무엇을 여래의 종자라 하는가? 62견(見) 및 일체의 번뇌가 다 부처의 종자이다"라고 했는데, 도생의 주소와 해석[疏釋]에서 불성에 대한 참뜻을 많이 볼 수 있다. 그의 글은 다음과 같다.

> 무릇 대승의 깨달음은 본래 생사를 버리는 걸 가까이하지 않고 새롭게 구하는 걸 멀리하니, 이는 생사의 현상[事] 속에 있는 그 사실[實]로써 깨달음을 삼는 것이다. 진실로 그 현상[事]에 있으면서 그 사실[實]의 변화를 깨달음의 시작으로 삼는 것이 어찌 부처의 싹[萌芽]이 생사의 현상[事]에서 피어나는 것이 아니겠는가. 그 깨달음이 이미 자라났다면 그 현상[事]도 반드시 교묘할 터이니, 이 또한 종자[種]의 뜻이 아니겠는가. 그러므로 처음 몸의 있음[有身]에서부터 시작하여 마지막 일체 번뇌에 이르기까지가 이(理)가 굴러 잎과 가지가 무성해지고 커다란 열매를 맺기까지를 밝힌 것이다.

극(極)에 이른 지혜는 본래 온갖 악(惡)을 종자로 삼는데, 다시 어찌 진로(塵勞)의 밖에 묘극(妙極)의 도(道)를 건립하여 따로 묘극의 불성을 구하는 걸 인(因)으로 삼을 수 있겠는가? 『열반』의 불성은 본래 함식(含識)[27]에게 갖춰진 참 성품이다. 진리는 담연(湛然; 고요)하여 변하지 않기 때문에 생사가 적멸해서 원래 두 가지 이치가 없으니, 진실로 그 이(理)를 본다면 심성의 참됨[眞]이 자연히 흘러넘친다. 즉 생사 속에서 당장[當下] 즉시 무생(無生)을 증득한다. "당장 즉시[當下卽是]"는 비록 훗날 종문(宗門)에서 쓴 말이지만 도생이 이미 그 뜻과 은밀히 계합하였다[101].

이상의 말에 따르면, 도생은 응당 '불성은 본유(本有)[102]'라는 뜻을 지니고 있었다. 그러나 당나라 사람은 시유(始有)의 뜻이라 해석한 적이 있는데 이는 도생의 원뜻을 잃은 것으로 보인다. 도생이 지은 『불성당유의(佛性當有義)』는 일찍이 실전되어서 그 내용이 무엇인지 쉽게 추측할 수 없다. 즉 '당유(當有)'라는 두 글자의 뜻이 무엇인지 함부로 재단하기 어렵다. 당나라 균정(均正)의 『사론현의(四論玄義)』 권7에는 이런 말이 있다.

> 도생 법사는 "당유(當有)가 불성의 체(體)이다"라고 주장했는데, 법사의 뜻은 일체 중생이 바로 "불성이 있지 않아도 당래[當來; 미래]에 반드시 청정히 깨닫는다"는 내용을 말한 것이다. 깨달을 때는 사구백비(四句百非)[28]를 여의고 삼세(三世)의 섭수(攝收)를 부정하지만, 깨닫지 못한 중생은 사구백비의 조망(照望)이 당과(當果)가 되길 잡은 것이다.

이 글에 따르면 '당(當)'은 '당래(當來; 미래)'의 당(當)이라서 불성은 중생의 청정한 깨달음이 장래에 있는 과(果)이다. 가령 체(體)에서 말한다면

---

27) 식(識)을 포함하고 있다는 뜻으로 모든 생명을 말한다.

28) 존재의 실상에 관한 논쟁에서 유(有), 무(無), 비유(非有), 비무(非無)를 사구(四句)라 하며, 이런 식으로 끝없이 부정해 나가는 것을 백비(百非)라 한다.

과거와 미래와 현재가 없지만103:, 그러나 중생이 깨닫지 못했을 때라면 불성을 얻는 것은 미래의 과(果)가 된다.

또 길장의 『대승현론(大乘玄論)』 권3에 따르면, 불성을 해석한 사람으로 11가(家)가 있다. 그 중 제8가(家)에서 당과(當果; 미래의 과)를 정인(正因)의 불성으로 삼는 것이 바로 당과의 이(理)이다. 또 이 설(說)을 타파하면서 이렇게 말한다.

> 당과(當果)가 정인(正因)의 불성이 되는데, 이는 옛날 스님들이 많이 사용한 뜻이며 이것이 바로 시유(始有)의 뜻이다. 만약 이것이 시유(始有)라면 바로 작법(作法)인데, 작법은 무상해서 불성이 아니다.

불성에는 '본유(本有)'와 '시유(始有)'의 논쟁이 있다. 길장은 당과(當果)의 뜻이 시유(始有)라고 했다. 그러나 불성의 '본유'와 '시유'의 변론은 남북조 시대에 온갖 생각들이 다투어 일어난 후에 억지로 분별한 것이라 별로 말할 만한 것이 없다. 도생의 시기에는 이런 쟁론이 없었다.

당과(當果)가 정인(正因)의 불성이 된다는 뜻에 대해 길장은 옛날 스님들이 많이 사용한 뜻이라고 했지만 도생에 대해서는 언급하지 않았다. 균정(均正)은 이 뜻이 도생이 주장한 것이라고 하지만 과연 무얼 근거하고 있는지는 모르겠다. 그러나 『대승현론』에서는 "광택 법운(光宅 法雲)은 고통을 피하고 즐거움을 구하는 것을 정인(正因)의 불성으로 삼는다"고 했으며, 이울러 "그 스님은 당과(當果)를 가리켜 여래장(如來藏)[29]이라 했으니, 당과의

29) 여래가 될 가능성으로서 태(胎)라는 뜻도 있고, 여래의 태를 담고 있는 자궁의 의미로도 쓰인다. 중생들도 부처가 될 수 있는 가능성을 가지고 있다는 것을 보여주는 용어이다.

여래장이 있기 때문이다"라고 하였다. 이에 따르면 광택 법운에겐 당과(當果)의 설이 있었다. 『법화의기(法華義記)』를 살펴보면 비록 법운이 편찬하지는 않았지만 그의 제자가 기록했다는 것이 중요하다. 『법화의기』 권3에서는 모든 부처는 중생이 부처 지견(知見)을 열 수 있게 하고 싶어서 당과(當果)를 언급했다고 해석하고 있다. 그 글을 간략히 소개한다.

> 요즘 광택 법사는 '지견(知見)'이란 말을 단지 일체(원문에는 체(切) 자가 빠져 있다) 중생의 당래(當來)의 불과(佛果)라고 해석했다. 중생에겐 본래부터 이 당과(當果)가 있지만, 그러나 예로부터 오탁(五濁)[30]이 강력하고 장애도 무거워서 당과가 있다는 대승의 설명을 감당하지 못하므로 그들에게 당과가 있다고 설하지 않았으니, 이때의 당(當)은 닫힌 뜻이다. 그러나 오늘 대승의 기틀[機]이 발해서 오탁도 장애가 되질 못하므로 중생 모두 당연히[當] 부처가 될 수 있다는 오늘날의 경전 가르침도 들을 수 있으니, 이는 열린 뜻이다.

이 글에서 가장 주의할 점으로 세 가지가 있다. 첫째, 『법화』에서 부처 지견을 연 것에 대해 구마라집 이래로는 불성에 계합했다는 뜻으로 인용한 것이다. 둘째, 이 글은 "당(當)에 본래 갖춰져 있다[本有於當]"는 설을 밝히고

---

30) 불교의 말법(末法)사상에서 특히 말세에 나타나는 다섯 가지 혼탁함. 첫째, 겁탁(劫濁):시대의 혼탁 • 전쟁 • 전염병 • 기근 등. 둘째, 견탁(見濁):사상의 혼탁, 즉 그릇된 견해 • 사상이 만연해지는 것. 셋째, 번뇌탁(煩惱濁):인간 개개인의 탐욕 • 분노 등으로 세상이 탁해지는 것. 넷째, 중생탁(衆生濁):인간의 자질이 저하되어 사회악이 증가하는 것. 다섯째, 명탁(命濁) 혹은 수탁(壽濁):환경이 나빠져 중생의 수명이 점차 짧아지는 것을 말한다. 이런 말기적 현상을 드러내는 시대를 오탁악세(五濁惡世)라고 한다.

있다[104]. 셋째, 도생의 『법화경소』에서 부처 지견을 여는 걸 언급한 것은 정말로 본유(本有)를 말했을 뿐이다. 그 글을 간략히 소개하면 이렇다.

> 그러므로 일대사인연(一大事因緣;부처가 세간에 출현하는 인연)으로 세간에 출현해서 중생으로 하여금 부처 지견을 열게 하고 싶었다고 말했다. (중략) 진실로 중생에게 부처 지견의 분수(分數)가 본유(本有)하지만 단지 때와 장애[垢障] 때문에 나타나지 않을 뿐이니, 부처가 지견을 열어 장애를 없애면 부처 지견을 성취할 수 있을 것이다.

또 『열반집해(涅槃集解)』 권1에서는 도생의 말을 인용해서 본유(本有)를 분명히 말하고 있다.

> 만약 진실로 교섭하여 구할 수 있다면 문득 미혹을 돌이켜 극(極)에 돌아가고, 극(極)에 돌아가면 근본을 얻는데 마치 처음 생겨난 듯하다. 처음이 있으면 반드시 끝도 있어서 항상 삼매에 있다. 만약 그 지취(旨趣)를 찾으면 이는 내가 처음 회통했을 뿐이지 지금의 있음[今有]을 비춘 것은 아니다. 유(有)가 지금[今]에 존재하지 않으면 이보다 앞선 것이 없어서 광대함[大]이라 하니, 이미 '광대하다[大]'고 말했다면 항상[常]하기 때문이고, 항상해서 반드시 장애[累]를 소멸하는 것을 '반니원'이라 말한다.

생각건대 도생의 말은 실제로 본유(本有)를 주(主)로 삼고 있으며, 길장은 당과(當果)의 뜻을 시유(始有)로 삼는 걸 배척하지만 도생의 설에 대해 발휘한 것이라고 하지는 않았다. 또 균정의 말에 따르면, 도생 법사가 의도한 일체 중생은 "즉 불성이 있지 않다고 말하는[卽云無有佛性]" 것이다. 무릇 '즉운(卽云)'이라 말한 것에서 도생의 의도가 실제로는 중생은 불성을 본래 갖추고 있다고 한 것임을 알 수 있다.

도생의 설명이 당과(當果)의 뜻이란 해석은 바로 백마 애(白馬 愛)법사에게서 나왔다. 균정은 이 법사의 뜻이 도생이 설한 내용의 지말(支末)이라 하였다. 그 내용을 간략히 소개한다.

> 백마사의 담애(曇愛) 법사는 도생의 뜻에 대해 "당과를 정인(正因)으로 삼는다"고 주장했으니, 그렇다면 차이가 있는 나무나 돌은 당과의 뜻이 없을 것이다. 무명(無明)의 초념(初念)은 있음[有]이 아닌데도 이미 마음이 있으니, 그렇다면 당과의 성품이 있기 때문에 만행(萬行)을 닦는 것이고, 과(果)를 극복하기 때문에 당과를 정인의 체(體)로 삼는 것이다. 이 법사는 마지막에 『성론(成論)』의 뜻을 취해 도생 법사의 의도가 반드시 맞지는 않는다고 해석한 것이다105:.

이 애(愛)법사는 실제로 도생의 뜻을 이해하지 못하고 있다. 이미 "무명의 초념은 있음[有]이 아니다"라고 했다면 본유(本有)가 아니며, "이미 마음이 있다"고 한다면 당과가 있는 것으로 시유(始有)이다. 『성론』의 뜻은 다분히 "당래에 본유[本有於當]"[31]106:를 지니고 있으니, 말하자면 불성은 본유(本有)이기도 하고 시유(始有)이기도 한데 도생의 설은 본유를 말한 것이다. 그래서 균정은 도생의 의도가 반드시 맞지는 않는다고 말한 것이다.

다음 열반은 백비(百非)를 끊고 사구(四句)를 초월하는데 어찌 본유와 시유의 변론이 있겠는가? 그러므로 균정이 불성은 삼세에 섭수되지 않는다고 말한 것은 뜻을 터득한 득의(得意)의 말인 듯하다. 도생은 항상 "상(象)으

---

31) 중생이 본래 반드시 당래(當來)에 성불(成佛)의 이(理)를 갖추고 있음을 말한 것이지 지금 비로소 성불의 뜻을 갖추었다는 의미가 아니다.

로써 뜻[意]을 다하고, 뜻을 얻으면 상(象)이 잊혀진다. 말로써 이(理)를 표현하고, 이(理)에 들어가면 말이 쉰다"고 했으며, 나중에 갖가지 변론을 하면 도생은 반드시 상대가 "(자기 입장을) 많이 고수하다가 문구에 걸려서 원만한 뜻[圓義]을 보는 경우가 드물다"고 말했다. 도생이 이야기한 불성의 당유(當有)는 지금은 상세히 알지 못하지만, 그러나 균정의 이해가 아마 근접했을 것이다. 그가 말한 소위 당래(當來)의 과(果)는 바로 깨닫지 못한 중생이 사구(四句)와 백비(百非)를 조망(照望)해서 한 말을 잡은 것이지 실제로는 구경(究竟)[32)]의 원만한 뜻이 아니다[107].

중국에서 열반에 대한 논쟁이 아주 치열했던 건 『유의론』으로 증명할 수 있다. 그 이유는 대부분 '진아(眞我)'와 '무아' 및 신명(神明)'의 뜻이 동일하지 않아서 생긴 의문 때문이다. 종성(宗性)이 초록한 『명승전』 권13에 따르면, 무아와 불성에 대해 질문하는 1단락은 바로 불성의 참다운 뜻을 변별하고 있는데, 이 단락은 누가 지었다는 제목이 없다. 그러나 그 글은 '실상을 점차적으로 이해한다'는 단락 뒤에 있으며, 실상을 점차적으로 이해하는 글은 결정코 혜관(慧觀)의 손에서 나왔으니, 그렇다면 무아와 불성의 단락은 아마 혜관이 지었을 것이다. 이 단락에서 불성의 뜻을 변론한 것은 응당 열반의 뜻이 처음 나왔기 때문에 의문을 풀기 위해 지은 것이라 하겠다. 그 글 첫머리는 이렇다.

---

32) 산스크리트어로 uttara, 팔리어로도 동일. 음역 울다라(鬱多羅). 지고무상(至高無上)의 경계를 형용하거나 사물에 대하여 철저하고 극진하다는 의미. 전자의 경우는, 붓다가 지고무상의 진리를 드러내 보인 것을 그경법신(究竟法身)이라고 칭하는 것이 그 예이다. 열반은 불교의 최종 목적을 나타내는데, 구경열반(究竟涅槃)이라고 칭해진다.

문; 신아(神我)는 없는데 "경전에서는 이렇게 말한다; 외도는 나[我]를 망녕되이 보는 걸 이름하여 삿된 전도(顚倒)라 하고, 이제 불성이 곧 나[我]임을 밝힌 것을 이름하여 정견(正見)이라 한다. 외도가 삿되다고 하는 것을 불성은 어찌하여 올바름[正]이라 하는가?"

답; 외도는 신아를 망녕되이 보아서 무상(無常)을 상(常)으로 여기니, 어찌 삿되지 않겠는가. 불법은 제일의공(第一義空)을 불성으로 여기고, 진아(眞我)가 상주(常住)해서 변하지 않음을 부처로 여기니, 어찌 올바르지[正] 않겠는가.

문; 어째서 불성을 나(我)라고 말하는가?

답; 불성을 나[我]라고 말하는 까닭은 일체 중생이 다 성불의 참 성품[眞性]이 있기 때문이다. 항상 존재하는 성품은 오직 자기(自己)의 보배[所寶]이기 때문에 나[我]라고 말하는 것이다.

이 글은 무아와 불성이 본질적으로 서로 계합하는 것에 털끝만한 의문도 없음을 변론하고 있다. 대체(大體; 광대한 본체)에는 오히려 생사 속에 있는 나[我]는 없고 불성의 나[我]는 없지 않다는 뜻이다. 『유의론』에는 "『삼장(三藏)』은 오염과 정체[染滯]를 떨어버리고, 『반야』는 허망함을 없애고, 『법화』는 하나의 구경(究竟)을 열고, 『니원』은 실제의 교화[實化]를 천명한다"는 내용이 있다. '오염과 정체[染滯]를 떨어버림'은 소승에서 주장하는 무아의 뜻이 일반 사람의 치우친 집착을 없애는데 있기 때문이고, 생사 속의 나[我]가 있다고 계교하는 것이 오염과 정체의 토대이기 때문이다. 『명승전초』의 동일한 단락에서는 당시 신아(神我)를 주장하는 자를 더 깊이 설명했다. 중국 인사(人士)들이 신아를 주창한 것은 바로 보응설(報應說)을 믿기 때문이다. 그래서 보응설을 상세히 변별했지만 그 글이 길어서 여기선 수록하지 않았다.

생각건대 『열반경』 역시 늘 불성과 외도의 신아가 어떻게 다른지 변별했다. 그러나 이를 깨우치기 위한 가르침은 다양했는데, 가령 스스로의 심법(心法)과 색법(色法)으로 말하기도 했고, 스스로의 안식(眼識)에서 의식(意識)까지로 말하기도 했고, 스스로의 가라라(歌羅邏)[33]에서 늙고 죽음[老死]에 이르기까지로 말하기도 했고, 스스로의 나아가고, 멈추고, 고개 숙이고, 우러르고, 보고, 눈짓하는 등으로 말하기도 했다. 경전에서는 어느 한곳에서만이 아니라 반복적으로 밝혔다. 그러나 특별히 보응을 표방하여 내놓은 것은 아직 없는데, 이 단락에서 특히 천당과 지옥 등의 말을 제출한 것은 바로 중국의 당시 신앙을 경계한 것이다. 중국의 당시 인사들은 모두 인과를 중시해서 신(神)의 불멸을 말했지만 『열반경』에서 말하는 불성의 설(說)과 비슷한 탓에 실제로는 충돌하였다.

한나라 시대 이래로 중국의 인사들은 신명(神明)의 불멸을 불법의 근본 뜻으로 여겼다. 아울러 반야학이 번성하자 학승(學僧)들은 식신(識神)의 성품이 공(空)하고 법신은 무형(無形)이라 오지도 않고 머물지도 않음을 점점 알게 되면서 처음으로 신(神)이 항상 존재한다는 설을 의심했으니, 예컨대 승예가 『유마서(維摩序)』에서 말한 내용이 이에 해당한다108:. 이것이 학설상의 일대 변화이다. 그러다가 니원이 처음으로 번창하면서 불성이 상주(常住)한다는 설이 있게 되었고, 이 설을 지닌 자는 다시 신(神)이 항상 존재한다는 설과 논란을 벌였으니, 이 또한 학설상의 일대 변화이다. 이로 인해 도생은 당시 문구만을 고수하고 뜻[義]에 막힌 자들의 비방을 받았으니, 그가 쫓겨나게 된 기연(機緣)이 바로 이로부터 비롯되었다109:.

---

33) 갈라람(羯邏藍)이라고도 하며 한역하면 응활(凝滑)이다. 태가 형성되는 최초의 모습을 말한다.

이상의 내용을 종합하면, 만법의 참[眞]을 실상이라고 말하고 또한 부처의 법신이라고도 칭한다. '법(法)'이란 법 아님이 없다는 뜻이며, 법 아님이 없다는 뜻은 바로 무상(無相)의 실다움이다. 실상은 무상(無相)으로 상(象) 밖에서 일어났으며, 만상(萬象)과 실상, 생사와 열반은 평등해서 두 이치가 없다. 무상을 무(無)라 말하고 만상을 유(有)라 말하는데, 유(有)는 미혹에서 생겨나고 무(無)는 해탈에서 생겨나니, 꽉 막힌 집착[封執]을 일소해 없애면 실상이 즉각 드러난다. 그러나 온갖 미혹의 체(體)는 본질적으로 실상에 즉(卽)해 있고, 열반의 불성은 원래 본래 갖춰져 있다[本有]. 그러나 온갖 미혹 속에 본래 갖춰진[本有] 실상은 원래 정견(情見)을 초월해 있으며, 불성이라 칭하는 것도 일반 사람들이 일컫는 신명(神明)이 아니다. 불성의 뜻은 『열반경』에서 반복해서 해설하고 있으므로 얼마든지 상세한 해설을 찾을 수 있다[110:].

도생이 펼친 뜻에는 세 가지 요체가 있다. 첫째는 이(理)라 하고, 둘째는 자연(自然)이라 하고[111:], 셋째는 본유(本有)이다. 『열반집해(涅槃集解)』 권1에서는 "진리(眞理)는 자연(自然)이다"는 도생의 말을 인용하고 있고, 도생은 『유마경』을 주석하면서 "이(理)는 나[我]로부터 공(空)이 된 것이 아니다"[112:]라고 하며, 『법화주』에서는 "이(理)를 궁구하여 비로소 목도(目睹)하였다"[113:]고 한 것은 모두 불성을 형상화한 것이다. 이는 훗날 이(理)를 불성으로 여기는 설(說)을 개척해서 중국의 학술과도 큰 관계가 있다. 『열반집해』 54에서는 도생의 "무릇 법을 체득한 자는 자연(自然)과 그윽이 부합해서 일체 모든 부처가 다 그러하지[然] 않음이 없으니, 이 때문에 법을 부처로 삼는다"는 말을 인용했고, 또 "유(有)를 짓기 때문에 생기(生起)하고 소멸하며, 근본의 자연을 얻으면 생기와 소멸이 없다"[114:]고 했으니, 그렇다면 모든 법의 실상은 허망을 초월하고 고요해서 항상 참[常眞][115:]이기 때문에 자연(自然)이라 말한다. '자연'이란 허망함이 없어서 여여(如如)한 것이다. 그래서 또 법이라 말하기도 하는데, '법'은 법 아님이 없다[116]. 허망함이 없으면 미혹을 없애고, 법 아님이 없으면 무상(無相)이다[117].

대체로 도생은 『반야경』의 상(相)을 일소한 뜻을 깊이 깨우친지라 어디서나 상(象) 밖에 확연해서 우주의 참[眞]을 체득해 회통했기 때문에 그의 학문을 "상(象) 밖의 담론"이라 칭하기도 한다. 또 우주의 진리는 사(事)의 근본이 나[我]에게 존재하므로 멀리서 구할 필요가 없다. 도생은 불성의 여덟 가지 덕을 해설했는데(『열반집해』 51), 그 중에 "선성(善性)이란 이(理)의 묘함이 선(善)이 되고, 근본으로 돌아감이 성(性)이 된다"고 했으며, 또 "열반에서 미혹이 소멸하여 근본을 체득하는 걸 성(性)이라 칭한다"고 했다. 대체로 불성은 본유(本有)라서 근본으로 돌아가 체득하는데, 그렇다면 견성성불(見性成佛)[118]은 바로 본성(혹은 본심)의 자연이 드러나 발한 것이다. 『열반』의 학문은 도생의 관점에서 보면 참다운 본성(本性)의 학문이다. 이 뜻은 도생이 주장한 돈오 사상의 기초로서 일천제도 성불한다는 뜻과도 관련이 있는데, 이에 대해서는 앞으로 서술하겠다[119].

### 9) 법신엔 색불(色佛)이 없고 정토(淨土)가 없고, 선(善)은 과보를 받지 않는다

축도생은 상(象) 밖의 진리에 은밀히 계합해서 "진귀하고 괴이한 언사(言辭)"를 많이 내놓았다. 무릇 실상은 무상이라서 말[言]을 잊고 사고[慮]를 끊는다. 범부가 집착하는 사고는 다 미망[惑妄]이 되고, 성인이 드리운 가르침은 방편이 많기 때문에 부처는 인상(人相)이 없어서 스스로 색신(色身)이 아니다. 말하자면 색(色)이 있는 건 바로 미망이 되고, 몸[身]이 없으면서도 몸을 말하는 건 방편이 되니, 이를 말미암아 법신에는 색(色)이 없다는 뜻을 수립했다. 법신이 지극(至極)해서 함도 없고[無爲] 지음도 없으며[無造], 아름다움과 추악함도 벗어났으며, 죄와 복도 모두 버렸으니, 이를 말미암아 부처에겐 정토가 없고 선(善)은 과보를 받지 않는다는 두 가지 뜻을 수립했다.

도생의 『법신무색론(法身無色論)』은 이미 실전되었다. 그러나 『유마주』에서는 이 뜻을 설명하고 있으니, 『아촉불품주(阿閦佛品注)』에서는 이렇게 말한다.

> 인불(人佛)[34]이란 오음(五陰)의 합성(合成)일 뿐이다120:. 만약 (오음의 합성이) 있다면 색(色)이 곧 부처여야 하고, 만약 색이 곧 부처가 아니라면 색(色) 밖에 부처가 있어야 한다. 색 밖에 있는 부처에 또 세 가지가 있다. 부처가 색 속에 존재하는 것, 색이 부처 속에 존재하는 것, 색이 부처에 속하는 것이다. 만약 색이 곧 부처라면 사대(四大)[35]를 응대(應待)하지 않으며, 만약 색 밖에 부처가 있다면 색을 응대하지 않으며, 만약 색 속에 부처가 있다면 부처는 무상(無常)이고, 만약 부처 속에 색이 있다면 부처는 분한(分限)이 있고121:, 만약 색이 부처에 속하면 색은 변할 수 없다122:.

『유마경, 아촉불품』에서는 "여래는 사대(四大)의 생기(生起)가 아니며 허공과 동일하다"는 구절이 있는데, 도생은 이렇게 해석하고 있다.

> 비록 인상(人相)이 없는 부처를 추구하더라도 실다움 없는 인불(人佛)을

---

34) 사람 모습의 부처.

35) 색신(色身)을 말한다. 불교에서는 우리 몸이 땅, 물, 불, 바람 사대(四大)의 화합으로 이루어졌다고 본다.

올바로 표현할 수 있을 뿐이니, '부처'인 까닭을 충분히 밝히지 못하면 결국 인불(人佛)은 없는 것이다. 만약 인불이 있다면, 문득 사대로부터 생기(生起)해 있어야 한다. 무릇 사대로부터 생기해 있는 것은 태어나고 죽는 사람이지 부처는 그렇지 않다. 그러므로 감응해 있는[有] 것일 뿐 부처는 항상 무(無)이다.

도생의 『불무정토론(佛無淨土論)』 역시 실전되었다. 그러나 『유마주』 안에는 이 뜻[36]이 남아 있다. 『유마경』에는 "보살은 교화를 받는 중생에 따라 불토(佛土)를 취한다"는 구절이 있는데, 도생의 주석은 다음과 같다.

무릇 국토(國土)란 중생의 경계[封疆] 구역이고, 그 국토에 더러움이 없는 걸 정(淨; 깨끗함)이라 말한다. 더러움 없음은 무(無)가 되고, 경계[封疆]는 유(有)가 된다. 유(有)는 미혹에서 생겨나고 무(無)는 이해에서 생겨나는데, 그 이해가 성취되면 미혹은 바야흐로 소멸한다. 이해의 시작[始解]은 보살의 근본 교화로서 스스로 감응하여 마지막에 성취한다. 이미 성취를 이루었다면 국토를 통치하게 되는데, 부처의 자취에 속함이 근본에 입각해 교화 받는[所化] 뜻에 따라 대상[彼]을 취한 나라가 된다. 이미 "그를 취한다"고 했다면 스스로 지어냄[自造]을 말하는 건 아니다. 만약 스스로 지어냈다면 통치의 대상이 없을 것이고, 중생이 있지 않다면 어찌 성취하는 바가 있겠는가.

또 도생의 『법화경소』에서도 "더러움 없는 청정함[淨]은 바로 땅[土]이 없다는 뜻이고, 땅에 기탁해 무(無)를 말하기 때문에 정토라 말하니, 땅이 없는 청정함이 어찌 법신의 기탁할 바가 아니겠는가"라고 했다. 그러나

36) 부처는 정토가 없다는 뜻이다.

경전 속에서 늘 정토를 칭한 것에는 역시 이유가 있다. 대체로 "정토는 훼손되지 않고 또 사람의 정(情)으로 하여금123: 기뻐하고 좋아하게 하니, 만약 정토가 훼손되지 않는다는 걸 듣는다면 그리워하고 흠모하는 뜻이 깊어지게 된다. 현상[事]을 빌려 현묘한 종지를 통달하면 이익을 얻는 것이 많으리라"고 했다. 또 동일한 주석에서 이런 내용도 나온다.

> 그러나 사상(事象)이 바야흐로 이루어지면 누(累)를 얻게 되고, 성인은 이미 이(理)를 회통했기에 누(累)는 철저히 소멸된다. 누(累)가 없어지는데 어찌 국토가 있는 걸 용납하겠는가. 설사 국토가 없다고 말해도 국토 아님이 없으며, 몸(身)이 없고 명칭[名]이 없어도 몸과 명칭이 더욱 있으니, 이 때문에 국토라는 것도 명호(名號), 수기(授記)[37]의 뜻임을 아는 것은 사물에 감응해 그러한지라 이를 인용하기가 부족하다.

도생은 권교(權敎)와 방편의 뜻을 중시했다. 『유마경주』에서는 '만약 누(累)를 조복하면 반드시 지혜[慧]가 있겠지만, 반대로 치우치고 집착하면 지혜도 속박이다'라고 했는데, "만약 위화(爲化)(교화) 방편으로 사용했다면 속박하지 않는다"고 했다. 그래서 부처는 본래 몸[身]이 없지만 말에 기탁해 몸이 되고, 부처는 본래 땅[土]이 없지만 현상[事]을 빌려 현묘한 종지를 통달해서 정토라 말하니, 이 모두는 사람으로 하여금 선(善)을 향하도록 인도하는 것이지124: 실답지는 않은 뜻이다.

이에 의거하면 소위 선(善)이 과보를 받는 것도 역시 방편이 된다. 도생이 지은 『선불수보론(善不受報論)』 역시 실전되어서 상세히 말하기가

---

37) 산스크리트어 vyākaraṇa의 역어. 부처가 제자에게 미래에 성불할 것이라고 하면서 어느 국토, 어떤 명호를 가진 부처라고 말하는 것.

어렵다. 혜원의 『석삼보론(釋三報論)』에서는 '일반 사람들은 반드시 업보가 있지만 도(道)를 얻은 빈객[賓]이라면 과보를 받지 않는다'고 했는데, 그 글을 보면 이런 내용이 나온다.

> 무릇 선악의 흥기(興起)는 점진적이고, 이 점진적인 과정이 극(極)에 이르면 구품(九品)의 논(論)이 있다125:……. 품류가 구품이 아니라면 세 가지 과보에 섭수되지 않는다.

또 말한다.

> 방외(方外)의 빈객은 묘법(妙法)을 잘 지켜서 마음의 현문(玄門)을 씻고 한 번 참예(參詣)한 감응으로 상위(上位)로 초월해 올랐는데, 이런 무리들은 숙세(宿世)의 재앙이 쌓였어도 이를 다스리는 노력 없이 이(理)가 저절로 편안히 소진(消盡)해서 세 가지 과보가 미치질 않는다.

또 혜원의 『명보응론(明報應論)』에서 말한 내용도 동일한데, 그 글은 다음과 같다.

> 만약 피아(彼我)가 동일한 것을 얻었다면 마음의 양분된 대응은 없을 터이니, 칼날을 휘두르면[遊刃][38] 하나마저 없애서 현묘하게 보고, 병기를 부딪치면[交兵] 적대시하지 않고 서로 만난다. 그렇다면 다친 자가 어찌 신(神)만 해치지 못할 뿐이겠는가. 진실로 죽일 만한 생명도 없는 것이다.

---

38) 칼을 능숙하고 미묘하게 놀리는 것으로 내용을 훤히 꿰뚫고 있다는 뜻이다. 출전은 『장자, 양생주(養生主)』이다.

그렇다면 문수(文殊)가 검을 어루만지는 것은 자취는 거슬러도 도(道)는 순응하는 것이니, 비록 종일토록 무기를 휘둘러도 칼날을 조치(措置)할 땅이 없다. 장차 춤추고 북치는[鼓舞] 일에 의탁함으로써 신(神)을 다하고 창과 도끼를 운용하면서도 교화를 이루니, 비록 그 공로가 상을 받지는 못하더라도 무슨 죄와 벌이 있겠는가.

이 글에서는 극(極)을 체득한 자가 보응을 초월했음을 말하고 있다. 그러나 『명보응론』에서는 일반 사람의 경우엔 보응의 징응(徵應)[39]이 있다고 말하기도 한다. 『명승전초, 설처(說處)』에는 다음과 같은 두 조항이 있다.

선(善)을 인해 악을 조복(調伏)하면 인간과 천상의 업(業)을 얻는다고 이름을 붙이지만, 이는 실제로 선(善)이 과보를 받는 것이 아니라고 함은 사(事)이다.

축생 등에게 부(富)와 쾌락이 있고, 인간의 과보에 가난과 고통이 있다고 함은 사(事)이다.

이 글의 차제(次第)를 살펴보면 모두 도생의 전기에 나오는데, 비록 문장은 간략하지만 밝히기가 쉽지 않다. 그러나 불경을 살펴보면, 선(善)을 행한 자는 인간과 천상의 과보를 얻고**126:**, 악을 지은 자는 악한 세계[惡趣]에 타락하는데**127:**, 이 모두는 평범한 사람에 입각해 말한 것이다. 앞서 말한 두 조항에 따르면, 도생은 선(善)을 추종하고 선에 복종하는 사람은 그 업의 명칭이 인간과 천상[人天]이고, 선을 버리고 악을 키운 사람은 그

---

39) 선행과 악행의 결과에 따라 인과의 보응이 있는 것.

업의 명칭이 악한 세계[惡趣]라서 평범한 사람은 역시 선과 악의 과보를 받는 일은 없다고 생각한 것처럼 보인다. 게다가 악한 세계의 축생에게도 부와 쾌락이 있고, 선한 세계의 사람에게도 가난과 고통이 있다면, 사실상 과보는 역시 징험(徵驗)이 없는 것이다. 도생은 『유마경주』에서 이렇게 말하고 있다.

> 무위(無爲)는 이(理)를 표현하는 법이라서 실제 공덕의 이익은 없다.

이는 사문의 무위법을 말한다. 무위법 속에는 이익도 없고 공덕도 없으니, 그 뜻은 혜원과 대체로 동일하다. 그러나 진리(眞理)는 항상 존재해서 생겨남도 없고 소멸함도 없으며, 아름다움과 추악함도 벗어나며, 죄와 복도 모두 버리기 때문에 복의 과보라고 말할 만한 것이 없다. 도생은 무위가 이(理)를 표현하는 법이라고 하면서 이체(理體)에 입각해 설(說)을 수립했다. 혜원은 성현(聖賢)을 따르면서 논했는데, 그의 설 역시 동일하지 않은 것으로 보인다. 게다가 도생은 평범한 사람에겐 인간과 천상의 과보가 없고[128:] 보응도 분명한 징험(徵驗)이 없다고 했으니, 그렇다면 도생과 혜원의 설은 더욱 다른 것처럼 보인다. 『유마주』에서는 또 이렇게 말한다.

> 과보를 탐내서 선(禪)을 행한다면 행에 맛[味]이 있는 것이고[129:], 이미 행에 맛이 있다면 과보도 반드시 미혹이다. 무릇 과보에 미혹된 자는 생(生)에 속박된다.

이 글에서 행(行)이란 응당 과보의 마음을 버리는 걸 말한다. 도생은 보응이 탐애(貪愛)의 근본이 되는 걸 걱정했기 때문에 보응의 이론을 수립해서 이(理)에 의거하면 이익과 공덕이 없고 사(事)에 의거하면 보응도 무명의 징험이라고 하였다. 그리고 경전의 가르침에서 밝힌 보응에 대해 도생은 또한 정토 수기(授記)의 뜻과 똑같이 사람으로 하여금 아름다움을 기뻐하고 선(善)을 향하게 하는 것이라 여겼다[130].

육징의 『목록』에는 다음과 같은 하나의 조항이 실려 있다.

> 『축도생선불수보의(竺道生善不受報義)』를 저술하다; 석승거(釋僧璩), 석경(釋鏡)이 질문하고 승거가 답했다.

승경(僧鏡)은 사령운이 중시한 인물로 『니원의소(泥洹義疏)』를 저술한 적이 있다. 승거는 율사(律師)로 처음엔 호구에 거주했다가 송나라 무제 때 양도(揚都)에 도착했다. 승경은 원휘(元徽) 시기에 죽었다. 두 사람의 문답은 도생이 세상을 떠난 후에 있었다. 남제(南齊)의 유규(劉虯)도 선(善)은 과보를 받지 않는다는 뜻을 서술했는데[131], 그렇다면 송나라에서 제(齊)나라에 이르기까지도 항상 이 문제를 토론한 것이다.

### 10) 일천제(一闡提)에겐 불성이 있고 응당 연(緣)도 있다

일천제는 『열반경』에서 "(일천제의) 병은 모든 불세존(佛世尊)도 치유할 수 없는 것이다. 왜 그런가? 마치 세간의 죽은 시체는 의사도 치료할 수 없는 것과 같기 때문이다"라고 하였다(『북본』 권 9). 비유하면 땅을 파고 풀을 베며 나무를 자르는 일, 죽은 시체를 자르면서 욕설을 하고 채찍질을 하는 일이 죄의 과보가 없는 것과 같다. 일천제를 죽이는 것도 마찬가지라서 죄의 과보가 없다(『북본』 권 16). 일천제는 불에 타버린 종자와 같아서 이미 그 씨[核]가 파괴되었기 때문에 설사 무상(無上)의 감로 비가 내린다 해도 싹이 트지 못한다(『북본』 권 10). 6권 『니원』에는 본래 "일천제도 성불한다"는 설이 없지만, 『대경(大經; 대열반경)』과 6권본의 가장 현저한 차이는 바로 이 점에 있다. 가령 6권본 권3에는 이런 말이 있다.

> 가령 일천제의 게으름과 나태함은 시체가 종일토록 누워서 성불한다고 말하는 것과 같다. 따라서 성불한다고 하는 것은 옳지가 않다.

그러나 동일한 곳에 이 단락이 『대경(大經)』의 『북본』 권 5에 있는데 이미 증보하고 개정해서 뜻이 크게 달라졌다. 그 글은 다음과 같다.

> 가령 일천제가 끝내 변이(變移)하지 않고 중대한 금기(禁忌)를 범해서 불도(佛道)를 성취하지 못한다는 건 옳지 않다. 왜냐하면 이 사람은 부처의 정법(正法) 속에서 마음이 청정한 믿음을 얻는 바로 그때 문득 일천제를 멸하기 때문이다. 만약 다시 우바새가 될 수 있는 자라면 역시 중대한 금기를 범한 일천제를 끊어 없앨 수 있으며, 이 죄를 멸했다면 성불할 수 있다. 그러므로 필경 변이(變移)하지 않음이 정해져서 불도를 성취하지 못한다고 말하는 것은 옳지 않다. 참 해탈 속에는 도무지 이런 멸진(滅盡)의 일[事]이 없다.(이하 생략)

또 『법현본(法顯本)』 권 4에는 이런 글이 있다.

> 일체 중생은 모두 불성이 있는데 몸[身] 속에 존재한다. 한량없는 번뇌를 다 없애고 나면 부처가 문득 밝게 드러나는데 다만 일천제는 제외한다.

그러나 북본에는 동일한 단락이 7권에 있는데, 그 문장 역시 달라서 '일천제는 제외한다[除一闡提]'는 네 글자가 없다.

> 일체 중생은 다 불성이 있지만 번뇌가 덮여 있기 때문에 알지도 못하고 보지도 못한다. 그래서 응당 부지런히 방편을 닦아서 번뇌를 끊어 없애야 한다.

또 6권본 제6에는 재가 불을 덮고 있는 게송[灰覆火偈]이 있는데, 이 게송 뒤에 이런 구절이 있다.

> 저 일천제는 여래의 성품을 영원히 끊은 것이다.

그러나 『북본』 권 9의 재가 불을 덮고 있는 게송[灰覆火偈] 뒤에 나오는 글은 아주 다르다. 그 문장은 다음과 같다.

> 저 일천제는 비록 불성은 있지만 한량없는 죄와 더러움에 속박되어서 빠져나오질 못한다.

이 6권본과 대경(大經)은 완전히 상반된다. 도생은 대경이 전래되기 전에 먼저 그 이(理)를 깨달았기 때문에 문구를 고수하는 자들에게 비방을 당했다. 도생이 주창한 불성에 관한 설은 이미 세속의 소위 신명(神明)과는 그 지취(旨趣)가 다르다. '정토가 없다', '과보를 받지 않는다.'등은 특히 문구에 걸린 자들이 감히 이야기할 것이 아니다. 일천제는 성불할 수 없다는 글이 경전에 분명히 있지만 도생은 의연히 이런 진기한 말을 내놓았으니, 옛 학설을 신봉하는 구학(舊學)들이 화내고 비난하면서 사설(邪說)로 여긴 것도 또한 마땅하지 않은가!

도생의 논문은 역시 실전되었다[132]. 중국과 일본의 장소(章疏)에는 그 뜻을 서술한 것이 아주 드물다[133]. 도생은 불성이 중생에게 본래 갖춰진 성품이고 열반학은 바로 본성의 학문이라고 생각했다. 그러나 중생은 미혹에 덮여 있다. 마치 재 속의 불이 불은 있지만 재에 덮여 있듯이, 중생은 성품이 있지만 미혹의 업에 속박되어 보이지 않는다. 실제로 중생은 불성에 원천을 두고 있으며[134], 불성이 없으면 중생도 없다. 일천제가 만약 중생이라면[135] 불성이 있는 것이 분명하다. 일본 원흥사(元興寺)의 사문 종(宗)이 편찬한 『일승불성혜일초(一乘佛性慧日鈔)』에서는 『명승전』 권10의 글을 인용하면서 이렇게 말했다[136].

> 도생이 말했다.
>
> "품부 받은 기(氣)의 이의(二儀 음과 양)란 모두 열반의 정인(正因)이다. 삼계(三界)에 생(生)을 받는 건 오직 미혹의 과(果)일 뿐이다. 일천제는 함생(含生; 중생)의 종류이니 어찌 혼자서만 불성이 없을 수 있겠는가? 대체로 이 경전(즉 『열반경』)의 제도가 미진(未盡)했을 뿐이다[137].

『니원경』은 법현이 얻은 것인데, 이 경전이 온전한 전체가 아니라는 소식은 들은 적이 없다. 그러나 도생은 뜻에 의거할 뿐 문장에 의거하지 않아서 『니원경』의 제도가 미진하다고 감히 말했으니 정말로 홀로 척안(隻眼)[40]을 갖춘 것이다. 도생은 중생이 중생이 된 까닭이 다 품부 받은 불성이 있기 때문이라고 했다. 일천제도 불성이 있는 것은 바로 이(理)의

40) 외눈. 여기서는 지혜의 눈을 가리킨다.

필연인 것이다. 도생은 이(理)를 종지로 삼아서 요의(了義)[41]에 의거했지 불요의(不了義)에 의거하지 않았기 때문에 거침없이 말한 것이다.

일천제에겐 반드시 불성이 있으므로 응당 성불할 수 있다[138]. 그러나 성불은 비록 불성을 정인(正因)으로 삼긴 하지만 역시 연인(緣因)도 있어야 한다. 만약 일체 중생이 다 불성이 있어서 스스로 성불할 수 있다면, 어찌 도(道)를 닦을 필요가 있겠는가. 비유하자면 일곱 사람이 갠지스 강에서 목욕을 하는데 뜨기도 하고 가라앉기도 한다면, 이는 뜨는 걸 익히기도 하고 익히지 못하기도 했기 때문이다. 그러므로 중생의 성불은 반드시 연(緣)을 빌려야 한다. 도생이 지은 『응유연론(應有緣論)』은 오늘날 이미 실전되었다. 이 논(論)에서 부처의 감응(感應)은 반드시 불성의 연인(緣因)의 뜻과 관련이 있다고 하였다.

『대승사론현의(大乘四論玄義)』 권6에서는 이렇게 말했다.

도생 법사가 말했다.

> "연(緣)을 비추어 감응하는데, 감응(원문에는 응(應) 자 하나가 빠져 있다)하면 반드시 지혜[智]가 존재한다. 감응하면 반드시 지혜가 존재한다는 말은 바로 마음을 지어서[作心] 감응하는 것이다. 요즘의 여러 논사(論師)들은 이 설에 동의하고 있다[139]."

'감응하면 반드시 지혜가 존재한다'는 바로 마음을 지어서[作心] 감응하는 것을 말하며 또한 유심(有心)으로 감응하는 걸 말한다. 부처 지혜는 중생과 달라서 피차(彼此)에 무심하므로 감응에도 마음을 지음[作心]이

---

41) 불법의 이치를 궁극까지 남김없이 설파한 것을 '요의'라 하고 그렇지 못하면 '불요의'라 한다.

없다. 그러나 성인(聖人)의 지혜는 방편으로 사물에 감응하고 운행에 맡겨[任運] 경계를 조명해서 바로 마음을 짓게 된다. 다만 이는 이승(二乘)과 범부의 상(相)이 있는 마음과는 똑같지 않기 때문에 성인은 피차를 잊으면서도 마음으로 일체에 능히 감응한다[140]. 그리고 그 감응도 반드시 연(緣)을 기다려야 한다. 혜달의 『조론소』에서는 이렇게 말한다.

> 도생 법사가 말한다.
> "감응에는 연(緣)이 있으니, 혹은 고생스런 곳에 태어남을 인해서[141] 자비와 연민을 공유[共]하고, 혹은 애착과 욕망을 인해서 번뇌와 속박을 공유하고, 혹은 선법(善法)을 인해서 개도(開道)에 돌아가기 때문에 유심(有心)으로 감응하는 것이다."

부처는 연(緣)을 비추어 지혜[智]를 일으키는데, 혹은 고생스런 곳에 태어남을 인해하기도 하고, 혹은 애착과 욕망을 인하기도 하고, 혹은 선법(善法)을 인하기도 해서 감응이 있다. 그리고 소위 '공(共; 공유)'이란 중생과 부처의 동일 근원[同源]을 말한 것이 아닐까 한다. 동일 근원이라면, 가령 아버지와 아들의 천성(天性)이 서로 관련하고 선과 악, 고통과 즐거움이 함께 감응할 수 있다[142]. 무릇 일천제의 근기는 비록 선근(善根)을 끊었다 해도 애욕(愛欲)의 결정(結晶)이기[143] 때문에 애욕의 악연(惡緣)을 빌려 부처에 감응하고[144], 성인은 연(緣)에 의거해 지혜를 일으켜서 그와 더불어 감응하는 것이다. 『열반경』에서는 "이 사람이 부처의 정법(正法) 속에서 마음이 청정하고 신실(信實)하게 되는 바로 그때 문득 일천제를 멸한다"고 했다. 이는 정법 속에서 부처가 세상에 나와 감응해 교화하므로 비록 일천제라도 감응해 죄를 멸하고 아울러 능히 도(道)를 성취할 수 있다.

『고승전』에서는 대본(大本)이 전래된 후에 "일천제도 부처가 될 수 있다는 이 말에 근거가 있다"는 걸 알았다. 도생은 일천제도 성불한다는 뜻이 비록 상세하지는 않지만 당연히 경전의 내용과 부합한다고 생각했다.

## 11) 돈(頓)과 점(漸)의 분별은 어디서 유래했는가?

돈(頓)과 점(漸)의 변별은 실제로 축도생부터 시작하지는 않는다. 그러나 도생이 주장한 돈(頓)의 뜻은 경문에 걸리지 않고 홀로 빛을 발하다가 시류(時流)의 비방을 크게 받는 바람에 유명해지면서 아는 자도 많아졌다. 도생 이전에 점(漸)과 돈(頓) 두 글자는 늘 경권(經卷)에 보이는데, 동진(東晋) 시기에는 십주(十住)와 삼승(三乘)의 설을 연구했기 때문에 돈오의 설이 있게 되었다.

남제(南齊)의 유규는 『무량의경서(無量義經序)』에서 돈오를 논하면서 이렇게 말했다.

> 종지를 얻은 종장(宗匠)을 찾아보면 지도림과 도안으로부터 시작되었다.

이는 돈과 점의 변별이 도안과 지도림 시기에 처음으로 그 지취(旨趣)가 있었음을 말한 것이다. 그래서 『세설신어, 문학편주』에서는 이렇게 말한다.

> 『지법사전(支法師傳)』에서는 "법사가 십지(十地)를 연구했는데 칠주(七住)에서 돈오를 알았다"고 하였다.

이는 돈오의 설을 처음 창시한 사람이 지도림이란 걸 말한다. 소위 십지란 처음 환희지(歡喜地)에서 열 번째 법운지(法雲地)에 이르는 대승보살의 십지를 말한다. '십지'[42]는 옛날 번역에선 '십주(十住)'라고 하였다[145:]. 동진 시기에 십주를 자세히 해석한 경전으로는 『점비일체지덕경(漸備一切智德經)』(축법호 번역), 『십주경(十住經)』[146:], 『대지도론, 발취품(發趣品)』, 『십주비바사(十住毘婆沙)』(구마라집 번역) 등이다[147:]. 보살이 나아가는 수행은 반드시 십주를 따르는데, 그러나 주(住)가 비록 열 가지라도 관건은 단지 세 가지 뿐이다. 처음 환희지는 범부에서 떨어져 성인으로 들어가는 시작이며, 열 번째 법운지는 구경(究竟)까지 원만하게 배워서 대법신(大法身)을 얻는다. 일곱째 원행지(遠行地) 역시 십주 중의 한 특수한 단계이다. 그 이유를 상세히 들면 네 가지 단서로 나눌 수 있다.

(1) 보살은 이 칠주에서 일체 세간 및 이승의 출세간 길을 멀리 지나쳐 진로(塵勞; 온갖 번뇌)를 초월했다[148:].

(2) 칠주에서 처음으로 무생법인(無生法忍)을 얻는다.

(3) 칠주에 도혜(道慧)를 충분히 갖추어서 일체의 도품(道品)을 보편적으로 능히 갖추었다. 대체로 육주(六住) 이하는 단계적인 수도(修道)이니, 각 지(地)마다 온갖 행(行)이 새롭게 일어난다[149:]. 만약 칠주에 이르면

---

42) 보살이 수행 과정에서 거치는 열 가지 단계. (1) 환희지(歡喜地). 선근과 공덕을 원만히 쌓아 비로소 성자의 경지에 이르러 기쁨에 넘침. (2) 이구지(離垢地). 계율을 잘 지켜 마음의 때를 벗음. (3) 발광지(發光地). 점점 지혜의 광명이 나타남. (4) 염혜지(焰慧地). 지혜의 광명이 번뇌를 태움. (5) 난승지(難勝地). 끊기 어려운 미세한 번뇌를 소멸시킴. (6) 현전지(現前地). 연기(緣起)에 대한 지혜가 바로 눈앞에 나타남. (7) 원행지(遠行地). 미혹한 세계에서 멀리 떠남. (8) 부동지(不動地). 모든 것에 집착하지 않는 지혜가 끊임없이 일어나 결코 번뇌에 동요하지 않음. (9) 선혜지(善慧地). 걸림 없는 지혜로써 두루(無漏)의 가르침을 설함. (10) 법운지(法雲地). 지혜의 구름이 널리 진리의 비를 내림. 구름이 비를 내리듯, 부처의 가르침을 널리 중생들에게 설함.

온갖 행(行)을 단박에 닦아서 새롭게 일어나는 것이 없다[150].

(4) 칠주에서는 적(寂)과 용(用)이 쌍으로 일어나고 유(有)와 무(無)를 나란히 관(觀)한다[151]. 그리고 육주 이하에서 공(空)과 유(有)의 두 행(行)은 서로 번갈아 일어나서 나란히 관(觀)할 수 없다[152].

이 네 가지 단서 때문에 십주 중에 제7주도 매우 중요하다.

지도림은 십주의 글을 연구하여 칠주의 중요성을 알았기 때문에 돈오의 설을 세웠다. 그 뜻은 칠주에 도달하면 공행(功行)은 비록 원만하지 않더라도 도혜(道慧)는 이미 충분히 갖춰졌다고 여긴 것이다. 십지에서 공행이 완전히 원만하면 바로 법신을 성취해서 체(體)를 증득하고, 칠주에서 신혜(神慧)가 충분히 갖춰지면 일체를 알아서 이(理)의 전분(全分;전체)을 깨닫는다. 지도림에겐 체(體)와 진혜[眞慧]가 둘이 됨을 인증(認證)했기 때문에 칠주가 구경(究竟)[153]이 아니더라도 이미 돈오가 있을 수 있다. 그래서 유규는 이렇게 말한다.

> 지공(支公; 지도림)은 무생을 논할 때 칠주를 도혜음족(道慧陰足)[154]으로 여기고, 십주는 온갖 방편과 능력[群方與能][155]으로 여겼으니, 자취에서는 다르지만 말[語]의 비춤은 하나이다[156].

'도혜음족'은 이미 무생법인을 얻은 것이다. 따라서 무생법인을 얻은 시작부터 이미 일체를 원만히 비추어 온갖 번뇌[結]를 단박에 끊는 것이 바로 부처의 마하반야(摩訶般若)를 얻은 것이다. 바로 여기에 돈오가 있다. 혜달의 『조론소』에서 말한다.

> 두 번째 소돈오(小頓悟)(첫 번째는 대돈오(大頓悟)이다)이다. 지도림

> 법사는 "칠지에 비로소 무생(無生)을 본다"고 했으며, 미천 석도안 법사는 대승의 첫 무루혜(無漏慧)를 마하반야라 칭하는데 바로 칠지이다. 혜원 법사는 "이승은 무유(無有)157:를 얻지 못하다가 처음 칠지에서야 비로소 얻을 수 있었다"고 했으며, 타(埵) 법사는 삼계의 모든 번뇌[結]는 칠지에서 처음으로 무생을 얻어 일시에 단박 끊어지는 것이 보살의 견제(見諦[43])이다. 승조 법사도 소돈오의 뜻과 동일하다(이하 생략).

칠주에서 모든 번뇌가 단박 끊어지는 것이 보살의 견제(見諦)이기 때문에 돈오는 칠주에 있다.

돈오에는 '새롭지 않다'는 뜻이 있다. 도안의 『십법구의서(十法句義序)』158: 에서는 이렇게 말한다.

> 사람은 역시 이렇게 말한다.
>
> "성인이란 인정(人情)의 축적이다[44]. 성인은 축적된 습관에 따르면 노화순청(爐火純靑)의 경지[45]에 이를 수 있으니 어찌 그만둘 수 있겠는가. 경전의 중요한 예(例)에서는 설명은 달라도 행(行)은 동일하니, 설명을 달리함은 한결같은 행[一行]이 귀결하는 이치를 밝히는 것이고, 행(行)의 동일함은 서로가 없을 수 없다는 점이 중요해서 행할 때 반드시 함께 행하는 것이다. 그 귀결하는 이치를 온전히 하면 동일한 처소라서 새롭지 않고, 새롭지 않기 때문에 단박에 도달해서 미혹하지 않으며, 함께 행하기

43) 진제(眞諦), 즉 진리를 보는 것이다.

44) 성인의 덕과 수양은 범부일 때 매일매일 탁마해서 이룬 것이다. '인정(人情)'은 범부가 나날이 수양하는 걸 뜻한다.

45) 화로의 불이 극치에 이르면 순수한 파란 빛이 된다. 최고의 경지를 뜻함.

때문에 무성하게 모였어도 미혹하지 않는다. 소위 다름을 알고 같음을 안다는 것이 바로 크게 통한[大通] 것이며, 이미 같고 이미 다르다면 이를 '크게 완비되었다[大備]'고 한다."

이는 행(行)이 만 가지로 다르더라도159: 귀결의 이치[歸致]는 하나160:라고 말한 것이니, 만약 귀결의 이치 전체를 얻으면 만행(萬行)이 갖추어져 새로움이 없다. 새롭지 않은데도 귀결의 이치를 온전히 한다면 단박에 도달해 미혹되지 않으니, 이 때문에 혜(慧)의 극치를 돈오라고 부른다. 육주(六住) 이전에는 새로운 행이 차례로 일어나지만, 칠주에 이르면 도혜(道慧)가 충분히 갖춰지고 만행이 다 구비되어서 다시는 새로운 행이 없으므로 돈오가 있다고 말한다. 지도림의 『대소품대비요초서(大小品對比要鈔序)』(『우록』 8)에서는 이렇게 말한다.

> 신령한 깨달음의 늦고 빠름은 연분(緣分)[46] 아님이 없다. 연분이 어두우면 노력[功]을 가중해야 하고, 언어의 가르침이 쌓이고 나서야 깨닫는다.

천분(天分)161:이 똑같지 않기 때문에 깨달음에 늦고 빠름이 있다. 중생은 연분이 어둡기 때문에 번거롭고 무거운 노력을 기울여야[用功] 하고, 아울러 덕(德)과 공(功)을 쌓아서 (번뇌를) 줄이고 또 줄이면 초지(初地)의 점진적 진보에서 칠주까지 이른다. 이미 칠주에 이르렀다면 깨달음은 완전하다. 스스로 무거운 노력[功]을 기울인 입장에서 말한다면 점진적인 가르침이어야 하고, 스스로 완전한 깨달음의 입장에서 말한다면 신령한 깨달음[神悟]이

46) 여기서는 자신의 천분(天分)을 말한다.

라 부르니 바로 돈오(頓悟)이다. 신령한 깨달음이 (덕과 공의) 축적을 말한 뒤에 있어서 또한 공행(功行)이 이미 갖추어져서 다시 새로운 행은 없다고 말한 것이다.

> 또 돈오에는 '불이(不二)'의 뜻이 있으니, 그 전분(全分)을 깨달으면 불이(不二)이다. 혜달의 『조론소』에서는 승조의 소돈오를 이렇게 서술하고 있다.
>
> "육지(六地) 이전에는 유(有)와 무(無)가 병행하지 않고 불이[無二]의 이(理)는 마음에 완전한 하나[全一]가 아니기 때문에 아직 이(理)를 깨닫지 못한 것이다. 만약 칠지 이상에서 유(有)와 무(無)가 쌍(雙)으로 교섭한다면 처음으로 이(理)의 깨달음이라 이름 붙인다.

칠주에서는 유(有)와 무(無)를 나란히 관(觀)하고 그 귀결의 이치를 온전히 하기 때문에 칠주에서 돈오가 있다는 걸 안다. 돈오란 바로 일체를 아는 것이며 그 전체를 아는 것이다.

또 소위 십지에는 두 가지가 있다. (1) 옛날에는 십주라고도 했다. 즉 『화엄경』의 십지이니 바로 대승의 보살행이다. 지금까지 논의한 것이 이에 해당한다. (2) 가령 『대품반야(大品般若), 등주품(燈炷品)』 78에서 말한 내용은 처음 건혜지(乾慧地)부터 열 번째 불지(佛地)에 이르기까지이다. 이는 삼승이 공유하는 지(地)로서 처음의 일곱 가지는 소승이고, 다음 한 가지는 중승(中乘)이고, 나중의 두 가지는 대승이다. 동진 시기에 변별한 돈(頓)과 점(漸)은 『조론, 열반무명론』의 난차(難差)와 변차(辨差) 두 절(節)에서 말한 것인데, 어쩌면 삼승이 공유한 지(地)에 의거해 수립한 설일지도 모르지만 그 상세한 내용은 알 수 없다. 다만 당시 법화와 이승이 하나로 귀결하는 이(理)를 구한 것은 역시 돈오와 관련이 있다. 지도림은 『변삼승론

(辨三乘論)』을 저술했고, 『우록』 7에 실린 작자 미상의 『수능엄경주서(首楞嚴經注序)』에서는 이렇게 말한다.

> 사문 지도림은…… 지난 세월 (불교 경전에서) 계발을 받아 수행이 삼승의 지위에 도달했다. 나는 때때로 그에게 자문을 구해서 그의 고견을 듣는 걸 좋아했다.

『세설신어, 문학편』에서 말한다.

> 삼승의 불가(佛家)가 뜻[義]에 걸려있는 것을 지도림이 분석하고 판별해서 삼승을 분명하게 했다(이하 생략).

지도림이 분석하고 핀별한 삼승은 아마도 돈오의 종지를 언급했을 것이다. 또 유규는 도안이 말한 돈오의 뜻을 이렇게 서술했다.

> 도안이 변별한 다른 관찰은 '삼승'이란 첫 삼태기를 쌓는[47] 인(因)의 명칭이고 '정혜(定慧)'란 마지막에 성취하는 열매[實]를 취한 것이다. 이는 처음 추구할 때는 근기에 따른 삼승일 수 있지만, 이해[解]에 들어가면 그 지혜[慧]는 불이(不二)이다[162:].

47) 공휴일궤(攻虧一簣)는 수십 척(尺) 높이의 산을 한 삼태기씩 흙을 부어 쌓는데, 그 노력이 마지막 한 삼태기를 붓지 않아서 실패로 돌아갈 수도 있다는 뜻이다. 즉 한 삼태기는 산을 쌓는 첫 인(因)이 되는 것이다. 궤(簣)는 흙을 담는 도구인 삼태기이다.

근기가 똑같지 않기 때문에 믿음을 통해 닦아 나가다가 교섭해 구하는[涉求] 시초에 삼승이 있을 수 있다. 지도림 역시 온갖 품(品)의 구분에 특수함이 있기 때문에 반드시 말을 쌓고 공(功)이 무거워야 한다고 생각했으니, 이는 모두 점수(漸修)[163]를 폐기할 수 없다고 여기는 것이다. 아울러 마지막 해오(解悟)[48]에 이르면 바로 지도림이 일컬은 그 전분(全分)을 깨닫는 것이고, 이미 활연히 돈오했다면 그 지혜[慧]는 저절로 둘이 있을 수 없기[164] 때문에 지도림과 도안 모두가 돈오를 주축으로 하면서도 점수를 폐기하지 않은 것이다.

그러나 소돈오에서 수립한 설은 비록 경문에 의거했더라도 절대로 원만한 뜻은 아니다. 돈오의 설 역시 체(體)와 용(用)의 변별에서 나왔다. 체(體)는 우주의 실상으로 진여(眞如)라 칭하기도 한다. 무릇 진여는 언어가 끊겨서 명칭[名]도 없고 상(相)도 없는데, 중국 사람은 도(道)라 칭하기도 하고 혹은 이(理)라 칭하기도 한다. 도(道)는 '하나'일 뿐이고, 이(理) 역시 분리할 수 없다. 진여는 상(相)이 없고 이(理)는 분리할 수 없기 때문에 이(理)에 들어가는 지혜 역시 응당 둘이 없어야 한다. 그래서 처음 추구하는 것이 비록 인(因)이라도 삼승이 있을 수 있고[165], 마지막의 성취는 반드시 이(理)의 불이(不二)를 깨달아야 하니[166], 이로 인해 지도림과 도안은 바로 돈오의 뜻을 세웠다. 그러나 이(理)에 분리가 없고 깨달음에도 둘이 없다면 반드시 이(理)를 보고 체(體)를 증득해야만 비로소 둘이 아닌 지혜가 되는 것이고, 또 반드시 불지(佛地)인 금강심(金剛心)에 이른 후에 법신을 성취해야 비로소 돈오의 극혜(極慧)가 있는 것이다. 그리고 지도림 등은 경문에 근거해 칠지에서 번뇌가 소진하여 처음으로 무생(無生)을 본다고

---

48) 해오는 이치를 깨우쳐 아는 것이며, 증오(證悟)는 진리를 증득해 깨닫는 것이다.

함으로써 돈오가 칠주에서 존재한다고 여겼으며, 그래서 구경(究竟)에서 체(體)를 증득하려면 세 개의 지위[167]를 닦아 나가야 했다.

이미 닦아 나가야 한다면 이(理)를 아직 보지 못한 것이고, 이(理)를 아직 보지 못했다면 어찌하여 깨달음이라 이름을 붙이는가. 또 이미 닦아 나가야 했다면 이(理)는 분리할 수 있으니, 이(理)를 이미 분리할 수 있었다면 지혜[慧]에 둘이 있을 수 있다. 따라서 지도림 등의 설은 실제로는 자신들의 말과 서로 어긋난다. 『열반무명론, 난차(難差)』 제8의 질문에서는 이렇게 말한다.

> 유동(儒童) 보살은 그때 칠주에 머물면서 처음으로 무생법인을 얻고서 세 가지 지위를 닦아 나갔다. 만약 열반이 '하나'라면 삼승은 있지 않아야 하고, 만약 삼승이 있다면 구경(究竟)이 아니다. 구경의 도(道)이면서 오르고 내리는 차별이 있는 것이 경전들마다 설(說)이 다르니, 어찌 중정(中正)을 취할 수 있겠는가.

또 『열반무명론, 힐점(詰漸)』 제13에서는 삼승을 논하면서 『정법화경』의 "무위의 대도는 평등하여 둘이 없다"고 한 말을 인용하고 있다.

> 이미 '둘이 없다'고 했다면 차이가 있는 걸 용납하지 못한다(삼승을 인정하지 못한다). 마음이 체득하지 못하면 그만이지만 체득하면 응당 미묘함을 궁구해야 한다. 그런데도 체득했지만 궁진(窮盡)하지 못했다고 한다면 이는 아직 깨닫지 못한 것이다.

지도림이 말한 내용은 매우 지리멸렬한데, 지리멸렬한 까닭은 체(體)와 용(用)이 서로 여의지 않는 걸 철저히 요달하지 못했기 때문이다[168].

그래서 경문에 구애받고 집착함으로써 돈(頓)의 설을 수립하니, 이는 바로 도생이 배척한 문구에 걸린 무리들이다169:. 허나 축도생은 혜해(慧解)가 미묘함에 들어가고, 실상에 깊이 들어가고, 경문에 집착하지 않고, 명상(名相)에 걸리지 않기 때문에 대돈오의 뜻을 수립한 것이다.

### 12) 축도생이 말한 돈오의 뜻

축도생은 대돈오를 주장했다. 대돈오란 실상의 본원(本源)을 깊이 탐구해서 지리(至理)[49]는 본래 분리할 수 없음을 밝히는 것이다. 깨달음이란 바로 '극조(極照)'170:를 말하며, 극조란 지리(至理)에 그윽이 부합하는 것이다. 이(理)가 분리할 수 없는 것이라면 깨달음은 저절로 단계가 있을 수 없다. 도생 이전에 작자 미상의 『수능엄경서』에서는 이(理)는 분리할 수 없다는 설이 성행했는데, 그 내용 중에 이런 말이 있다.

> 그러므로 적멸[寂]에 이른 자는 분리할 수 있는 것이 없다. 그래서 그 편(篇)에서 "온갖 나라를 다 편력하여도 분리하는 바가 없으므로 법신을 파괴하지 않는 것이다"라고 했다. 말하자면 비록 흐르는 물처럼 감응을 쫓지만 몸[身]이 우주에 충만하니 어찌 이를 행위하는 자가 있겠는가. 소위 교화[化]는 교화하지 않음[不化]을 종지[宗]로 삼고 작위[作]는 작위하지 않음[不作]을 주지(主旨)로 삼으니, 작위의 주지(主旨)는 스스로를 잊는[自忘] 것인데 어찌 상(像)을 분리할 수 있겠는가. 만약 지리(至理)를 분리할 수 있다면 이는 지극(至極)이 아니고, 분리할[分] 수 있다면 이지러짐[虧]이 있고 성취함[成]이 있으면 흩어짐[散]이 있다. 소위 법신이란 성취함과 이지러짐을 끊고 합함과 흩어짐을 버렸으니, 신령한 거울[靈鑑]과 현묘한 기풍이

---

49) 지극한 이치, 궁극의 이치란 뜻으로 만법의 근원적 실상을 말한다.

자취를 가지런히 하고 원만한 신[眞神]과 태양(太陽)이 함께 두루 비춘다. 그 밝음은 분리하지 못하지만 만 가지 품류(品類)는 달리 관(觀)해서 법신이 전제(全濟; 완전히 이루어짐)하니 또한 마땅하지 않은가. 그러므로 "분리되지도 않고 파괴되는 바도 없다"고 말한 것이다.

무릇 이(理)는 분리할 수 없고 법신은 전제(全濟)한다면, 이(理)에 들어가는 깨달음은 응당 일시에 단박 마친다[頓了]. 이(理)에 대한 깨달음이 서로 계합해서 간격이 없으니, 만약 간격이 있다면 체(體)를 증득하지 못해서 참된 깨달음이 아니다. 『능엄경주서(楞嚴經注序)』의 말을 미루어보면 돈오의 뜻은 이미 그 속에 있다.

도생 이전엔 이(理)를 분리할 수 없다는 설이 이미 유행했을 뿐 아니라 지도림과 도안에게도 이미 돈오의 뜻이 있었다. 이들이 말한 소위 돈오는 그 귀결된 이치[歸致]를 온전히 하고 그 전분(全分)을 깨닫는 걸 말한다. 그러나 그것이 칠주에 도달해서 이미 새롭지도 않고 둘도 아닌[不新不二] 참 지혜[眞慧]의 체득을 말한다면[171]; 실제로 체(體)의 증득과 이(理)의 깨달음은 판연히 두 가지 일이 된다. 이(理)의 깨달음에서 이미 그 귀결된 이치[歸致]를 온전히 함을 인정했고, 닦아 나감[進修]에선 오히려 세 가지 지위가 남아서 실제로 그 전분(全分)을 얻지 못했으니, 그 말이 모순되어서 모두 경문에 걸린 채 칠주의 말을 해석하느라 원만한 뜻[圓義]을 보지 못하고 있다.

도생이 논한 돈오의 글은 이미 실전되었다. 그러나 『열반집해』 권1에서 인용한 도생의 서문에서 그의 종지를 볼 수 있으니, 그 글은 다음과 같다.

무릇 참된 이(理)는 저절로 그러하고[自然] 깨달음은 역시 은밀히 계합한다. 참[眞]이면 차별이 없으니 깨달음이 어찌 변역(變易)을 용납하겠는가[172]. 변역하지 않는 체(體)는 고요하면서도 항상 비추지만, 다만 미혹을 좇다가 어긋나는데 이는 내[我]에게 존재하는 일은 아니다[173].

혜달의 『조론소』에서는 도생의 종지를 이렇게 서술하고 있다.

그리고 돈오에 대해서는 양자의 해석이 동일하지 않다. 첫째는 축도생 법사의 대돈오이다[174]. 무릇 돈(頓)이라 칭하는 것은 이(理)는 분리할 수 없고 깨달음은 극조(極照)를 말함을 밝히는 것이다. 불이(不二)의 깨달음으로 분리할 수 없는 이(理)에 부합해서 이(理)와 지(智)를 에(恚)[175]석(釋)하는 걸 돈오라 한다[176]. 견해(見解)를 이름하여 깨달음[悟]이라 하고, 문해(聞解)를 이름하여 믿음[信]이라 한다[177]. 신해(信解)는 참[眞]이 아니라서 깨달음을 발하면 신(信)은 물러가며, 이(理)의 수(數)는 절로 그러해서[自然] 마치 과(菓)의 성취가 스스로 영(零)인 것과 같다. 깨달음은 스스로 생기지[自生] 않아서 반드시 신점(信漸;믿음의 점진적 수행)을 빌려야 하고, 신(信)으로 미혹을 조복하고[178] 깨달음으로 번뇌[結]를 끊어버린다. 깨달음의 경계는 비춤[照]을 멈추는 것이고, 신(信)의 성취는 만 가지 품류(品類)이기 때문에 십지(十地)와 사과(四果)는 성인이 이(理)를 제시해 다가가게 해서[179] 수행자[180]로 하여금 자강불식(自强不息)(원작은 견(見)이다. 이하의 원문은 더욱 틀린 곳이 많아서 생략했다)하게 한 것이다.

참된 이(理)는 절로 그러해서 무위(無爲)이자 무조(無造)이다. 불성은 평등해서[181] 고요히 항상 비추니, 무위이면 거짓과 망녕됨이 없고 항상 비추면 분할할 수가 없다. 무릇 본성에는 망녕됨이 없으나 범부는 무명(無明)을 인해 괴리(乖離)의 차이를 일으켰고, 참된 이(理)는 차별이 없으나 범부가 학의 다리를 잘라 오리 다리에 이음으로써 통달하길 구하니, 이는 모두 미혹의 우환인 것이다. 미혹의 망녕됨을 없애서 오직 지혜에만 의지해 참 지혜가 발한다면 마치 과(菓)의 성취가 저절로 영(零)인 것과 같다. 그래서 불이(不二)의 깨달음이 저 분리할 수 없는 이(理)에 부합해서 활연히 관통(貫通)하여 얼음 녹듯이 풀려버리니, 이를 돈오라 한다. 그러나 깨달음은 스스로 생기지 않고 또한 신점(信漸)을 빌려야 한다. 깨달음이란 종지(種智)[50)]182:가 참 성품[眞性]에 은밀히 부합하는 것이고 참 성품은 분리가 없어서 본래 있는[本有] 것이니, 이 때문에 깨달음은 계급이 없이 스스로 그 본연(本然)을 본다. 신(信)이란 수행으로 가르침을 듣고 이해를 내는 것인데183:, 참 마음의 저절로 그러한[眞心自然] 발로가 아니기 때문에 참된 깨달음이 아니다. 그래서 도생은 공부에는 돈(頓)과 점(漸)이 있다고 언급한 것이니, 돈(頓)이란 참된 깨달음이고184: 점(漸)이란 가르침과 신수(信修)이다185:. 도생의 『법화소』에서 말한다.

> 이 경전(『법화경』)은 대승을 종지로 삼는다. 대승이란 평등의 대혜(大慧)를 말하는데, 하나의 선[一善]에서 시작하여 극혜(極慧)로 마치는 것이다. 평등이란 이(理)에는 다른 갈래[異趣]가 없고 똑같이 일극(一極)으로 귀결됨을 말하고, 대혜란 마지막 성취를 칭할 뿐이라서 만약 처음과 끝을 통합해 논한다면 한 터럭의 선(善)도 모두 해당한다.

이 마지막 성취의 대혜(극혜(極慧))가 바로 돈오를 가리키며, 한 터럭의 선(善)은 점수(漸修)가 된다. 이 글은 법화의 귀결된 종지를 말한 것으로 진실로 점교(漸敎)를 폐기하지 않았다186:. 또 『유마주』에서 말한다.

---

50) 모든 현상의 있는 그대로의 평등한 모습과 차별의 모습을 두루 아는 부처의 지혜.

> '일념(一念)이 알지 못함이 없음'은 대오(大悟)했을 때에 비롯된다. 온갖 행(行)을 향하다가 마지막에 이 일을 얻기 때문에 '일념(一念)이 알지 못함이 없음'이라 이름 붙인 것이다. 직심(直心)을 행의 시초로 삼고 뜻[義]이 지극한 일념으로 일체 법을 아니, 또한 부처를 얻는 처소가 아니겠는가.

'일념(一念)이 알지 못함이 없음'[187] 이 바로 대오이니, 오직 부처를 얻어야 마지막에 이 일을 능히 얻을 수 있다. 온갖 행(行)의 경우라면 들음[聞]을 통해 이해[解]를 낳아서 처음과 중간과 나중이 있으니, 이는 점수(漸修) 역시 폐기할 수 없음을 밝힌 것이다[188].

옛날에 돈오를 주장한 사람은 모두 점교(漸敎)와 점수를 완전히 폐기해야 한다고 말하지 않았다. 지도림, 석도안, 축도생, 사령운이 말한 내용은 모두 동일하다. 극치의 정상[極峰]에 오른 사람은 반드시 먼저 평지에서부터 오르고, 천 리 길을 가는 사람은 발아래부터 걷기 시작한다. 극치의 정상에 아직 오르지 못하고 천 리 길에 아직 도달하기 전일 때는 설사 도달했다고 말할 수는 없을지라도 이전의 행(行)의 과정을 모두 폐기할 수는 없다. 다만 행에 점(漸, 점진적 과정)이 있더라도 이르는 것은 단박에 도달한다. 이미 극치의 정상에 이르면 활짝 환하게 열리지만 수행과 언교(言敎)의 점진적인 단계는 모두 사람을 인도해 수승함[勝]에 들어가는 방편의 법문이다. 그래서 도생은 "십지와 사과는 모두 성인이 이(理)를 제시해 다가가게 해서 수행자로 하여금 자강불식(自强不息)하게 한 것"이라고 하였다. 참된 깨달음은 분리할 수 없는 이(理)에 부합하기 때문에 돈(頓)이지 점(漸)이 없다. 그러나 십지와 사과의 각 단계와 육바라밀과 삼십칠도품(道品)까지의 온갖 행은 모두 이(理)에 다가가긴 했어도 도달하진 못했기 때문에 참된 깨달음이 아니다. 유규의 『무량의경서(無量義經序)』

에서는 이렇게 말한다.

> 도생이 말했다.
>
> "도품(道品)은 니원(泥洹)이라 할 수는 있으나 나한(羅漢)의 명칭은 아니며, 육도(六度; 육바라밀)는 부처에 이를 수는 있으나 수왕(樹王)을 일컫는 건 아니다[189]. 나무를 자르는 비유는 나무가 존재하기 때문에 척(尺)이나 촌(寸)이 점(漸)일 수 있으나, 무생(無生)의 증득은 생(生)이 다하기 때문에 그 비춤은 반드시 돈(頓)이다.

실상은 무생이라서 생(生)을 다하면 무생이 단박 드러난다. 다함[盡]이란 그 완전함을 얻은 걸 말한다. 무생의 실상은 분할할 수가 없어서 터럭만한 거짓과 망녕됨도 없다. 그래서 무생을 증득함은 역시 무생 전체를 얻는 것이므로 반드시 돈오여야 한다. 그렇다면 돈오란 무생을 다하는 것이다. 게다가 다함[盡]이 곧 무생이라서 무생 역시 생(生)을 여읜 적이 정말로 없다. 축도생은 "대승의 깨달음은 본래 가까이 있는 생사를 버리고 멀리서 구하는 짓은 하지 않는다"고 했으며, 또 "변역하지 않는 체(體)는 고요히 항상 비춘다. 그러나 미혹을 쫓다 어긋나는 바람에 사(事)가 내[我]에 존재하지 않을 뿐이다"고 했으니, 그렇다면 실상의 법신, 열반의 불성은 원래 생사를 버리지 않고 사(事)는 본래 내[我]에 존재하지만[190] 다만 미혹을 쫓다가 어긋났을 뿐이다. 내가 만약 신수(信修)를 빌려 도(道)에 나아간다면[191], 참된 이(理)는 절로 발하고 절로 드러남이 마치 오이가 익으면 꼭지가 떨어지는 것과 같아서 활연히 대오(大悟)한다. 그래서 도생은 "견해(見解)를 이름하여 깨달음이라 하고, 문해(聞解)를 이름하여 믿음[信]이라 한다"고 했으니, 문해(聞解)가 사람을 말미암아[192] 성품을 보아 부처를 이룬다면[見性成佛] 사(事)는 확실히 내[我]에 존재한다. 참된 이(理)가

자연(自然)히 드러나 발하는 걸 중시한 것이 바로 도생이 주장한 돈오의 특징이다. 그리고 그의 설은 불성이 내[我]에 근원적으로 존재한다는 뜻에서 나온 것이다. 사(事)가 이미 내[我]에 존재한다면, 십지와 사과는 모두 방편이 되고 이승과 삼승도 다 권교(權敎)이다. 십지 이전은 모두 대몽(大夢)이니, 도생은 『법화주(法華注)』에서 이렇게 말한다.

> 무생법인을 얻은 실답게 깨달은 문도(門徒)가 어찌 말을 필요로 하겠는가. (중략) 무릇 이(理)를 아직 보지 못했을 때는 반드시 언어의 나루터가 필요하고, 이미 이(理)를 보았다면 어찌 언어로써 작위(作爲)하겠는가. 마치 통발과 올가미로 물고기나 토끼를 잡는 것과 같으니, 물고기와 토끼를 이미 잡았다면 통발과 올가미를 어찌 설치하겠는가. (이하 생략)

그렇다면 무생법인을 얻는 것은 언어의 상(象)을 초월한 것이다. 지도림 등은 칠주에서 무생을 얻을 수 있다고 여겼지만, 이는 부처의 방편 설법을 알지 못한 채 손가락으로 달을 삼거나 통발을 얻고 물고기를 잊은 것이다. 세상에서 도생의 학문을 '상(象)을 벗어난 담론'이라 하는 것도 역시 이 때문이다.

도생이 소돈오를 주장한 사람들의 말을 반박한 내용은 이미 상세하지 않다. 그러나 현존하는 글에서도 삼승과 십지를 변론한 그의 설을 늘 볼 수 있으니, 가령 『법화소』에서는 이렇게 말했다.

> 비유하자면 삼천(三千) 세계와 같으니, 이(理)에 어긋나면 미혹이 되고 미혹하면 반드시 만 가지로 다르다. 그러나 반대로 돌이켜서 이(理)를 깨달으면 이(理)는 반드시 둘이 없다. 여래의 도(道)는 하나이나 사물로 어긋나면 삼승이 된다. 삼승은 사물의 정(情)을 내지만, 그 이(理)는 항상

하나이다. 가령 구름과 비는 하나이지만 약초와 나무는 만 가지로 다른 것과 같으니, 만 가지 다름은 약초와 나무에 있지 어찌 구름과 비가 그러하겠는가?

이 글은 승(乘)에 세 가지, 즉 삼승이 있을 수 있지만 이(理)는 오직 일극(一極)뿐임을 말하고 있다[193]. 그래서 『법화소』에서는 또 이렇게 말한다.

부처는 일극(一極)이 되어서 하나를 표출(表出)한다. 이(理)에 진실로 삼승이 있다면, 성자도 셋이 나올 수 있다. 그러나 이(理)에는 삼승이 없고 오직 오묘한 하나[妙一]일 뿐이다.

이(理)가 이미 하나라면, 교섭해 구하는[涉求] 시초에는 세 가지 인(因)이 있을 수 있으나 마지막 성취라면 이(理)를 깨달아서 저절로 둘이 없다. 그래서 혜달의 『조론소』에서는 이렇게 말한다.

오직 축도생만이 대돈오를 주장하면서 이렇게 말했다.
"양(量)[194]의 삼승은 없고 인(因)의 삼승이 있다."

무릇 권지(權智)로 도(道)에 들어가는 길은 다를 수 있기 때문에 인(因)에 세 가지가 있을 수 있다. 그러나 묘극(妙極)의 과(果)는 단지 하나일 뿐이라서 소위 이(理)는 분리할 수가 없다. 이(理)가 이미 하나이고 셋(즉 삼승)이 아니라면 깨달음도 하나이고, 깨달음이 하나라면 만 가지 걸림이 똑같이 소진하니, 이는 바로 삼승에 의거해 말한 것이다. 또 도생은 십지 이후에 대오가 있다고 주장했는데, 길장의 『이제의(二諦義)』에서 그 말을 인용했다.

과보는 변화[變謝]의 장(場)이고 생사는 대몽(大夢)의 경계이다. 생사로부터 금강심에 이르기까지가 다 꿈이며, 금강 후의 마음이 활연히 대오하면 다시 보는 바가 없다.

활연히 대오한다는 것은 바로 참다운 깨달음[眞悟]이다. 십지 이전엔 참다운 깨달음이 없고, 칠지에서는 스스로 무생을 볼 수 없기 때문에 당나라의 균정은 『사론현의』에서 이렇게 말했다.

그러므로 경(經)에서 말한다.

"초지(初地)에서는 이지(二地)의 경계를 알지 못하고, 나아가 십지에서는 여래의 일거수일투족을 알지 못한다[195]."

또한 대돈오를 주장하는 사람들은 '십지에 이르러서 처음으로 무생을 본다'고 하고, 소돈오를 주장하는 사람들은 '칠지에 이르러서 처음으로 무생을 본다'고 했다.

『열반집해』 권54에서는 도생의 말을 인용하고 있다.

십주보살이 보는 것은 거의 그 마지막[終]을 보는 것과 같으며[196], 시작[始]에 이미 무제(無際; 한계 없음)이므로 이(理)를 궁구해야 비로소 목격한다.

'이(理)를 궁구해야 비로소 목격한다'는 도생의 돈오이다[197].

총체적으로 축도생은 구마라집, 담무참이 전한 학문을 실제로 잘 회통할 수 있었다. 도생은 반야의 기풍이 성행한 세상에 태어나서 나중에 다시 구마라집의 친전(親傳)을 얻었기 때문에 『열반경』의 설(說)에다 반야의 이(理)를 능히 융합하여 진공(眞空)과 묘유(妙有)를 간격 없이 계합시킬 수 있었다. 유송(劉宋) 이후에 『열반』을 이야기하는 사람은 모두 『반야』를 알지 못해서 유(有) 쪽에 많이 떨어졌기[198] 때문에 중도(中道)를 여의었다. 오직 도생의 돈오만이 능히 이(理)로 대승의 공(空)의 경전과 유(有)의 경전에 담긴 정밀한 뜻을 회통하였다. 『반야』에선 무상(無相)을 설하고 이(理)는 분리할 수 없기 때문에 극혜(極慧)가 은밀히 부합하니 어찌 점(漸)이 있을 수 있겠는가. 그러나 『열반』은 마음의 성품을 곧바로 가리켜서 변역하지 않는 이(理)와 사의 근본[事本]이 내[我]에 존재하기 때문에 '견해(見解)를 이름하여 깨달음이라 한다'고 했으니, 이는 참된 이(理)가 자연(自然)으로 단박에 발한 것이라서 '문해(聞解)'와는 동일하지 않다. 그렇다면 훗날 선종(禪宗)에서 마음의 성품은 돈오를 주(主)로 한다고 이야기한 것은 도생을 시조(始祖)로 삼지 않을 수 없다. 『고승전』에서는 "도생은 옛 학설을 (우리 안에) 가두어 버리고 묘하게 깊은 지취(旨趣)가 있었다"고 하였다. 실제로 그가 발명한 '새로운 이론'은 향후 종문(宗門)의 학문으로 이어지면서 중국 학술의 수백 년 기풍을 열었다.

### 13) 사령운이 서술한 도생의 돈오의 뜻

이상의 내용에 따르면, 도생은 이(理)는 분리할 수 없다는 걸 근거로 돈(頓)의 설을 수립했다. 또 견해(見解)의 사(事)가 내[我]에 존재하기 때문에 믿음[信]은 깨달음이 아니라고 말했다. 『반야』에 담긴 무상(無相)의 뜻은 도생의 정밀한 사유를 거쳐서 『열반』에서 말하는 심성(心性)의 이(理)와 계합해 하나의 유명한 학설을 이루었다. 사령운과 도생의 교제가 어떠했는지는 지금으로선 알 수 없지만, 그러나 사령운은 돈(頓)의 뜻에 대해서는 각별히 지키면서 잊지 않았다. 『변종론』은 바로 도생의 말을 서술한 것이다[199]. 사령운은 맹의(孟顗)에게 말하길 "도(道)를 얻으려면 반드시 혜업

(慧業)이 필요하니, 장인(丈人; 장로)이 천상에 태어난 건 당연히 사령운의 전생에 존재했고 성불은 반드시 사령운의 후생에 존재한다"고 하였다. 여기서 말하는 소위 혜업은 필경 '단박에 비추는[頓照]' 뜻으로 보인다. 이제 『변종론』 및 문답의 요지(要旨)를 다음과 같이 간략히 서술하겠다.

사령운은 돈오의 뜻을 스스로 말하면서 공자의 유가와 석가의 불가를 절충하고 있다. 『변종론』에서 말한다;

> 함께 노니는 여러 도인들은 모두 심신(心神)의 도를 업(業)으로 삼아서 언어를 벗어난 이해를 구하려고 했다. 나는 와병 중이라 할일이 별로 없어서 한가한 날이 많았고, 그래서 유래의 뜻을 서술하여 추구한 종지[宗]의 깨달음을 정하려고 했다200:.
>
> 불가의 논의에서는 성도(聖道)가 비록 멀더라도 학문을 쌓아 능히 도달하면 누(累)가 다해서 감(鑒; 지혜)이 생기는 걸 바야흐로 점오(漸悟)라 한다. 유가의 논의에서는 성도(聖道)가 묘해서 비록 안연이 도에 거의 가깝더라도[殆庶][51] 체(體) 없이201: 비춤[鑒]이 두루해서 이(理)는 일극(一極)으로 귀결된다202:.
>
> 어떤 새로운 이론을 주장한 도사(道士)는 "고요한 거울[寂鑒]은 미묘해서 계급을 용납하지 않으며203:, 학문을 쌓음[積學]이 무한하다면 어찌 저절로 끊어지겠는가204:"라고 여겼다. 이제 불가의 점오를 떠나서 그 능히 이름[能至]을 취하고, 유가의 거의 가까움[殆庶]을 버리고 그 일극(一極)을 취한다. 일극은 점오와 다르고 능히 이름[能至]은 거의 가까움[殆庶]이 아니다. 그래서 이(理)가 가는 바는 비록 유가와 불가를 각기 취했지만 사실상 이는

51) 『주역・계사하(繫辭下)』: "공자가 '안씨의 자식은 거의 도에 다가갔다'고 했다. 그러므로 "태서(殆庶)"는 어질고 덕망 있는 자를 가리킨다.

유가와 불가를 여읜 것이다[52].

나는 유가와 불가의 담론은 대상[物]을 구원하는 말이고[205] 도가의 주창(主唱)[206]은 득의(得意)의 설이라 여겨서 감히 절충하는 걸 스스로 인정하여 남몰래 새로운 이론을 옳다고 생각했다. 애오라지 저의 뜻을 답하는 것은 늦게나마 깨닫는 점이 있기 때문이다.

이 내용에 따르면, 도생의 새로운 이론에는 "고요한 거울[寂鑒]은 미묘해서 계급을 용납하지 않으며, 학문을 쌓음[積學]이 무한하다면 어찌 저절로 끊어지겠는가"라는 몇 마디 말이 있는데, 사령운은 그 말을 옳다고 여겼고 아울러 유가와 불가의 설을 절충한 걸 스스로 인정했다. 그러나 사령운이 유가와 불가의 설을 절충했다 해도 그가 설한 돈(頓)은 그 근원이 도생으로부터 나왔다. 그래서 혜린(慧驎)과 승유(僧維)의 질문에 "계급으로 어리석음을 가르치는 담론, 한 번 깨달음[一悟]으로 득의(得意)하는 논(論)"이라 답했으니, 이것이 소위 실상의 숭고함으로서 이른바 누(累)가 다한 '무(無)'이다. 무릇 누(累)가 다한 후라야 '무(無)'를 얻을 수 있기 때문에 깨달음은 '유(有)'의 겉[表]에 존재한다. '유의 겉[有表]'은 바로 도생의 '상의 밖[象外]'이니, 이는 소위 계급으로 어리석음을 가르치는 담론으로곧 이(理)는 분리할 수 없어서 차이가 없음을 말한 것이다. 그래서 한 번 깨달음[一悟]이 바로 득의(得意)의 논(論)이라서 깨달음은 유의 겉[有表]에 존재하고 상의 밖[象外]은 무상(無相)이기 때문에 모름지기 한 번의 깨달음[一悟]으로 만 가지 걸림이 똑같이 소진하니, 이것이 도생의 뜻을 온전히 계승하는 설이다.

52) 도리상으로 말하면 공자의 설을 취하든 석가의 설을 취하든 각자의 설을 취해야 하지만, 하지만 이렇게 하면 공자와 석가의 본뜻을 어기게 된다는 뜻. 사령운은 도생의 대돈오를 설명하는데 공자와 석가 양쪽에서 모두 취했다.

그러나 점교란 누(累)의 학행(學行)을 제외하면 누(累)가 아직 다 없어지지 않은 걸 말하므로 여전히 미혹되고 몽매한 것이다. 이미 미혹을 벗어나지 못했다면 어찌 '유의 겉[有表]'인 '무(無)'를 통달할 수 있겠는가. 그러므로 "이제 숭고의 상(相)을 통해 미혹되고 몽매한 이를 알게 하려는 일은 있지 않다"고 한 것이다.

그렇다면 바야흐로 누(累)를 제거하는 것은 단지 학(學)이라 일컬을 뿐이고, 누(累)가 다하여 무(無)에 이르러야 깨달음이라 말할 수 있다. 학(學)은 점(漸)이고, 가(假)이고, 잠(暫; 잠시)이고, 권(權; 방편)이고, 가르침을 받아들이는 것이며, 깨달음[悟]이란 또 이름하여 조(照; 비춤)이고, 돈(頓)이고[207]:, 진(眞)이고, 상(常)이고, 지(智)이고, 이(理)를 보는 것이다. 혜린은 '진(眞)과 가(假)의 두 가지 앎[知]이 어떻게 다른가' 하고 질문했는데, 사령운은 이렇게 답했다.

> 가지(假知)란 누(累)의 조복(調伏)이기 때문에 이(理)는 잠시 용(用)이 되고, 용(用)은 잠시 이(理)에 존재하므로 그 앎은 항상하지 않다. 진지(眞知)란 비추면서 적멸하기[照寂] 때문에 이(理)는 항상 용(用)이 되고, 용(用)은 항상 이(理)에 존재하기 때문에 영원히 참된 앎[眞知]이다.

혜린은 또 '이(理)가 실제로 마음에 존재하고 누(累) 역시 마음에 존재하지만, 누(累)는 저절로 제거되지 않으니 장차 어떻게 제거할 수 있는가?' 하고 묻자, 사령운은 이렇게 답했다.

> 누(累)는 마음을 인해 일어나니 마음의 저축이 누(累)를 이룬다. 누(累)가 항상 저축하므로 마음은 날로 혼미해지고, 가르침이 용(用)이 되므로 마음은 날로 조복된다. 누(累)의 조복이 더욱 오랠수록 누(累)의 소멸에 이르는데,

그러나 소멸의 시기는 누(累)의 조복 이후이다[208].

누(累)의 조복과 누(累)의 소멸은 실제로 동일하지 않기 때문에 이렇게 말한다.

> 누(累)의 조복과 누(累)의 소멸은 모양은 같으나 실제로는 달라서 살피지 않을 수 없다. 누(累)를 소멸한 체(體)는 대상[物]과 나[我]를 똑같이 잊고 유(有)와 무(無)를 하나로 관(觀)한다[209]. 누(累)를 조복한 모양은 타자(他者)의 정(情)과 자기의 정(情)이 다르고 공(空)의 봄[見]과 실(實)의 봄이 다르다. 이 공(空)과 실(實)의 다름과 자기와 타자의 차이 때문에 걸림[滯]에 들어가는 것이다. 그리고 무(無)와 유(有)가 하나이고 나[我]와 사물[物]이 동일함은 비춤[照]에서 나온다.

누(累)의 조복은 걸리는 바가 있기 때문에 참다운 깨달음이 아니다. 참다운 깨달음은 그 전체를 얻어서 사물[物]과 나[我]를 쌍으로 잊고 유(有)와 무(無)를 나란히 관하기 때문에 한 번의 깨달음으로 만 가지의 걸림이 똑같이 소진한다.

> 점학(漸學)을 가(假)라 했다면, 그렇다면 장차 폐기할 수 없는 것인가 아니면 그 용(用)이 있는 것인가. 사령운은 점(漸)은 폐기할 수 없고 또한 그 용(用)도 있다고 말했다. 그는 승유(僧維)에게 이렇게 답했다.
> "가르침을 통해 믿으면 나날이 진보하는 공(功)이 있지만, 점(漸)이 밝힌 것이 아니라면 비춤이 없는 분(分)에 들어간다."

그러나 점(漸)의 작용은 유(有)로써 유(有)를 떨치는 것이 아니라[210]

무(無)로써 유(有)를 조복하는 것이다. 중생은 다 유(有)에 봉(封)해져 있기 때문에 무(無)를 써서 다스려야 한다. 유(有)의 병은 모름지기 무(無)의 약(藥)에 의지해야 한다. 사령운은 법강(法綱)에게 [53]이렇게 답했다.

무릇 '무(無)'에 의지해 '유(有)'를 조복하는데, 조복이 오래되면 '유'는 잊혀진다. 조복할 때는 능히 알지 못하고 알면 다시는 변별하지 않는다. 따라서 좌망(坐忘)[54]으로 나날이 줄어든다는 이야기는 거의 『노자』와 『장자』에서 나왔고, 수연(數緣)으로 소멸함[55]211:은 경전에 구설(舊說)이 있으니, 이와 같다면 어찌 누(累)가 스스로 제거되겠는가. 실제로는 '무(無)'가 제도(濟度)한 것이다.

'무(無)'는 종극(宗極; 종지의 극치)을 말하는 것이다. 범인(凡人)은 아직 종극에 이르지 못해서 교시(敎示)를 통해 종극으로 가면서 신심(信心)을 발할 수 있다. 수행자는 좌망(坐忘)과 수멸(數滅)[56]의 공부를 행해서 이 종극에 다가가는데, 바야흐로 이때를 '향종(向宗)', 즉 종지를 향한다고 말한다. 그러나 '향종'하는 사람은 아직 도달하지 못한 것이다. 이미 증득했고 이미 도달했다면 진짜 깨달음[眞悟]이라 말할 수 있는데, 그렇다면 '향종'하는 사람은 누(累)를 조복해서 나날이 공(功)을 쌓는다 해도 진짜 깨달음은 아니다.

종극(宗極)은 분리되지 않아 둘이 없는지라212: 상(象) 밖으로 초월하여

53) 사령운의 『답법강문(答法綱問)』
54) 수양(修養)의 극치로서 무아(無我)의 경지를 뜻한다. 일체의 물아(物我), 시비(是非), 차별(差別)을 초월한 상태이다. 『장자, 대종사편』에 나온다.
55) 반야의 지혜로 장애를 올바로 끊어 번뇌를 소멸시킨 상태이다.
56) 수(數)는 지혜를 뜻함. 지혜로써 번뇌를 소멸시킨 열반의 상태.

유의 겉[有表]에 존재한다. 우주에서는 실상이라 부르는데 미혹되고 몽매해서 유(有)에 걸린 사람이 알 수 있는 것이 아니다. 중생들은 이를 불성(佛性)이라 부르는데 점교(漸敎)로 능히 도달할 수 있는 것이 아니다[213:]. 우주와 중생의 실체는 오직 그 근원을 이 묘일(妙一)의 종극(宗極)에 두고 있을 뿐이다. 그래서 그 명칭을 일극(一極)이라고도 하는데, 도생은 『법화소』에서 "삼승은 방편이고 '부처는 일극'이다"라고 하였다. 무릇 삼승이란 역시 방편이고 또한 통발과 올가미일 뿐이다. 부처가 일극이라면 상(象)을 잊은 말[214:]이라서 득의(得意)의 설이 된다. 종극의 묘일(妙一)은 이 종극이 은밀히 부합한 깨달음과 스스로 둘이 아니니, 그래서 유규는 "상(象)을 잊고 득의(得意)하니, 돈(頓)의 뜻이 우두머리[長]이다"라고 하였다. 또 사령운은 훈(勛)에게 이렇게 답했다.

"공자의 유가와 노자의 도가는 '권형(權衡)과 실제[實]가 비록 동일해도 그 작용[用]은 각기 다르다. 옛날 향자기(向子期; 향수)는 유가와 도가를 하나로 삼았고, 응길보(應吉甫)는 공자의 유가와 노자의 도가를 하나로 가지런히 할 수 있었으니, 이는 모두 종지를 탐구하고자 한 것이므로 진실에 대해선 더 말할 것도 없다'라고 했다."

이는 유가와 불가에서 체(體)로 삼은 건 다르지 않으나 단지 그 작용만 다를 뿐임을 인정한 것이다[215:]. 그러나 "도(道)는 하나일 뿐"이니 향자기와 응길보가 유가와 도가를 하나로 가지런히 한 것은 실제로 '종지를 엿보는' 말이다. 남조(南朝)에서 현풍(玄風)이 치성할 때 불가와 도가와 유가는 그 종극[216:]이 서로 동일함을 인정하고 있다. 그러나 그 높고 낮음은 이 종극을 능히 증득할 수 있느냐 없느냐에 불과했으니[217:], 『변종론』에서는 우리에게 각 가르침의 종극이 하나임을 분명히 제시했다[218:]. 그리고 『변종론』에서 변별한 것은 단지 '종지를 구하는 깨달음'에 정해져 있을 뿐이다[219].

사령운이 말한 돈오의 뜻은 그 근원이 도생의 이(理)는 분리할 수 없다는 뜻으로부터 나왔는데, 그 특징은 유가와 불가의 말을 절충한 것으로서 그 말이 지극히 새롭다. 양나라 석지장(釋智藏)의 『무제(武帝)의 삼교(三敎) 회통에 답하는 시(奉和武帝會三敎詩)』에서 "깨달음을 점진적이라 함을 어찌 알겠는가. 궁극에는 본래 동일한 궤칙인 걸"[220]이라고 했다. 북제(北齊)의 안지추는 『안씨가훈, 귀심편(歸心篇)』에서는 "내교(內敎)와 외교(外敎)는 본래 일체(一體)이나 점(漸)과 극(極)이 다르고 깊고 얕음이 동일하지 않다"고 했다[221]. '점(漸)'과 '극(極)'은 점학(漸學)과 일극을 가리키는데 모두 사령운의 말을 인용한 것이다.

총체적으로 말하면, 도생의 돈오에는 두 가지 큰 뜻이 있다.

(1) 종극의 묘일(妙一)은 이(理)가 상(象) 밖으로 초월하니, 이(理)에 부합하고 체(體)를 증득하면 저절로 계급을 용납하지 않는다. 지도림 등이 이(理)의 깨달음은 칠주에 존재한다고 말한 것은 자연히 지리멸렬한 이야기이다.

(2) 불성이 본유(本有)해서 성품을 보아 부처를 이루는[見性成佛] 것은 바로 근본으로 돌아감[反本]을 일컫는다. 중생은 이 근본을 품부 받아 태어나기 때문에 일천제도 불성[性]이 있다. '근본으로 돌아감'은 참 성품이 자발적으로 발하고 자발적으로 드러난 것이기 때문에 깨달음은 바로 자발적인 깨달음, 즉 자오(自悟)이다. 깨달음이란 것이 바로 자오(自悟)이기 때문에 가르침을 듣고서 신수(信修)하는 사람과는 동일하지 않다. 사령운은 돈오와 신수(信修)를 변별하면서 도생의 제1의(第一義)를 많이 이용했고 제2의(第二義)는 별로 발휘하지 않았다[222]. 사령운이 왕홍(王弘)의

질문에 답하면서 돈오와 신수(信修)의 차별을 언급했는데, 소위 점수란 가(假)를 아는 것이라서 앎이 아니라고 말할 수 있다. 왕홍은 그의 서신을 축도생에게 보냈는데, 도생은 이렇게 답했다.

> 진실로 알지 못한다면 어찌 믿음[信]이 있을 수 있겠는가. 그렇다면 가르침을 말미암아 믿는 것은 알지 못하는 것이 아니다[223]. 그러나 상대[彼]를 자량(資糧)하는 앎은 그 이(理)가 나의 겉에 있다. 상대를 자량하면 나[我]에 이를 수 있는데, 어찌 나날의 진보에 공(功)이 없을 수 있겠는가. 나의 앎[我知]은 어떤 이유로도 비춤에 들어갈[入照] 분수가 있지 않으니, 어찌 외부에서 이(理)를 봄으로써 온전한 삼매를 부정하는 것이 아니겠는가. 앎이 자발적으로 적중하지 않으면 아직 능히 비추지[能照] 못하는 것이다.

앎이 자발적으로 적중하면[自中] 활연히 관통(貫通)해서 성품을 보아 부처를 이루고[224], 가르침을 통해 믿으면 이(理)가 나의 겉[我表]에 존재하나 여전히 성품을 능히 보지 못하니[225], 돈오와 점수의 구분을 도생은 응당 이렇게 설했을 것이다. 축도생은 사령운의 논문을 읽은 후에 특별히 이 한 가지 뜻을 보충했으니, 그가 사령운의 말은 아직 원만함에 도달하지는 못했다고 인정했고 "근본으로 돌아감을 성품으로 삼는다"는 뜻에 대해서는 매우 중요하다고 자인(自認)했음을 알 수 있다.

### 14) 혜관(慧觀)이 주장한 점오(漸悟)의 뜻

축도생이 돈오를 주창하자 일시에 격렬한 논쟁이 벌어지면서[226] 토론에 참여하는 사람들이 매우 많았다. 『세설신어, 문학편』에서는 이렇게 말한다.

> 불경에서는 신명(神明)을 수련하면 성인(聖人)을 이룰 수 있다고 하였다[227:]. 간문제(簡文帝)는 "문득 등봉조극(登峰造極)[57]할 수 있는지는 알 수 없지만, 그러나 수련의 공(功)은 어쨌든 속일 수 없다"고 하였다.

간문제는 『니원경』의 불성설(佛性說)이 유행하기 이전에 이미 성불에 대한 논란을 알고 있었다. 사령운의 『변종론』은 석가모니의 성스러운 도(道)가 원대하다는 걸 말하기도 했지만 등봉조극의 쉽지 않음을 밝히기도 했다. 도생이 죽은 후에 송문제(宋文帝)는 돈오를 서술한 적이 있으니, 제왕도 성불의 이(理)를 항상 연구했음을 알 수 있다. 그렇다면 조정과 재야, 승려와 재가자들이 이 뜻에 대해 한때 치성하게 토론한 것도 이상한 일이 아니다.

가령 『열반무명론』은 승조의 저작으로 점(漸)을 주장해 돈(頓)을 반박한 저술로는 가장 빠르다. 그러나 이 논문의 필력(筆力)은 『부진공론』 등과는 유사하지 않고 또 의문점도 많아서 승조의 저술이 아닌 것 같다.

(1) 『조론소』 등에 따르면, 모두 이 『열반무명론』에서 『열반경』을 언급하고 있다고 말한다. 승조의 죽음(서기 414년)은 『대열반경』이 세상에 역출되어 나오고(서기 421년) 『니원』 6권본이 역출되기(서기 417년에서 418년까지) 이전이다.

(2) 승조는 구마라집이 서거하고 1년 뒤에 죽었다. 그런데 그의 『상진왕표(上秦王表)』에선 요흥의 『안성후에게 보내는 서신[與安成候書]』을 인용하고 있는데, 그 서신 속 내용을 보면 구마라집이 세상을 떠난 지 오래된 듯하다.

---

57) 봉우리에 올라서 궁극에 이름. 즉 최고의 경지에 도달한 것을 뜻한다.

⑶ 『열반무명론』의 십연(十演)에서 반박한 돈오는 도생의 설을 보여주고 있으며, 구절(九折)[58]에서 배척을 받은 점설(漸說)은 칠주에서 돈오하는 지도림의 설이다. 이 저자의 종지는 칠주의 설을 찬성하면서 대돈오를 꾸짖어 배척하고 있는데, 오늘날의 지식에 따르면 도생 이전엔 대돈오를 주장하는 자가 없었다. 도생의 설은 강남에서 수립된 것으로 생각되며, 또한 멀리 승조가 죽은 뒤의 일이다.

⑷ 『열반무명론』은 승조의 저술이 아니라서 육조(六朝)의 인사도 『열반무명론』을 말한 사람이 없는 것으로 보인다. 그러나 『대당내전록(大唐內典錄)』에는 다음과 같은 조목 하나가 있다.

> 『열반무명 구절십연론(九折十演論)』, 무명자(無名子)(오늘날 존재하는 『열반무명론』은 승조의 저작이라고 한다. 그러나 언사와 필력이 가벼워서 이름만 기탁한 것이 아닌가 한다).

『열반무명론』은 바로 유명(有名)과 무명(無名)의 논쟁에 기탁해 말한 저술이니, 그렇다면 소위 '무명자'는 바로 이 논(論)을 가리킨다. 만약 그렇다면 이전 사람 중에 이미 의심하는 사람이 있었던 것이다.

⑸ 『열반무명론』은 비록 승조가 직접 저술하지는 않았을지라도 송나라 초기 돈(頓)과 점(漸)의 논쟁이 벌어졌을 때 지어진 것이다. 『난차(難差)』 이하 여섯 장(章)에서 유명(有名)은 돈(頓)을 주(主)로 삼고 무명은 점(漸)을 주로 삼아서 반복해 진술하고 있는데, 단지 이(理)의 근본은 차이가 없고

---

58) 절(折)은 판단하고 변별하는 것인데 유명(有名)이 세운 질문으로 아홉 개가 있고, 연(演)은 펼쳐 보이는 것인데 무명(無名)이 이치를 소통하는 것으로 열 개가 있다.

차이는 사람에게만 존재한다는 뜻을 진술하고 있을 뿐 그 밖의 정밀한 뜻은 끝까지 없다. 왕홍 등 점(漸)을 주장하는 사람들이 진술한 내용과 비교를 해보면 언사와 필력이 실제로 가볍고 얄팍해서 승조의 저술로는 보이지 않는다.

돈오를 반대하는 명승(名僧) 중에서 첫 번째로는 혜관을 꼽는다. 혜관과 도생은 함께 여산에 유학했고 아울러 함께 관중(關中)으로 가서 구마라집을 만났다. 강남으로 돌아간 후에도 또한 세상의 중시를 받았다. 그는 『점오론』을 지어서 도생과 사령운에게 대항하였다. 『명승전초』에는 삼승이 점진적으로 실상을 이해하는 글 하나가 실려 있는데, 그 순서를 살펴보면 응당 혜관의 작품으로 아마 『점오론』에서 나왔을 것이다. 『점오론』의 온전한 기록을 다음과 같이 간략히 소개한다.

> 『점오론』에서 말한다;
>
> 문; 삼승이 점진적으로 실상을 이해하면서 "경전에서는 삼승이 실상을 똑같이 깨달아 도(道)를 증득한다"고 했는데, 실상의 이(理)에 삼승이 있는 것인가, 삼승을 깨달아 과(果)가 삼승인가? 실상은 오직 공(空)일 뿐인데 어찌하여 삼승이 있어야 하는가? 만약 실상의 이(理)가 하나라면 이 하나를 깨달아서 과(果)가 삼승인 것인데, 그러나 하나를 깨달으면 응당 삼승을 이루지 말아야 한다.
>
> 답; 실상은 하나라서 얻을 만한 것이 없으나 세 가지 연(緣)은 있다. 수행자가 공(空)과 유(有)의 깊고 얕음을 깨닫는 것은 수행자를 인해 삼승이 있기 때문이다.

이는 『난차』 제8과 『변차(辯差)』 제9의 글에 해당한다. 혜관이 차별은 사람에게 있다고 주장한 답변은 『열반무명론』의 설과 동일하다. 그의 글은 다음과 같이 이어진다.

> 문; 실상에 하나라도 얻을 만한 것이 없어서 이를 깨달으면 이(理)가 다하고 깨닫지 못하면 담벼락을 마주한 듯할 텐데, 어찌하여 깊고 얕음의 차이가 있는 것이 수행자에게 삼승이 있기 때문인가?

이는『책이(責異)』제10의 질문과 동일하다.『열반무명론』에서는 차별이 사람에게 존재한다고 말하는데, 이 글의 답사(答辭)는 실제로 비교적 절실하다. 그 글은 다음과 같다.

> 답; 만약 수행자가 실상의 무상(無相)을 깨달은 자라면 먼저 그 상(相)을 알아챈[識] 후에 그 무상(無相)을 깨닫는다. 상(相)을 알아챘다고 함은 무엇인가? 예컨대 저 생사(生死)의 상(相)이 12연(緣)을 인하는 것이다. 오직 여래만이 인연의 처음과 끝을 훤히 보아서 생사의 결정된 상(相)은 필경 얻을 수 없다는 걸 깨달으니, 이처럼 상(相)이 상(相)이 아님을 알아채기 때문에 실상을 깨닫는 상자(上者)라고 한다. 보살은 생사의 12인연을 관(觀)해서 오직 그 마지막을 볼 뿐 그 시작은 알아채지 못하니, 비록 상(相)이 상(相) 아님을 깨닫더라도 인연의 시작을 알아채지 못하기 때문에 실상을 깨닫는 중자(中者)라고 한다. 이승(二乘)의 무리는 오직 생사의 법이 인연으로 있는 것임을 총체적으로 관(觀)해서 비록 상(相)을 상(相)이 아니라 깨달아서 생사에 집착하지 않더라도 인연의 처음과 끝을 알아채지 못하기 때문에 실상을 깨닫는 하자(下者)라고 한다[228]. 이(理)와 실(實)이 둘이 없지만 수행자를 인해 비춤에 밝음과 어둠이 있고, 저 갖가지 인연을 관하면 다함[盡]과 다하지 않음이 있기 때문에 실상에 대해 삼승의 구별이 있는 것이다.
>
> 문; 보살과 이승은 인연의 처음과 끝을 궁구하지 못했는데, 어째서 실상을

반연하여 도(道)를 얻는다고 칭할 수 있겠는가?

답; 보살과 이승은 비록 인연의 처음과 끝을 훤히 보지는 못하지만 생사가 인연으로 있다는 걸 이해해서 생사의 결정된 상(相)은 얻을 수 없다는 걸 알기 때문에 능히 생사에 집착하지 않고 삼계(三界)를 초월해 도(道)를 얻을 수 있다…….

이 글에서는 상(相)을 먼저 알아챈 후에 무상(無相)을 깨닫는 걸 말하고 있다. 보살과 이승은 비록 그 전체를 알 수는 없더라도 궁구하여 아는 바가 있는데, 이 설은 『열반무명론』에서 말한 내용에 비하면 실제로 한 걸음 더 나아간 것이다. 또 혜달의 『조론소』에서도 혜관의 말 한 단락을 인용해서 『변종론』의 남방을 등지고 북방에 멈춘[59] 비유를 반박하고 있다. 그 글은 오류가 많아서 거의 이해할 수가 없다. 그러나 글 또한 진귀한 문물(文物)[60]이기 때문에 전부 기록해서 후세의 고증을 기다린다.

석혜관 법사는 점오설을 주장했기 때문에 이렇게 비유하여 말했다. "낙양의 숭산에서 출발하여 남쪽 형양의 형산으로 가는데 백 리의 산길은 마치 구름 속 봉우리 같아서 새벽에 길을 떠나 험준한 산속을 유행(遊行)하며 밟아나갔다. 오늘 발심(發心)하여 남쪽[61]을 향하는데, 천자의 구계(九階)[62]

---

59) 사령운의 뜻은 남방은 성스럽지만 북방은 어리석다는 것인데, 이는 북방을 등지고 남방을 향한 것으로서 남방과 북방의 서로 다른 태도와 경향에 대해 분명히 밝힌 것이다.

60) 원문은 길광편우(吉光片羽)이다. '길광'은 고대 신화 속에 나오는 신마(神馬)의 이름이다. '편우'는 한 조각의 깃털이다. 고대의 전설에서 '길광'은 신수(神獸)인데 그 털가죽으로 만든 옷은 물에 들어가도 며칠 동안 가라앉지 않고 불에 들어가도 타지 않는다. 그래서 잔존하는 진귀한 문물을 비유하는 것이다.

61) 남쪽을 가는 것은 성불을 비유한다.

는 있는 듯이 보이고 수행의 십주(十住)는 보이는 산이 되고 위대한 행위는 유행하며 밟아나가는 것이 된다. 만약 발로 비유한다면 남쪽을 가고 있지만 도달하지는 못했고, 눈으로 말한다면 보기는 하지만 분명하지 못하다. 하지만 종지를 변론하는 변종자(辯宗者)는 발을 얻은 것을 오도(五度)[63]를 이루었다고 생각하며, 점오(漸悟)를 주장하는 자는 눈으로 본 것을 반야로 여긴다. 남쪽으로 가서 얻으려고 한 뜻은 특수하니, 마치 손이 트는 것을 치료하는 약처럼[64] 사용하는 방식에 따라 기능이 다른 것이다."

혜관의 뜻은 비록 산봉우리에 오른 후라도 크나큰 행동으로 유행하며 밟아나가는 것이다. 그래서 발로는 낙양의 숭산에서 출발하여 남쪽 형산으로 가는 것이므로 멀리서부터 가깝게 다가가는 것이다. 발로 말한다면 비록 실답다 해도 아직 이르지 못한 것이지만, 그러나 눈으로 말한다면 보는 바가 있는 것이다. 이미 보는 바가 있다면 곧 깨닫는 바가 있으니, 그렇다면 깨달음에 계급이 있는 것도 부인할 수 없다.

### 15) 축도생의 문하

도생이 주장한 돈오의 뜻을 송문제(宋文帝)는 지극히 제창해서 도생이

62) 고대에 천자의 명당(明堂)에 아홉 계단이 있는데 후에는 조정을 가리키는 것으로 쓰였다.

63) 다섯 가지 바라밀을 뜻한다. 즉 보시, 지계, 인욕, 정진, 선정이다.

64) 『장자』에 불균수지약(不龜手之藥), 즉 '손(手)을 트지 않게 하는 약(藥)'이란 고사가 나온다. 그 의미는 "똑같이 손 안 트는 약인데, 어떤 사람은 그것으로 인해 제후로 봉해지고, 어떤 사람은 평생 빨래하는 직업을 벗어나지 못했으니, 이는 같은 물건이라도 어떻게 사용하느냐에 따라 그 가치가 달라지는 것이 아닌가?"라는 것이다.

세상을 떠난 후에는 돈오의 뜻을 서술한 적도 있지만, 그러나 사문 승필(僧弼) 등은 모두 크게 비난을 했다. 그러자 송문제는 "만약 세상을 떠난 사람[65]을 다시 일으킬 수 있다면 어찌 여러분에게 굴복을 당하겠는가?"라고 하였다. 송문제는 또 도유(道猷), 법원(法瑗)을 경사(京師)에 들어오도록 초청했다. 두 사람은 모두 도생의 돈오의 뜻을 서술한 사람들이다.

(1) 도유는 바로 오(吳) 땅의 사람이다. 처음 도생의 제자가 되어서 스승을 따라 여산으로 갔고, 스승이 죽은 후에는 임천군(臨川郡)의 산에 은거했다. 『승만경』이 새롭게 역출되자 이를 펼쳐보고 찬탄하였다.

"선사(先師)께서 예전에 말씀하신 뜻이 이 경전과 암암리에 부합하는구나. 그러나 세월은 사람을 기다려주지 않고 경전이 결집된 후에야 뜻을 알게 되니 진실로 슬프구나."

그리하여 『승만경』을 주석해서 도생의 유훈(遺訓)을 보완했는데 총 다섯 권이 있다. 나중에 송문제가 혜관에게 "돈오의 뜻을 누가 다시 익혔습니까?"라고 물었는데, 혜관은 "도생의 제자 도유입니다"라고 대답했다. 그러자 송문제는 임천군에 칙령을 내려 도유를 경사로 보내게 했다. 도유가 경사에 도착해서 즉시 궁궐로 들어가자 대집의(大集義)의 승려가 도유에게 돈오를 진술하게 했다. 당시 변론을 다투던 무리들이 이를 따지면서 서로 질문을 제기했는데, 도유는 이미 사유를 축적해 현묘한 종지에 참여했을 뿐 아니라 종지의 근원[宗源]에 바탕을 두고 있어서 기회를 틈타 상대의 예기를 꺾었고 답변을 하면 반드시 상대의 예봉을 꺾었다. 송문제는 탁자를 어루만지면서 통쾌하다고 칭찬했다229:. 효무제가 황제의 지위에 오르자 더욱 도유를 찬탄하고 존중하였다. 그래서 칙령을 내려 신안사(新安寺)에

65) 도생을 말한다.

머물면서 절을 다스리는 법주[鎭寺法主]가 되게 하였다. 대명 6년에 오흥군(吳興郡)에 칙령을 내려 소산사(小山寺)의 석법요(釋法瑤)를 경사에 오게 해서 도유와 함께 신안사에 머물게 했으니, 이로 인해 돈오와 점오는 각각 종사(宗師)를 갖게 되었다. 효무제는 매양 도유를 찬탄하고 칭송하면서 이렇게 말했다.

"도생은 홀로 밝아서 우뚝하게 비쳤으며
도유는 곧바로 고삐를 잡고 홀로 올라갔다.
스승의 솜씨를 지극히 밝혔다고 할 수 있으니
더 이상 아름다운 말을 더할 것이 없구나."

도유는 원휘(元徽) 시기에 임종을 맞았다. 후에 사문 도자(道慈)가 도유의 뜻을 이어받아서 그의 『승만경』 주석을 산정(刪定)하여 두 권으로 만들었다230:.

(2) 법원(法瑗)은 농서(隴西) 사람이다. 북방에 유학(遊學)한 후에 성도(成都)에서 동쪽 건업(建業)으로 가 도량사(道場寺)의 혜관을 스승으로 삼았다. 후에 여산에 들어가서 고요함을 지키며 선(禪)을 맛보았다. 얼마 후 자사(刺史) 유등지(庾登之)의 초청으로 산을 나가 강설(講說)하였다. 송문제가 도생의 돈오의 뜻을 진술할 수 있는 사람을 찾자, 법원은 칙령을 받고 경도(京都)로 내려가서 돈오의 종지를 송나라 시대에 거듭 펼쳤다. 하상지(何尙之)는 그의 강설을 듣고서 찬탄하며 말했다.

"도생이 죽은 후에는 미언(微言)66)이 영원히 끊겼다고 항상 생각했는데, 요즘 다시 상(象) 밖의 이야기를 듣게 되니 하늘이 이 글을 없애지 않았다고 말할 수 있구나."

---

66) 미묘한 말로 여기서는 불법을 뜻한다.

송문제와 효무제는 모두 법원을 우대하고 예우하였고, 명제(明帝)는 상궁사(湘宮寺)를 지은 뒤에 칙령을 내려 법원을 법주(法主)로 삼았다. 법원은 또 『승만경』과 『미밀지경』을 주석했고 논의를 하다가 틈이 나면 『효경(孝經)』과 『상복(喪服)』을 이야기했다. 남제(南齊) 영명(永明) 7년에 임종을 맞았다.

도생의 제자로 또 승근(僧瑾)이 있다. 은사(隱士)인 패국(沛國)의 주체(朱逮)231:의 넷째 아들이다. 어려서는 『노자』, 『장자』 및 『시경』, 『예기』에 능했다. 처음엔 담인(曇因)을 섬기다가 나중에 도생을 따랐다. 송나라의 효무제가 칙령을 내려서 상동왕(湘東王)의 스승이 되었고, 급기야 상동왕이 황제의 지위에 오른[67] 후에는 지극히 후한 공경을 받았다. 명제 말년에는 꺼리고 기피하는[忌諱] 일이 많아졌는데, 이를 거역하고 범하다가 살육을 당한 사람이 열에 일곱, 여덟 명이었다. 승근이 매번 바로잡으려고 간하는 바람에 황제의 예우도 마침내 박해졌다. 나중에 주옹(周顒)을 통해 진언(進言)해서 황제로 하여금 죄를 범한 자를 점점 완전히 용서하게 했다232:. 승근은 원휘 시기에 임종을 맞았다.

『고승전』에서는 또 용광사(龍光寺)의 사문 보림(寶林)이 있다고 하였다. 처음에 장안을 거쳐 수학(受學)하다가 나중에 도생이 말한 갖가지 뜻을 이어받아 진술하였는데, 당시 사람들은 그를 유현생(遊玄生)[68]이라 불렀다. 『열반기(涅槃記)』를 저술했고 『이종론(異宗論)』, 『격마문(檄魔文)』233: 등을 주석했다(?). 보림의 제자 법보(法寶)234: 역시 내전(內傳)과 외서(外書)를 모두 배웠다. 그는 『금강후심론(金剛後心論)』 등을 저술했는데 역시

67) 바로 명제(明帝)이다.
68) 현묘한 경지에 노니는 사람이란 뜻이다.

도생의 뜻을 이어받아 서술한 것이다. 『금강후심론』은 금강 이후는 모두 대각(大覺)임을 논한 것이라 생각되며, 그 서술 내용은 바로 돈의(頓義)이다. 『고승전』에서는 또 유송(劉宋)의 담빈(曇斌)이 돈오와 점오의 종지를 나란히 펼쳤다고 했다. 당시 경쟁심 있는 무리들이 끈질기게 비판을 하면서 바로잡으려고 했지만, 담빈은 언사가 이치에 부합해서 끝내 사람들이 그를 굴복시킬 수 없었다. 담빈은 일찍이 소산사의 법요에게 배웠는데, 법요는 점오를 주(主)로 한 사람이었다.

## 16) 유규(劉虯)와 법경(法京) 선사

남제(南齊) 때 형주(荊州)의 은사 유규는 '선(善)은 과보를 받지 않는다'와 '돈오로 성불한다'는 뜻을 서술해서 당시 사람들을 그를 굴복시킬 수 없었다. 또 『법화무량의(法華無量義)』 등을 주석하고[235] 『열반경』, 『대품』, 『소품』 등을 강의했다. 그의 저작은 모두 실전되었지만, 다만 『승록(僧錄)』에 그의 『무량의경』 서문이 있다. 서문 첫머리에서는 일곱 시기의 교리 판석(判釋)을 서술해서 가르침의 베풂이 근기(根器)에 따라 같지 않음을 밝혔고, 다음엔 돈오의 뜻을 변별해서 공(空)에 들어가면 그 지혜[慧]가 둘이 아니라고 하였다. 돈(頓)과 점(漸)의 득실을 평가해서 점(漸)은 허망한 가르침[虛敎]으로 여기고 돈(頓)은 실다운 설명[實說]으로 여겼다. 실(實)은 조화의 뜻을 갖추고 있는데, 그 글은 다음과 같다.

> 이미 두 가지 담론이 길이 갈리고 두 가지 뜻이 길을 다투니, 하나를 없애고 하나를 취하는 것이 어쩌면 올바르지 않을 것이다.

이 글에서 남제(南齊) 시기에도 오히려 돈(頓)과 점(漸)의 논쟁이 있었다는 걸 알 수 있다. 유규는 이렇게 평가했다.

지극한 가르침으로 세상에 감응해서 세속과 함께 하는데도 차이가 있고, 신(神)의 도(道)는 대상[物]을 구원할 때 감응에 칭합(稱合)해서 차이[異]를 이룬다. 동쪽의 현포(玄圃)[69]에서는 이를 '태일(太一)'이라 칭했고, 서쪽의 계빈(罽賓)에서는 이를 정각(正覺)이라 이름 붙였다. 동쪽 나라에서는 재앙과 경사를 백 년[70]의 기간 속에서 밝혔고, 서역에서는 아름다움과 추함을 삼세(三世)의 기간으로 변별했지만, 무(無)를 희구하는 것과 공(空)을 닦는 것은 그 법도가 동일하다. '무(無)'에서 유욕(有欲)인 것은 이미 무(無)가 '무(無)'의 분수를 얻은 것이고, '공(空)'에서 마음을 베푸는 것이니 어찌 '공'에 들어가는 비춤이 있겠는가. 그러나 불법을 강의하고 추구하는 자는 이(理)를 회통함이 점진적일[漸] 수 있다고 말하는 경우도 있을 것이며, 혹은 공(空)에 들어감이 반드시 단박[頓]이라고 말하는 경우도 있을 것이다.

시험 삼아 방편에 담아서 말해보자. 점(漸)을 수립한 자는 만사(萬事)의 성취가 점(漸) 아님이 없으니, 마치 얼음이 어는 것이 서리 밟는 데서부터 그 징조가 시작되고 아홉 길 산을 만드는 일이 한 줌의 흙을 쌓는데서 이루어지는 것과 같다. 이렇게 배워 공(空)에 들어가는 것이 비록 원만히 부합하지는 못하더라도 비유하자면 나무를 벨 때 한 마디를 자르면 한 마디가 없어지고 한 척(尺)을 자르면 한 척이 없어지는 것과 같다. 삼공(三空)[71]을 점차적으로 오르는데 어찌 점(漸)이 아니겠는가. 돈(頓)을 수립한

---

69) 『산해경(山海經)』 등의 옛 서적에 나오는 전설 속 '황제(黃帝)의 동산'. 이곳은 곤륜산 정상에 있는 신선의 처소이다. 여기서는 서역과 대비해서 중국을 말한다.

70) 윤회사상이 있는 서역에서는 삼세의 범주에서 생사를 논하지만, 윤회 사상이 없는 중국에선 인생 백년만을 갖고 인생의 화와 복을 논한다.

71) 삼해탈(三解脫)이라고도 한다. 일체 만유의 공(空)을 관하는 공해탈문, 모습의 실체가 없음을 관하는 무상(無相)해탈문, 일체에 구할만한 것이 없음을 관하는

자는 선(善)을 희구하는 노력[功]이 법성(法性)을 관하는 것 이상은 없다. 법성은 연(緣)을 따를 뿐 유(有)도 아니고 무(無)도 아니다. 유(有)도 아니고 무(無)도 아닌데서 사려를 잊고서 이(理)가 이 '하나'를 비추는 것을 바로 해공(解空; 공의 이해)이라 말한다. 유(有)도 아니고 무(無)도 아닌데서 마음을 간직하며, 경계와 지혜[智]가 오히려 둘이라면 유(有)를 벗어나지 못한다. 유(有)에서 번뇌[結]를 조복하면 나날이 줄어드는 증험(證驗)이 없지 않으며, 공(空) 위에서 마음을 논하면 이(理)에 들어가는 효과가 있지 않다. 그래서 나한(羅漢)을 한 번 듣고서 용납하고 무생(無生)을 아침나절에 판단한다고 말하는데, 이는 제접(提接)해서 이끄는 말이라서 진실에 부합하는 설(說)이 아니다. 묘한 증득[妙得]은 점(漸)이 아니고, 이(理)는 진실로 필연(必然)이다.

그러므로 유규의 말은 돈(頓)의 뜻을 주축으로 삼으니, 그의 커다란 지취(旨趣)는 바로 도생의 설을 이어받은 것이다. 그의 서문 말미에서 이렇게 말한다.

이제 『무량의경』은 역시 무상(無相)을 근본으로 삼으니, 만약 증득한 바가 실제와 다르다면 어찌 무상(無相)을 말하겠는가. 또 만약 비춤에 들어가는 것이 필경 동일하다면 어찌 '점(漸)이 있다'고 말하겠는가. 점(漸)이 아닌데도 점(漸)이라 말하는 것은 촘촘한 통발의 허망한 가르침일 뿐이다. 여래께서도 "빈 주먹으로 어린아이를 속이듯이 중생을 제도했다"(『대지도론』에 나오는 말이다)고 하였다. 미묘한 글로 거친 중생[麤]을 제접했으므로 점설(漸說)도 아마 신뢰할 만할 것이고, 상(象)을 잊고 득의(得意)했으니 돈의(頓義)도 뛰어나다 하겠다. 애오라지 크게 비유를 드는 것이니 담론하는

무원(無願)해탈문이다.

자가 선택해야 한다.

유규에겐 유지린(劉之遴)이란 아들이 있는데, 유지린의 스승은 후량(後梁)의 승정(僧正) 법경(法京)이다[236]. 『광홍명집』에 『조경법사망서(弔京法師亡書)』가 실려 있는데 이런 말이 있다.

> 돈오가 비록 도생으로부터 나왔다 해도 후대에 널리 퍼뜨려 미언(微言)[72]이 끊어지지 않게 한 것은 실로 부자(夫子; 선생님) 덕택이다.

유지린은 스스로 법경을 50여 년 따랐다고 말했다. 그렇다면 그의 아버지와 법경은 응당 오래 교제했을 것이며, 따라서 유규가 돈(頓)을 주축으로 삼은 것은 아마 법경에게서 얻었을 것이다. 법경은 선사(禪師)로서 강릉에 주석(駐錫)했다. 그의 제자 지원(智遠), 혜고(慧暠)[237]는 진(陳)나라와 수(隋)나라 사이에 건업과 형주에 유행(遊行)했다. 법경은 아마 반야학자[238]로써 정해진 업(業)을 행했을 것이다. 혜고는 삼론종 사람[239]으로 중관(中觀)의 선법(禪法)을 수련했고[240], 능가선사(楞伽禪師) 법충(法沖)은 혜고를 따르며 수학했다(『법충전』). 돈오의 뜻과 선종 사람의 발생 관계는 역사서의 기록에 의거하는데, 여기서 그 단초(端初)가 미세하나마 보인다.

---

72) 미묘한 말, 함축성 있는 말이란 뜻으로 여기서는 도생의 법어(法語)를 가리킨다.

# 미주

## 제16장

1) 『열반현의문구(涅槃玄義文句)』 상권

2) 석가의 『열반경』이 아니라 부처님의 이모 대애도(大愛道)[1], 사리불(舍利佛), 목련(目連), 아난(阿難)의 여러 열반경이 있다. 또 부처님이 열반에 든 후의 사적을 서술한 경전이 있으니, 예컨대 『반니원후관랍경(般泥洹後灌臘經)』, 『당래변경(當來變經)』 등이다. 『우록』 4에는 『니원후제비구경(泥洹後諸比丘經)』이 있으며, 주석에서 "혹은 『소반니원경(小般泥洹經)』이라 한다"고 말한 것도 이 경전에 속한다. 석가의 열반과 관련이 있는데도 열반이란 명칭을 붙이지 않는 것으로는 『유교경(遺敎經)』, 『대비경(大悲經)』 등이 있는데 모두 열거하지 않았다.

3) 7년에 28년을 더했음.

4) 다음에 나오는 글을 보라.

5) 『불국기』에서는 법현이 천축에서 『방등니원경』 한 종류만을 얻었을 뿐이라고 했다. 그러나 『우록』 8의 경기(經記)에 따르면, 6권본(卷本)이 곧 『방등대반니원경』이라고 한다. (원문은 다음을 보라) 법현은 산스크리트 판본 한 종류를 갖고 돌아왔을 뿐이고 역출된 6권본도 원래 명칭이 『방등대반니원경』이라면 법현이 두 종류를 역출했다고 말하는 건 잘못이다.

6) 법현의 번역은 니원(泥洹)으로 되어 있기 때문이다.

7) 옛 서적에서 권(卷)을 나누는 것은 일률적이 아니다. 상권과 하권의 두

---

1) 석가모니의 이모인 마하프라자파티의 한역이고 음역(音譯)으로는 마하파사파제(摩訶波闍波提)라고 한다.

권도 으레 똑같이 1권 속에 있다.

8) 『장방록』도 동일

9) 『우록』에선 본래 이 경전이 빠졌다고 말했다. 그러나 승우가 보지 못한 것을 수나라 때 다시 발견했을지도 모른다.

10) 『우록』에는 또 빠져 있던 지루가참의 『호반니원경(胡般泥洹經)』 1권이 실려 있다. 소승에 속하는지 여부는 알지 못하겠다.

11) 도안은 『장아함경』에서 나왔다고 했지만, 승우는 지금의 『장아함경』은 이것과는 다르다고 보았다.

12) 지겸과 축법호의 번역

13) 지맹이 번역한 '20권 『니원』'이다.

14) 석법사(碩法師)의 『삼론유의의(三論遊意義)』의 말미에서는 열반경의 이본(異本)을 상세히 서술했는데, 역시 쌍권, 6권 등의 명칭이 있지만 그 문장이 뒤얽혀서 해독하기 어렵다.

15) 사카이노 코오요[境野黃洋][1]의 『지나불교사강화(支那佛教史講話)』 상권 244페이지 이하를 참고하라.

1) 1871년~1933년, 불교학자. 동양대 교수를 거쳐 구택(駒澤) 대학 교수를 역임. 저술에 「일본불교사강화(日本佛教史講話)」 「지나불교사강(支那佛教史綱)」이 있다.

16) 원래는 법현의 번역으로 되어 있는데 잘못이다.

17) 원래는 동진의 실역(失譯)에 귀속되어 있는데 역시 잘못이다.

18) 지겸이 역출한 것은 이미 실전되었고, 법현이 이를 번역했다 해도 역시 실전되었다.

19) 이것은 6권본으로 부르기도 한다. 지맹은 20권본의 번역도 있다고 말한다.

20) 다음 표(表)의 구분은 『대정장경(大正藏經)』에 의거한다.

21) 이는 『서품』에 보인다.

22) 『추도문』에서는 팽성 사람이라 하는데, 『송서(宋書)』 97과 『우록』 15도 모두 마찬가지다.

23) 『추도문』과 『우록』은 똑같다. 광척은 진(晉)나라 때 팽성국(彭城國)에 속했다. 『송서』에서는 광무(廣武)로 되어 있는데, 그렇다면 안문군(雁門郡)에 속한다.

24) 『우록』의 고려본에선 법태도인(法太道人)으로 되어 있으며, 『송서』에서는 법대(法大)이고 『추도문』에선 법태이다.

25) 『추도문』과 『우록』이 똑같으며, 『송서』에는 15살로 되어 있는데 역시 마찬가지다.

26) 363년에서 365년까지. 『승전, 법태(法太)와 혜력전(慧力傳)』

27) 『고승전, 법태전』

28) 다만 『세설신어, 상예편』에는 축법태가 왕령군(王領軍)[1]의 공양으로 인해 명성이 알려졌다는 사적이 실려 있다. 허나 왕흡은 승평(升平) 2년(서기 358년)에 사망했으며, 당시 축법태는 아직 도안과 함께 남쪽으로 오지 않았으니, 『세설신어』에 실린 내용은 별개의 왕씨 자제(子弟)이어야 한다.

1) 왕흡(王洽)을 말한다. 승상 왕도(王導)의 셋째 아들로 사람들에게 존경을 받았다. 중령군(中領軍)으로 임명되고 얼마 후 중서령이 내려졌지만 나가지 않았다. 26살에 사망.

29) 가령 375년이라고 가정하면 도생이 434년에 죽었으니 그의 수명은 60세이다.

30) 응당 혜예(慧叡)이다.

31) (서기 391년) 『우록』에 작자 미상의 서문과 혜원의 서문이 보인다.

32) 은도(隱道) 하(下), 중국법사(中國法師) 6

33) 원래는 태(兌)로 되어 있다.

34) 『고승전』도 싣고 있다.

35) 승가제바는 융안 원년에 경사에 도착했다.

36) 제바는 승가제바를 가리킨다. 『우록』 15 『생전(生傳)』에서는 이것을 '용수(龍樹)가 전한 대승의 근원과 제바가 전한 소도의 요체…….'로 고쳤는데, 이는 계빈국의 학승(學僧)을 『백론』의 작자로 오인하고 있는 것이다.

37) 경정지원이지(景定至元二志)[1]에서는 복주산(覆舟山) 아래에 있다고 하였다.

1) 지원강화지(至元嘉禾志)와 경정건강지(景定建康志). 두 개의 지방지를 말한다.

38) 전문은 앞에 나왔다.

39) 불타발다라를 가리킴.

40) 약간 차이가 있다.

41) 담무참전에 기록된 열반경 도난 사건도 역시 마찬가지의 작용이 있었다.

42) 의친(義親)으로 되어 있는 곳도 있다.

43) 소위 의관(義觀)의 문도들이다.

44) 『중론소』에도 기록되어 있으나 자못 차이가 있다.

45) 이 일은 『고승전』에는 보이지 않는다. 아마 승숭의 사적을 잘못 전한 것이 아닐까 한다.

46) 이 두 글자는 추도문에도 보인다.

47) 불법에서는 계를 범하면 반드시 대중 공동체 안에서 참회해야 하거나 처벌을 받아야 한다. 그래서 죄를 범해 벌을 받는 것을 '대중에게 모든 일을 밝히고[顯於衆]'라고 했으니, 『고승전, 도량전(道亮傳)』을 참고하라.

48) 『우록』에는 도생이 호구산에 거주한 사적이 실리지 않았다.

49) 혜엄과 혜관은 모두 경사의 승려이다.

50) 그러나 원문의 서술과 많이 어긋난다.

51) 도생이 호구에서 설법을 하자 바위도 고개를 끄덕였다[1]는 전설이 언제 시작되었는지는 모르겠다. 『중오기문(中吳紀聞)』에서는 『사번지(四蕃

志)』에 보인다고 하였다.

1) 완석점두(頑石點頭)는 감각이 없는 돌도 설법에 감격하여 고개를 끄덕였다는 말로 감화가 깊다는 뜻이다.

52) 『삼론유의의』에서는 혜관 법사가 도생에게 이 『열반경』의 강의를 요청했다고 하였다.

53) 1자(字)는 아마 2자일 것이다.

54) 『고승전』의 문장도 동일하다. 다만 10월이 11월로 되어 있다. 생각건대 이해 11월엔 경자(庚子)가 없으므로 응당 잘못된 필사이다.

55) 일본의 치쇼오[智證][1]가 목록을 청하러 왔는데, 『동성록』에는 모두 '십사과의일본(十四科義一本)'으로 되어 있다.

1) 엔친(圓珍)을 말한다. 헤이안 시대 천태종의 승려. 천태종문종(天台寺門宗)의 종조(宗祖). 시호가 지증대사이다.

56) 예컨대 앞서 서술한 논서들

57) 합년천자(合年天子)

58) 원문에는 생(生) 자가 빠져 있다.

59) 소연천자(小緣天子)

60) 이 글에서 '합년천자'와 '소연천자' 여덟 글자는 무얼 말하는지 모르겠다. 군더더기가 아닐까 생각한다. 원문에는 본문 글자 크기이지만 여기서는 작은 글자의 주석으로 고쳤다.

61) 그러나 이 『열반무명론』은 승조의 저작이 아니라는 의혹이 있는데 앞으로 상세히 밝히겠다.

62) 잡(雜)으로 된 곳도 있다.

63) 인신은 『광홍명집』에 인유(驎維)로 되어 있다.

64) 임(林)은 림(琳)으로 되어 있다.

65) 왕휴원이 질문한 제목은 '문사영가(問謝永嘉)'이고 사령운이 답한 제목은

'답왕위군(答王衛軍)'이다.

66) 이상 모두 『광홍명집』에 실려 있다.

67) 이 단락의 26자(字)는 소주(小注)이다.

68) 자(字)는 휴원(休元)이고 당시 위장군(衛將軍)이었다.

69) 변(辯)은 원작에선 변(弁)으로 되어 있다.

70) 도생이 왕홍에게 답한 서신에서도 사령운의 『변종론』은 "모두 빈틈이 없다"고 했으니, 이는 도생이 사령운의 돈오설을 상당히 긍정한 것이다.

71) 이는 권2에 근거한 것이고 권15에서는 11월로 되어 있다.

72) 영가의 산수(山水)를 노닌 것이다.

73) 앞의 내용을 보라.

74) 앞서 인용한 내용을 보라.

75) 다음에 나오는 내용을 보라.

76) 이름은 혜정(慧靜)이고 동아(東阿) 사람이다. 『열반략기(涅槃略記)』, 『대품지귀(大品旨歸)』 등을 저술했는데 북방 지역에서 많이 유행했다. 강동의 소산요(小山瑤)가 그의 제자이다.

77) 구마라집의 제자, 법요(法瑤)도 그에게서 수학했는데 모두 다음 장(章)에서 상세히 밝히겠다.

78) 구마라집의 제자로 『유의론』을 지었다.

79) 모두 구마라집의 제자로 북본(北本)을 수정했다.

80) 구마라집의 제자. 역시 열반학자이다.

81) 혜원의 제자. 열반 사상에 능했다.

82) 북본을 수정했다.

83) 『역약례(易略例)』에서는 "상호의 체[互體]가 부족하면 마침내 괘(卦)의

변화에 미치고, 변화 역시 부족하면 오행을 추구한다. 일단 성인의 원뜻을 잃으면 기교만이 더욱더 심해진다"고 하였다.

84) 『열반경』 북본(北本) 권8, 권14에서는 모두 열반의 원천이 반야에서 나왔다는 걸 분명히 말하고 있다.

85) 열반의 진아(眞我)

86) 반야의 공집(空執)

87) 앞에서 말한 승숭(僧嵩) 등은 불성의 뜻을 의심했다.

88) 앞으로 상세히 밝힘.

89) 즉 본성, 심성(心性)

90) 반야 사상의 뜻.

91) 열반 사상의 뜻

92) 경전의 교리를 믿고 수행하는 것은 스스로 깨닫는 걸 말미암지 않는다.

93) 축도생의 전체 학설은 근본적으로 두 가지가 있으니, 하나는 반야로 상(相)을 쓸어버리는 뜻이며, 또 하나는 열반의 심성의 뜻이다. 이 두 가지는 보리달마(菩提達磨)의 선교(禪教)에서 모두 중요하게 주석했는데 제19장에서 상세히 밝히겠다. 이에 따르면 도생과 선종(禪宗) 사람의 계합은 단지 돈오의 뜻에만 있는 것은 아니다.

94) 『고승전』에서는 당시 사람들이 도생과 혜에는 천진을 발했다고 하였다.

95) 조짐[朕] 이하에 원래 사(思) 자가 부연되어 있다.

96) 『혜일초(慧日鈔)』에서 도생의 말을 인용한 것임.

97) 『법화소』에서는 "생사의 구조"라 말했다.

98) 『집해』 권9, 이것이 선(善)은 과보를 받지 않는다는 뜻이다.

99) 『유마주』에서 도생은 "법성이란 법의 본분이다"라고 말했다.

100) 이것이 제1 단락이다.

101) 이상은 제2 단락이다.

102) 본래 갖춰져 있음.

103) 도생의 『법화소』에서는 '부처는 존재하지 않은 때가 없고 존재하지 않는 곳이 없다'고 했으며, 또 북본(北本) 36에서는 '불성은 삼세에 섭수되지 않는다'고 한 것을 참조할 수 있다.

104) 이는 성실론사(成實論師)의 설인데, 다음 장(章)에서 상세히 밝히겠다.

105) 『열반종요(涅槃宗要)』에서 인용한 것을 참고하라.

106) 다음 장(章)에서 상세히 밝힘.

107) 이상은 제3 단락이다.

108) 구마라집은 신아(神我)를 타파했으니, 제10장을 보면 상세하다.

109) 이상 제4 단락이다.

110) 상세한 해설은 불성에 대한 사람들의 잘못된 집착을 걱정해서 나왔지만, 그러나 오히려 꽉 막힌 미혹으로 타락했다.

111) 혹은 법이라 한다.

112) 이 구절의 아래 글에는 불성의 나[我]가 제출되어 있다.

113) 이(理)를 궁구함은 법신의 전체를 보는 것이다. 목도[覩]는 돈오(頓悟)이다.

114) 이는 불성이 상주한다고 말한 것이다.

115) 『열반집해』 권54에서는 도생의 "치우치게 보지 않는 것이 불성의 체(體)이다"라는 말을 인용했다. 치우치지 않으면 참되지 않음이 없다.

116) 부처가 곧 법이기 때문에 실상을 법신이라 말한다.

117) 역시 도생의 말인데 앞에서 이미 소개했다.

118) 이는 돈오를 말미암는다.

119) 이상 제5 단락이다.

120) 그러므로 인불은 없다.

121) 그러나 부처는 분한이 없다.

122) 그러나 색은 변할 수 있다.

123) 영(令)은 원작에서는 금(今)으로 되어 있다.

124) 스스로 만족하지 못하면 선(善)을 향한다.

125) 이는 응당 삼계 미혹의 구품을 가리킨다.

126) 죽은 뒤에 생(生)을 받아서 인간이 되고 천(天)이 된다.

127) 축생, 아귀, 지옥 등.

128) 단지 인간과 천상의 업이 있다고 말할 수 있을 뿐이다.

129) 미상응(味相應)은 바로 선(禪)의 일종이며, 미(味)란 맛의 집착이다.

130) 혜원의 『삼보론(三報論)』에서는 보응이 '선유(善誘)'가 아니라고 했다. 주속지(周續之)와 대안(戴安)은 보응을 논하면서 보응이 성인이 마련한 가르침이란 설(說)을 적극적으로 배척했다. 혜원은 대안에게 서신을 보내 주속지의 설을 찬성했으니, 그렇다면 혜원의 뜻은 역시 도생과는 동일하지 않다.

131) 『광홍명집, 법의편(法義篇)』에 실린 소자량과 유규의 서신에 보인다.

132) 『집해(集解)』에서도 이 뜻의 문장을 소석(疏釋)한 내용을 수록하지 않았다.

133) 토키와 다이죠[常盤大定][1]는 불성을 연구한 서적에서 그 지역의 장소(章疏)를 널리 채집했는데, 단지 도생과 반대편에 선 사람들이 누구인지를 상세히 말하고 있다……. (1) 말하자면 지승(智勝)이다, (2) 법현, (3) 혜관, (4) 구마라집이다. 이 내용은 모두 근거가 없고 황당무계한 것이 많은데 상세한 것은 토키와 다이죠우씨의 원서에 보인다.

1) 중국불교사를 연구하는 전문가. 문학박사이며 진종대곡파(眞宗大谷派) 강사

이다. 동경제국대학을 졸업하고 동대학 교수를 역임했다. 1920년대에 전후 다섯 차례에 걸쳐 중국의 불교사적을 답사를 해서 명저 『중국문화사적(中國文化史蹟)』 외에 『지나(支那)에서의 불교와 유교와 도교』, 『지나불교(支那佛教)의 연구』 등을 저술했다.

134) 불성은 근본 성품이니, 근본이 없으면 지말(枝末)도 없다.

135) 따라서 목석이 아니다.

136) 글은 『명승전초, 설처(說處)』에도 보이는데 비교적 간략하다.

137) 『명승전초, 설처』에서 '일천제는 신근(信根)을 갖추지 못해서 선(善)을 끊는다 해도 불성의 일이 있다'고 한 것도 도생의 설이다.

138) 『고승전』에서 "일천제도 모두 성불할 수 있다고 설했다"고 했으니, 도생이 일천제도 성불할 수 있다고 말한 걸 알 수 있다.

139) 균정도 이 설에 찬동한 것처럼 보인다.

140) 이는 균정의 원문에 의거해서 도생의 뜻을 추측한 것이니, 원서를 참고할 수 있다.

141) 인(因)은 원문에서는 동(同)으로 되어 있다.

142) 이는 단지 추측의 말에 불과해서 따로 분명한 문장으로 증명할 수 없다. 동일 근원으로 감응한다는 뜻이 항상 『사론현의(四論玄義)』에 보이는데, 예컨대 이런 말이다; "부처와 중생은 역시 공통의 한 근원이라서 청정의 대원(大源) 속에 함께한다. (중략) 그러므로 감응의 뜻은 서로 관련하여 종지[宗]가 된다. 부처가 중생과 함께하면서 감응을 논하게 되는 까닭은 일체 중생이 이미 불도(佛道)와 동일 근원이라서 반드시 근본으로 돌아갈 수 있는 뜻이 있다".

143) 일천제는 산스크리트로 하면 일차안제(一遮案提)이다. 일차(一遮)는 탐욕이고 안제(案提)는 곡적(鵠的; 목표)이니, 합해서 말하면 탐욕이 유일한 목적인 사람이다.

144) 『사론현의』에서는 광주(廣州) 대량(大亮) 법사가 악을 지니고 감응할 수 있다고 하였다.

145) 『화엄경, 십주품』의 '십주'와는 다르다. 원강의 『조론소』에서는 "관하(關河)의 대덕(大德)이 일반적으로 주(住)를 말한 것은 모두 지(地)이다"라고 하였다.

146) 구마라집 번역. 모두 『화엄십지품』의 이역(異譯)이다.

147) 『인왕경(仁王經)』의 십지에도 돈오의 설이 있긴 하지만, 그러나 이 경전은 결단코 구마라집이 번역한 것이 아니고 또한 위경(僞經)으로 의심된다.

148) 『점비경』에서는 "두 세계가 있으니, 하나는 하자(瑕疵)이고 다른 하나는 청정(淸淨)이다. 칠주는 바로 이 둘의 중간을 능히 초월한다.

149) 그래서 생(生)이라고 말한다.

150) 그러므로 무생(無生)이다.

151) 무생이다. 제7지(地)의 인(因)은 또 이름하여 등정혜지(等定慧地)라고도 한다. 『대승현론(大乘玄論)』 권5를 참고하라. 후세의 선종(禪宗) 사람은 '정(定)과 혜(慧)의 동등함'을 논한 적이 있다.

152) 그러므로 생(生)이다.

153) 십주 역시 그 명칭이 구경지(究竟地)이다.

154) 지도림의 『대소품서(大小品序)』에서 일컫는 '온갖 묘함을 살펴서 통달하는'[覽通群妙] 것이다.

155) 지도림의 『대소품서』에서 일컫는 '어떤 방향 없이 감응해 통하는'[感通無方] 것이다.

156) 칠주와 팔주, 구주, 십주는 그 자취는 다르더라도 반야의 비춤은 전후가 똑같다.

157) 응당 무생(無生)이어야 한다.

158) 『우록』 권10에 보인다.

159) 용(用)에 입각해 말한 것이다.

160) 체(體)에 입각해 말한 것이다.

161) 천분은 근기(根器)를 말한다.

162) 도안은 축법태에게 보낸 서신에서 삼승의 뜻을 변론했는데, 육징의 『목록』에 보인다.

163) 이를 믿음[信]이라 칭한다.

164) 이를 깨달음[悟]이라 칭한다.

165) 용(用)에 입각해 말한 것이다.

166) 체(體)에 입각해 말한 것이다.

167) 팔위, 구위, 십위

168) 체(體)가 이미 분리가 없다면 깨달음이 어찌 닦아 나감이 있을 수 있겠는가?

169) 『열반무명론』이 주장한 설은 지도림과 동일하다. 승조는 체(體)와 용(用)의 문제를 철저히 요달했기 때문에 이런 설은 있지 말아야 할 것이니, 그렇다면 이 『열반무명론』은 승조의 저술이 아닌 것 같다.

170) 혹은 극혜(極慧)라고도 한다.

171) '새롭지 않음'은 만행(萬行)을 참되게 닦는 것이고, '둘이 아님'은 유(有)와 무(無)를 나란히 관(觀)하는 것이다.

172) 그러므로 깨달음은 반드시 돈(頓)이다.

173) 그러므로 깨달음은 자오(自悟; 절로 깨달음)이다.

174) 둘째는 지도림 등의 소돈오인데 앞서 이미 소개했다.

175) 이 글자는 분명치 않다.

176) 그러므로 깨달음은 돈(頓)이어야 한다.

177) 그러므로 깨달음은 자오(自悟)이니, 근본으로 돌아감을 깨달음이라 한다. 불교의 해탈은 본래 신해탈(信解脫)(聞解)과 견도(見到)(見解)로 나뉘는데 도생의 설은 이에 근본을 두고 있다. 승가제바가 여산에서 번역한 『비담심(毘曇心)』을 살펴보면 그 내용 중에 이런 설이 있다. 도생은 아마도 이 뜻을 승가제바에게 얻었을 것이다.

178) 원문의 위(僞) 자는 복(伏) 자의 잘못으로 보인다.

179) 영(令)의 원작은 금(今)이다.

180) 부(夫)는 행(行) 자로 의심된다.

181) 이 또한 혜달이 인용한 도생의 말이다.

182) 저절로 갖춰져 있다[自有].

183) 그래서 신수(信修)라고 칭한다.

184) 극혜(極慧), 대오(大悟)

185) 가르침은 점진적일 수 있고 수행도 점진적일 수 있지만 깨달음은 반드시 돈(頓)이다.

186) 또 동일한 주석에서 "장차 법화를 설하려 하기 때문에 먼저 그 정(情)을 인도해서 무량의(無量義)를 설하였다. 이미 자취의 정체가 날로 오래되다가 홀연히 삼승이 없음을 듣고서 단박에 예전에 좋아하던 것을 떼어버리니, 예전에 좋아하던 것을 떼어버리면 피안을 바라보며 돌아간다. 피안을 바라보면서 돌아가면 대도가 폐기되니, 이 때문에 점(漸)이 필요한 것이다.

187) 구마라집의 『유마주』에서는 대승은 오직 일념을 활연대오(豁然大悟)하여 일체지(一切智)를 갖춘다고 하였다.

188) 또 『유마주』에서는 "이(理)는 단계에 머물 수 없다. 반드시 조잡함[麤]에서 정묘함[精]으로 가면서 덜고 또 덜어 '덜 것 없음'까지 이르러야 한다……." 고 했는데 역시 점수(漸修)가 있음을 말한 것이다.

189) 여기서 말하는 도품과 육도는 모두 수행의 방편으로 아직 극과(極果)에는 이르지 못했다.

190) '일이 나에게 존재한다'는 불성의 본유(本有)를 말한다.

191) 나아가는 건 다함[盡]이다.

192) 가르침을 말미암아 믿는 것

193) 사령운이 이(理)는 일극으로 귀결된다고 말한 뜻은 본래 도생에게서 나왔다.

194) 응당 과(果)이어야 한다.

195) 지(知)는 원래 지(至)로 되어 있다.

196) 『니원경』 권5 여래성품(如來性品)을 참고하라.

197) 칠주에서는 아직 이(理)를 궁구하지 못하니, 도생의 뜻에 따르면 스스로 참다운 목격[眞覩]이 아니다.

198) 가령 불성을 신명(神明)이라고 말하는 것이 이에 해당한다.

199) 앞서 상세히 소개했다.

200) 따라서 논(論)의 이름을 『변종론』이라 지었다. '종'은 종지의 극치[宗極]이다.

201) 왕필이 성인은 체(體)가 없다고 말한 것은 공자를 가리킨다. 황간(皇侃)의 소(疏)에서 '안자는 자주 굶주렸지만[1] 도를 어기지 않는 것이 마치 어리석은 사람 같았다'고 한 구절을 참고하라.

1) 원문은 누공(屢空). 곳간이 자주 비어서 끼니를 잇지 못했다는 뜻이다.

202) 일극은 본래 도생이 사용한 명사(名辭)이다. 황간의 소(疏) 2에서 왕필의 '극(極)은 둘일 수 없다'를 인용했기 때문에 하나라고 말한 것이다.

203) 이(理)는 분리할 수 없기 때문에 일극으로 귀결된다.

204) 학문을 쌓는 건 무한이 아니기 때문에 능히 이르러서[能至] 저절로 끊어지지 않는다.

205) 사령운이 훈(勛)에게 답했다; "중국인은 쉽게 이(理)를 보지만 가르침은

어렵게 받아들이기 때문에 누(累)의 학문을 폐쇄하고 일극을 열며, 오랑캐[夷人]는 쉽게 가르침을 받아들이지만 이(理)는 어렵게 보기 때문에 단박에 요달함[頓了]을 폐쇄하고 점오를 열었다." 그래서 불가와 유가의 담론은 모두 방법을 따라 대상[物]을 구원한다.

206) 새로운 이론을 말한 도사의 설.

207) 만 가지 걸림이 똑같이 다한다.

208) 수행은 단지 누(累)의 조복일 뿐이며, 깨달음은 바로 누(累)의 소멸이다.

209) 소돈오를 주장하는 사람들은 칠주에서 유(有)와 무(無)를 나란히 관하기 때문에 칠주에서 돈오한다고 말한다. 여기서는 주장하는 대돈오는 성불이라야 나란히 관한다.

210) 범부는 유(有)에 걸려 있기 때문에 스스로는 두 번 다시 유(有)로써 그 미혹을 떨칠 수 없다.

211) 택멸무위(擇滅無爲)

212) 사령운은 종극은 미묘하다고 말했다.

213) 사령운이 혜림(慧琳)에게 답하길 "사물에 불성이 있고 그 도(道)에 귀의할 수 있지만, 점교에서는 이를 의심한다"고 하였다.

214) 일극은 상(象) 밖이다.

215) 백성의 실정에 따라 가르침을 수립했기 때문이다.

216) 또한 본(本)이라 하기도 하고 체(體)라 하기도 한다.

217) 체(體)가 하나이기 때문에 남조에서는 항상 삼교(三敎)의 말을 하나로 가지런히 했다.

218) 가령 삼승은 단지 일극이 있을 뿐이다.

219) 즉 돈(頓)과 점(漸)의 변별

220) 이 역시 일극의 뜻을 말미암아 삼교를 하나로 가지런히 한 것이다.

221) 이는 비록 사령운의 말을 인용했지만 그의 지취를 약간 잘못 이해하고 있다. 일극의 체(體)는 사령운의 뜻에 의거하면 내교와 외교에서 동일한 것이다.

222) 사령운은 "마음은 본래 누(累)가 없다"고 말했으며, 또 "사물에는 불성이 있고 그 도(道)에 귀의를 한다"고 했는데, 모두 이런 뜻이 은밀히 숨겨져 있다. 그러나 돈(頓)과 점(漸)의 변별에 대해서는 별로 이것에 입각해 발휘하지 않았다.

223) 점수 또한 알지 못함이 아닌데, 이는 사령운의 대답을 반박한 것이다.

224) 견해(見解)를 이름하여 깨달음이라 한다.

225) 문해(聞解)는 이름하여 믿음[信]이라 한다.

226) 이미 앞서 서술했음.

227) 원주(原注)에서 말한다; 석씨경(釋氏經; 불경)에서는 "일체 중생은 모두 불성이 있다. 다만 지혜를 닦아서 번뇌를 끊고 만행을 구족(具足)할 수 있어야 문득 성불(成佛)한다"고 하였다.

228) 『명승전초, 설처(說處), 도생전(道生傳)』에 있는 "상승(上乘)의 지혜는 총상(總相)[1]으로 공(空)을 관하고, 보살의 지혜는 별상(別相)[2]으로 공을 관하는 일……"은 돈설(頓說)에 입각해 이 뜻을 변별한 것이지만, 지금은 상세하지 않다.

1) ① 모든 것에 두루 통하는 성질. ② 전체, 또는 그 모습. ③ 육상(六相)의 하나. 여러 특성을 포함하고 있는 전체.

2) ① 각각의 성질. ② 구별. ③ 부분이나 낱낱, 또는 그 모습. ④ 육상(六相)의 하나. 전체를 구성하고 있는 각각의 특성.

229) 『우록』 9 도자(道慈)의 『승만서(勝鬘序)』에서는 효무제(孝武帝)가 대명(大明) 4년에 도유를 초빙했다고 하는데, 이는 『고승전』을 따른 것이다.

230) 서문이 있는데 『우록』 9에 보인다.

231) 또는 주건(朱建)으로 되어 있다.

232) 상세한 내용은 『고승전』에 있다.

233) 글이 『홍명집』에 실려 있다.

234) 『명승전초』에서는 역시 용광사의 승려라고 했다.

235) 『법화경』의 주석은 집주(集注)로 『중론소기』에 보이며 또 『문선주(文選注)』에서 인용한 적도 있다.

236) 『속고승전, 습선편(習禪篇)』에 전기가 있다.

237) 두 사람은 『속고승전』에 모두 전기가 있다.

238) 유규의 서신에서는 구마라집, 승조, 법융, 도항, 지도림, 도안, 도생, 혜원과 비교했다.

239) 모산(茅山) 명(明)법사의 제자이다.

240) 『속고승전』에 나온다.

## 지은이

**탕용동**(湯用彤; 1893년~1964년)

자(字)는 석여(錫予)이고 호북성 황매(梅) 사람으로 감숙성 통위(通渭)에서 태어났다. 그는 중국 근대의 유명한 국학대사(國大師)로서 중앙연구원의 수석위원이다. 스스로 "어려서 가정교육을 받아 일찍부터 역사서를 공부했다"고 하였으며, 평생 한학을 연구한 아버지의 영향을 크게 받았다. 1911년에 청화(清華) 학교에 들어가 1917년에 졸업한 후에 미국으로 유학하여 산스크리트어와 팔리어를 배웠다. 하버드대학에서 석사 학위를 받고 1922년에 귀국한 이후로 국립 동남(東南) 대학, 북경 대학 철학교수, 북경 대학 문학원 원장, 북경 대학 교무위원회 주석(主席)을 거쳐 1951년 10월 이후에는 북경대학 부총장을 역임하다가 1964년에 병으로 서거했다.

중국불교사와 위진 시대의 현학(玄學)에 대해 정통한 그는 대표작으로 『한위양진남북조 불교사』, 『위진현학논고(魏晋玄論稿)』가 있는데, 이는 오늘날까지도 그 학술적 가치를 높이 평가받고 있다. 아울러 수·당 시대의 불교사를 기술한 『수당불교사고』를 비롯하여 『인도철학사략(印度哲學史略)』, 『왕일잡고(往日雜稿)』, 『강부찰기(康復札記)』 등이 있다.

## 옮긴이

**장순용**

고려대학교 사학과를 졸업하고 동대학원 철학과를 수료했다. 민족문화추진회 국역연수원과 태동고전연구소 지곡서당을 수료하고, 백봉 거사 문하에서 불법과 선을 참구하였다. 주로 불교를 비롯한 동양 철학과 역사서를 많이 번역했다. 현재는 고려대학교 역사연구소 연구원으로 있다.

편저로는 〈허공법문〉, 〈도솔천에서 만납시다〉, 〈십우도〉, 〈같은 물을 마셔도 뱀에게는 독이 되고 소에게는 젖이 된다〉가 있고, 역서로는 〈신화엄경론〉, 〈참선의 길〉, 〈설무구칭경(유마경)〉, 〈화엄론절요〉, 〈선문촬요〉, 〈티베트 사자의 서〉, 〈대장일람집〉, 〈반경〉, 〈채근담〉, 〈공자연의〉 등 다수가 있다.

한국연구재단
학술명저번역총서
[동 양 편] 612

# 한위양진남북조 불교사 ❸

초판 1쇄 인쇄 2014년 11월 20일
초판 1쇄 발행 2014년 11월 30일
초판 2쇄 발행 2016년 10월 15일

지 은 이 | 탕용동(湯用彤)
옮 긴 이 | 장순용
펴 낸 이 | 하운근
펴 낸 곳 | 學古房

주 소 | 경기도 고양시 덕양구 통일로 140 삼송테크노밸리 A동 B224
전 화 | (02)353-9908 편집부(02)356-9903
팩 스 | (02)6959-8234
홈페이지 | http://hakgobang.co.kr/
전자우편 | hakgobang@naver.com, hakgobang@chol.com
등록번호 | 제311-1994-000001호

ISBN 978-89-6071-447-2 94220
978-89-6071-287-4 (세트)

**값 : 32,000원**

■ 이 저서는 2011년 정부(교육과학기술부)의 재원으로 한국연구재단의 지원을 받아 수행된 연구임(NRF-2011-421-A00061).
This work was supported by National Research Foundation of Korea Grant funded by the Korean Government(NRF-2011-421-A00061).

이 도서의 국립중앙도서관 출판시도서목록(CIP)은 서지정보유통지원시스템 홈페이지(http://seoji.nl.go.kr)와 국가자료공동목록시스템(http://www.nl.go.kr/kolisnet)에서 이용하실 수 있습니다.(CIP제어번호: CIP2014032828)